21世纪经济管理精品教材

理系列

Entrepreneurship

创业管理

木志荣◎编著

清华大学出版社
北京

内容简介

本教材从结构上遵从的是如何识别、评估和开发创业机会这条主要线，内容方面涵盖了如何取势和优术、创业机会的形式和来源、评估创业机会的各种方法、商业模式设计、完成创业计划书、初创企业管理、公司创业、社会创业、创业生涯退出等从创业选择到创业退出的完整内容。因此，本教材适用于本专科学生、研究生和MBA等各类学生。建议不同类型学生在学习本教材的时候，内容方面可以有所选择和侧重。

图书在版编目 (CIP) 数据

创业管理 / 木志荣编著. — 北京：清华大学出版社，2018
（21世纪经济管理精品教材. 工商管理系列）
ISBN 978-7-302-50104-6

Ⅰ. ①创… Ⅱ. ①木… Ⅲ. ①企业管理－高等学校－教材 Ⅳ. ①F270

中国版本图书馆 CIP 数据核字（2018）第 100697 号

责任编辑：陆浥晨
封面设计：李召霞
版式设计：方加青
责任校对：宋玉莲
责任印制：丛怀宇

出版发行：清华大学出版社
网　　址：http://www.tup.com.cn，http://www.wqbook.com
地　　址：北京清华大学学研大厦 A 座　　邮　　编：100084
社 总 机：010-62770175　　邮　　购：010-62786544
投稿与读者服务：010-62776969，c-service@tup.tsinghua.edu.cn
质 量 反 馈：010-62772015，zhiliang@tup.tsinghua.edu.cn
印 装 者：三河市国英印务有限公司
经　　销：全国新华书店
开　　本：185mm×260mm　　**印　　张**：23.25　　**字　　数**：558 千字
版　　次：2018 年 6 月第 1 版　　**印　　次**：2018 年 6 月第 1 次印刷
定　　价：49.00 元

产品编号：065971-01

序言

我在 2005 年就计划编著一本创业学教材，当时有两个动因：一是厦门大学在 2004 年年底承办了第四届“挑战杯”中国大学生创业计划竞赛，由于工作关系，我参与了竞赛作品评审和答辩的组织工作，接触了全国热情高涨的上百个优秀创业参赛团队和几千份创业计划书文本。竞赛结束后，想利用这些材料，写一本书给有志于自主创业或想参加创业计划竞赛的学生。二是我从 2005 年开始面向本科生开设了一门课程“大学生创业计划与实践”，学生选课活跃，兴趣浓厚，而当时国内的创业管理教材不多，想自己编一本。于是，我组织了一些当时参加和组织创业计划竞赛的老师和学生，成立了一个编委会，拟定了教材大纲，然后按照分工开始编写。当时也联系了清华大学出版社，递交了出版申请。但是，教材写到第四稿的时候，我最终决定放弃出版。放弃的根本原因，按创业者的语言来说，我们不能生产一个用户不需要的产品。

时隔十年！2015 年初，我又萌生了出版创业学教材的想法。这次有三个动因：一是 2012 年我作为负责人申请到一项教育部课题“我国创业教育实践对大学生创业意向的影响分析”（项目批准号：11YJA630079），课题组对教育部首批试点开展创业教育的九所高校进行了大规模样本调查，总结分析了创业教育试点高校十年创业教育的现状和效果，这些研究成果可以更好地指导我去编写一本创业学教材。二是 2014 年李克强总理提出“大众创业，万众创新”以来，新一波创业浪潮汹涌而来，政府和资本的力量点燃成百上千万创业者的激情之时，作为一名创业教育工作者，我也按耐不住以自己的方式加入“大众创业，万众创新”的浪潮之中。三是在过去的十年里我面向本科生、硕士生、MBA 学生等先后开设了“大学生创业计划与实践”“大学生 KAB 创业基础”“创业管理”“创业投资管理”“创业计划与起步”“如何识别和评估创业机会”等课程，沉淀了一些教学经验、方法和素材，有信心能提供一个用户需要的产品。

于是，经过三年的“打磨”，诞生了呈现在读者面前的这本书。本书在编写过程中以及最终的内容与形式方面，具有以下特点：

第一，以用户思维来编写。在移动互联网时代下，用户至上、用户产生内容、用户参与产品的设计和生产销售过程，已经成为重要的创业思维。编写一本教材与创业者推出一项产品一样，需要以用户为中心。我认为教材的主要用户是学生，而不是老师。为了实践用户思维，我邀请了数十名本科生和研究生参与编写本教材，让学生从用户的角度取舍内容和确定形式，并且通过 2015 年、2016 年选修“创业管理”课程的学生，在更大范围内征求学生即用户的意见。诚然，正如作者贯彻本教材的一个观点，用户常常不知道自己想要什么，学生也不一定知道自己想要什么样的创业教育内容。但这仍是一个非常有价值的尝试，我常常发现，从教师或学术角度认为很重要的内容，学生却不感兴趣。

第二，突出实践和行动导向。创业是在高度不确定性下的复杂活动，毋庸置疑，几乎所有的创业教育工作者都认同创业教育的实践性和行动导向性。但是，几乎所有形式的创业教育，无论是教材、授课，还是企业参访、论坛，都是“纸上谈兵”。为了尽可能克服创业教育中的这个缺陷，我邀请了数十名创业者（包括成功的创业家，也有刚起步的创业者）参与编写本教材，让他们从实践的角度取舍内容和确定形式，试图让教材的内容尽可能贴近现实，具有可操作性。为此，本书还用专栏的形式，收集了来自创业财经媒体、自媒体的大量一线创业者的演讲稿、采访文章等文献，虽然这些文献可能缺乏权威和普遍性，但体现了生动、复杂、凌乱、真实的实际现象，可以启发读者关注实践，引导读者投入行动。出于同样的目的，教材的思考题中有不少是需要学生基于实践和行动来完成的。

第三，强调互联网创业。我国的互联网创业者自从 20 世纪末登上商业舞台以来，随着网络技术的发展和智能终端的普及，历经各种互联网创业产品、模式和业态，如今已经成为创业舞台上最耀眼的创业群体。虽然互联网创业已经成为最主要的创业形态，但是国内绝大多数的创业学教材并没有单独深入地分析和介绍互联网创业。当然，笔者相信，终有一日，像“互联网创业”“互联网公司”这样的提法会消失，因为当互联网成为一个工具像电一样无处不在，深深地嵌入人类社会生产和生活每一个环节中，线上和线下无缝链接为一体的时候，就没有必要再区分传统企业和互联网企业、线上和线下了。但是，今天中国经济面临艰巨的转型升级，网络化、数据化、智能化还会以显著的方式影响和改造传统经济，互联网创业领域还有无数宝藏。因此，本书把互联网创业作为单独一章，分析和介绍了互联网创业的历史、现状和趋势，旨在帮助学习者掌握互联网创业知识，培养互联网创业哲学。

第四，增加互动体验。当前，创业者谈论最多的是消费升级。如今的消费者已经不满足于产品或服务的功能需求和品质需求，他们还需要通过互动等方式实现体验需求和参与需求。传统的教材带给读者的只是文字和图表，读者的体验感较差。为此，本书通过二维码技术链接了很多文字、视频和音频，学生可以通过各种终端设备获得这些学习材料，增强学习的体验感。另外，作者主讲的基于本书主要内容的“创业管理”课程已经获得厦门大学在线开放课程立项，“创业管理”慕课制作完成后我会放在国内如中国大学 MOOC 这样的开放平台上，供读者以慕课形式学习本教材的主要内容。

本书从结构上遵从的是如何识别、评估和开发创业机会这条主要线索，内容方面涵盖了如何取势和优术、创业机会的形式和来源、评估创业机会的各种方法、商业模式设计、完成创业计划书、初创企业管理、公司创业、社会创业、创业生涯退出等从创业选择到创业退出的完整内容。因此，本书适用于本专科学生、研究生和 MBA 等各类学生。建议不同类型学生在学习的时候，内容方面可以有所选择和侧重。

正如上文所述，本书是集体劳动的成果，有很多老师、创业者和学生参与了本书的编写。他们是（排名不分先后）：王燊（厦门大学管理学院职业发展中心主任）、占群丽（厦门大学学生就业创业指导中心老师）、王韦惠（厦门大学管理学院职业发展中心老师）、陈劲（厦门城市职业学院商贸系副教授）、揭上锋（厦门大学管理学院老师）、郑明龙（米律创始人 CEO）、葛晓萍（立信会计师事务所合伙人、厦门分所所长）、官文宾（担当者行动总干事）、沙劲刚（企马网创始人 CEO）、张伟杰（骐俊股份董事长）、徐飞（厦门银庄素果生态农业有限公司创始人 CEO）、张连兴（厦门达易管理咨询股份有限公司 CEO）、朱为超（厦门碧谷科技有限公司总经理）、张帅（厦门大学管理学院 2014 级研究生）、方毓丹（厦门大学管理学院 2014 级研究生）、樊文闯（厦门大学管理学院 2015 级研究生）、贺志忠（厦门大学管理学院 2015 级研究生）、时永杰（厦门大学管理学院 2016 级研究生）、何鸿儒（厦门大学管理学院 2016 级研究生）、武圆杭（厦门大学管理学院 2017 级研究生）、祝文佳（厦门大学管理学院 2017 级研究生）、晏友涛（厦门大学管理学院 2013 级本科生）、邹文晓（厦门大学管理学院 2013 级本科生）、马晨（厦门大学管理学院 2013 级本科生）、阿木尔巴图（厦门大学管理学院 2013 级本科生）、孙小姣（厦门大学管理学院 2014 级本科生）、张璞（厦门大学管理学院 2014 级本科生）、梁富权（厦门大学管理学院 2014 级本科生）、张志宇（厦门大学管理学院 2014 级本科生）、黄家俊（厦门大学管理学院 2014 级本科生）、黄晶（厦门大学管理学院 2014 级本科生）、艾萨（厦门大学管理学院 2014 级本科生）。厦门大学管理学院 2015 级 MPAcc 褚橙橙同学给每一章内容创作了生动而富有创意的插图，使教材显得更亲切可爱。对以上所有以各种形式参与编写教材的人员表示感谢！

本书还参考了国内外众多优秀的专著和教材，尤其是南开大学的张玉利教授、清华大学的姜彦福教授、浙江大学的斯晓夫教授、中山大学的李新春教授等所主编的创业学教材，给本书的编写很多的灵感和启发，本书有很多内容直接引用或综合了这些教材的思想。在此表示感谢！

借此机会，我还想感谢十二年前那本没有出版的教材的参与者，他们是：袁国柱、宋菁、陈文水、李威杰、岳建飞、郑锐彣、官建雄。如今，他们在各行各业崭露头角，耕耘和收获着属于自己的事业。祝他们事业蒸蒸日上！

当然，有苦劳不一定有功劳。书中肯定有很多不足，本书中出现的缺憾、错误和不妥之处，均由我本人承担。教材编写的初衷和期望能否实现，需要读者的验证，教材本身也需要不断地迭代和产品升级，诚恳期待你的意见和建议。

木志荣

目 录

第一章 创业型经济

过去的 10 ～ 15 年（1970—1985），出现在美国的创业型经济形态，是近代经济与社会史上所发生的最重要、最有希望的事件。

——彼得·德鲁克

学习痛点

- 创业型经济是怎么兴起的？
- 如何培养创业精神？
- 如何认识改革开放以来中国的创业浪潮？
- 如何评价你所在地区的创业环境？
- 如何把握中国经济转型带来的创业机遇？

引例

一、自由女神披和服

日本经济自20世纪60—80年代保持了20多年的高度成长，1968年日本超越联邦德国成为世界第二大经济体，被誉为奇迹。与此同时，欧美发达国家陷入经济停滞。世界范围内，日本经济可谓一枝独秀。日本制造的工业产品行销世界各地，所向无敌。美国在汽车、钢铁、电子等领域节节败退，几乎只有招架之功。广场协议后，美元贬值，日元升值，出现了日本人在全世界的资本输出热潮。日本人大肆购买美国资产，日本著名三菱公司投资14亿美元购买了洛克菲勒中心大厦。在洛杉矶，经过一系列购买行动，日本人很快就在闹市区掌握了几乎一半的房地产；在夏威夷有96%以上的外国投资来自日本，并且主要集中在饭店、高级住宅等不动产方面。到80年代末，全美国10%的不动产已成日本人的囊中之物。1989年9月，索尼公司以34亿美元的高价购买了美国娱乐业巨头，也是美国文化的象征之一的哥伦比亚影片公司，后更名为索尼影像娱乐公司。

目睹本国众多有影响的大公司、大产业转而由日本人充当老板，美国舆论惊呼，这简直是日本第二次入侵美国，上一次是在珍珠港。他们似乎可以买下整个美国，“美国正在变成日本的第四十一个县”。因此，1989年10月美国《新闻周刊》设计了一个著名的封面“自由女神披和服”。

表面上看，日本是一片欢呼之声，而美国是一片哀叹之声，美国人似乎被咄咄逼人的日本赶下世界头号强国的位置。其实，这背后是一场创业革命的较量。1991年“泡沫经济”破灭后，日本经济长期陷入了停滞。而美国通过出售这些过时的企业资产得到的大量资金，为新技术革命奠定了基础。美国率先掀起信息技术革命，先后通过70年代计算机软件和硬件公司的兴起，90年代网络公司的兴起。美国通过创业型经济再次抢得先机，牢固树立经济霸主地位。

20世纪七八十年代美日之间的这场经济较量，令人深思！

二、大众创业，万众创新

2010年中国经济超越日本成为全球第二大经济体之后，中国经济增速持续下滑，过去30多年高速增长积累的矛盾和风险逐步凸显，中国经济明显出现了不同于以往的特征。2014年5月，国家主席习近平提出“新常态”概念描述中国经济的新特征。新常态下，中国经济从高速增长转为中高速增长，经济结构将不断优化升级，经济发展从要素驱动、投资驱动转向创新驱动。

在经济新常态的背景下，中国转型升级需要创新创业来实现。中国总理李克强2014年在夏季达沃斯论坛上表示，要在中国掀起“大众创业”和“草根创业”的新浪潮，形成“万众创新”和“人人创新”的新形态。2015年，“大众创业，万众创新”写入政府工作报告中，并将“双创”提升到新常态下中国经济转型和保增长的新引擎。为此，国家先后出台了《关于大力推进大众创业万众创新若干政策措施的意见》等20多个政策文件，这些文件围绕完善创业环境、优化财税政策、搞活金融市场、扩大创业投资、发展创业服务、建设创业创新平台、激发创业主体活力、拓展城乡创业渠道等，对推进创业创新进行了全方位部署。

"大众创业，万众创新"掀起了一股新的创业浪潮。数据显示，2017年新登记企业607.4万户，平均每天新登记1.66万户，平均每分钟诞生11家公司。

"大众创业，万众创新"的改革举措为社会各界创业提供了环境和条件，无数机会就隐藏在各项改革措施中。

你做好准备了吗？

第一节 创业革命

20世纪80年代以来，管理理论的发展迎来一个新的浪潮，"追求卓越""变革与再造""核心能力""知识管理""学习型组织""敏捷制造""计算机集成管理"等管理思潮一浪推一浪，众多的理论创新背后是时代变化和经济与社会的转型。如何应对变革及动态复杂的环境，成为理论界和实业界关注的热点。

一、创业型经济的兴起

社会形态的划分方式多种多样。如果从支撑经济发展的最基本经济细胞——企业的组织形态来对经济形态进行划分，则人类历史上已经出现过的经济形态可以被划分为工场手工业经济、大公司经济和创业经济。工场手工业型经济是主要以工场手工业这种原始形态的企业组织作为支撑的经济形态，大公司经济是主要以大公司这种科层制企业作为支撑的经济形态，创业经济则是主要以中小创业型企业作为支撑的经济形态。

工场手工业经济出现在公元14—15世纪，这种经济形态中的手工业工场是一种原始形态的企业组织形式，它的经营主要通过家庭作坊或师傅带徒弟的方式完成，其资本积累方式通常是工场主通过自有资本缓慢积累。但是，18世纪后半叶以来的工业革命极大地解放了生产力，由于技术变革带来的机器化生产和企业内部交易成本的大幅下降，使得史无前例地拓展企业边界成为可能，企业组织形态进入一个大公司经济或管理型经济时代。规模和效率成为这个时代的主旋律，企业为了获得成本优势千方百计地实现大规模生产、大规模销售，消费领域也主要表现为规模化的大众消费特征。在石油化工、机械、汽车、钢铁、煤炭、零售等行业规模经济特征最明显，产生了许多大型公司。

20世纪六七十年代以来，环境复杂性、异质性元素的增加，使社会各个层面的变革成为必需。工业型社会向信息与知识型社会转变，信息、知识取代资本，成为关键生产要素。在信息与知识型社会中，交易成本降低、知识价值提升、信息收集方便、创业门槛降低，这些都极大地激发了创业活动。迫于压力，即便是大公司内部和非营利组织也寻求变革创业。美国著名管理学家彼得·德鲁克在1985年提出了"创业经济"的概念。他通过实证分析发现现代经济的支撑力量已经不再是曾经为民众所熟悉的传统大型企业了，数量众多的创业型企业日益成为现代经济的动力之源，创造了无数商业奇迹。

随着管理型经济向创业型经济的转变，在经济发展中，大企业重要性下降、小企业由大企业的追随者变为经济增长的引擎。中小企业在就业、产值、推动创新、技术进步、产业升级、新兴产业发展等方面做出了贡献。20 世纪末的美国，由计算机技术和互联网技术引发的技术革命，为创业活动提供了机会和创业工具，对经济增长的传统模式提出了挑战。产品、技术生命周期的缩短，使得企业竞争优势从传统的对人事、生产、营销、财务等的开发，转移到研发、知识产权、创新、技术策略等的持续创新活动。这种“破坏性创新”的技术变革使得管理型经济时代的一批昔日“恐龙企业”步履艰难，又催生了一批具有创业和创新精神的时代宠儿。这些企业从零开始拔地而起，借助于新技术、新模式、新的商业理念和经营方式获得了巨大的商业成功。这些创业企业在扩张过程中也不再热衷于“大鱼吃小鱼”或者“快鱼吃慢鱼”来扩大规模和市场范围，而是通过捕捉机会，购买更具有创新思想和能力团队或企业来保持其竞争优势。在资本市场上，投资人不再以企业规模、市场份额甚至利润作为投资的依据，而是把新的商业模式、团队的创新能力作为投资的目标。总之，无论是产业界还是资本市场，创新精神和创业活动已经成为企业重要的战略目标，创业型经济确实在方方面面影响着我们的社会。美国创业型经济兴起时代的典型科技企业如表 1-1 所示。

表 1-1 美国创业型经济兴起时代的典型科技企业

创始人	创建企业	创办时间	行业
罗伯特·诺伊斯与戈登·摩尔	英特尔公司	1968 年	芯片制造
杰瑞·桑德斯	AMD	1969 年	芯片制造
比尔·盖茨与保罗·艾伦	微软公司	1975 年	软件
史蒂夫·乔布斯与史蒂夫·沃兹尼亚克	苹果电脑公司	1976 年	计算机
拉里·埃里森	甲骨文公司	1977 年	软件
约翰·沃诺克	Adobe	1982 年	软件
迈克尔·戴尔	戴尔公司	1984 年	计算机
莱昂纳德·波萨克与桑蒂·勒纳	思科系统公司	1984 年	网络设备
艾文·马克·雅各布	高通公司	1985 年	无线通信

专栏 1-1 广场协议

“广场协议”指的是在 1985 年 9 月，由美、德、法、英、日五国财政部长及中央银行行长在纽约广场饭店（Plaza Hotel）举行会议，所达成关于五国政府联合干预外汇市场，使美元对主要货币有秩序地下调，以解决美国巨额的贸易赤字的协议。“广场协议”签订后的 10 年间，日元币值平均每年上升 5% 以上，日本经济迅速泡沫化，并在五年后崩溃，日本因此进入“失去的十年”。

在中国国内，有关“广场协议”有一种阴谋论，认为是西方国家精心策划实施的狙击日本崛起的一场惊天大阴谋。但多数研究者认为，“广场协议”是日本经济和国际贸易关系发展的一个结果，日本经济持续萧条的根源还在于经济结构的自身缺陷和日本政府错误的经济政策。20世纪90年代后，美国靠创业型经济成功击败了日本的商品输入和资本输入，在美日经济较量中取得了胜利。而日本经济在泡沫完全破裂后，"日本制造"被迫全面转型，日本工业从一般的加工制造型企业转向高技术、高附加值产业，日式精细化管理进一步强化。

二、创业精神与经济发展

创业型经济时代出现的背后是快速的社会变革。社会变革所展现的特征使得创业精神和创业活动成为竞争优势的重要来源，扁平、快速、灵活、创意、高科技、流动性等成为适应环境变化的新一代企业的特征。美国卡耐基梅隆大学教授理查德·佛罗里达（Richard Florida）在其著作《创意阶层的兴起》中指出，现代社会已不可能按工业时代用机器、土地等纯物质的拥有量来界定人的阶层，在崇尚知识经济的今天，创意才是最大的财富。无论是信息经济还是知识经济，都不能准确地描绘出经济增长的真正动力，最准确的是创造力。

在英文中，"创业""创业精神""企业家精神"和"创业学"均表示为"Entrepreneurship"。在不同的历史时期，人们对企业家精神赋予了不同的内涵。19世纪早期，法国经济学家萨伊认为企业家精神是企业家将土地、劳动力和资本等生产要素结合起来的管理技能、品质、判断力和毅力等精神。新古典经济学的奠基人马歇尔认为，企业家精神是一种个人特征，包括"果断、机智、谨慎和坚定""自力更生、坚强、敏捷并富有进取心"，以及"对优越性的强烈渴望"。奈特认为，企业家精神是在不确定条件下，以最能动的、最富有创造性的活动去开辟道路的创造精神和风险精神[①]。熊彼特更是明确指出，企业家精神其实是一种首创精神或创新精神，而企业家就是那些有眼光、有能力、敢于冒险实现创新的人[②]。德鲁克认为企业家是创新者，是勇于承担风险、有目的地寻找革新源泉、善于捕捉变化、并把变化作为可供开发利用机会的人[③]。

时至今日，学术界对创业精神的内容做了大量研究，提出了许多创业精神的具体构成维度。其中，大量研究所采用的创业精神核心维度是创新性、冒险性和主动性，这是创业精神的基本特征。创新性指新奇的研发、开发独特的产品、服务方式或生产流程；冒险性指愿意尝试具有较大失败可能性的机会；主动性指在克服障碍时的创造力与持续的努力。

创业精神可以分为三个层次，分别为个体、公司和社会层次。个体层面的创业精神就是创业者在新事业创造过程中所展现的创新、承担风险和主动进取等行为，公司层面的创业精神主要体现在已存在的组织内部创新与风险行为上，社会层面的创业精神包括区域的创新文化和制度环境。

---

① 弗兰克·奈特 . 风险、不确定性与利润 [M]. 郭武军，刘亮，译 . 北京：华夏出版社，2011.

② 约瑟夫·熊彼特 . 经济发展理论 [M]. 北京：商务印书馆，1990.

③ 彼得·德鲁克 . 创新与企业家精神 [M]. 北京：机械工业出版社，2009.

刘常勇教授认为创业精神包括两方面的含义：第一方面是精神层面，代表一种以创新为基础的做事与思考方式；第二方面是实质层面，代表一种发掘机会、组织资源建立新公司，进而提供新的市场价值[①]。

专栏 1-2 创业精神的表现

本书我们关注的主要是个体层面上的创业精神，这种创业精神表现为：

- 在任何环境下有积极应对挑战的意愿和动力；
- 能够认知和捕捉机遇，具有冒险精神，行事往往是先行者；
- 决策果断，制订并实施明确的行动方案；
- 具有创新意识，不尾随别人行事，寻求标新立异，想法和点子多；
- 决不轻易放弃，具有强忍耐力；
- 了解自己现有的资源禀赋及需要去争取的资源量。

企业家精神是一种特殊的思维倾向，一种独特的世界观，一种积极的冒险精神以及自我实现和完善的终极手段。企业家精神的深处隐藏着进取和创造的欲望，对自主与独立的向往，并且通过永不疲惫的努力工作，大胆而谨慎的冒险，永无止境的创新和坚忍不拔的毅力使自己成为企业家梦想的化身。那些拥有这样的梦想，并把自己的热情、灵魂和整个身心投入为实现这些梦想的工作中去的人们就当之无愧地被我们称为企业家。

资料来源：谭劲松．创业与创新战略——理论与案例 [M]. 北京：中华工商联合出版社，2006.

创业在经济发展中的重要作用直到 20 世纪 80 年代才被普遍接受。这是因为主流的经济学家及以欧美为代表的国家政府一直相信大公司创造了整个社会中绝大多数的就业机会、产品和服务，是经济发展的主导力量和社会福利的主要源泉。1979 年，美国麻省理工学院的经济学家伯克（Birch）发表的研究结果震惊了研究人员、政治家和商界。他的研究表明，小企业在工作创造和经济发展中起着重要作用，美国在 1969—1979 年，小企业（雇员等于或少于 100 的企业）创造了 81% 的新工作。自此以后，创业一直被认为是经济发展的重要组成部分。虽然学术界还没有完全信服地揭示创业活动推动宏观经济发展的具体机制和机理，但普遍认为一个国家和地区的长期经济发展离不开创业和创业精神。

创业和创业精神对经济增长的重要作用已见诸大量的文献并得到经验事实的支持，主要表现在：第一，创业精神和创业活动催生了大量中小或微型企业，这些新创企业为经济总量、政府税收、就业等做出了巨大的贡献。第二，频繁的创业活动促进了技术创新和变革，一批新兴企业在创立之后高速健康发展，成为国家经济的中流砥柱。第三，一些成熟企业通过公司创业获得新生和持续发展的竞争力，使得“昔日的大象”能够“翩翩起舞”。第四，创业活动使许多追求自我价值的人实现了自我雇用的理想，提高了他们在经济活动中的主观能动性，也提高了资源配置的效率。

---

① 刘常勇．创业管理的十二堂课程 [M]. 台北：天下远见出版股份有限公司，2003.

专栏 1-3　争鸣

美国著名创业研究学者 Scott Shane 在分析了美国 1899—1988 年的历史数据之后，研究得出一个最有争议的论点：创业活动与经济增长之间存在负相关关系。他的解释是，也许在经济状况不佳时，人们不容易找到工作，所以更倾向于从事创业活动。不过，他本人认为，还需要对此做进一步的研究。

资料来源：Shane Scott.Explaining Variation in Rates of Entrepreneurship in the United States:1899—1988[J].Journal of Management，1996，22（5）:747-781.

三、改革开放后中国的创业浪潮

从宏观上看，私人经济的重新萌生和快速发展是改革开放以来我国经济生活中的一个重要现象。说它重新萌生，是因为中华人民共和国建立之初，私营经济就允许存在，并在生产和生活中发挥了重要作用，为开国之后国民经济的恢复和发展做出了贡献。但由于对社会主义初级阶段的认识不足和极“左”错误思想的严重影响，我国私人企业在 20 世纪 50 年代中期左右已经基本被消灭，个人在商业领域的创业活动在我国经济生活中彻底消失。但是在改革开放的大环境下，私人经济从无到有，凭借自己的顽强生命力或明或暗不断成长，在国民经济中占据了一席之地，成为社会主义市场经济的一个重要组成部分。这期间，一批又一批创业者或在改革的夹缝中谋机会求生存，或在开放的时机中搏击弄潮，顽强地掀起了 4 波创业浪潮。

中国改革开放后的第一波创业浪潮出现在 1978—1988 年，这一波的创业特征可以用“体制边缘，创业暗流”来描述。说“体制边缘”是因为这时期的创业者大多数是农村中的“能人”和城市中在体制内混得不好的边缘人群，主要表现为农村出现的各种专业大户和城市雇工大户。他们的企业经营业务主要集中在与基本生活消费息息相关的种植、养殖、食品、服装等领域，或者倒买倒卖的商业领域。说“创业暗流”是因为这期间由于私人企业没有获得合法地位，创业者要冒着坐牢甚至生命危险暗中创办和经营企业，或者只能戴着“小帽子”（注册为个体户）、“洋帽子”（注册为外资企业）、“红帽子”（注册为集体企业）隐蔽发展。直到 1987 年年初，中共中央才第一次承认“少量私人企业的存在是不可避免的”。1988 年 4 月，全国人大七届一次会议通过宪法修正案，第一次肯定了私营经济的合法地位，但也明确规定只把它作为社会主义经济的一个必要的、有益的补充，限制在一定范围内发展。[①]

第二波创业浪潮出现在 1992 年以后，这时期的创业者很多是政府机构、科研院所和国有企业里的大批知识分子“下海”从商，这批从体制内出来的创业者素质和教育程度都比较高，他们创业的企业经营业务范围也很广泛，尤其在房地产和外贸领域取得了巨大的利益。

第三波创业浪潮出现在 1995—2000 年前后中国互联网创业的窗口期，这时期的创业

① 木志荣 . 中国私营经济发展研究 [M]. 厦门：厦门大学出版社，2004.

者很多具有海外留学背景，掌握先进的互联网技术，或者具有非凡的远见和创新能力，敢于学习和模仿国外互联网创业模式。这一波创业者具有很多特点，如几乎与传统体制没有瓜葛，政商关系比较简单，一降生就与创业投资模式和西方资本市场相连，遵照其规则行事，致力于创新，实现知识与资本的结合，靠技术、模式、创业资本和团队等取得成功，几乎没有原罪问题。

第四波创业浪潮从 2014 年前后开始，这是一次全民创业浪潮，根本动因一方面是中国经济进入新常态需要转型升级，政府提出“大众创业，万众创新”，把创新创业活动提升到中国经济转型和发展新引擎来不遗余力地鼓励和推动。另外，由于信息技术革命，尤其是移动互联网技术、大数据技术、云计算技术的发展，创业门槛变得很低，更广泛的人群投入基于互联网的创业活动，如“互联网 +”、O2O 电商、P2P 互联网金融等领域。这一波的创业者人群非常广泛，包括大学生、科技人员、公司白领、公务人员、农民等，形成了一股大众创业浪潮。据统计，2014 年中国创业产生的企业数量创历史新高，达到 365 万家。2015 年以来，我国每天新增的企业数量将近 1.2 万家。2016 年平均每天新登记 1.66 万户，平均每分钟诞生 11 家公司。

专栏 1-4　“84 派”“92 派”和“15 派”创业者

“84 派”：1984 年年初，邓小平第一次南下特区视察。伴随改革开放的春风，加上敏锐的眼光，中国第一代企业家和创业者应运而生，如今仍活跃在商界的代表人物有柳传志、张瑞敏、任正非、宗庆后、刘永好、王石、……他们被称为“84 派”。第一代企业家成长在动荡年代，基本上是那些文化程度偏低者，以乡村能人和城市边缘人群居多。

“92 派”：1992 年，大批在政府机构、科研院所的知识分子受邓小平南方谈话的影响，纷纷主动下海创业，形成了以陈东升、田源、郭凡生、冯仑、王功权、潘石屹、易小迪等为代表的企业家。“92 派”是中国现代企业制度的试水者，是反映中国改革进程的一个重要群体。他们了解这个国家，深谙体制，理解中国社会发展的大脉络，熟悉经济运作，有大情怀。

“15 派”：2015 年，“大众创业，万众创新”被写入总理政府工作报告。此后，一股创业创新的风潮席卷全国，千千万万创业者的激情和梦想再次被激活，喷薄而发。这次创业大潮涉及的人群更为广泛，影响也更大。移动互联网及“互联网 +”是本次创业潮的最大特征。

资料来源：作者根据互联网资料自行整理。

改革开放后中国创业浪潮中的典型代表，详见表 1-2。

表 1-2　改革开放后中国创业浪潮中的典型代表

	创始人	创建企业	创办时间
第一波创业浪潮	鲁冠球	浙江萧山宁围公社农机厂（万向集团前身）	1969 年
	年广久	傻子瓜子	1979 年
	刘永好兄弟	四川新津县育新良种场（希望集团前身）	1982 年
	许连捷	恒安集团	1985 年

（续表）

	创 始 人	创 建 企 业	创 办 时 间
第二波创业浪潮	郭广昌	上海广信科技发展有限公司（复星集团前身）	1992 年
	冯仑	海南农业高技术联合开发投资公司（万通集团前身）	1991 年
	陈东升	中国嘉德国际拍卖有限公司	1993 年
	郭凡生	慧聪公司	1992 年
	俞敏洪	新东方	1990 年
	田源	中国国际期货经纪有限公司	1992 年
	朱新礼	汇源集团	1992 年
第三波创业浪潮	张树新	瀛海威	1995 年
	张朝阳	爱特信公司（1998 年更名为搜狐公司）	1996 年
	丁磊	网易公司	1997 年
	王志东	新浪公司	1998 年
	马化腾	深圳市腾讯计算机系统有限公司	1998 年
	刘强东	京东公司	1998 年
	马云	阿里巴巴集团	1999 年
	李彦宏	百度公司	2000 年
第四波创业浪潮	程维	2012 年，程维在北京创办小桔科技，推出滴滴打车。同年，陈伟星在杭州推出快的打车。	2015 年，滴滴打车与快的打车合并成立滴滴出行。
	王兴	北京三快在线科技有限公司（美团网）	2010 年
	张一鸣	北京字节跳动科技有限公司（今日头条）	2012 年
	胡玮炜 王晓峰	北京摩拜科技有限公司（摩拜单车）	2015 年

专栏 1-5

扫描二维码，阅读《恒安许连捷：从农民到商业教父》。

专栏 1-6

扫描二维码，阅读《企业家将决定中国增长潜力》。

第二节 创业环境

创业环境是指那些与创业活动相关联的因素的集合，包括宏观环境、行业环境和微观环境。一个国家或地区的创业活动的数量和质量，在很大程度上取决于创业者所处的创业环境条件。

一、GEM 创业环境因素

在国际创业研究领域负有盛名的全球创业观察组织（The Global Entrepreneurship Monitor，GEM）是英国伦敦商学院（London Business School）和美国百森学院（Babson College）共同发起成立的一个旨在研究全球创业活动态势和变化、发掘各国创业活动的驱动力、研究创业与经济增长之间的作用机制和评估国家创业政策的研究项目。GEM 提出了影响创业的 12 个环境要素（图 1-1），即创业融资、政府相关支持政策、政府税收和管理体制、政府项目、学校创业教育和培训、离校后创业教育和培训、研发转化、商业和法律基础、内部市场动态性、内部市场压力和准入管制、有形基础设施、文化和社会规范。这些环节因素的具体定义见表 1-3。GEM 的研究模型认为，这些创业环境条件决定了一个国家或地区的创业机会和创业能力，而创业机会和创业能力的合成促进了创业活动的形成，最后创业活动直接影响经济发展。

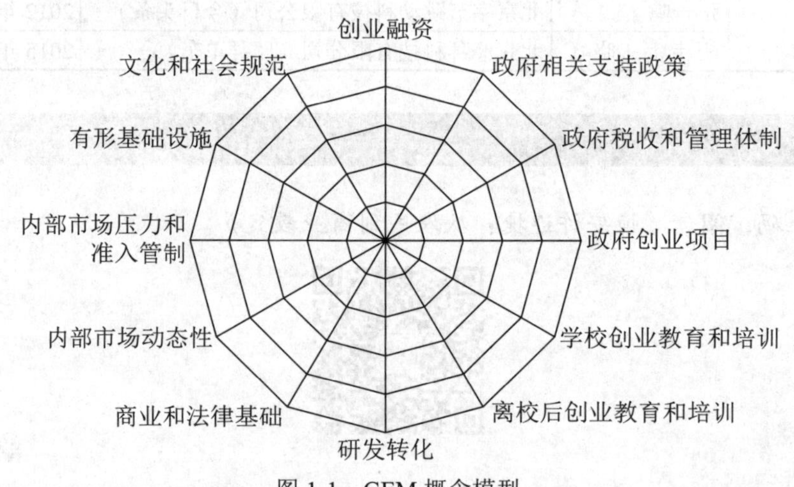

图 1-1 GEM 概念模型

表 1-3 GEM 定义的创业环境要素汇总

要 素	定 义
创业融资	中小企业以股权和债权等形式获得金融资源的可能性，包括基金和补贴
政府相关支持政策	公共政策支持创业的力度，指把创业当作重大经济议题的政策
政府税收和管理体制	公共政策支持创业的力度，指中性的或鼓励新企业和中小企业的政府税收政策或法规

（续表）

要　素	定　义
政府创业项目	对中小企业具有直接帮助作用的政府项目数量和质量，这些项目包括国家和区域等政府各个层面
学校创业教育和培训	在创建企业或者管理中小企业方面能提供的教育和培训程度，指在基础教育（小学和中学）中创业教育情况
离校后创业教育和培训	在创建企业或者管理中小企业方面能提供的教育和培训程度，指中学之后（职业学校、大学、商学院等）的创业教育水平
研发转化	国家研发成果转变为新商业机会或被中小企业利用的程度
商业和法律基础	知识产权、商业贸易、会计、法律、评估等服务和制度等对支持或促进中小企业的程度
内部市场动态性	指市场变化程度，变化产生更多的创业机会
内部市场压力和准入管制	指新企业自由、公平地进入已有市场的程度
有形基础设施	按一定的价格获取通信、公用事业、运输、土地等有形资源的容易程度，中小企业在使用或获取这些资源时不被歧视
文化和社会规范	社会和文化标准在个人独立创新、产生新的商业手段、潜在增加个人收入和财富等方面的鼓励或允许程度

通过对这些环境因素的观察分析，GEM 从 1999 年开始每年发布报告对参与国家或地区的创业环境进行评分排名。2017 年 1 月，GEM 发布了第 18 个年度报告——全球创业观察 2016/2017 年度全球报告。在创新驱动经济体中，创业生态系统整体而言最为完善。在要素驱动经济体中，研发转化、创业融资，内部市场压力与准入管制，被认为是限制创业最突出的因素。在效率驱动经济体中，主要是研发转化、政府政策、税收和政府管理体制；政府创业项目方面，要素驱动和效率驱动经济体中的专家给予的评分较低；离校创业教育，以及内部市场动态性的评分，在不同发展阶段经济体中，评分基本一致。从地理区域角度分析，北美地区创业生态系统的支持性最好；非洲地区、拉丁美洲和加勒比地区，支持性最低，尤其在融资、学校创业教育、研发转化、市场压力和准入管制方面。就单个经济体而言，部分经济体（如瑞士、荷兰）在创业生态系统的大部分要素条件上，均表现出较高的评分。①

根据清华大学中国创业研究中心 2016 年年末发布的《全球创业观察 2015/2016 中国报告》，中国的创业环境在参加全球创业观察的 65 个国家和地区中居于中游水平。2002—2012 年，中国创业环境条件总体上在逐步改进，创业环境综合指数从 2002 年的 2.69（满分 5 分）提高到 2012 年的 2.8。但从历史比较的角度看，还没有得到十分有效的改善。《全球创业观察 2015/2016 中国报告》指出，中国创业生态环境总体表现良好，但商务环境和学校创业教育培训等方面亟须改善，与上一年度相比，政府政策方面得分显著提高，金融支持和政府项目方面有所提升。这些改进与国家大众创业、万众创新的政策实施有直接关系。具体而言，中国在银行贷款、政府扶持创业项目数量、中小学创业教育、中小企业新技术获取、专业的商业金融服务和市场进入壁垒等方面表现较差，需要大力改善。②

① 读者可以通过全球创业观察（GEM）英文官网：http://www.gemconsortium.org，了解最新全球创业观察年度报告。

② 读者可以通过清华大学中国创业研究中心网站：www.sem.tsinghua.edu.cn，获得最新全球创业观察中国报告。

除了GEM创业环境模型外，清华大学启迪创新研究院、中国人民大学调查与数据中心、创业邦研究中心等机构也向社会公开发布中国城市创新创业环境排行榜（指数）。

专栏 1-7 最佳创业城市调查

自 2012 年起，创业邦研究中心连续四年推出“中国最佳创业城市”榜单以及中国创业创新指数，旨在为中国的创业者寻找适宜的创业城市，以及为各地政府构筑创业创新生态系统提供有价值的参考。2015 年 10 月 28 日，基于经济发展、创新能力、创业成本和创业活力等评价指标，创业邦正式对外公布了“2015 中国最佳创业城市”等榜单，如表 1-4 ～表 1-7 所示。

表 1-4 2015 年中国内地最佳创业城市

排名	城市	梯队	排名	城市	梯队
1	北京	1	11	西安	3
2	上海	1	12	宁波	3
3	深圳	1	13	重庆	3
4	杭州	2	14	厦门	3
5	广州	2	15	长沙	3
6	苏州	2	16	大连	3
7	天津	2	17	常州	3
8	南京	2	18	沈阳	3
9	武汉	2	19	无锡	3
10	成都	3	20	青岛	3

表 1-5 2015 年中国内地创业成本最高城市

排名	城市	排名	城市	排名	城市	排名	城市
1	广州	6	杭州	11	沈阳	16	武汉
2	北京	7	天津	12	温州	17	济南
3	上海	8	福州	13	南京	18	青岛
4	深圳	9	苏州	14	大连	19	昆明
5	厦门	10	成都	15	佛山	20	重庆

注：排名依据 2014 年各城市劳动力成本（在岗职工月均工资）、房租成本（写字楼成交均价）和宏观税负。

表 1-6 2015 年中国内地融资环境最好 20 城市

排名	城市	排名	城市	排名	城市	排名	城市
1	北京	6	苏州	11	南京	16	长沙
2	上海	7	天津	12	成都	17	福州
3	深圳	8	重庆	13	温州	18	济南
4	杭州	9	武汉	14	东莞	19	扬州
5	广州	10	青岛	15	宁波	20	无锡

注：排名依据 2014 年各城市 VC/ 天使投资机构数量、投资额度、投资案例数量、政府引导基金投入总额。

表 1-7 2015 年中国内地创新能力最强 20 城市

排 名	城 市	排 名	城 市	排 名	城 市	排 名	城 市
1	北京	6	天津	11	西安	16	合肥
2	深圳	7	广州	12	宁波	17	大连
3	上海	8	杭州	13	常州	18	郑州
4	苏州	9	武汉	14	长沙	19	扬州
5	南京	10	厦门	15	成都	20	东莞

注：排名依据各城市人口素质、研发投入、融资环境、创新产出。

资料来源：创业邦网站 . http://www.cyzone.cn/.

二、中国经济模式转型对创业活动的影响

1978—2008 年中国改革开放 30 年来年均 10% 的经济增长率主导了人类历史上最耀眼的经济革命，改变了 1/4 人类的生活状态和生活方式。中国经济模式取得成功的主要原因是面临稳定的国内环境，在“摸着石头过河”的改革中实现制度的不断修正，在对外开放中吸收技术、知识、资本以及其他模式的经验，集中高效的政府主导经济，赶上全球化进程中的国际分工机遇，全球首屈一指的廉价的中国劳动力大军。在这场创造中国经济奇迹的历史变革中，一批又一批创业者利用有利的环境优势，把握住了创业机遇，成就了梦想，演绎了动人心弦的创业财富神话。

但是，2008 年发生金融危机以来，世界经济形势发生了巨大的变化。欧美很多发达国家经济深陷泥潭，新兴经济体的经济增长速度也趋缓，全世界经济面临低迷徘徊和不确定性。全球经济总体表现增长乏力，中国经济也不可能独善其身，旧的经济模式已经不可持续，经济增长进入新常态，中国经济正面临转型期。中国经济转型升级需要创新创业来实现，同时给创业活动带来了机遇和挑战。

（1）李克强总理在 2014 年 9 月夏季达沃斯论坛上首次提到“大众创业，万众创新”，随后多次对大众创新创业做出重要指示，并写入 2015 年政府工作报告中，强调将“大众创业，万众创新”提升到中国经济转型和保增长的新引擎。国家依靠创新激发增长动能从上至下已经形成共识，关于鼓励和促进创业的各种政策和服务仍将源源不断地出现。

（2）互联网带来的创业红利在今天远没有被完全开发。互联网正在变成一个强大的、新兴的生产力，随着移动互联、云计算、大数据等技术的发展，互联网会以我们想象不到的速度和程度去颠覆许多行业。互联网技术的发展猛烈冲击了传统企业原有的生产模式、营销模式、品牌运营模式等内部管理模式和外部企业生态系统，传统产业与互联网相结合的“互联网 +”模式正在深刻地影响着经济和社会生活。传统经济模式下的企业成本优势以及大规模制造优势丧失，转型升级倒逼企业技术升级和重新组合生产要素。“互联网 +”行动计划促进了新产业、新业态、新模式的孕育，新需求、新动力酝酿突破，有利于创业企业的诞生和发展。

（3）党的十九大报告指出，中国特色社会主义进入新时代，我国社会主要矛盾已经转化为人民日益增长的美好生活需要和不平衡、不充分的发展之间的矛盾。这个重大判

断，为新时代谋划发展、推动发展指明了方向。我国经济转型必须解决区域经济发展不平衡，投资与消费关系严重失衡，制造业核心竞争力不强，第三产业比重过低等结构性问题。转型过程中经济结构的提升会给创新创业带来巨大的历史机遇。例如，立足内需，消费升级过程中服务业必然成为我国未来发展的增长点，金融服务、科技服务、文化服务、现代物流、电子商务、健康养老等高端和新型服务领域，蕴含着巨大的创新创业机会。

（4）经济转型过程中要推进传统产业技术改造、转型升级，培育发展战略性新兴产业、绿色产业和现代服务业。在新的科技与产业革命大潮中，为了实现中国制造业强国的目标，国务院于 2015 年 5 月公布了《中国制造 2025》，该行动计划鼓励发展智能制造、工业机器人、集成电路制造、物联网智能、终端设备制造、新能源、新材料、生物医药、航空航天、3D 打印、大数据开发和绿色环保产业等。打造中国制造升级版的过程将进一步推进信息化和工业化的深度融合，为创新创业活动提供了巨大的机会。

（5）改革开放四十年孕育了一个基础庞大的富裕阶层，也扩大了知识阶层，从创业所需的资金和创业所需的必要的技术手段与知识储备来讲，创业成为可负担的行为。另外，实用主义盛行的社会风气，使得对财富、成功、名誉的追逐在今天不再是令人羞于启齿的话题。马云、刘强东等商业明星带来示范效应的同时，也激荡着青年们渴望商业成功的心。

- 随着管理型经济向创业型经济转变，创新精神和创业活动已经成为企业重要的战略目标，一个国家和地区的长期经济发展也离不开创业与创业精神。
- 创业精神的核心维度是创新性、冒险性和主动性，创业精神可以分为个体、公司和社会三个层次。
- 改革开放至今中国经历了四次创业浪潮。
- GEM 研究模型提出了十二个创业环境要素：创业融资、政府相关支持政策、政府税收和管理体制、政府项目、学校创业教育和培训、离校后创业教育和培训、研发转化、商业和法律基础、内部市场动态性、内部市场压力和准入管制、有形基础设施、文化和社会规范。
- 后金融危机时代，中国经济转型升级需要创新创业来实现，同时对创业活动带来了机遇和挑战。

1. 试分析比较工场手工业经济、大公司经济和创业经济的特点。
2. 美国在 20 世纪六七十年代创业型经济兴起的背景是什么？
3. 观察你身边的创业者，说说创业精神的核心特征和表现形式。
4. 收集资料，在改革开放以来四次创业浪潮中各选取一个典型人物，讲述他（她）的创业故事。
5. 根据 GEM 创业环境要素模型，通过走访当地有关部门（如科技局、创业园、大学等）

和调查，了解你所在地区的创业环境。

6. 创业者应该如何抓住中国经济转型升级的机会？

7. 链接 GEM 官方网站：www.gemconsortium.org，关注 GEM 最新年度报告，跟踪了解我国及全球创业环境和创业动态。

8. 查阅清华大学启迪创新研究院、中国人民大学调查与数据中心、创业邦研究中心等机构官网，了解近三年我国主要城市最新创业环境排行榜（指数）。

9. 向班级推荐一个适合去创业的城市，并说明这个城市的创业环境特点。

扫描二维码，阅读案例故事《滕达：披荆斩棘创业路》。

第二章　创业过程

伟大是熬出来的。

——冯仑

学习痛点

- 什么样的行动才是创业行为？
- 成功的创业行为具有哪些特点？
- 可以投身的创业活动类型有哪些？
- 创业过程的关键阶段和要素是什么？
- 什么因素影响了你的创业过程？
- 创业研究的脉络是什么？

引例

大学是一个创造知识、传播知识的地方，大学校园是一个象牙塔世界。但是随着以经济建设为中心的改革开放的不断推进，商业风气不断吹送到校园里。校园里越来越多的学生积极从事不同于传统的社会实践或社团活动的课外活动，大学生这种体验式的商业活动成为大学校园文化的一大亮点。以下是厦门大学创业联盟提供的几个案例：

1. 厦门大学艺术学院2012级郝同学，经常会接一些室内室外的涂鸦和一些油画的订单，每次小到500元，大到10 000元，有了一定的收入，从大一下学期开始就再也没有向家里要过生活费。

2. 厦门大学法学院某女生，自己做凉皮，晚上在宿舍楼下进行售卖，一个月赚了近万元。

3. 厦门大学管理学院2013级王同学，从中介公司接到英语家教订单，每周两节课，一节课150元。家教已经做了有一年的时间，后来他又接了一个数学家教订单，每周2节课，一节课160元。他现在一个月能赚到3 000多块钱。

4. 厦门大学某学院的汪同学，与室友合伙买了打印机和汽车电瓶。带上电脑、单反、打印机和做好的明信片空白相纸，到芙蓉湖、上弦场、情人谷给游客拍照，打印成照片明信片卖给游客。

5. 厦门大学公共事务学院某女生在自己的微信朋友圈做化妆品等一些轻奢品的代购。

6. 厦门大学管理学院叶同学在宿舍囤积大批零食、日用品，卖给其他宿舍不愿意出门去超市的同学。

7. 厦门大学外语学院冯同学在互联网上接单，为别人翻译文稿，每次能获得几百元酬劳。

8. 厦门大学人文学院常同学在校期间参与组织厦门大学手绘地图绘制工作，毕业后成立广告公司，负责厦大校内全部地图绘制印刷工作，以厦大为起点逐步拓展在整个厦门的市场。

9. 厦门大学英语专业2012级本科生高同学，一直十分关注听觉障碍人士沟通问题，为了给听觉障碍人士提供方便，成立了手语翻译志愿服务队，大二时，高同学等8位同学成立厦门手望翻译服务有限公司，提供手语翻译服务同时推广手语，唤起大众公益心。

这样的例子在大学校园里越来越多，那么，大学生在校园里参加的哪些商业活动属于创业活动，哪些活动不属于创业活动？什么样的行动才是创业行为？成功的创业行为具有哪些特点呢？回答这些问题，需要了解创业的内涵、过程、类型等基本知识。

第一节　创业内涵

在英文里，创业和企业家精神都用 entrepreneurship 表示[①]。创业者或企业家（entrepreneur）一词源于法语“entreprendre”，最早见于16世纪，指的是参与军事征战的人。18世纪初，法国人又将该词用于从事探险活动的人。从中文字义上来看，“创业”指“创立事业”或者“开创事业”。我们在日常生活中，“创业”所指的含义非常广泛。在学术界，“创业”一词也成为使用频率最高的学术概念之一，学者们对创业内涵做出了更深刻的认识。

一、创业的定义

由于研究视角的不同，来自不同领域的学者对创业所做的定义也不尽相同。有的定义强调识别和捕捉创业机会，有的定义强调的创新、风险和信息，有的定义强调创业者的个性心理和认知特性，有的定义强调创建新组织和价值创造，有的定义强调社会网络和社会资源。以下是有关创业的几种典型定义：

霍华德·H. 斯蒂文森（Howard H.Stevenson）（1985）：创业是不拘泥于当前资源条件的限制下，不管是独立地还是在一个组织内部，追踪和捕获机会，将不同的资源进行组合，以便利用和开发机会并创造价值的过程[②]。

杰弗里·A. 蒂蒙斯（Jeffry A. Timmons）（1999）：创业是一种思考、推理和行动的方法，它不仅要受机会的制约，还要求创业者有完整缜密的实施方法和讲求高度平衡技巧的领导艺术[③]。

Shane & Venkataraman（2000）：创业致力于理解创造新事物的机会是如何出现并被特定个体所发现或创造的，这些人如何运用各种方法去利用或开发它们，然后产生各种结果[④]。

Bruyat & Julien（2001）：创业是行为主体在动态的时间与环境中通过一定的组织形式来发掘、利用潜在机会创造价值的过程[⑤]。

专栏 2-1　早期创业定义的扩展

法国经济学家理查德·坎蒂隆（Richard Cantillon）在1755年出版的《商业性质概论》

---

① 英文表示“创业”的词还有 start-up、venture 等。

② Stevenson H.The heart of Entrepreneurship[J].Harvard Business Review，1985:85-94.

③ Timmons，J.A.，New Venture Creation: Entrepreneurship for 21 century [M].Illinois，Irwin，1999.

④ Shane，S.，Venkataraman，S.，The Promise of Entrepreneurship as a Field of Research [J]. Academy of Management Review，2000，Vol.25，Issue 1: 217-226.

⑤ Bruyat，C.，Julien，P.，Defining the Field of Research in Entrepreneurship [J].Journal of Business Venturing，2001，Vol.16，Issue 2: 165-180.

中，首次将创业定义为承担某种风险的活动。

18 世纪后期，法国重农学派的创始人和领袖弗朗斯瓦·魁奈（Francois Quesnay）把从事农业栽培的人称为企业家。

1803 年，法国经济学家让·巴蒂斯特·萨伊（Say，Jean Baptiste） 在其代表作《政治经济学概论》中，认为创业者（企业家）是在生产和分销系统中都处于核心作用，具有判断力、忍耐力等特殊素质以及掌握了监督和管理才能的人。

美国芝加哥学派创始人富兰克·奈特（Frank Hyneman Knight）在 1921 年出版的《风险、不确定性和利润》中，把创业者定义为不确定性的管理者。

美国经济学家约瑟夫·熊彼特（Joseph Alois Schumpeter）在 1912 年出版的《经济发展理论》和 1950 年出版的《资本主义、社会主义和民主主义》等著作中提出，企业家就是实现和执行生产要素重新组合的人，并将这个过程称为“创造性破坏”（creative destruction）。

我们可以从外延和内涵两个方面来认识创业的概念。从外延看，可以将创业的定义从狭义和广义两个层次来理解：狭义的创业是指“创建一个新的企业”，这是一个创造出新颖的产品或服务，并力求实现其潜在市场价值的动人梦想与艰难过程。简单来说，创业就是创办新企业。广义的创业指“创造新的事业”，也就是说，所有创造新的事业的活动都是创业活动。“新的事业”可以是新建企业组织，也可以是企业内部公司创业，还可以包括创造和经营官方组织、非官方组织、非营利组织等社会创业活动。因此，从广义看，创业已不再仅仅是传统意义上的小企业创建范畴。创业活动在组织形式上表现为：个体创业、公司型创业和社会型创业。

从内涵看，不少学者通过考察和归纳各种定义的关键词，得出创业概念的本质属性。如表 2-1 所示，这些定义的关键词反映了创业概念内涵的不同侧面。利润、价值、获利、成长等反映出创业的目标；机会、变革、新事业、新企业、新产品、新市场、资源组合、管理、已有企业等是实现目标的手段；创造、风险管理、超前认知与行动、首创、活动过程等反映的是创业活动的属性。

表 2-1 创业定义中的关键词

序号	关 键 词	频数	序号	关 键 词	频数
1	启动、创建、创造	41	8	管理	22
2	新事业、新企业	40	9	统帅资源	18
3	创新、新产品、新市场	39	10	价值创造	13
4	追逐机会	31	11	追求成长	12
5	风险承担和管理、不确定性	25	12	活动过程	12
6	追逐利润、个人获利	25	13	已有企业	12
7	资源或生产方式新组合	22	14	首创活动、做事情、超前认知与行动	12

注：表格只是列出了超过 10 个以上频数的关键词。

资料来源：Morris M，Lewis P，and Sexton D.Reconceptualizing Entrepreneurship:an Input-output Perspective[J]. SAM Advanced Management Journal，1994（1）:21-31.

专栏 2-2　有关创业的误解

斯晓夫教授从与 100 名我国创业者的访谈调查中，总结出了人们对于创业的误解，主要表现在以下方面：①创业一定要跟风，风来了猪都可以飞起来；②创业就是为了赚钱；③创业就是赌一把；④把创业和经商相等同；⑤把创业环境等同于投资环境；⑥创业是一个人的事，一个人做决定；⑦创业与创业教育没有关系；⑧创业是政府工作的主要部分；⑨创业没有理论，也不需要理论研究；⑩创业者是天生的；⑪把创业等同于中小生意或中小型企业。

资料来源：斯晓夫 . 成功创业是中国未来经济发展的关键 [N]. 解放日报，2011-09-04.

二、创业的特点

我们可以从众多的创业活动中，总结提炼出成功的创业应该具有的特点。先看下面的案例。

美亚柏科

1988级厦大校友滕先生，毕业后创办了自己的企业，最初以组装PC机等硬件业务为主。然而随着硬件价格不断下跌，企业的利润空间不断缩小，滕先生发现，在国内搞计算机硬件前途不大，而软件想象空间漫无边际，于是开始在软件领域寻找新出路。1999 年公司接到了厦门公安部门的一单业务，开发一项关于信息安全的搜索技术。完成任务后，滕先生敏锐地发现，他们实际上填补了国内此领域的空白。于是滕先生迅速抓住“网络信息安全技术”这一在国内外都有很大发展前景的机会，成立厦门市美亚柏科资讯科技有限公司，并以信息网络安全技术的开发和应用作为主营业务。经过 18 年的坚持改进，最终将这个产品发展成为现在的网络舆情导控平台，服务于全国 469 家客户，每年的营业额占到公司销售收入的 1/4 左右。而通过抓住奥运会期间国家需要信息网络安全维护技术支撑的机会，美亚柏科在中标后声名鹊起，成了国内外电影大片的“知识产权网络维权专家”。如今，公司已经成为总市值超过 200 亿元的国家高新技术企业，主要服务于司法机关和行政执法部门，国内市场占有率第一，被认定为国家规划布局内重点软件企业、国家创新型试点企业和国家火炬计划重点高新技术企业，承担国家“十二五”科技支撑计划项目等 30 余项。

借力修天桥

在天津生活的人都知道国际商场，国际商场邻南京路是一条十分繁忙的主干道，道路对面就是滨江道繁华的商业街。在国际商场刚开业时，门口并没有过街天桥，行人穿越南京路很不方便，也不安全。应该修建天桥，这是很正常的事情，估计经过那里的人都会很自然地想到这一问题。但是，估计绝大多数有这样认识的人会觉得这个天桥应该由政府来修，所以想想或是发发牢骚也就过去了。有一天，一位年轻人也产生了这样的想法，但他没有认为这是政府应该干的事情，而是立即找政府商量，提出自己出钱修建国界天桥，希望政府批准，前提是在建好的天桥上挂广告牌。不花钱还让老百姓高兴，而且天桥也不会注明谁出资修建，政府觉得不错，就同意了。这位年轻人拿到政府的批文，就立刻去找了可口可乐等著名公司，洽谈广告业务，在这么繁华的街道上立广告牌，当然是件好事情。就这样，这位年轻人从大公司拿到了广告的定金，用这笔钱修建了天桥还有剩余。天桥建好了，广告挂上了，年轻人从大公司拿到余款，这就是他的第一桶金。

爱无须多"言"

厦门大学英语专业2012级本科生高同学，一直十分关注听觉障碍人士沟通问题，并对手语学习有很大热情。为了给听觉障碍人士提供方便，成立了手语翻译志愿服务队，免费对厦大志愿者提供手语培训，并为听觉障碍人士提供手语翻译服务。大二时，高同学等8位同学成立厦门手望翻译服务有限公司，提供手语翻译服务同时推广手语，唤起大众公益心。公司兼顾公益性和商业性，一方面出于公益性目的帮助听觉障碍人士免费做手语翻译；另一方面，一些主办方是听觉能力健全的人的大型赛会，出于商业目的和自身发展的需要会邀请手语翻译，在这些项目上就进行收费，统筹资金，促进公司持续发展。

天进品牌策划

天进品牌管理有限公司的董事长冯女士，1989年毕业于厦大广告系，毕业后，冯女士回到家乡佛山发展。当时，中国本土的品牌策划行业才刚刚兴起，佛山的广告市场更是刚刚开辟，冯女士抓住机会，成立原野策划广告事务所，很快取得可观的业绩。26岁时，冯女士就被评为佛山三大广告人之一。1998年，冯女士到广州发展，成立天进品牌管理有限公司，将目光投向了品牌意识比较薄弱的华南、广东地区的客户市场，率先开发这一市场，通过学术营销、案例营销来强化传统企业家薄弱的品牌意识，为其灌输品牌思想与方法论。经过多年的努力，天进逐渐提升品牌咨询、品牌战略、品牌规划等工作价值，同样也获得了越来越可观的回报。咨询费用也从免费到50万元、100万元甚至两三百万元，一步一步地提升，见证着天进的腾飞。

父母冷暖我先知

厦门大学1998级企业管理专业本科生余同学，2013年回到厦大继续深造。在校期间，他得知在新加坡的兄长带领学生研发出了全光非接触式人体检测技术，这种技术不需要在人体上捆绑任何设备，只需要在椅垫或床垫下放上全光纤传感器，就可对呼吸、心跳、血压进行实时监测。可是，这个技术除了可用于一些因身体、卫生等原因无法使用直接接触式检测仪的人群外，还有什么更大的、可分享的价值呢？经过余同学和同伴的头脑风暴，他们想到，很多远行在外的人最关心的就是父母的身体状况，他们常常希望能够及时，甚至是随时了解父母的身体健康。这给余同学带来了灵感，只要在父母睡觉的床垫下放上全光纤传感器，每次父母休息的时候，这些检测设备就可以发挥作用，收集呼吸、心跳、血压等生命体征数据，通过蓝牙或无线网络把数据传到计算机里，再传到互联网上，继而发送到子女的手机或者计算机里，这样就可以及时掌握父母的身体状况了。基于这个创意，余同学与另外两位合伙人成立了苏州安莱光电科技有限公司，致力于开发基于光纤传感的智能健康监测系统，并获得了成功。

通过对以上案例的分析，可以发现成功的创业活动具备以下特点：

（1）机会导向。创业活动的开展往往是因为创业者发现了有价值的机会，识别、评估和开发机会是创业过程中的核心任务。例如，厦门大学校友滕先生早在 1999 年就敏锐地发现了基于“网络信息安全技术”的创业机会，成立厦门市美亚柏科资讯科技有限公司，并以信息网络安全技术的开发和应用作为主营业务，公司于 2011 年在深交所创业板正式挂牌上市。

（2）整合资源。资源的种类很多，包括有形资源和无形资源，物质资源和非物质资源，它们是创业者开发和利用机会必须具备的前提。对创业者而言，自身所具备的知识、技能、社会关系网络、专长、组织领导才能、沟通能力、对市场和顾客需求的特别洞察能力，甚至兴趣爱好都可能成为有助于其成功创业的重要资源。但是，由于创业者往往都是“一无所有”的人，在创业活动中特别强调要想办法突破资源不足或者缺乏资源的情况，实现创造性地整合资源。借力修天桥的年轻人上演了“空手套白狼”的故事。

（3）价值创造。只有创造了价值的创业活动才会有生命力，成功的创业一定是给顾客、用户、供应商、合作伙伴乃至为社会创造了价值的经济活动。厦门大学高同学等 8 位同学成立的厦门手望翻译服务有限公司，提供手语翻译服务同时推广手语，既创造了社会价值，也创造了经济价值。

（4）超前行动。由于机会具有时效性，有的机会窗口打开时间很短暂，创业者往往需要在转瞬即逝的机会窗口期迅速反应采取行动，然后在实践中不断摸索、改进、调整，寻求生存和发展。进行周密的市场调查，制订严密的工作计划和严格的预算，这些准备工作往往会延误把握商机。厦门大学广告系校友冯女士在中国本土的品牌策划行业才刚刚兴起时，抓住机会，超前行动，取得了可观的业绩。

（5）创新和变革。虽然创业不等同于创新，更不等同于发明和创造，但是，成功的创业者都注重创新，愿意积极把发明、创造等新事物、新思想付诸实践。对于创业者及其所建立的创业企业来说，创业与发展的过程永远是不断变革创新的过程。

（6）顾客导向。创业者首先要识别顾客，了解某一细分顾客的需求，然后根据顾客的需求设计和提供产品。厦门大学校友余同学等开发基于光纤传感的智能健康监测系统，并获得了成功，他们的创业活动既有创新和变革，又体现了顾客为导向。

专栏 2-3 发明、创造、创新、创业的区别和联系

创业活动可能涉及创新，也可能不涉及创新。但是，成功的有影响的创业活动需要创新甚至需要建立在创新的基础上。熊彼特和德鲁克都把创新作为创业和企业家精神的重要特征。谈到创新，人们自然会想到发明、创造、研发、发现等概念。

发明是一个技术概念，指利用自然规律和技术手段创造前所未有的事物；创造指产生

出新颖、独特的新成果，包括新概念、设想、理论，或者新技术、工艺、产品；发现是揭示和查明世界本来就存在的特征现象和规律。创新是一种经济术语，指将新事物、新思想付诸实践的过程。

创新过程可以依赖于发明、创造和发现，也可以不依赖它们。如将某种发明、创造或发现运用于生产过程，或者仅仅通过已有生产要素和条件的新组合，使资源具有更大的物质生产能力。因此，普通人可能没有发明、发现和创造，但却可以创新。而且，基于创新的创业活动更容易形成独立的竞争优势，产生一定的进入壁垒，为顾客创造和带来新的价值，进而实现更好的成长。

三、创业的类型

我们在上面学习了创业概念具有宽广的外延和丰富的内涵，因此，创业活动的类型很多。正因为创业有多种类型，从创业的实践看，要成为伟大的商业巨星的确是少数人的事情，但每一个人都可以成为不同层次或类型的创业者。下面介绍几种具有典型意义的创业分类。

1. 生存型创业与机会型创业

该分类首先由全球创业观察（global entrepreneurship monitor，GEM）报告的撰写者雷诺兹根据创业者的创业动机最先提出。GEM 组织把生存型创业（necessity-push entrepreneurship）定义为创业行为出于没有更好的选择，创业者不得不参与创业活动来解决其面临的生存和发展困境。如厦门大学 1995 级某校友在所供职公司倒闭后，与其他同学合作创办公司，研发并推广茶叶行业 B2B2C 供应链系统。

机会型创业（opportunity-pull entrepreneurship）被定义为创业行为的动机是出于个人抓住现有机会并实现价值的强烈愿望，创业有更好的机会，是创业者的一种职业生涯选择。机会型创业者往往因为具备某一专业（技术）特长，或者产生某种创意而驱动。如厦门大学 2009 级常同学，在毕业一年后，因为想开创自己的事业，辞去现有策划工作，和同学合作创办自己的广告公司，并以厦大为起点逐步开拓市场。

根据 GEM 报告，2002 年我国生存型创业比例为 60%，机会型创业比例为 40%，而 GEM 国家生存型创业平均比例为 36%，机会型创业平均比例为 61%。[①] 可见，21 世纪初我国创业人群以生存型创业为主。但是，随着经济发展和社会进步，我国机会型创业人群增长很快。根据清华大学经管学院中国创业研究中心 2016 年 12 月发布的《全球创业观察 2015/2016 中国报告》，我国创业人群 64.29% 的创业者为机会型创业者，与十年前（53.2%，2005）和五年前（57.47%，2010）相比，机会型创业者的比重已经占了绝大多数。[②]

2. 独立创业、公司创业和衍生创业

根据创业活动的主体差异，可以把创业活动分为独立创业、公司创业和衍生创业。独

---

① 姜彦福，高健 .GEM 全球创业观察 2002: 中国报告 [M]. 北京 : 清华大学出版社，2003.

② 清华大学经管学院中国创业研究中心，全球创业观察中国报告（2015/2016）[EB/OL]. http://www.sem.tsinghua.edu.cn/news/xyywon/5449.html.

立创业指的是与原有组织实体不相关的个体或团队独立创建一个组织的过程；公司创业指已有组织发起的内部创造、更新和创新活动；衍生创业指在组织中工作的个体或团队，脱离所服务的组织而独立开展创业活动的创业行为。

独立创业和公司创业由于初始资源禀赋不同、组织形态不同、战略目标不同，在创业的风险承担、成果收获、创业环境等方面有很大的差异。如表 2-2 所示。

表 2-2 独立创业和公司创业的主要差异点

差异点 \ 分类	独立（个体）创业	公 司 创 业
风险承担	创业者承担风险	公司承担风险，个体承担生涯风险
	个体的一次失误可能意味着生涯失败	公司有更大容错空间，能够吸纳失败
	低保障	高保障
	缺乏安全网	有一系列安全网
成果收获	创业者拥有商业概念	公司拥有商业概念，尤其是知识产权
	创业者拥有全部和大部分事业	公司拥有主要权益，创业者可能拥有很小的权益
	对创业者的潜在回报无限	公司内部创业者的潜在回报有限
创业环境	创业者具有相对独立性	公司内部的创业者更多受牵扯
	受外部环境波动影响大	受外部环境波动影响小
	在创业注意上，可以沟通的人少	在创业注意上，可以沟通的人多
	严重的资源局限性	在各种资源占有上有优势
创业成长	在过程、试验和方向的改变上具有灵活性	公司内部的规则、程序和官僚体系会阻碍创业者的策略调整
	决策迅速	决策周期长
	初期存在有限的规模经济和范围经济	能够很快达到规模经济和范围经济

资料来源：Morris M.，Kuratko D..Corporate Entrepreneurship[M]. Harcourt College Publishers，2002:63.

从广义上讲，凡是从既有组织（企业、大学或科研机构）中产生的企业都可以称为衍生企业。如图 2-1 所示，个体创业受母体企业支持小，没有获得母体企业的资源共享。但是衍生企业却获得了母体企业比较大的支持和资源，衍生创业可以根据资源共享程度和母体企业支持程度分为有母体企业支持的衍生（spin-off）和公司分立（corporate spin-off）两种创业形式。

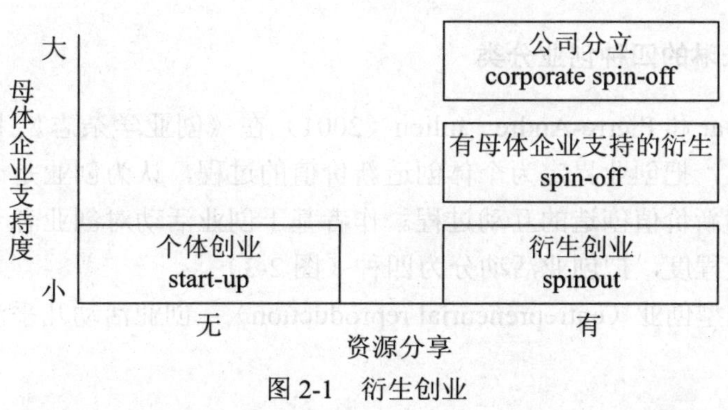

图 2-1 衍生创业

衍生企业由于与母体企业之间所具有的联系，所以在创业的初始条件、市场定位、经营策略、成长方式等多方面都会表现出与个体创业不同的一些特点，值得关注和研究。

资料来源：Koster S. Spin-off Firms and Individual Start-ups.Are they Different? [R].The 44th ERSA Conference，2004. August，25-29.

专栏 2-4

扫描二维码，阅读《衍生创业的例子》。

3. 阿玛尔·毕海德的五种创业分类

芝加哥大学教授阿玛尔·毕海德曾在哈佛商学院讲授创业课程，为了梳理出清晰的授课计划，他带领学生对 1996 年进入美国 Inc. 500（Inc. 杂志评选出的成长速度最快的 500 家企业排名）的企业主进行深入访谈，并于 2000 年出版了名著《新企业的起源与演变》。在该书中，他根据不确定性、投资和潜在利润三个维度把创业分为边缘型创业（marginal businesses）、冒险型创业（promising start-ups）、VC 支持型创业（VC-backed start-ups）、大公司内部创业（corporate initiatives）和革命型创业（revolutionary ventures）五种类型（图 2-2）。

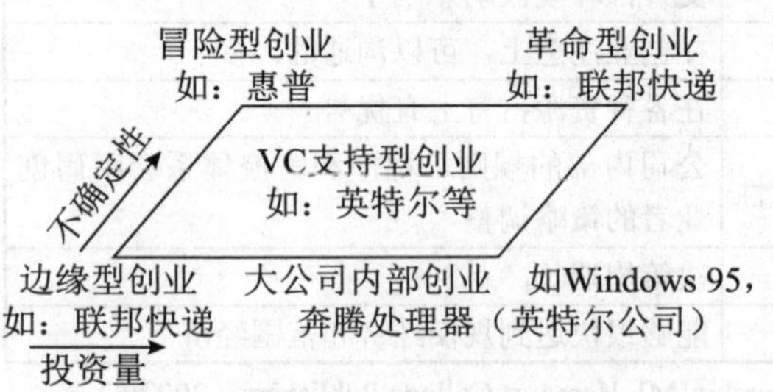

图 2-2　阿玛尔·毕海德的创业分类

资料来源：根据 Bhide，A.V. The Origin and Evolution of New Businesses[M].Oxford University Press.2000. 一书绘制。

这五种创业类型潜在利润由小到大分别为：边缘型创业、冒险型创业、VC 支持型创业、革命型创业和大公司内部创业。

4. 波儒雅和朱琳的四种创业分类

Chirstian Bruyat 和 Pierre-Andre´ Julien（2001）在《创业学杂志》上发表了《创业研究领域界定》一文，把创业界定为个体创造新价值的过程，认为创业是一个动态的均衡过程，即创业个体和新价值创造的互动过程。作者基于创业活动对创业者个人的改变程度和对市场的价值创造程度，把创业活动分为四种（图 2-3）。

第一种，复制型创业（entrepreneurial reproduction）：创业活动几乎没有创造新价值，通常没有创新，创业活动对个人的知识、技能、社会网络等的改变较少。如一个厨艺精湛的师傅离职开创一个传统餐馆。

第二种，模仿型创业（entrepreneurial imitation）：这种创业活动虽然没有明显地为市场创造价值，但对创业者个人的行为、社会关系等会产生深远影响。对创业者而言，创业过程充满不确定性和风险，学习试错过程有可能很漫长而且会犯错误。如一个高级经理离开管理岗位，创办一个传统餐馆。

第三种，稳定型创业（entrepreneurial valorization）：这种创业活动对个体带来的改变较少，但为市场创造了较多新价值。如一个在大公司里对某领域具有很高造诣的工程师离开公司，创办一个企业，在相同领域里开拓一个新项目。

第四种，风险型创业（entrepreneurial venture）：这种创业活动要求改变个体现有的知识、技能和社会关系等，同时能创造新的市场价值。这样的创业活动相对较少，但如果取得成功的话，会带来巨大的变革，甚至创造新的经济部门。如苹果、微软等公司的创立就属于这种类型的创业活动。

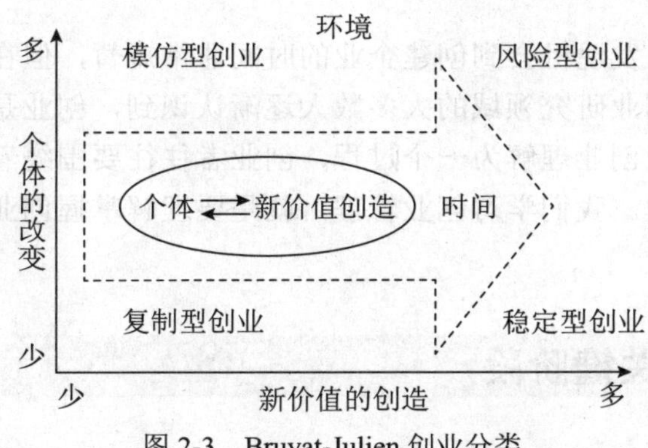

图 2-3　Bruyat-Julien 创业分类

资料来源：Bruyat，C.，Julien，P.，Defining the Field of Research in Entrepreneurship [J].Journal of Business Venturing，2001，Vol.16，Issue 2: 165-180.

5. 戴维森和维克隆德基于创业效果的创业分类

戴维森（Davidsson）和维克隆德（Wiklund）基于个体层面和社会层面的新事业产出结果的不同，把创业活动分为四种（图 2-4）：

英雄型事业（hero enterprise）：双赢型创业，为创业者个人带来丰厚财富，同时为社会也带来巨大价值的创业活动。

强盗型事业（robber enterprise）：利己型创业，仅为个人带来财富，对社会没有价值的创业活动。例如，创新一种非法传销活动，或者为一种非法药品创新销售渠道。

催化剂型事业（catalyst enterprise）：利他型创业，创业失败了，没有给个人带来财富，但其他社会成员可以利用其思想和方法成功地从事创业活动，从而促进社会的发展。

失败型事业（genuine failures）：对个人和社会都没有价值的创业活动。

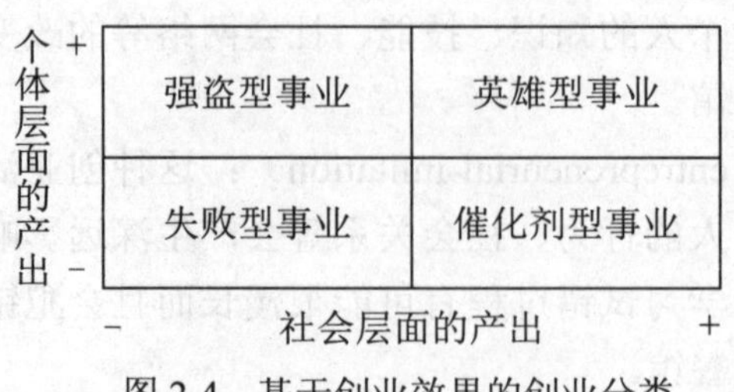

图 2-4　基于创业效果的创业分类

资料来源：Davidsson，P.，Wiklund，J.，Levels of Analysis in Entrepreneurship Research: Current Research Practice and Suggestions for the Future [J].Entrepreneurship Theory and Practice，2001，Summer: 81-99.

第二节　创业过程

虽然有的创业者从发现机会到创建企业的时间非常短暂，但在短时间内，创业者常常要开展不少工作。创业研究领域的大多数人逐渐认识到，创业是在一段时间内发生的一组事件和活动，即把创业理解为一个过程，创业者往往要围绕着组织创建和发展经历一个漫长而艰巨的过程。我们学习创业管理，就是要理解掌握创业过程中所包含的活动和行为。

一、创业过程的关键阶段

严格来讲，在投入真正的创业旅程之前，还面临一个创业选择的问题。影响创业选择的因素很多，并不是所有的人都决定成为创业者。创业动机（entrepreneurial motivation）和创业意向（entrepreneurial intention）处于创业过程的孕育阶段，是创业者采取创业行为的先导和必要条件。在决定投入创业旅程之后，创业过程包含的活动和行为很多，并非总是可以容易地分成有序的、明确易于区别的阶段，但人们普遍认同的创业过程的关键阶段如图 2-5 所示。

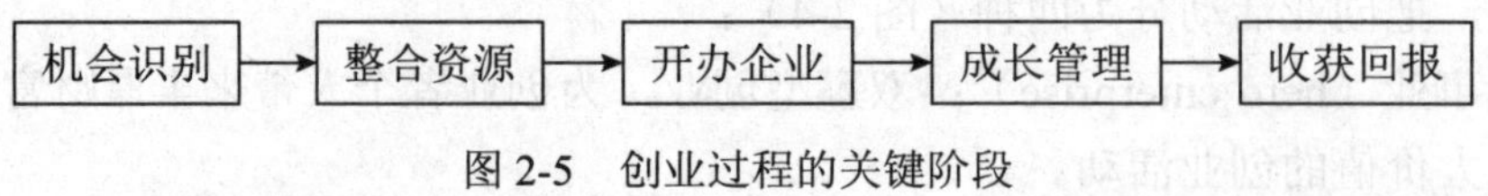

图 2-5　创业过程的关键阶段

机会识别：真正的创业过程始于一个或多个人的大脑对潜在机会的挖掘，形成真正具有商业价值和市场潜力的构想、创意或点子。机会源于知识、技术、经济、政治、社会和人口条件等方面复杂的不断变化的条件，因为这些变化将带来创造新事物的潜力。这些变化可能促动人们产生各种创意，这种创意也许是一个商业构想，也许是一项研究成果，甚至只是灵机一动的点子。创业者要通过识别和评估机会，从众多创意中寻找值得进一步商业开发的点子，让创意变成现实的事业。

整合资源：如果机会具有产生经济价值的潜力，而且机会的开发符合现有的法律和道德标准，那么创业者会选择开发这些机会，决定针对创意或机会采取积极行动。为此，创业者首先需要构建能清晰有效实现创业点子市场价值的商业模式，接下来因为创业者自己能直接控制的资源少，需要从外部整合开创一项事业需要的一系列资源，包括：基本信息（有关市场、环境、法律等）；人力资源（合作者、雇员等）；财务资源（资金需求、融资计划）。整合这些资源是创业过程中最为关键的阶段之一，否则多好的创意或多么有吸引力的机会都等于零。为了寻求和安排这些创业资源，创业者通常要准备一份正式的商业计划书。

开办企业：所需资源被整合后，新企业就得以开办，这包括一系列的行为与决策：选择企业的法律形式；开发新产品或服务；建立高层管理团队；企业选址和注册；确定进入市场的途径等。建立新企业具有复杂性，可能会遇到各种问题。但是，新企业是充分体现创业者所识别的商业机会、所构建的商业模式和所发掘的市场价值的载体，创业者要认真对待开办新企业的每一个细节。如果创业者是通过收购现有企业进入市场的，或者对于公司内部的创业活动来说，可能没有登记注册等问题，但同样需要考虑开创新事业过程中的许多具体问题。

成长管理：仅仅注册成立一个企业还远不能说创业取得成功，相反，这只是创业过程另一个关键阶段的开始。创业者必须成功经营新企业并将其发展成一个成长的、盈利的公司，包括制定合理的战略，做好人力、市场、财务、供应链、运营、危机等各个环节的有效管理，这是实现创业机会价值的过程。这个过程更多要依赖于财务资源、人力资源，以及创业者的管理技能等。需要注意的是，新创企业的成长管理不同于一般的企业管理，新创企业具有快速成长、不确定性、资源有限、认知合法性等特点，创业者需要特别关注新创企业的独特问题，确保新创企业的生存。此外，创业者需要了解企业成长的一般规律，通过有效的成长管理确保企业做大、做强、做活、做长。

收获回报：创业者通过识别、评估和开发创业机会来为社会创造价值，从而获得回报。创业者必须选择一种退出策略，以收获他们通过时间投入、努力和才能所挣的回报。回报可能是多种多样的，对回报的满意程度在很大程度上取决于创业者的创业动机。

如果将创业理解为一个过程以及创业者从事的一种活动，有必要考虑以下方面：机会产生的经济、技术和社会条件；识别这些机会的人；他们用来开发机会的商业技能和企业法律形式；机会开发所带来的经济影响和社会影响。因此，创业过程的本质是有价值的机会和富有创业精神的个体之间的结合。机会产生于变化的经济、技术和社会条件，但只有当一个或更多精力充沛、具有高度积极性的个体识别到机会并认为它们值得利用时，与这些机会相关的事情才能发生。

二、影响创业过程的变量

创业的过程受到多种因素影响，一些因素与创业者个体有关（个体层次变量），一些因素与其他人有关（群体层次变量），还有一些因素与整个社会相关（社会层次变量）。

个体层次变量包括创业者的知识、技能、能力、兴趣、经验、动机、特征等自身因素对创业过程的影响，这些个体因素影响了其成为创业者。在国外，White、Thornhill 和 Hampson 曾经做了一项有趣研究，他们比较了曾经创建过新企业和没有创建过新企业的学员的激素水平[①]。结果显示，选择成为创业者的学员血液中雄性荷尔蒙含量更高！进一步的证据表明，这种差异来源于创业者对于风险具有更强的倾向性。这个研究说明，某些人比其他人更有活力、更愿意承担风险、更加自信，这些个体因素影响了其成为创业者。

群体层次变量包括创业者所接触的亲友、同事等其他人的创意、信息和影响，以及与风险投资家、顾客和未来雇员进行互动的有效性等。群体层次因素，如他人的帮助与鼓励，在创业过程起着重要作用。研究表明，那些受到朋友和家庭成员鼓励以及在生活中与其他创业者有交往的人，与没有受到鼓励且没有接触过其他创业者的人相比，他们可能更愿意继续前进开发机会。

社会层次变量包括政府政策、经济条件、技术条件、社会文化、社会舆论等创业外部环境和创业软硬件，这些条件的变化是机会产生的重要根源，也是影响创业过程其他阶段的重要因素。对于大学生创业群体来说，学校提供的创业创新教育、创业竞赛、鼓励学生创业的政策等因素会影响到大学生的创业过程。在本书中，把学校的这些影响因素归类到社会层次变量中。

总之，个体层次、群体层次和社会层次三个变量都会影响创业过程所有阶段中创业者的决策和行动，这说明影响创业过程的因素不仅仅是主观因素，还有经济、技术、社会环境等客观因素，也说明影响创业过程的因素不仅仅是微观因素，还有宏观因素，是主观与客观、微观与宏观的结合。这三个层次变量因素对创业过程所有阶段的影响如图 2-6 所示。

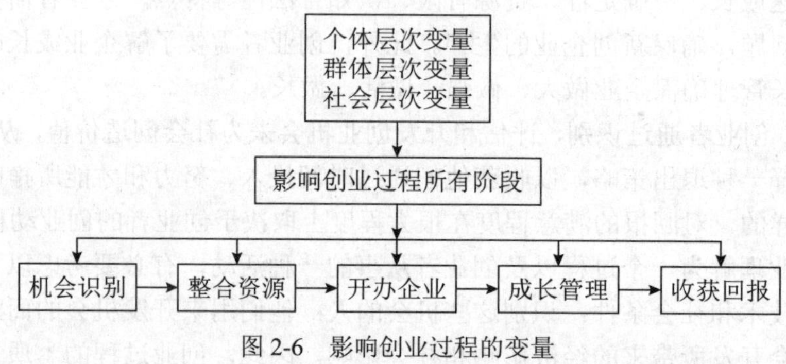

图 2-6　影响创业过程的变量

三、创业过程的重要模型

学者们对创业过程进行了大量的研究，提出了许多创业过程模型，这些模型对创业过程的要素和变化等种种现象进行了解释。学习这些模型可以帮助我们认识创业过程的本质

① White,R.E,Thornhill,S.,&Hampson,E.2003.Entrepreneurs and evolutionary biology:The Relationship between testosterone and new venture creation.Paper presented at the Babson-Kauffman Entrepreneurship Research Conference,Babson Park,MA,June,2003.

特征，把握创业过程的关键环节和核心问题，从而对实际创业过程进行有效的指导。

1. Timmons 模型

美国百森学院创业学教授杰弗里·A. 蒂蒙斯（Jeffry A. Timmons）认为，商机、资源和创业团队是创业过程最重要的驱动因素，这三个创业核心要素构成一个倒立三角形（图 2-7）。在创业前期，机会的发掘与选择最关键，创业者应该投入大量的精力寻找和筛选商机。商机明朗后，创业者需要获取或整合开发商机所需要的资源。创业者不应贪图完全拥有资源，但必须能够获取足够资源来开发商机。同时，团队变成创业过程中的重要因素。为了保证创业过程的顺利开展，创业者要处理好商机、资源和团队之间的组合搭配。

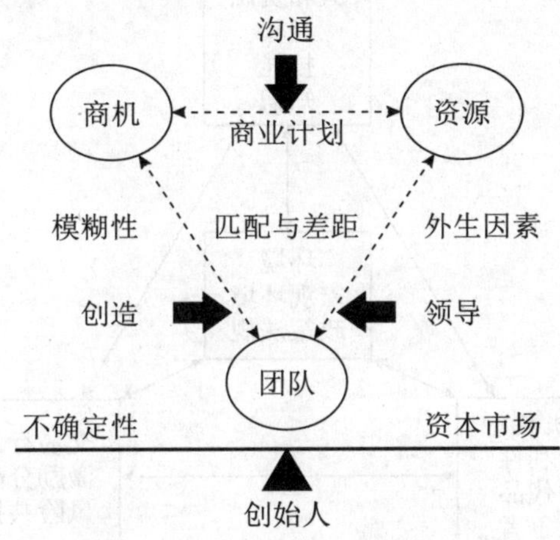

图 2-7 创业过程的 Timmons 模型

资料来源：Timmons，J.A.，New Venture Creation:A Guide to Entrepreneurship[M].Illinois，Irwin，1999.

但是，随着新创企业的发展，机会、团队和资源这三个因素会由于相对重要性发生变化而出现失衡现象。例如，创业者可支配的资源不断增多，团队能力也逐渐增强，但是商机则可能会变得相对有限，从而导致另一种不均衡。创业者必须不断寻求更大的商业机会，并调整资源和团队，以保证企业平衡发展。因此，机会、资源和创业团队三者必须不断动态调整，以最终实现动态均衡。

Timmons 认为，在创业过程中由于机会模糊、市场不确定、资本市场风险以及外部环境变化等因素经常影响创业活动，致使创业过程充满了风险。因此，创业团队的作用就是利用创造力在模糊、不确定的环境中发现机会，并利用资本市场等外界力量组织资源，领导企业来实现机会的价值，通过及时调整机会、资源、团队三者的动态平衡，以保证新创企业顺利发展[①]。

2. Sahlman 模型

Sahlman 认为，在创业过程中，创业者必须把握人（people）、机会（opportunity）、外部环境（external context）和创业者的交易行为（deal）四个关键要素。

---

① Timmons,J.A.,*New Venture Creation: Entrepreneurship for 21 century* [M].Illinois,Irwin,1999.

这里的人是指为创业提供服务或者资源的人，包括经理、雇员、律师、会计师、资金提供者、零件供应商以及与新创企业直接或间接相关的其他人。机会是指任何需要投入资源的活动，不但包括亟待企业开发的技术、市场，而且还包括创业过程中所有需要创业者投入资源的事务。外部环境是指无法通过管理来直接控制的因素，如资本市场利率水平、相关的政策法规、宏观经济形势以及行业内的进入威胁等。创业者的交易行为是指创业者与资源供应者之间的直接或间接关系。

Sahlman 模型的核心思想是要素之间的协调性，也就是人、机会、交易行为与外部环境必须相互协调，才能共同促进创业成功[①]，如图 2-8 所示。

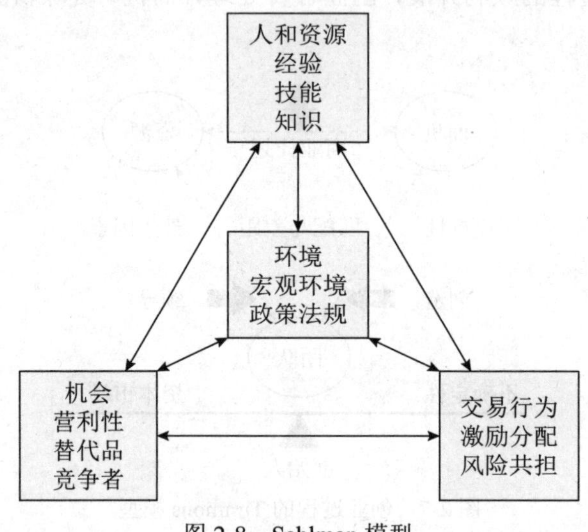

图 2-8　Sahlman 模型

3. 刘常勇模型

刘常勇模型的基本思想是：从创业家的角度出发，基于一定的创业能力、创业精神和创业倾向首先发现机会，然后基于一定的商业模式、团队和资源，形成创业执行力，实施创业行为；整个过程不仅受到创业网络这一小环境的影响，而且还受到大环境的影响。

根据这个模型，新企业的形成是创业家、创业能力、创业精神和创业倾向相互作用的结果。这个相互作用过程会推动机会、资源、团队和商业模式之间的互动，从而产生创业执行力。而创业网络贯穿创业的全过程，影响着创业的每一阶段，同时还是连接创业环境与创业过程的主要平台。这个模型把创业环境细分为政策法律环境、社会经济环境、技术和市场环境、资源取得环境、创业能力和企业发展环境、其他支持和鼓励环境，这些环境因素在创业外围形成环状，表明整个创业过程和创业行为离不开环境的影响[②]，如图 2-9 所示。

① Sahlman , W A.Some thoughts on business plan :The entrepreneurial venture[M]. NY: HBS publication , 1999.

② 刘常勇 . 创业管理的 12 课堂 [M]. 台北：天下文化出版社，2002.

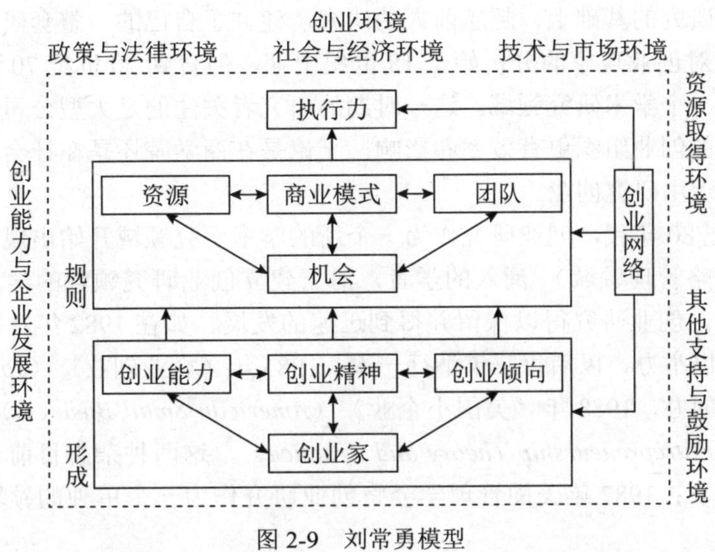

图 2-9　刘常勇模型

专栏 2-5

扫描二维码，阅读《创业研究：创业者做什么？》。

第三节　创业研究

创业是一种社会活动，同时也是一个研究领域。人们越来越意识到创业活动不同于一般的管理活动。20 世纪 80 年代以来，作为管理学研究的前沿理论之一，创业研究取得了巨大进展。

一、创业研究的脉络

探讨创业的议题可追溯至 18 世纪中期，早期对于创业问题讨论最多的是经济学家。这些研究先驱主要有坎蒂龙（Cantillon）、萨伊（Say）、马歇尔（Marshall）、奈特（Knight）、熊彼特（Schumpeter）等。在创业研究的初期阶段，创业研究主要集中在对企业及企业创办者（创业者）的研究，以不同的方式肯定了创业者在经济体系中的积极功能。其中，熊彼特在萨伊等人研究的基础上，超越前人的研究，建立了自己的一整套研究方法，对创业进行研究。虽然对创业现象的分析始于18世纪中期，但直到20世纪70年代末，创业研究仍然没有形成一个学术研究领域。这一时期的研究者关注的是大型公司，他们确信大公司天生就比小型的创业组织更有效率和影响。无论是在商学院还是在社会科学领域，人们几乎都认为没有理由研究创业。

到了20世纪80年代，创业研究作为一个新的学术研究领域开始出现，一批从其他领域（大部分是战略管理领域）涌入的学者，对于建立创业研究领域的学术基础做出了重大的贡献。之后，创业研究得以保留并得到迅速的发展。如在1982年首届百森商学院创业研究讨论会得以举办，以后每三年举行一次；1985年《企业创业》（*Journal of Business Venturing*）杂志创办，1988年《美国小企业》（*American Small Business*）更名为《创业理论与实践》（*Entrepreneurship Theory and Practice*），这两种杂志目前已成为公认的创业研究的重要期刊；1987年美国管理学会将创业研究作为一个单独的领域正式纳入了管理学科。

经过30多年的发展，创业研究取得了巨大的成果。从研究关注的内容看，可以把创业研究的脉络梳理为主体论、过程论和环境论[①]。如图2-10所示。

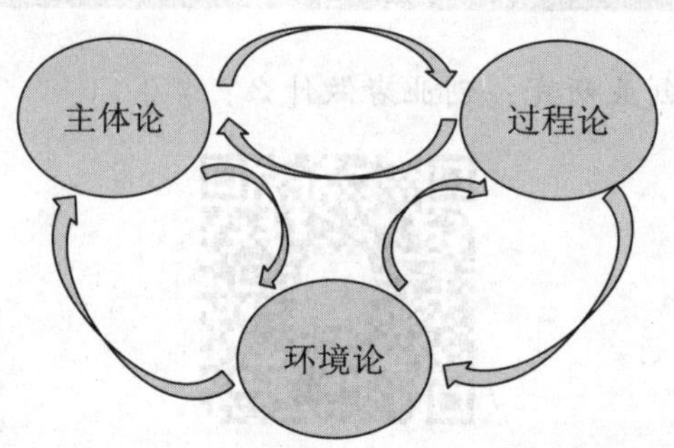

图2-10 创业研究脉络

1. 创业主体层面的研究

创业主体层面的研究关注的是创业个体或团队的特征及其认知行为、智力资本，不同类型的创业者以及创业者与非创业者之间的比较等问题。随着创业概念的延伸和扩展，创业主体层面的研究视角从个体或团队创业，到关注公司创业、非营利组织和公共机构创业以至社会创业。

对创业个体或团队，早期研究集中在谁是创业者以及创业者的基本职能、个性特征、行为特征等问题。因为创业家与企业家之间的渊源关系，这种研究可以追溯到传统经济学里的企业家理论。法国经济学家Cantillon把entrepreneur一词引入经济学，把创业者视为商品购销过程中市场风险承担者。熊彼特（Schumpeter，1939）认为，企业家的职能就是

① 木志荣. 国外创业研究综述及分析 [J]. 中国经济问题,2007(6):53-62.

实现创新，引进生产要素的“新组合”[①]。20世纪六七十年代后，学者们从心理学、行为学、社会学、教育学等众多学科角度分析了创业者的个性心理特质、认知模式、社会资本、资源禀赋、决策风格、学习过程等，取得了丰硕的研究成果。如Kirzner（1979）提出了一个描述创业者心理认知特征的术语——Alertness（创业机敏，国内也有人译作敏感、洞察力或警觉），认为创业者具有一般人不具有的能够敏锐地发现市场机会的Alertness[②]。

随后，因为“创业”概念延伸到了已有公司、社会组织、非营利机构等，学术界对创业主体的研究也从个体层面延伸到群体、组织、社会活动家等多个层面。其中，理论界对组织层面的创业，即公司创业或内部创业（corporate entrepreneurship，CE）予以了高度关注。总之，关于创业者功能、特质和行为的研究已经成为创业理论的重要组成部分。

2. 创业过程层面的研究

20世纪90年代以来，创业过程成为创业研究的焦点。学者们试图归纳创业过程的理性成分，揭示新企业的产生机理，论证创业过程的一般规律，揭示创业现象背后的真正法则。Gartner（1985）认为创业的本质就是建立新组织，对创业家的研究仅仅只是创建新企业这个复杂过程的一部分。他认为，发现谁是创业家并不重要，重要的是研究创业家在做什么。一个创业过程包括了与捕捉机会和创建新组织相关的所有动态过程，即机会的识别、商业概念的定义、资源的评估和获取、新组织的创建和对新业务的管理[③]。Low和MacMillan（1988）提出创业研究应该关注新企业创建和初期成长的连续性创业过程，研究这个过程中微观层面的关键要素、活动、情境因素之间的复杂关系，同时也要研究宏观层面的创业环境、创业型经济、创业政策等，强调揭示创业机理，并主张用跟踪式研究而非截面式研究[④]。

创业行为研究成为揭示创业过程黑箱和新企业生成机理的关键。学者们认为，创业行为研究应该探索创业者开展的活动如何促进组织的形成，应主要关注：创业者做什么，这些活动的先后顺序和程度，这些活动如何帮助建立、发现和发展新的组织。因此，学术界围绕着创业活动分类、创业动机、创业资源、复杂性和动态性、组织生成、创业绩效、合法性、创业机会等方面开展了一系列研究，取得了丰硕的成果。

3. 创业环境层面的研究

创业环境研究范畴关注的是在一定的生态、文化、经济或市场要素的基础上，促进或抑制创业活动的影响变量。关于解释创业环境与创业关系的理论主要有两种：一种是资

---

① Schumpeter,J.A.,Business Cycles:A Theoretical,Historical and Statistical Analysis of the Capitalist Process[M].New York:McGraw-Hill,1939.

② Kirzner,I.M.,Perception,Opportunity,and Profit:Studies in the theory of Entrepreneurship[M].Chicago:The University of Chicago Press,1979.

③ Gartner,W.B., A conceptual framework for describing the phenomenon of new venture creation[J].Academy of Management Revew,1985,10(4):696-706.

④ Low,M.B. , MacMillan,I.C.Entrepreneurship:Past Research and Future Challenges[J].Journal of Management,1988,Vol.14,Issue2:139-161.

源依存理论，另一种是种群生态学理论（张健等，2003）。资源依存理论认为，组织不可能从内部生成所有的必要资源，所以任何一个组织都处于与环境因素相交易的关系。如 Moyes（1990）等人认为新企业的创建、生存和发展与其获取可预测的、稳定的必备资源的能力直接相关①。种群生态学以组织群落为分析单位，通过检验新创企业的“出生”和“死亡”率来研究进化和选择。如 Specht（1993）认为，组织的生存和发展不仅依赖于必要资源的可获得性，而且也与取得合法化和具备市场竞争能力密切相关②。

二、创业研究的理论框架和焦点

尽管学术界对创业活动的研究十分活跃，创业管理理论得到长足进展，但创业研究毕竟是一个新的学术研究领域，创业研究仍处在解释性阶段。Busenitz（2003）等人也认为创业研究还没有形成一个相对统一的分析框架，还没有形成累积性的学术成果，也还没有发展出一个有别于其他领域的真正意义上的创业理论③。

从研究现实看，对创业活动的研究框架，来自不同研究领域的许多学者从不同的研究视角试图构建自己的理论体系，提出了非常有价值的概念框架结构模型。Gartner 1985 年提出了个人、组织、创立过程和环境的创业研究模型；Low 和 Macmillan 1988 年提出了创业研究一般可以从五个层面上展开：个人、团队、公司、行业和社会（区域和国家），并提出创业的成功受到来自不同层面因素的影响，仅仅从单一层面来研究创业是不够的，解释创业现象、发展创业理论还需要进行多层面的研究；Morris 等人 1998 年提出创业研究需要从创新（innovativeness）、承担风险（risk-taking）、超前行动和认知（proactiveness）三个纬度去把握④；Timmons1999 年提出了机会、资源和团队实现动态平衡的研究模型。

在各种研究框架中，基于创业机会的研究框架开始引起了学者们的广泛的关注。Shane 和 Venkataraman（2000）认为机会是创业研究中其他学科没有涉及的核心范畴。创业的本质就是发现和利用有利可图的机会，因而创业研究的焦点将是解释为什么存在创业机会，以及为什么它们在价值上有所不同。在他们基于创业机会的理论框架中，创业研究的三个基本问题是：创造商品和服务的机会为什么、什么时候以及如何存在？某些人（而不是其他人）为什么、什么时候以及如何发现并开发利用这些机会？创业者在开发创业机会时为什么、什么时候以及如何会有不同方式的行为？他们的基于创业机会的研究框架对

---

① Moyes,A.&P.Westhead,Environments for new firm formation in Great Britain[J].Regional Studies,1990,24（1）:34-56.

② Specht,P.H.1993,Munificence and carrying capacity of the environments and organizational formation[J]. Entrepreneurship Theory & Practice,17（2）:77-86.

③ Busenitz,L.,West,G.P.,Shepherd,D.,Nelso,T.,Chandler,G.N. ,&Zacharakis,A.,2003,Entrepreneurship Research in Emergence:Past Trends and Future Directions[J].Journal of Management, 29(3):295-305.

④ Morris M H.Entrepreneurial intensity:sustainable advantages for individual,organizations,and societies[M]. Quorum Books,1998:17-45.

推动创业研究产生了极大的影响[①]。

Davidsson（2001）在 Shane 和 Venkataraman 机会分析框架的基础上，提出了创业研究包括的四个基本问题：①创造新的或未来商品和服务的机会为什么、什么时候、如何以及为谁存在；②个体、组织、区域、产业、文化、国家等分析单元为什么、什么时候以及如何发现并开发这些新的创业点子；③创业者在开发这些创业点子的时候为什么、什么时候以及如何会采取不同的行为方式；④针对不同的创业分析层次，开发创业点子的努力产生了什么结果或产出[②]。

Busenitz（2003）等人通过研究也指出，创业机会可能是创业研究的一个独立领域[③]。把“机会”界定为创业研究的核心概念之一，有助于确立创业研究的范围，使创业研究成为一个独立的研究领域。除了创业机会外，学术界对创业导向、资源拼凑、制度创业、组织生成、国际创业等领域的研究也成为焦点。

三、创业研究的方法及期刊

在创业研究方法上，在大量经验研究方法的基础上，开始进行纵向研究，使用多元技术，提出了许多有价值的研究范式。如 Low 和 Macmillan 1988 年提出了创业研究者应遵循的研究范式，即目的、理论视角、研究焦点、分析层次、时间框架和方法论六方面的规范。这一方法有力地推动了创业管理研究。

在创业研究中，学者们除了运用统计分析和计量经济研究方法外，由于创业是一个动态的过程，需要在方法论上进行复杂的动态研究和序列分析，因而使用了更复杂的计量经济工具、演化理论工具、实验设计方法等工具。

创业研究的学术成果可以发表在国内外众多学术期刊上，JBV（*Journal of Business Venturing*）、ETP（*Entrepreneurship Theory and Practice*）、JSBM（*Journal of Small Business Management*）、SBE（*Small Business Economic*）、ERD（*Entrepreneurship and Regional Development*）等是专门探讨创业议题的国际顶级学术期刊。同时，一般管理、战略、国际企业等主流期刊也可以发表创业相关的文章。

- 狭义的创业是指“创建一个新的企业”，广义的创业指“创造新的事业”。因此，

---

① Shane,S.&Venkataraman,S.The Promise of Entrepreneurship as a field of Research[J].Academy of Management Review,2000,25(1):217-226.

② Davidsson,Wiklund.Levels of analysis in entrepreneurship research:current practice and suggestions for future [J]. Entrepreneurship Theory and Practice,2001,25(4):81-99.

③ Busenitz,L.,West,G.P.,Shepherd,D.,Nelso,T. ,Chandler,G.N. ,&Zacharakis,A.,2003,Entrepreneurship Research in Emergence:Past Trends and Future Directions[J].Journal of Management,29(3):295-305.

创业活动在组织形式上表现为：个体创业、公司型创业和社会型创业。

- 成功的创业具有机会导向、整合资源、价值创造、超前行动、创新和变革、顾客导向等特点。
- 创业活动的类型很多，典型的创业分类包括：生存型创业与机会型创业；独立创业、公司创业和衍生创业；阿玛尔·毕海德的五种创业分类；波儒雅和朱琳的四种创业分类；戴维森和维克隆德基于创业效果的创业分类；等等。
- 创业过程的关键阶段包括机会识别、整合资源、开办企业、成长管理和收获回报。
- 个体层次、群体层次和社会层次三个变量会影响创业过程的所有阶段。
- 揭示创业过程的关键环节和本质特征的理论模型包括Timmons模型、Sahlman模型、刘常勇模型等。
- 创业研究取得了巨大进展，研究内容主要集中在创业主体、创业过程、创业环境以及它们的交集区域。

1. 为什么学者们对创业的定义不尽相同？举案例体会创业定义中的关键词。
2. 举例说明成功的创业活动所具有的特点，并分析文中的案例体现了哪些创业活动的特点？
3. 举例说明各种不同的创业类型。
4. 在众多的创业活动中，你喜欢哪种或哪些类型的创业，为什么？
5. 创业过程包括哪些关键阶段？每个阶段有哪些具体活动？
6. 根据你的实际情况，分析群体和社会层次变量有哪些有利于创业过程，哪些不利于创业程？
7. 寻找几个创业案例，用Timmons模型、Sahlman模型或刘常勇模型来解释这些新创企业的发展过程。
8. 梳理说明创业研究的脉络。

扫描二维码，阅读案例故事《沙劲刚：人生就是用来闯荡的》。

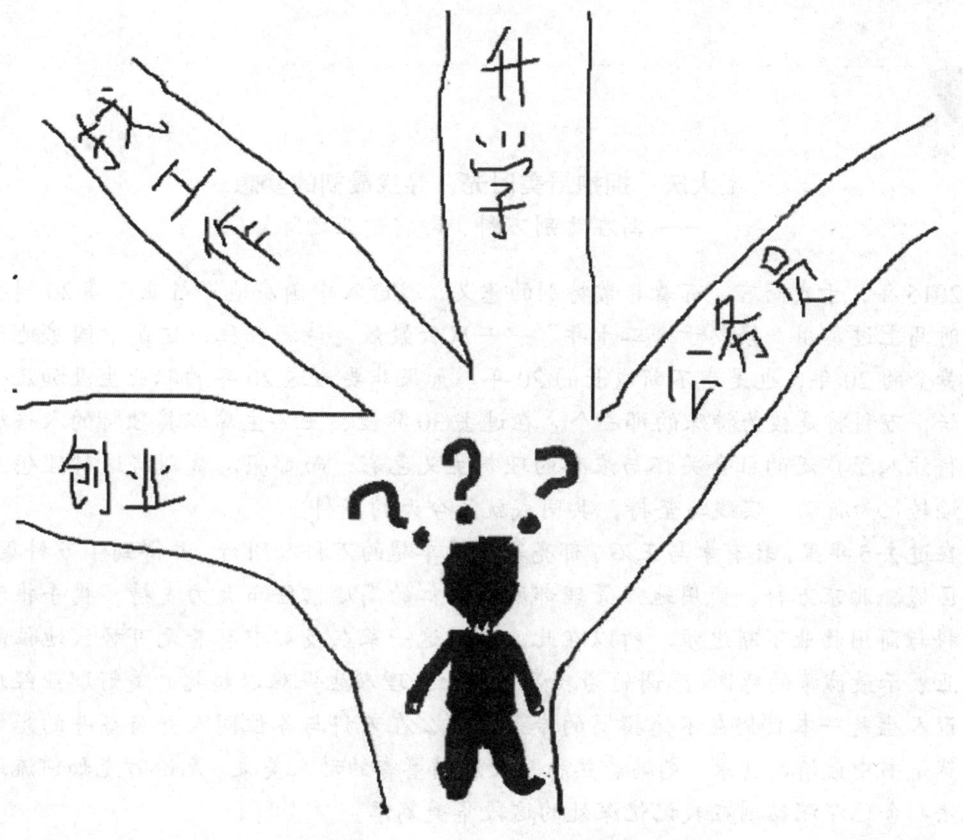

第三章　创业选择

希望你们在学校里做思想者，在社会上做创业者，我就来做你们的消费者。

——国务院总理李克强

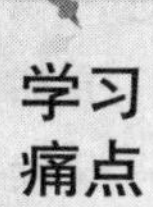

- 什么是创业动机？
- 是什么因素影响了你的创业动机？
- 你具备创业的能力和资源吗？
- 决定何时创业？该辞职创业吗？
- 如何通过学习来修炼和提高你的创业能力？

引例

毛大庆：拥抱最美时光，寻找最初的梦想

——写在告别万科、即将创业之际

2015年，于我而言，有着非常特别的意义，我进入中国房地产行业已满20周年。“当时马上过秦川，倏忽于今二十年”——风云聚散，诗酒轻狂，这是中国房地产行业最黄金的20年，也是我不断成长的20年。如果非要为这20年的职业生涯加几个注脚的话，万科将是极为特殊的那一个。在过去30年里，王石主席以其独特的人格魅力为万科注入了广泛的社会关怀与浓郁的理想主义色彩，而郁亮总裁则将这种理想主义的火焰转化为行动、实践与坚持，共同成就了今天的万科。

在过去5年里，我有幸与王石、郁亮等一批卓越的万科人同行，并得到了万科集团、北京区域、北京万科、商用地产管理部所有同仁的高度信任与大力支持，携手推动北京万科与商用物业不断进步。所以在此，我对这一家在我心中有着无可替代地位的伟大企业表示最诚挚的感谢，感谢她为我带来职业经理人生涯难以超越的美好职业经历。如果说人生是一本我仍在不倦撰写的专著，那么在万科与各位同人并肩奋斗的光辉岁月必然是书中最清新隽永、充满着熟悉而又温馨墨香的动人美文。无论时光如何流逝，都无法割舍已深深铭刻在我记忆深处的这段华美篇章。

2015年，我对自己的人生做出了全新的选择：创业，怀着梦想再度出发。我想用12个字来概括做出这一选择的必然性——“时代召唤、个人追求、生命完善”。“中国梦”的实现是一个国家和民族的梦想，在很多人看来似乎距离自己很遥远，但是在我看来，这却是“匹夫有责”的担当。我的祖父杜孟模先生是中国共产党最早期的党员之一。战争年代，他坚持宣传革命；和平年代，他积极建设祖国，虽在那个动荡的年代受到了极其不公正的待遇，但始终不忘初心，而他真实的党员身份，一直到他含冤逝世5年以后的1979年才得以公开。祖父一生的追求与坚持，完全出于对国家的希望与对梦想的坚持。对于中国而言，我们过去30年走在“摸着石头过河”的现实道路上，未来，需要有更多的人相信梦想，奔跑在追逐梦想的道路上。

一年多以来，李克强总理在多种场合倡导“大众创业”与“万众创新”，也深深鼓舞了我，感染了我。只要大力破除对个体和企业创新的种种束缚，形成“人人创新”“万众创新”的新局面，中国发展就能再上新水平。创业潮比上山下乡好，比下岗失业好，我认为这是中国社会价值观转型的开始。大众创业，靠智慧创造财富，以市场的力量塑造新的国家精神。这是改革开放以来正确的国策，也是对国家命运和国家前途有重大战略意义的举措。

于是，我希望像一生追梦的祖父一样，听从内心的召唤，重拾最初的梦想，顺应时代潮流，在中国经济与企业转型的进程中实践自己的梦想，贡献一份力量。虽然不再于万科内部担任管理职务，但我与万科情谊将永远不会割舍，接下来，我将继续以万科外部合伙人的身份，为营建万科新的生态系统贡献自己的一份力量，并衷心祝愿万科在未来取得更大的成功。

暖风已吹响新的旋律，天空蓝得有些肆意，空气中弥散着这个季节独有的芬芳，清新淡雅，沁人心脾。有句谚语："为着后来的回忆，小心着意地描绘你现在的图画。"人生专著的结篇如何书写？只有身临其境地演绎一番方能知道。于是我怀揣梦想，朝着心中那个目标，踏上征程。心所愿，力必至，无所畏惧！

明天，你好！

资料来源：http://blog.sina.com.cn，毛大庆的博客，2015 年 3 月 8 日。

第一节 创业动机

毛大庆以 46 岁"高龄"，放弃近千万元人民币高薪和半生打造的顶级职业经理人荣誉选择创业，其挑战自我、拥抱风险、追求梦想的精神值得敬佩。由此会引发我们学习与思考以下的问题，个人做出创业选择的动机是什么？创业者需要什么样的能力才能做出创业决定？除了能力外，影响创业决定的因素还有哪些？这些问题正是本章要讨论的内容。

动机是激发和维持个体进行活动，并导致该活动朝向某一目标的心理倾向或动力，它是构成人类大部分行为的动力基础。创业选择过程首先受动机影响。

一、创业动机类型

1. 创业动机的含义

根据不同的研究背景和目的，学者们对创业动机给出了各自不同的定义。一般而言，创业动机是激发、维持、调节人们从事创业活动，驱动个体朝向自主创业的心理倾向。它是个体在环境的影响下，将自己的创业意向付诸具体行动的一种特殊心理状态。

创业动机是鼓励和引导个体为实现创业成功而行动的内在力量。这种力量会激励创业者的行为，影响人们去发现机会、获取资源以及开展创业活动。因此，创业动机是将创业认知和创业意向转换成创业行为的"火花"和关键。

2. 常见的创业动机

创业动机可以分为多种类型，人们选择成为创业者的原因复杂多样，不同创业者的创业动机不尽相同，具有差异性。同一个创业者，在不同时期的创业动机也有所不同。常见的创业动机包括以下几种。

（1）获得外部报酬。对于绝大多数创业者来说，创业就是受个人谋利动机驱动，他们可能将全部的资产和心血都投入其中，希望为自己和家人带来财富、增加收入、改善生活，过上富裕的生活。

（2）获得内部报酬。创业者的创业动机还包括一种内在的精神上的回报，如得到社会公众的认可和声誉，实现自己的抱负，拥有自己热爱的事业，享受迎接挑战和克服困难的过程，个人在创业历练中成长，通过创业证明自己的能力等。

（3）追求独立自主。这种动机包括独立工作、自由支配时间，自我雇用、做自己的老板，能控制自己的职业命运，自己为自己的事业设计发展方向和模式。

（4）家庭保障。这类动机包括为家庭成员的将来提供保障，建立一个可以传承下去的家族企业，为退休做准备等。

应该说明的是，在实践中创业者的创业动机不仅很复杂，而且个体具有差异性，甚至不同年代的创业者其动机区别也很大。例如，“00 后”的创业者相对于 20 世纪 80 年代的创业者，其创业动机更多不是为了财务回报和家庭保障，而是为了获得内部报酬和追求独立自主。

3. 创业动机类型

根据常见的创业动机因素，学者们总结提出了一些创业动机的类型：

（1）生存型创业和机会型创业。GEM 报告最先提出了生存型创业和机会型创业的概念，生存型创业是指那些由于没有其他就业选择或对其他就业选择不满意而从事创业的活动；机会型创业是指那些为了追求一个商业机会而从事创业的活动。

这种概念的提出是建立在之前学者对“推动”型创业（promoting entrepreneurship）和“拉动”型创业（stimulating entrepreneurship）的研究基础之上的。推动型创业是指创业者对当前的现状不满，并受到了一些非创业者特征因素的推动而从事创业的行为。拉动型创业是指创业者在“新创一个企业”以及“开始一个新企业活动”等想法的吸引下，由于创业者自身的个人特质和商业机会本身的吸引而产生的创业行为。

（2）事业成就型和生存需求型。曾照英和王重鸣提出了中国情境下创业动机的二维模型：事业成就型和生存需求型。其中，事业成就型包括获得成就认可、扩大圈子影响、成为成功人士、实现创业想法、控制自己人生五个维度。生存需求型包括不满薪酬收入、提供经济保障、希望不再失业三个维度，如图 3-1 所示。

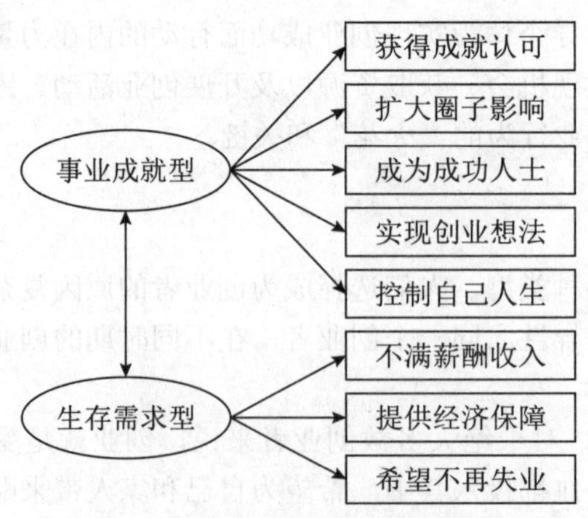

图 3-1　创业动机的两因素模型

资料来源：曾照英，王重鸣 . 关于我国创业者创业动机的调查分析 [J]. 科技管理研究，2009，29：285–287.

（3）经济需要动机和社会需要动机。窦大海和罗瑾琏依据马斯洛的需求层次理论将创业动机归纳为两种：经济需要动机和社会需要动机（表 3-1）。这是一个动态的创业动机模型，在较长的创业时间内，创业者的创业动机会循序渐进地发生演化。刚开始，创业者可能纯粹为实现经济需要而创业，但之后，经济性动机又会从基本生存型向发展改善型动机发展。

当创业进行到一定阶段后，创业者的创业动机偏向于主要追求社会性价值目标。社会需要动机会从个体社会性动机向复杂社会性动机发展。个体社会性动机是指创业者主观上完全为了自己的社会性价值目标的追求，如为了家庭承袭、提高地位等。复杂社会性创业动机是指创业者主观上是追求自身的社会价值目标实现，实际上创造的社会贡献远远大于创业者自身的社会性价值目标的满足，表现为创业者对增加社会就业、促进社会经济发展、改善社会生活、影响社会创业的贡献等。

表 3-1 经济需要动机和社会需要动机

经济需要动机		社会需要动机				
基本生存型	发展改善型	个体社会性动机——➤复杂社会性动机				
迫于生计	职业发展	家庭承袭	提高地位	表现自信	追求成就	实现梦想

资料来源：窦大海，罗瑾琏．创业动机的结构分析与理论模型构建 [J]. 管理世界，2011（3）：182-183.

专栏 3-1 中国青年创业活动的分布和特征

2016 年 1 月 28 日上午，由清华大学中国创业研究中心与启迪控股、清华大学启迪创新研究院联合主办的全球创业观察（GEM）中国报告发布会成功举办。

全球创业观察（GEM）中国报告描述了中国青年创业活动的分布和特征。本报告的青年创业者是指年龄在 18 ～ 34 岁的创业者。中国青年创业的早期创业活动指数为 18%，在全球创业观察的 73 个参与国家和地区中属于活跃的国家。

青年创业的特征如下。

（1）教育的主体程度。中国接受过本科教育创业者比例较低，18 ～ 24 岁的青年中全球有 53% 的创业者获得本科学历，而中国这一数字仅为 24%。25 ～ 34 岁的青年中全球有 46% 的创业者拥有本科学历，而中国这一数字为 34%。

（2）创业者的创业动机与受教育程度有关。受教育程度越高，机会型创业的比例越高。相对于生存型创业，机会型创业能带来更多的就业、更好的创新、更新的市场和更大的成长潜力。

（3）青年对创业的社会价值观和自我认知优于非青年。更多的青年认为创业是一种好的职业选择，拥有较高的社会地位，如经常有媒体报道创业故事。另外，更多的青年认为自己发现了好的创业机会，自己具备创业能力以及认识更多的创业者。与其他创新驱动型国家和地区相比，我国青年创业活动非常活跃。

（4）与全球其他地区相比，接受过创业教育的中国青年相对较少。87% 的中国青年没有接受过创业教育，而欧洲和美国等发达国家该比例为 68%。

（5）与全球其他地区相比，中国青年更难从银行和金融机构获得资金，更多的中国青年使用家庭积蓄开展创业活动。在中国青年创业者的资金来源中，只有9%的资金来自银行或金融机构贷款，而欧洲和美国等发达国家的青年创业者有23%的资金来自银行。同时，中国青年的资金来源中，有58%的资金来自家庭积蓄，而欧洲和美国的这一比例仅为14%。

（6）与全球其他地区相比，中国青年创业的行业集中在客户服务类行业，商业服务类创业较少。82%的中国青年创业者选择了在客户服务类行业创业，欧洲和美国等发达国家只有45%的青年创业者在该行业起步。而只有5%的中国创业者在商业服务类行业创业，欧洲和美国等发达国家该比例为29%。

资料来源：全球创业观察（GEM）中国报告发布，http://edu.qq.com/a/20160128/044531.htm.

二、创业动机的影响因素

创业动机是个体创业行为的驱动力，是一个非常复杂的心理现象，动机的产生受着多种因素的影响，而且个体创业的动因或驱动力往往不是单一的，往往是多种动因共同促进。概括起来，创业动机的影响因素可分为两大类：个体因素和环境因素。

1. 个体因素

创业者个体的很多先天或后天因素会影响其创业选择，这些因素包括：

（1）人口统计学特征。个体自身的性别、年龄、经济条件、教育程度、家庭背景、文化程度、职业种类等都会影响创业道路的选择。如以往研究发现，男性比女性更倾向选择自主创业；父母创业，则孩子更倾向于创业。

（2）人格特质。心理学研究发现，个体人格特质中的成就动机、创新性、内控性、稳健性、合作性、外向性等因素会影响其创业动机和意愿。

（3）认知因素。个体的认知模式和特征会影响到其创业动机。创业要面对高不确定性和复杂性，那些认知策略偏向启发式的个体更容易选择创业，而其他个体会感觉创业活动将成为很大的负担，而不考虑创业。当然，在高信息负荷、不确定情景、情绪紧张或者时间压力下，使用启发式认知策略可能会带来认知偏差。

（4）能力特征。研究发现，潜在创业者具备的知识和技能会影响他是否创业以及创业动机的强度，个体获得创业相关的知识越多，越能促进其进行创业。影响个体创业动机的能力包括多方面，其中发现和识别机会的能力是最重要的。

（5）心理特征。心理特征主要包括创业自我效能感（entrepreneurial self-efficacy，ESE），是指个体相信自己能够成功扮演各种创业角色，并完成各项创业任务的信念强度。如果个体认为自己具有必备的创业企业家能力，那么他就更倾向于选择创业。

2. 环境因素

创业动机不仅受个体自身内部条件的影响，个体身处的各种外部因素也会影响到他的创业动机。

（1）创业环境。即便是当一个人拥有创业的想法，而且具备了创业家的个性特质，他们还需要来自他人的支持，以鼓励他们去实现自己的理想。社会支持网络为创业者提供了创业入门支持、专业技术指导、金融资本、信息、潜在雇员、接近客户的机会、情感理解、鼓励等一切可以提供的帮助。除此之外，一个国家或地区的文化环境影响当地人的创业意识和动机，积极的创业文化能促使更多的人萌生创业动机。

（2）创业政策。国家经济政策一直是创业者开展创业活动的重要影响因素。创业政策的目的就是鼓励和扶持人们从事创新与创业活动，营造良好的环境和氛围，为创业者提供更好的资源，达到推动经济增长的目的[①]。

第二节 创业能力

创业能力是影响个体选择创业和创业能否成功的一个很重要的因素。一个潜在的创业者不仅要学会取势，利用外部环境中的发展时势和局势，站在风口上，顺势而为，而且还要学会优术，从创业思维、个性特质、知识、技能等方面修炼和提高自己的创业能力。

一、创业思维

1. 创业者的特征

创业者是一个相对独特和神秘的群体，以至于我们总是想探寻他们是否具有一种与众不同、常人难以模仿学习的能力。学术界在过去很长一段时间，曾经非常热衷于总结出把创业者和非创业者区别开来的一组品质特征。

我们可以从人口统计学角度总结创业者特征。大量的实证研究总结了创业者的性别、年龄、学历、家庭出身、专业、出生排行、移民等人口统计特征。除人口统计特征外，学术界还研究总结了创业者的心理、行为、认知等方面的特征。

创业者是天生的，这样的观点在今天虽然仍然有市场，但是，商业教育者已经超越了创业者是天生的而非后天培养的刻板认识，我们应该抛弃将人们分成创业者和非创业者这种简单的两分法，而把创业者的存在看成一个概率分布。在这个概率分布中，有一些人，只要不存在严格的限制条件就会成为创业者（天生的创业者）；而有一些人，即使在有利的条件下也不会踏上创业的征途（天生的非创业者）。但是，天生创业者和天生的非创业者所占的比例都很小，大部分人属于有可能会成为创业者，也有可能不会成为创业者。因此，我们与其纠结“什么样的人适合创业？”还不如去思考“如何成为一个创业者？”[②]

---

① 段锦云，王朋，朱月龙 . 创业动机研究：概念结构、影响因素和理论模型 [J]. 心理科学进展，2012，Vol.20，No.5: 698–704.

② 张玉利，薛红志，陈寒松 . 创业管理 [M]. 北京：机械工业出版社，2014.

2. 创业思维

正如本书第一章所言，创业和创业精神对国家或区域的经济增长有重要作用，而创业精神首先是创业者对待事物和看待世界的一种思维方式，这种思维方式鼓励创新和改革、寻求标新立异。简单地说，这种思维方式就是不满足于现状，改变旧有的条件，寻求处理问题的新途径。创业思维是创业能力的基础，创业能力修炼的核心任务就是要培养和建立创业思维。

大公司或成熟企业的环境条件相对比较确定，所以能够进行预测；反之，创业企业则充满了不确定性因素，难以预测，有时甚至都找不到市场，无法给出一套固定的解决方案，创业者只能利用创业思维和通过明智的快速行动来探知现实情况，然后观察并分析他们行动的结果。塞萨里・萨拉维斯从美国 1960—1985 年最成功的创业者及年度国家创业奖的获得者中邀请了 27 个研究对象，分别对他们进行 2 小时的实验和访谈，结果发现受试者一些特别的行为和逻辑有悖于教科书中的标准模式。例如，他们创建企业不一定从市场调查开始，也不一定对新企业有很清晰的愿景；他们总能迅速抓住机会，从手边最容易得到的资源开始，并且在没有详细计划的情形下展开行动，他们更强调“我是谁”“我认识谁”“我了解什么”“我能做什么”，在创业过程中更加强调与认识的人和遇到的人互动，争取伙伴的承诺，合作比竞争更重要①。

创业的本质是创新，敢于挑战、逆向思考、批判思考、系统思考等创新性的思维变得很重要，习惯把看似无关的事物联系起来，多问 how、why、why not，就容易产生新的发现。由于创业还要应对不确定性，执着与灵活性并重的思维就很有必要；创业要借助资源整合应对资源有限的约束，合作共赢、欲取先予、取舍有度的思维才能有效获取和整合资源。

专栏 3-2　创业思维的五大原则

创业思维是一种行动导向的方法，体现了实用主义的哲学思想。认为新的投入（知识、信息、资源、网络和行动）会拓展我们对机会的认识，强调创业团队中所有成员的共同创造。诺贝尔经济学奖得主赫伯特・西蒙教授的关门弟子 Saras D. Sarasvathy 经过十余年的研究总结，提炼了创业思维的五大原则，对于创业者具有重要指导作用。

原则 1：二鸟在林，不如一鸟在手。按照这种原则，创业并非起始于对机会的识别和发现，或者预先设定目标，而是首先分析你是谁，你知道什么以及你知道谁，即了解你自己目前手中拥有的手段有哪些。创业行动应该是手段驱动，而不是目标驱动；创业者应该运用各种已有手段或手头资源来创造新企业，而不是在既定目标下寻找新手段。

原则 2：可承受损失。创业者必须首先确定自己可以承担的损失以及愿意承担的损失有多大，然后再投入相应的资源，而不是根据创业项目的预期回报来投入资源。在采取

---

① Read S，Sarasvathy S D .Knowing What to do and Doing What you Know:Entrepreneurship as a Form of Expertise [J].Journal of Private Equity.2005，9（1）: 45-62.

每一步行动之前，创业者都应该只付出自己能够承担并且愿意负担的投入，否则就跟赌徒差不多了。在考虑投入时，应该综合权衡各种成本，包括金钱、时间、职业和个人声誉、心理成本和机会成本等。

原则3：吸引更多的人加入进来。寻找愿意为创业项目实际投入资源的利益相关者，通过谈判、磋商来缔结创业联盟，建立一个自我选定的利益相关者网络，而不是把精力花在机会成本分析上，更不用做竞争分析。联盟的构成决定创业目标，随着联盟网络的扩大，创业目标也会不断发生变化。

原则4：柠檬水原则。西方有一句谚语："如果生活给了你柠檬，就把它榨成柠檬汁。"这实际上是要求创业者以积极的心态主动接纳和巧妙利用各种意外事件和偶发事件，它们在创业途中无法避免，不应消极规避或应付。在创业过程中，你采取的行动很可能不会带来你期望的结果，这时需要友好对待，否则将会错失某些重要的东西。很多时候，意外同时也意味着新的机会。当然，意外也可能意味着问题。如果可能，解决这个问题，你的解决方案会变成你的资产。假如这个问题会永久存在并且你无法排除，那么它将成为你采取下一步行动的已知事实基础。

原则5：飞行导航员原则。创业者不应该把主要精力花在预测未来，而是要采取行动。未来取决于你现在做了什么，很多看似不可避免的发展趋势或许是可以改变的，但前提是你得采取行动。

资料来源：薛红志．做被子游戏，教你创业思维［J］．中外管理，2012（7）：102-104.

二、创业者的心理特质

特质论认为创业者之所以成为创业者，是他们天生带有和非创业者不同的特征，创业者就是一系列个性和心理特征的集合。虽然20世纪90年代以来，创业过程成为创业研究的焦点，行为论代替了特质论，但是，人们普遍认为创业者身上与众不同的独特个性和特质是他们创业成功的制胜法宝之一。学者们对创业者和其他群体进行比较，提出了各种与众不同的特质。其中，成就动机、自信、执着、情商、冒险这五大特质，是创业者重要的心理特质[①]。

1. 成就动机

所谓成就动机，是个体以高标准要求自己、力求成功的内在动力。创业者是不甘于平庸的一个群体，他们往往具有强烈的成就欲望，受胜出别人的动力驱使，并且勇于接受挑战和考验，喜欢主动解决问题，希望创造出一番事业。美国哈佛大学教授戴维·麦克利兰提出的成就动机理论认为，高成就需求者有三个特点：①喜欢设立具有适度挑战性的目标，不喜欢凭运气获得的成功，不喜欢接受那些在他们看来特别容易或特别困难的工作任务；②在选择目标时会回避过分的难度；③喜欢能给予反馈的任务。大学生可以通过参加如

① 吴运迪．大学生创业指导[M]. 北京：清华大学出版社，2012.

SIFE、挑战杯之类的活动来建立和激发自己的成就动机，选择有挑战但不是太难、同时能获得积极反馈的任务来培养自己的成就动机。

2. 自信

产生自信心是指不断地超越自己，产生一种来源于内心深处的最强大力量的过程。成就事业就要有自信，有了自信才能产生勇气和毅力，困难才有可能被战胜，目标才有可能达到。尤其是在创业过程中，不确定性因素很多，创业者常常面临进退两难的困境，需要依靠强大的自信心克服困难，推动事业发展。学术界常常利用自我效能感的概念，来测量人们对自己能否成功执行创业中各种角色和任务的自信程度。

心理学有很多方法和技巧可以让人更加自信，但归根到底自信是源自实力，而不是简单的成功学激励，只有自己的知识和能力达到了一定水平才是真实的自信，因此需要在不断取得进步的过程中一点点构建。此外，还要对自己的优劣势有正确的认识，积极肯定自己的实力，相信自己有能力影响结果，实现既定的目标。

3. 执着

创业者需要具备进取心和坚韧性，即不满足于现状，坚持不懈地向新的目标追求，并且在困难的情况下仍能保持意志坚定，执着，抗挫，不动摇。正如比尔·盖茨所说，巨大的成功靠的不是力量而是韧性，社会竞争常常是持久力的竞争，创业的成功是大浪淘沙的结果，“剩者为王”，有恒心和毅力的成功者才会笑到最后。

执着的品质是当代大学生群体普遍比较缺乏的，他们在 20 世纪 80 年代以后相对安逸的家庭环境中成长，只有简单的校园生活，很少经历挫折和大风大浪。为此，有志于创业的大学生要有意识培养自己执着的品质，可以从任何小事做起，坚持做较长的一段时间，例如，坚持每天写一篇日记，每天读 50 页书，每天锻炼 30 分钟等任务，既达成了计划的目标，又培养了自己执着的精神。

4. 情商

“情商之父”丹尼尔·戈尔曼认为一个人的成功，智商（IQ）的作用只占 20%，其余 80% 是情商（EQ）的因素。情商包括五个方面：了解自我、自我管理、自我激励、认识他人情绪、人际关系能力。情商和领导力有比较大的关联，提高情商有助于领导水平的提高。

大学生创业者可以从五个方面来提高自己的情商：①了解自我，知道自己是个什么样的人，最好请别人给你客观的反馈；②控制情绪，遇到任何事情先冷静思考，深呼吸或数数来避免情绪爆发，明白情绪化无助于解决问题；③换位思考，改变以自我为中心的思维，从对方的角度来思考和理解别人的想法；④保持积极上进的心态，克服悲观情绪的困扰；⑤学习和掌握沟通技巧，训练表达能力。

5. 冒险

创业者常常具备冒险心，即好奇心强，喜爱冒险，愿意承受风险。

只要从事创业活动，就必然会有某种风险伴随，且事业的范围和规模越大，取得成就越大，伴随的风险也越大，需要承受风险的心理负担也就越大。创业家都是冒险家，他们对选定的事业和瞄准的目标敢作敢为，冒着承受失败的风险起步，对事业总是表现出一种积极的心理状态，不断地寻找新的起点并及时付诸行动，表现出自信、果断、大胆，以及面对未知世界的坦然、对挫折失败的宽容。创业者要具备评估风险程度的能力，具有驾驭风险的有效方法和策略。“赌徒式”的冒险家虽然有可能侥幸成功，但一般情况下并不可取，成功的创业者总是事先对成功的可能性和失败的风险进行分析规划，选择那些成功可能性更大的目标和路径。

除了这五个方面的心理特质，创业者需要修炼的特质还很多，如创业警觉，即一般人不具有的，能够捕捉和察觉市场变化的信号，提取细节、发现市场机会的敏锐性；内控性，即相信自己的能力、努力和行为能影响周围的世界，并控制好自己的生活；模糊承受力，即能容纳未来的各种不确定性和快速变化，包括无法避免的挫折和出人意料的事件。此外，创业者需要有良好的身体素质来做基础，革命的本钱要在年轻的时候就存好，待到创业过程中就能发挥最大作用。

三、创业者的知识

知识是可以存储的信息，表现为个人在某一特定领域拥有的事实型与经验型信息。创业知识是创业主体在创业活动中所必备的各种信息。过程论认为创业是一种可以组织，并且是需要组织的系统性工作过程。创业者可以通过学习掌握关于创业过程中的关键要素、活动和环节的信息，从而实现成功创业。因此，创业知识是创业能力的重要组成部分。创业知识从结构上说，包括常识性知识、经验性知识和专业性知识。

1. 常识性知识

常识性知识主要涉及社会常识、商业常识和管理常识。具体地说，社会常识包括经济学知识、政策法律知识、科技知识、心理学知识、社会学知识等，有助于创业者理解自身的社会角色，洞察消费者的需求，理解和用好国家政策，关注社会变迁和技术进步。商业常识包括市场知识、产业知识、竞争知识、融资知识、商业计划书知识、商业模式知识等，有助于创业者了解经济发展的基本规律，商业活动的基本规则和商业社会的基本动态。管理常识包括企业运作知识、组织行为知识、管理沟通知识、战略管理知识、组织设计知识、激励知识、人力资源管理知识等，有助于创业者理解人类的特性和行为方式，了解科学的经营管理知识和方法，提高管理水平。

2. 经验性知识

经验性知识主要涉及商业经验、社会经验、管理经验和技术经验等。这些经验性知识也许来自工作经历，也许来自个人的兴趣爱好，也许来自过去连续创业的经历。总之，这里说的经验是指通过亲身实践所获得的经验，因为创业活动所需要的上述经验，只有通过自己亲身实践、亲身体验，不断积累，才能真正领会，并利用于创业过程。

3. 专业性知识

所谓专业知识，就是与创业直接有关的业务知识，包括所经营的产品或所从事的服务行业的知识与专业技术等。创业是开创一番事业，这个事业不管规模如何，都需要从事它的人比其他人做得更好、更专业，而要做到这一点，创业者必须具备从事这个事业所需要的专业性知识。在创业界有个不成文的规律——不熟不做。为什么不熟不做？因为各行各业都有一些特殊的地方，如果对它不熟悉，不具备从事这个行业所必须具备的专业知识，就很难把它做好。

四、创业者的技能

技能是指应用知识的能力，表现为一个人能完成某项工作或任务所具备的能力。创业者的技能不仅包括如软件开发、工程、计算、机械等技术方面应用知识的能力，还包括如营销、财务、领导力、计划、组织等管理方面应用知识的能力，也包括跟自身特质有关的表达、决策、洞察、学习、理解等能力。创业者所学习和积累的知识只有转化为技能，才能变成从事创业活动和实现创业目标所必须具备的本领，才能在创业实践中真正发挥作用。学术界已经总结概括了创业者所需要具备的多种创业技能。

1. 机会技能

创业机会是创业的切入点和出发点，是创业成功的关键因素。识别、评估和捕捉创业机会的能力是创业者的重要技能。纵观古今中外的创业成功案例，可以发现，绝大多数创业成功者都能够敏锐洞察到日常生活中被人们忽略的细节，尤其对需求、技术、管制、社会、行业等领域的变化保持高度警觉，并在看似平常的反常现象中抓住问题的关键，识别到创业的机会。

2. 决策技能

决策能力是指创业者根据主客观条件，果断确定创业的发展方向、目标、战略以及具体选择实施方案的能力。创业者的决策能力，具体包括分析能力和判断能力，即创业者要能够在错综复杂的现象中，通过分析理清事物之间的联系，通过迅速判断把握事物的发展方向。从某种意义上说，创业者的决策能力就是良好的分析能力加上果断的判断能力。

3. 执行技能

好的决策必须有好的执行才能变成现实。成功的创业者与梦想者的最大区别，就在于创业者不但有发现商业机会的眼光，而且能够果断地决策和坚定不移地执行。好的执行能力首先是一种行动能力，不能光想、光说，不去做，而是有了想法就马上去做，正所谓心动不如行动。好的执行能力还表现为能够克服重重困难，以手段为导向，能够拼凑和利用手头资源，不断行动的能力。

4. 组织技能

创立一个企业不是创业的目标，创业目标是建立一个能持续成功的组织。成功的创业者不仅要眼光锐利、决策果断、执行到位，而且必须善于经营管理。经营管理能力是一种较高层次的综合能力，它能够提高组织的效果、效率与和谐，以确保创业者的基业常青。它涉及计划、组织、领导、控制等，涉及人员的选择、使用、激励和优化，也涉及资金聚集、核算、分配和使用等。经营管理是一种重要的生产力，它不仅会影响创业活动的效率，甚至会决定创业的成败。

5. 人际技能

人际技能指与人事关系处理有关的技能，即与其他人或团队协同工作、理解并激励鼓舞他人，在组织中创造一种协作精神和团队精神的能力。这种人际交往能力包括社会感知能力、表达能力、印象管理能力、劝说影响能力、社会适应性等。

这种关系能力既包括妥善处理与政府部门、新闻媒体、供应商和客户之间的关系的能力，也包括与下属交往和善于协调下属部门各成员之间关系的能力。初创企业缺乏声誉，在社会上没有知名度，全靠创业者建立广泛的人脉关系，获取、整合和利用资源。因此，创业者必须具备广泛社交、建立关系的能力。企业与外界的接触越多，企业的规模越大，对创业者交往协调能力的要求就越高[①]。

6. 技术技能

技术技能指在某一特定专业领域内运用和精通有关工艺（工具）、技术和知识的能力。创业者并不一定要成为某一领域的技术专家，但要了解和掌握与其创业企业相关领域的技术动态。当然，有很多杰出的创业者，同时也是某一领域的出色技术专家。

除了以上所说的六种基本技能外，创业者所需要具备的其他技能，还包括持续学习能力、开拓创新能力、团队合作能力、概念和战略能力、承诺能力、建立信任与管理冲突能力、压力管理能力等。

专栏 3-3

扫描二维码，阅读《李开复：创业者的十项能力》。

---

① 贺俊英 . 大学生创业基础与实训教程 [M]. 北京：高等教育出版社，2010：54.

五、创业胜任力

上面讨论的创业者的特质、知识与技能都是静态和缺乏情境考虑的创业能力，实际上创业过程中充满各种动态和复杂的要素，创业者所面对的任务是非常复杂的，需要创业者具备能适应复杂性和动态性的创业能力。学术界借鉴了人力资源管理领域的术语，用“创业胜任力”（entrepreneurial competency）这一术语来概括创业者基于动态和情境的综合能力。创业胜任力指在创业过程中，一个绩效优秀的创业主体所具备的能够成功地执行创业任务，并取得高的创业绩效所要求的知识、技能、能力和特质等所有的创业能力。

冯华和杜红（2005）提出了创业胜任力的八个维度，并把这些胜任组成要素划分为创业竞争力、创业执行力和创业素质持续改进能力三个创业行为范畴（表 3-2）。

表 3-2　创业胜任力的维度与特征表现

序号	创业胜任力维度	特 征 表 现
1	机会能力	通过各种手段捕捉和孕育市场机会的能力
2	关系能力	人与人之间或人与组织之间互动的能力，包括凭借契约或社会关系、沟通说服能力和人际技巧等建立合作和信任的周边环境
3	概念能力	反映创业主体行为的概念化能力，包括决策技能、借鉴分析和掌握复杂信息、风险承担和创新性
4	组织能力	组织企业内外资源（人、财、物和技术资源），还包括团队建设、领导下属、培训和监控技能
5	战略能力	设置、评估和实施公司战略能力
6	承诺能力	驱使企业家永续经营的能力
7	情绪能力	熟知个人情绪特点，并在与他人相处或压力情境中有效管理个人情绪的能力
8	学习能力	以往自己或他人经历、关键事件中，主动学习并改变自己行为的能力

资料来源：冯华，杜红 . 创业胜任力特征与创业绩致的关系分析 [J]. 技术经济与管理研究，2005（6）.

木志荣（2008）根据对 511 名具有创业意向的在校生的问卷调查和 18 名大学生创业者的深度访谈，提出了大学生创业胜任力模型，把大学生创业胜任力特征分为创业素质和创业技能两个维度，然后在每个维度上划分具体的结构要素（图 3-2）。社会经验与人际能力、创业激情与创造力、团队意识与风险承受力、心理素质与知识结构构成了创业素质维度；而机会能力、资源整合能力、市场洞察和营销能力、管理技能构成了创业技能维度。

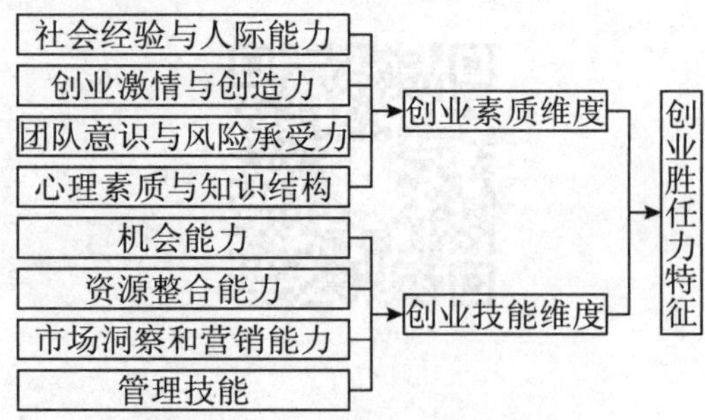

图 3-2　大学生创业胜任力模型

资料来源：木志荣 . 大学生创业胜任力研究 [M]. 厦门：厦门大学出版社，2008.

专栏 3-4

扫描二维码，阅读《创业者素质模型》。

专栏 3-5

扫描二维码，阅读《大疆汪滔：这个社会太愚蠢 包括很多很出名的人》。

第三节 创业决定

并不是所有具有创业能力的人最终都会决定创业。一个人最终有没有选择创业是由众多因素决定的，如职业生涯观、外部环境、家庭背景、创业能力、创业资源等，甚至个人遭遇失业、工作受挫、受人刺激等偶然因素都会影响创业决定。

一、职业生涯管理理论

创业决定是创业者人生路上的关键决策，是其人生规划的重要内容。如何对自己的创业生涯进行规划，将是影响今后创业成败的重要因素。尽管很多生存型创业具有强烈的被动色彩，但创业生涯的规划仍然是不能忽视的。生涯是指个人生活中和工作相关的各个方面，它们和个人的职业发展过程相联系。生涯管理（career management）是人力资源管理的重要内容，包含两重含义：一是从组织层面，即组织目标和员工能力、兴趣、价值观出发，确定双方都能接受的职业生涯目标，并通过培训、工作轮换、丰富工作经验等一系列措施，逐步实现员工职业生涯目标的过程；二是从个人层面，即个人为寻求自身的发展而制订和实施的职业发展计划。20世纪60年代以来，职业生涯管理理论和实践获得蓬勃发展，产生了许多具有代表性的职业生涯管理理论。

1. 职业选择理论

职业选择理论是指通过了解人自身的个性特质和不同职业的需求特征，依照自己的职业期望和兴趣选择个人的职业。该理论又分为以下两种：

（1）人职匹配论。该理论由被誉为“职业辅导之父”的帕森斯（Frank Parsons）在20世纪初创立，帕森斯认为一个人的职业选择要考察三个方面的因素：其一是了解自我的爱好、价值观、能力、资源、限制条件等；其二是考察不同行业工作性质、要求、成功要素、优缺点、薪酬水平、发展前景和机会等；其三是做到前二者的协调和匹配。人职匹配理论已经成为职业指导中永远不变的核心理念，广泛应用于人们的职业选择过程之中。

（2）职业兴趣理论。约翰·霍兰德（John Holland）是美国约翰·霍普金斯大学心理学教授，美国著名的职业指导专家。他于1959年提出了具有广泛社会影响的职业兴趣理论。认为人的人格类型、兴趣与职业密切相关，兴趣是人们活动的巨大动力，凡是具有职业兴趣的职业，都可以提高人们的积极性，促使人们积极地、愉快地从事该职业，且职业兴趣与人格之间存在很高的相关性。霍兰德认为人格可分为现实型、研究型、艺术型、社会型、企业型和常规型六种类型。

专栏 3-6　六种职业性向与典型职业

1. 现实型（realisic）

共同特点：愿意使用工具从事操作性工作，动手能力强，做事手脚灵活，动作协调。偏好于具体任务，不善言辞，做事保守，较为谦虚。缺乏社交能力，通常喜欢独立做事。

典型职业：喜欢使用工具、机器，需要基本操作技能的工作。对要求具备机械方面才能、体力或从事与物件、机器、工具、运动器材、植物、动物相关的职业有兴趣，并具备相应能力。如：技术性职业（计算机硬件人员、摄影师、制图员、机械装配工），技能性职业（木匠、厨师、技工、修理工、农民、一般劳动）。

2. 研究型（investigative）

共同特点：思想家而非实干家，抽象思维能力强，求知欲强，肯动脑，善思考，不愿动手。喜欢独立的和富有创造性的工作。知识渊博，有学识才能，不善于领导他人。考虑问题理性，做事喜欢精确，喜欢逻辑分析和推理，不断探讨未知的领域。

典型职业：喜欢智力的、抽象的、分析的、独立的定向任务，要求具备智力或分析才能，并将其用于观察、估测、衡量、形成理论、最终解决问题的工作，并具备相应的能力。例如，科学研究人员、教师、工程师、计算机编程人员、医生、系统分析员。

3. 艺术型（artisic）

共同特点：有创造力，乐于创造新颖、与众不同的成果，渴望表现自己的个性，实现自身的价值。做事理想化，追求完美，不重实际，具有一定的艺术才能和个性。善于表达、怀旧、心态较为复杂。

典型职业：喜欢的工作要求具备艺术修养、创造力、表达能力和直觉，并将其用于语言、行为、声音、颜色和形式的审美、思索和感受，具备相应的能力。不善于事务性工作。如：艺术方面（演员、导演、艺术设计师、雕刻家、建筑师、摄影家、广告制作人），音乐方面（歌唱家、作曲家、乐队指挥），文学方面（小说家、诗人、剧作家）。

4. 社会型（social）

共同特征：喜欢与人交往、不断结交新的朋友、善言谈、愿意教导别人。关心社会问题、渴望发挥自己的社会作用。寻求广泛的人际关系，比较看重社会义务和社会道德。

典型职业：喜欢要求与人打交道的工作，能够不断结交新的朋友，从事提供信息、启迪、帮助、培训、开发或治疗等事务，并具备相应能力。如：教育工作者（教师、教育行政人员），社会工作者（咨询人员、公关人员）。

5. 企业型（enterprising）

共同特征：追求权力、权威和物质财富，具有领导才能。喜欢竞争，敢冒风险，有野心、抱负。为人务实，习惯以利益得失、权力、地位、金钱等来衡量做事的价值，做事有较强的目的性。

典型职业：喜欢要求具备经营、管理、劝服、监督和领导才能，以实现机构、政治、社会及经济目标的工作，并具备相应的能力。如：项目经理、销售人员、营销管理人员、政府官员、企业领导、法官、律师。

6. 常规型（conventional）

共同特点：尊重权威和规章制度，喜欢按计划办事，细心、有条理，习惯接受他人的指挥和领导，自己不谋求领导职务。喜欢关注实际和细节情况，通常较为谨慎和保守，不喜欢冒险和竞争，富有自我牺牲精神。

典型职业：喜欢要求注意细节、精确度、有系统有条理，具有记录、归档、据特定要求或程序组织数据和文字信息的职业，并具备相应能力。如：秘书、办公室人员、记事员、会计、行政助理、图书馆管理员、出纳员、打字员、投资分析员。

资料来源：http://wiki.mbalib.com/wiki。

2. 职业生涯发展理论

该理论认为每个人的职业生涯都要经历许多阶段，每一阶段都有其不同的特征和相应的职业知识能力要求。为了更好地促进个人的职业生涯发展，学者们根据人的生命周期，将人的职业生涯划分为不同的阶段。

例如，美国具有代表性的职业管理学家萨柏（Donald E.Super）把人的职业生涯规划分五个阶段：①成长阶段，属于认知阶段（0 ～ 14 岁）；②探索阶段，属于学习打基础阶段（15 ～ 24 岁）；③确立阶段，属于选择 / 安置阶段（25 ～ 44 岁）；④维持阶段，属于升迁和专精阶段（45 ～ 64 岁）；⑤衰退阶段，属于退休阶段（65 岁以上）。

根据上述职业生涯发展不同阶段的特点，人们需要去进行自己的职业规划。

3. 职业探索决策理论

该理论认为人的职业生涯的发展充满着许多不确定因素，需要个体不断探索和决策。

理想的境界是人们尽快找到符合个人兴趣，投身于一个能使人安身立命、无怨无悔的事业。职业生涯的探索决策理论中，最有代表性的是麻省理工学院施恩（Schein）教授提出的“职业锚理论”。职业锚是指当一个人不得不做出选择的时候，他无论如何都不会放弃的职业中的那种至关重要的东西或价值观。正如“职业锚”中的“锚”的含义一样，职业锚实际上就是人们选择和发展自己的职业时应该锁定一个重要目标。

4. 职业发展主动建构理论

美国斯坦福大学教育和心理学教授约翰·克朗伯兹（John Krumboltz）1996 年从自我效能的角度提出了职业生涯规划的“主动建构理论”。职业生涯的自我效能是指我们相信自己能够成功地完成生涯决策活动。他认为职业生涯发展是一个了解我们自身并做出各种可能性选择的过程。过去的学习、经验以多种方式影响我们的生涯决策。个人信念与期望是职业生涯发展的一个重要组成部分。因此，职业生涯的发展不是被动而是一个主动建构的过程。我们可以主动地寻找生活中的“角色榜样和良师益友”，进而学习有关职业和生涯规划过程的知识①。

创业者决定自主创业是一种个人层面的职业生涯管理，因此仍然可以运用成熟权威的职业生涯管理理论指导创业生涯。随着创业型经济的发展以及创业教育的开展，创业意识逐渐深入人心，人们意识到创业也包含于职业选择之中。在“大众创业，万众创新”的商业浪潮中，越来越多的人将创业职业生涯作为一种重要的职业生涯发展方式。在大学，高校创业教育的一个重要目标，就是帮助更多的学生树立创业职业生涯观。学生形成了创业职业生涯观后，其中一部分可能立即表现出高度的创业意向，为此去做各种创业准备，进而投身自主创业。绝大部分学生在接受创业教育后，可能并不会在短期内创办自己的企业，而是进入组织工作，但是这些学生已经形成的创业职业生涯观将引领学生在毕业后持续地追求自主管理的职业生涯。例如，他们将比其他员工更积极地参与公司创业。

专栏 3-7　厦门大学深化创新创业教育

厦门大学认真贯彻落实《国务院关于进一步做好新形势下就业创业工作的意见》《国务院办公厅关于深化高等学校创新创业教育改革的实施意见》，结合实际，着力推进完善体制机制建设，深化创新创业教育改革，大力培养学生的创新精神、创业意识和创新创业能力，加快完善就业创业服务体系。

（1）制定《厦门大学深化创新创业教育改革实施方案》，报教育部备案并向社会公布。学校着力完善人才培养质量标准；改革创新创业教育教学模式和课程体系；搭建创新创业实践和服务平台；发挥创新创业竞赛牵引作用；加强创新创业师资队伍建设；健全创新创业教育经费保障机制；改革招生和学籍管理制度；开展对外合作与交流；健全创新创业教育工作机制；营造浓厚的创新创业氛围。

（2）制定发布创新创业教学管理办法。发布《厦门大学本科生创新学分认定办法》《厦

---

① 张再生 . 职业生涯管理 [M]. 北京：经济管理出版社，2002.

门大学本科生学业竞赛管理办法》《厦门大学大学生创新创业训练计划管理办法》等系列文件，设立本科生创新学分（必修），鼓励本科生积极参加创新创业活动；健全“以研促学、以赛促学”机制，完善课内实验教学与课外创新活动、学业竞赛相互补充的多元化课外科研训练体系；完善本科生导师制，鼓励教师指导创新创业，把教师指导学生创新创业活动计入教师工作量，鼓励教师科研课题与学生科研训练相结合，通过早期科研训练平台和学业竞赛平台，带领学生开展研究型学习和创新性实验。

（3）成立创新创业教育学院。2016 年 9 月 9 日，厦大中科创业学院正式成立。中科创业学院依托厦门大学管理学院设立，与中科创大创业教育投资管理有限公司共同为学生提供创业课程、创业实训等创业辅导，建立科研项目孵化和成果转化基地。学生在中科创业学院学习，将获得厦大校内老师与该公司专业人员的“双导师”支持，并得到公司参与项目实践等实习机会。

（4）规范创新创业教育专门教材选用和出版。要求使用体现本学科高水平的国内外最新教材，鼓励高层次人才编写教材，确保出版教材的质量与水平。例如，管理学院木志荣副教授编著的《大学生创业胜任力研究》和教育研究院林金辉教授编著的《海西青年创业教育和创业环境研究》都深受学生喜欢。2016 年还编写出版了《创新创业厦大人》书籍，讲述厦大学子的创新创业故事，树立创新创业典型，带动更多学生投身创新创业。

（5）促进创业教育活动常态化。一是广泛举办沙龙、融资洽谈会等特色创业指导活动。2016 年，学校着力打造“周周有咖啡、月月有路演、季季有融资”常态化服务品牌。目前，学生就业创业指导中心就已举办“创客 + 思享汇”系列沙龙 9 期，“创客 + 商业资本对接会”3 期，学院举办各类学生创业活动 12 场，营造了良好的校园创新创业氛围。二是着力推动创业培训精细化。学校作为福建省高校毕业生创业培训基地，几年来持续开展大学生创业培训工作，共培训了 2700 多名学生，形成了 500 份创业计划书。创业培训已经成为学校创业教育一个非常重要的环节。2016 年 ETC（教育 Education、孵化 Tutor、投资 Capital）创业培训在 2015 年基础上，纳入小学期教务系统，进一步提升培训的针对性、体验性和实践性，重点突出分层次、分类别，培训中为学生配套提供创业导师，引入早期创投基金、入驻孵化基地等系列服务。三是扶持大学生创业联盟等 17 个创新创业类学生社团，通过开展“厦大全球校友论坛——我的创业故事”系列活动、“企业家进校园”“心连心”创业成长训练营等品牌活动，向青年学生传授创业实践经验和感悟，营造创业氛围。

（6）完善创新创业信息服务平台建设。构建“本科生创新网”和“大学生创业服务网”双网络平台，形成了集创新立项、政策宣传、创业教育、项目展示、创业集资、创业交流于一体的多功能系统，更好地服务学生开展创新创业活动。同时还设立了本科生科创竞赛、“创客 +”、科创中心等微信公众号，实现相关信息及时更新。

资料来源：厦门大学就业与创业指导中心占群丽老师提供。

二、创业决定的影响因素

每个人在职业生涯中的任何一次决定似乎都有利有弊。尽管每个个体在创业决定中很难精确地权衡利弊，但是我们仍需认真地分析创业决定的利弊。

1. 创业决定的利弊

选择创业，可能会带来如下之利：

第一，获得巨大财富收获的可能性。创业比就业有更大的概率获得更多财富，如果想获得更多的物质财富，创业无疑是更好的选择。

第二，获得独立自主感。很多人具有强烈的自主性格，喜欢自己做决定，自我雇用，按照自己的意愿生活，而不喜欢听从安排，服从别人制定的规则。对于这种人来说，创业无疑是最佳选择。

第三，把梦想付诸实践。很多人都有自己独特的、比较远大的理想，或者自己在某个方面有浓厚的兴趣。但是，由于工薪就业要求从业者必须服从所在企业的价值观、目标和所在岗位的特点，很多人因此丧失了实现自己梦想的机会或是途径。而创业则不同，由于创业的自主性特点，创业者可以按照自己的意图选择职业道路，从而更容易实现自己的梦想。

当然，任何选择都会有机会成本和潜在风险，创业决定也会带来以下弊端。

第一，失败的风险。创业和风险是孪生兄弟，要创业必然有风险。按照一般规律，企业的获利机会越大，风险也就越大。如果企业失败，创业者将会蒙受经济损失和时间损失，还会带来精神上的痛苦。如果损失太大，还可能严重影响到创业者的正常生活和幸福。

第二，巨大的压力。创业是一项复杂的商业实践，无时不在的风险，再加上创办和经营管理企业所需要面临的极其复杂的任务，会给创业者带来巨大的压力。要应付这些压力，创业者不仅需要坚忍不拔的毅力，还需要有超凡的解决各种问题的能力。如果不能成功应对压力，创业者的心理会遭受痛苦，影响心理健康和人生幸福。

第三，不稳定。由于创业者的收入取决于企业经营的效益，而企业的发展一般来说都是有起有伏的，特别是在初创期和发展期更是如此，这就导致创业者的收入是不稳定的，有时多，有时少，有时甚至还得靠借债度日。这种状况同工薪就业稳定的收入相比是完全不同的[①]。

2. 影响创业决定的因素

影响个人创业决定的因素非常多，有些因素是偶然的，有些是必然的；有的属于主观因素，有的属于客观因素。根据这些因素的主客观情况，我们可以把影响创业决定的因素分为两方面：内在因素和外在因素。

从内在因素，可以把影响创业决定的力量分为改变现状的意愿和具备创业者的能力。创业者有时是为了改变现状而决定创业，如失业了，生活没有依靠，这是生存型创业者做出创业决定的重要力量；有些人在职业生涯中遇到了挫折，如晋升无望、工作厌倦等，需要通过创业寻找新的职业生涯。另外，随着机会型创业者成为创业者中的主流，因为个人在性格、知识、技能、特长、资源、经验、价值观等方面具备了创业者的能力而决定创业的人已经非常普遍。例如，有的人在某个行业或领域工作多年，或对某个方面产生兴趣多年，积累了丰富的经验、知识、技能以及各种人脉资源，待时机成熟就会投身自主创业。

从外在因素，影响创业决定的力量很多。如受到家庭经济收入支持、同伴或朋友等可

---

① 郝宏伟 . 大学生创业基础 [M]. 广州：广东高等教育出版社，2013：8.

信榜样的影响，在商业氛围浓厚、创业者普遍受人尊重、容忍失败、鼓励创业创新等文化氛围中，人们更容易做出创业选择。例如，福建晋江、莆田等地方具有浓郁的创业氛围，在这种创业文化中，人们往往容易做出创业选择。另外，在外部有力的政策环境支持下，如政府大力提供项目、资金、税收优惠、注册便利等政策，也会鼓励更多人创业。我国从2014年开始的一股前所未有的创业浪潮，就是在中国经济转型升级背景下，政府出台各种扶持和鼓励创业，大力推动“大众创业，万众创新”的局面下出现的。

当然，每个人做出创业决定的影响力量是不尽相同的。个人做出创业决定时，常常并非系统地审视自己的创业能力和精确地权衡创业利弊得失。有的人创业纯属机缘巧合。

专栏 3-8

扫描二维码，阅读《成为一名创业者：它适合你吗？》。

专栏 3-9

扫描二维码，阅读《吴欣鸿：从千万小子到亿万先生》。

三、创业决定的时机选择

专栏 3-10

扫描二维码，阅读《俞敏洪反对“一毕业就创业”》。

在自己的职业生涯中，具体在哪个时间点去创业，常常是潜在的创业者面临的一个困难选择。这个问题对于大学生和 MBA 的学生而言，具有不同的意义。对于这个问题，正如上面专栏里面提到的新东方创始人俞敏洪和创业黑马董事长牛文文一样，见仁见智，一直有争议。

1. 大学生创业的时机选择

根据创业时间和学业的关系，大学生有四个创业时机。

（1）在校创业。在校期间创办公司，边完成学业，边经营公司。

（2）休学创业。在保留学籍的前提下休学创办和经营公司。虽然 2015 年教育部下发通知，重申高校要建立弹性学分制，允许在校学生休学创业，但是，因为我国没有实行完全学分制，休学创业受到学校政策的很多限制。

（3）毕业即创业。毕业时自我雇用，投身自主创业。在提倡就业观念转变的大局中，越来越多的人树立起了"创业就是就业"的新观念。

（4）毕业后创业。有着创业理想的大学生，在条件暂时不成熟的情况下，如没有合适项目、缺乏资金、缺乏经验等情况下，先到其他企业就业积累工作经验，然后再选择时机创办企业。

那么，大学生读者一定会问：到底哪种创业时机比较好呢？先创业还是先就业？这个问题从 1998 年我国大学生创业启蒙开始以来，一直都是大学生、媒体、家长等群体关心的问题。本书作者认为，这个问题是没有标准答案的。一方面，创业机会稍纵即逝，大部分机会的窗口期都很短，不可能等到完成学业甚至工作一段时间后再去开发它。而且学生一旦工作后，选择创业的机会成本就会越来越高。另一方面，创业需要一定的社会经验、人脉关系、社会资本、行业知识等需要投入社会后慢慢积累的资源，大学生除了满腔热情之外，往往一无所有。如果盲目下海创业，甚至盲目效仿比尔·盖茨、扎克伯格等休学创业，导致创业失败的可能性相当大。

专栏 3-11　2016 年中国大学生创业报告

自 2010 年《教育部关于大力推进高等学校创新创业教育和大学生自主创业工作的意见》发布之后，大学毕业生创业比例年年稳步提升。根据麦可思研究院发布的《2016 年中国大学生就业报告》，2015 届大学生中约有 20.4 万人选择了创业，自主创业比例是 3.0%，比 2013 届的 2.3% 高出 0.7 个百分点，比 2014 届（2.9%）高出 0.1 个百分点，比文件发布之前的 2009 届（1.2%）高出 1.8 个百分点。2015 届高职高专毕业生自主创业的比例（3.9%）高于本科毕业生（2.1%）。

大学毕业生创业的主要动因是"理想就是成为创业者""有好的创业项目""受他人邀请加入创业"，属于机会型创业的毕业生占创业总体的大多数（本科 87%，高职高专 86%）。

另外，报告也显示，2012 届大学毕业生毕业时创业的比例为 2%。毕业三年后创业比例增长为5.7%，其中毕业时创业三年后还存活的约为1个百分点，就业后再创业的约为4.7个百分点，说明大学毕业生创业群体中大部分是先就业后创业。大学毕业生创业存活的比例在上升，2010届毕业时创业的大学毕业生，三年后还在创业的比例为42.2%，2012届的创业三年存活率增长为47.8%。大学毕业生创业质量在提高。

资料来源：麦可思研究院《2016年中国大学生就业报告》。

专栏 3-12　大学生在校创业的有利途径

第一，大学生可以利用学校的资源创业（如老师、同学、校园环境等）。大学生可以利用老师的科研成果或专利技术来创业，或是利用学校的物质资源来创业，如某高校3名学生承包了学校的教材印刷中心，办起了一家印刷厂，成功创业。同时，大学生还能利用学校的市场资源创业，高校拥有大群老师、学生，是个很大的消费者群体，可以从他们的需求出发，为他们提供服务来进行创业。例如，某高校几个学生在学校后门办了一家咖啡厅，优雅的环境和实惠的价格很符合师生的实际，结果生意很红火。除此之外，大学生还可以利用学校的人力资源创业，高校大批的学生本身就是一个庞大的人力资源库，可以为某些企业提供充足的劳动力。例如，某高校的几个学生创办了一家家教公司，从学生中就近招聘了许多工作人员，为全市的中小学生提供家教服务，结果非常成功。

第二，大学生也可以利用社会实践的机会创业。社会实践是大学生了解社会、增长见识、服务社会、锻炼提高综合素质的重要途径，也是创业实践的重要途径。如某医学院的学生赵某，坚持利用寒暑假时间，到本市的一家连锁药店进行社会实践，一来二去，他对连锁店的市场状况和经营管理有了深入了解，逐渐产生了建立自己的连锁药店的想法，大学毕业后，赵某没有当医生，而是由家人提供资金，在自己的家乡办起了一家连锁药店。由于他已经非常熟悉连锁药店的经营管理，所以事业发展非常顺利，获得了丰厚的收益。

第三，大学生还可以利用学校所在地与家乡的信息差别创业。很多大学生是在家乡成长，然后去异地上学，这样的异地跨越生活经历，使得他们既了解家乡的需求，又熟悉学校所在地的资源信息，在商业信息方面比很多人具有得天独厚的优势，很容易从中发现商机，从而找到自己的创业机会。

资料来源：郝宏伟 . 大学生创业基础 [M]. 广州：广东高等教育出版社，2013:10.

2. MBA 学生：该辞职创业吗？

MBA 学生具有一定的工作经验，他们回到校园攻读 MBA 课程，本身就是其职业生涯管理的重要内容。其中，该不该辞职创业？这是许多MBA学生纠结的一个生涯管理问题。MBA 学生一方面对国家的政策环境、商业活动的规则以及对某些具体行业情况都比较了解，也积累了一些创业所需要的相关资源和经验，他们辞职创业成功的可能性比较高；另一方面，他们在单位已经打拼了几年，处在职业晋升的关键时期，有的甚至已经走上中高层管理岗位，有显赫的地位和待遇，辞职创业的机会成本已经很高。

很显然，每一个个体自身的条件和所处的环境具有差异性。该不该辞职创业，不同的MBA学生应该有不同的答案。

专栏 3-13

扫描二维码，阅读《周鸿祎：反对大学生毕业就创业》。

第四节 创业学习

虽然每个人选择创业的动机多种多样，但正如本章第三节所言，创业者不是天生的，每个人可以根据职业生涯管理的基本原理，做出创业或不创业的生涯决策。对于做出了创业决定，选择了创业职业生涯的人来说，需要通过不断的学习来提高创业胜任力。

一、创业教育的蓬勃发展

根据过程论的思想，创业是一个行为过程，这个过程可以被认知和学习。因此，随着特质论在学术思想领域的终结和对创业过程研究的深入，创业教育逐步被重视并掀起了热潮。当代管理大师彼得·德鲁克认为创业的能力跟基因毫无关系，既不是一种魔力，也并不神秘。创业是一门学科，并且和其他学科一样可以通过学习拥有这种能力。

1. 欧美创业教育的发展历程

创业教育最早在美国兴起，迄今为止，美国仍是创业教育最发达的国家。哈佛大学教授迈尔斯·梅斯（Myles Mace）在 1947 年开设了一门名为“新企业管理”（management of new enterprise）的选修课，这被视为创业教育的起源。然而，在随后的 20 年里，大学中的创业学科并没有得到很好发展，因为当时的思想领域中特质论占据主流，人们相信创业者是天生的。此外，当时人们普遍相信大公司推动了经济增长、吸纳了劳动力、促进了创新，而小公司则不断减少。与之相对应的是，大学的商科教育高度重视管理型经济急需的职业经理人，而创业教育缺乏成长的社会环境。

直到 20 世纪 70 年代以后，美国的社会经济出现了新的发展动态。中小企业蓬勃发展，逐步成为美国经济发展的主要动力。为了适应经济形态上的这种变化和转型，美国一些大学纷纷设置创业教育课程，培养学生的创业意识，传授创业知识和开发创业能力。1967

年，斯坦福大学和纽约大学开创了现代的MBA创业教育课程体系，这些课程专注于财富创造与企业创建。1968年，百森商学院（Babson College）第一个在本科教育中开设创业方向。到了20世纪80年代，美国的创业教育进入了迅速发展阶段，到20世纪末，美国共有1 050所高校开设创业课程。到2005年为止，开设创业课程的学校增加到1 600多所，开设了2 200门创业课程[①]。

与美国相比，欧洲高校创业教育起步较晚。1976年，巴黎高等商学院在法国第一次开设了创业教育课程，虽然此后有几所大学在硕士研究生阶段开设了管理课程，直到20世纪90年代创业教育才开始在法国崭露头角。20世纪80年代以来，英国政府为了重振经济和解决渐趋严重的青年失业问题，把创业教育列为优先发展领域。

从21世纪初开始，创业教育引起了欧盟的关注和重视，欧盟及其成员国出台了一系列高校创业教育政策。如《欧洲创业绿皮书》（2003年）、《帮助营造创业型文化》（2004年）、《实施创业行动计划》（2006年）、《欧洲奥斯陆创业教育议程》（2006年）等。在欧盟创业教育整体发展框架政策出台后，各成员国政府纷纷制定了专门的或独立的全国性创业教育战略，采取一系列刺激措施，推动大学创业教育项目的推广。

总之，欧美国家的创业教育经过近半个世纪的发展，已经树立起完整、科学的创业教育观，制定和执行了全国性的创业教育战略，普遍把创业教育纳入国民教育体系，涵盖小学、中学、大学、职业教育和培训领域，并充分调动了政府、企业、社区等学校之外的力量，形成了一种良性互动式发展的创业教育生态系统。

2. 我国创业教育的发展历程

在我国，创业教育起步较晚。1998年，清华大学成立了中国创业研究中心，开启了我国创业教育的先河。当年，清华大学还举办了中国最早的学生创业计划竞赛。此后，团中央、教育部、中国科协、全国学联把创业竞赛推向全国，竞赛引发的学生创业热潮激发了创业教育需求，有力地推动了我国创业教育的发展。

1999年，教育部制定、国务院批转发布的《面向21世纪教育振兴行动计划》第27条指出：加强对教师和学生的创业教育，采取措施鼓励他们自主创办高新技术企业。

2002年，教育部召开了普通高校"创业教育"试点工作会议，正式确定清华大学、北京大学、中国人民大学、北京航空航天大学、上海交通大学、南京经济学院等9所高校为创业教育试点院校，并给予资金和政策支持，探索我国高校学生创业教育的基本方法和发展模式。

2003年以来，在严峻的大学生就业形势下，加强大学生创业教育的呼声日益高涨，以开设创业教育课程为表征的高校创业教育活动得到迅速发展。南开大学、吉林大学、浙江大学、厦门大学等高校纷纷设立了创业研究或教育中心，开展创业教育和研究工作，在开设创业课程、探索创业教学方法和创业管理研究等方面初步取得了丰硕成果。

2009年以来，中山大学、上海交通大学、浙江大学等高校纷纷举办创业学院。2010

---

① Kuratko, D. F., 2005, "The Emergence of Entrepreneurship Education: Development, Trends, and Challenges", Entrepreneurship Theory & Practice, Sep, Vol. 29 Issue 5, pp.577-597.

年 5 月教育部成立创业教育指导委员会，负责组织开展创新和创业教育理论与实践研究，目的是加强全国创业教育的全面开展。

本书主编曾在 2006 年对我国大学生创业教育资源进行了全面总结，归类为四个方面的内容模块：创业课程、创业竞赛、创业孵化、创业政策。同时，提出每个创业教育实践模块，学校和社会参与程度的不同、理论性和实践性程度不同，模块可以分解为许多支撑要素（图 3-3）。

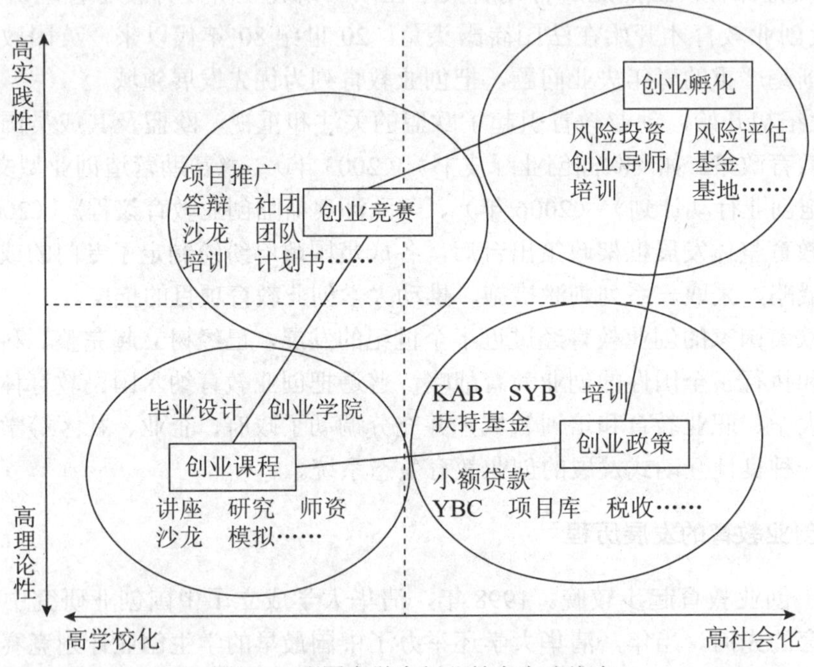

图 3-3　我国大学生创业教育实践维度

资料来源：木志荣 . 我国大学生创业教育模式探讨 [J]. 高等教育研究，2006，（11）:79-85.

专栏 3-14

扫描二维码，阅读《创业真能教出来吗？》。

二、创业学习

人们已经普遍认为，创业是一个过程，这个过程中创业者如何采取行动是可以学习的。

创业学习理论已经成为创业行为研究的重要内容。

1. 创业学习理论

早期的创业学习研究以探讨个体的性格特质为主，这种静态的创业学习理论忽略了创业者在创业活动中不断学习、自我完善、锐意变革的能力。20 世纪 90 年代末以来，许多学者试图从动态角度来揭示创业者的创业活动，由此出现了个体学习过程视角和机会或资源开发视角的研究（表 3-3）。

表 3-3 创业学习相关研究总结

	学者（年份）	主要观点	学习方式	学习目的	知识来源	影响因素
个体学习过程视角	Rae(2000 和 2001)，Cope（2000、2003 和 2005），Minniti 和 Bygrave（2001），Holcomb 等（2009）	创业学习过程是一个由创业者个人社会角色变化到进行情境化学习，再到创业实践的渐进过程	以经验学习为主，少量研究还关注认知学习问题	个体通过成功的创业，由普通人转变为合格的创业者	在校学习、从业经历、关键事件、社会关系	创业者的特征（如自信心）
机会或资源开发视角	Politis（2005），Corbert（2005），Lumpkin 和 Lichtenstein（2005）	机会识别与资源获取是创建新企业要解决的两大问题，也是进行创业学习的主要目的。不同的学习方式和学习风格对于两者产生不同的影响	经验学习、认知学习、实践学习	获取必要的资源，以成功开发机会	创业者的先前创业、管理和从业经验，观察他人的行为或结果；创业者的自身实践	创业者的学习风格、创业网络、外部环境
机会或资源开发视角	Petkova（2009），Cope（2011）	早期创业学习研究更多地关注创业者如何成功创业，而忽略了创业者如何从失败中学习的问题。高失败率是创业活动的典型特征，创业者必须走出失败的阴影，实现情绪恢复，反思失败的原因，重新认识自己，分析失败带来的得与失，学习如何管理关系网络、如何运营和控制企业，最终重新崛起识别和开发新的机会	经验学习	走出失败的阴影，重新崛起	对失败进行反思	创业者的先前知识

资料来源：根据相关文献整理。

2. 创业学习的方式

如何学习、通过什么途径或方式来获取和创造知识，是创业者必须面对的现实问题。根据心理学、教育学等领域关于个体学习的研究成果，创业者的学习方式主要有以下三种。

第一，经验学习。经验学习指个体通过转化自己所积累的经验来创造知识的过程。创业经验学习所涉及的经验主要包括与创业直接相关的经验，如创建企业的经验、管理企业的经验以及行业专有经验等。创业者利用自己以往积累的经验，通过反复试错把这些经验逐步转化为创业知识，并应用于创业实践。创业者不但要通过经验学习来积累成功的经验，而且更重要的是，还要通过经验学习来总结失败的教训。

第二，认知学习，也称为观察学习或榜样学习。这种学习方式是指创业者通过观察他人行为来获取和吸收知识的过程，如模仿他人成功的行为、规避他人失败的行为。认知学习涉及理解、认识、预测和利用信息等高级心理活动过程，个体通过认知过程把所获得的信息与自己的已有认知结构联系起来，并对自身的能力、观念、认知图式等进行重组。例如，创业者观察创业成功人士的榜样行为，并进行思考和认知重构，在恰当的时间和地点再现榜样行为。

第三，实践学习。由于创业活动是高度不确定的，外部环境又是在不断变化的，因此，创业者不能只依赖经验学习和认知学习来应对不确定因素，获得足够的创建新企业的知识。创业者还必须通过亲身实践，即进行实践学习（action learning）来加以补充。创业者通过采取行动来理解和摆脱创业困境，将先前掌握的知识和积累的经验应用于创业实践，在亲身创业实践中不断充实自己的创业知识，并提高利用创业知识的效率。

经验学习、认知学习和实践学习三种方式相互补充，创业者很难仅靠单一的一种学习方式获得成功创业的能力。但是，新企业创建与成长的不同阶段对于创业者的能力有不同的要求，应该采取的学习方式也应该有所侧重。如在识别和评价机会的过程，应该采取经验学习方式。创业者利用自身的知识和经验储备搜寻市场环境的变化，寻找到一个好的创业机会。在新企业的存活阶段，由于创业者的经验知识不足以指导新企业提高绩效，在这种情况下创业者应该采取认知学习的方式，观察其他企业的优秀实践和先进做法来改变和重构自身的认知和行为模式，从而改善企业的经营。在新企业的成长阶段，企业需要巩固和强化市场竞争力，因而创业者应该采取认知学习和实践学习相结合的学习方式。一方面通过认知学习帮助企业从外部吸收知识，另一方面通过实践学习积累企业内部知识。新企业通过对外部知识和内部知识的整合，形成了企业自身的核心优势和竞争力。

3. 创业学习策略

科学的学习策略有助于创业者不断吸收新知识、接受新信息、调整自己的行为以适应社会环境的变化，从而提高自己的创业胜任力。创业学习策略包括以下几种。

第一，终身学习。创业是一项复杂的商业实践活动，创业者面对的技术、知识、政策、管制、社会、人口、产业、市场等因素无时无刻不在发生变化，要求创业者需要具备的能力是动态化和情境化的。因此，创业者要建立终身学习的理念，追求学无止境，不仅要尽可能接受良好的基础教育和高等教育，而且要尽可能接受良好的继续教育，使学习伴随整个人生旅途和创业过程。

第二，干中学。创业需要创业者对事业倾注全部的精力和心血，集中时间的系统学习机会必定很少，而“干中学”是将学习与工作结合起来，将理论与实践结合起来，带着问题学，在解决问题中学。“干中学”是将学习融入创业过程中，即在学习中创业、在创业中学习。无数成功创业者的现身说法表明，“干中学”在创业过程中是十分有效的，它提供了一种在工作忙、实践紧的条件下学习的解决方案。

第三，从社会关系中学习。社会关系为创业者提供了学习的渠道，创业者不仅可以向父母、家人、老师、朋友等身边人学习，还可以向顾客、投资人、供应商、竞争对手等企业的利益相关者学习。

第四，从试错中学习。在创业的过程中创业者根据相关任务和情境制订目标，在可能的行动方案中进行选择，执行所选择的方案并得到结果。如果结果符合预期的目标，创业者直接从创业行动中获取正确的知识。如果结果达不到预期的目标，创业者会利用已有知识去发现错误、改正错误，通过这种试错过程掌握正确的知识。

本章要点

- 常见的创业动机有：获得外部报酬、获得内部报酬、追求独立自主和家庭保障等。
- 创业动机的类型有：生存型创业和机会型创业；事业成就型和生存需求型；经济需要动机和社会需要动机。
- 创业动机的影响因素可分为两大类：个体因素和环境因素。个体因素包括人口学变量、人格特质、认知因素、能力特征等。环境因素包括创业环境、创业政策等。
- 创业能力包括创业思维、个性特质、知识、技能等方面。学术界常运用创业胜任力来概括创业者基于动态和情境的综合能力。
- 在创业职业生涯中，仍然可以运用成熟权威的职业生涯管理理论指导创业生涯。
- 创业决定有利有弊。影响创业决定的因素有很多，但基本来自两方面：内在因素和外在因素。
- 先创业还是先就业？该辞职创业吗？这是大学生和 MBA 学生常常面临的问题。每一个个体的自身条件和所处的环境具有差异性，这类问题没有统一标准的答案。
- 20 世纪 70 年代以来，创业教育蓬勃发展，欧美国家的创业教育形成了一种良性互动式发展的创业教育生态系统。
- 创业者的学习方式有经验学习、认知学习和实践学习三种。

思考题

1. 创业动机有哪些？如果你要创业，你具有什么创业动机？

2. 分小组完成对一个创业者的访谈，总结访谈对象身上表现出来的能力、动机、特质、资源等特征。

3. 头脑风暴：识别和描述创办一个成功的小企业所必需的创业胜任力。

4. 请列出个人在知识、技能和特质三个方面的创业能力。

5. 在创业过程中，创业者该如何继续学习？

6. 创业与就业这两条职业发展路径有何不同？主要体现在哪几个方面？

7. 大学生毕业就创业的优势、利益点、机会点有哪些？

8. 创业教育的本质是什么？创业教育的主要目标是什么？

案例故事

扫描二维码，阅读案例故事《朱为超：携笔从戎，矢志国防；科技创业，回报社会》。

第四章　识别创业机会

想法刚出现的时候并不完整，只有不断地努力，它们才变得清晰。

——扎克伯格

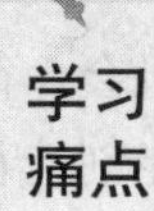

学习痛点

- 创业机会表现为哪些形式？
- 如何才能更容易地识别出创业机会？
- 创业机会可以构建吗？
- 当前创业的热门领域有哪些？
- 创业机会识别过程的内在机理是什么？

引例

创业与创业投资的热门领域

自从李克强总理明确指出要把“大众创业，万众创新”打造成助力中国经济继续前行的引擎以来，创业如千层浪潮般地席卷而来，一大波的创业人士踊跃出现，一批批的企业如雨后春笋般创立。

接下来，编者根据新浪科技网披露的数据将2015—2017年创业与创业投资的热门领域进行汇总如下。

2015年，电子商务、在线教育、本地生活等O2O互联网领域，其中本地生活主要包括美食餐饮、家政服务、社区服务、美业服务、宠物服务、上门维修等。

2016年，聊天机器人、VR/AR、无人机、移动互联网、无人驾驶汽车、直播、SaaS、共享经济等领域。

2017年，知识付费、企业服务、汽车交通、消费生活、文体娱乐、旅游酒店、智能硬件、医疗健康等领域。

值得一提的是，在不同的时点和发展阶段，创业项目虽纷繁多样，但也值得投资者和创业者进行深度思考。从积极的视角看，这更像是一场大浪淘沙，筛选出一批优质的创业项目，在市场和时间长河中进行检验；从消极的视角看，创业领域虽热，但最终能够胜出的公司并不多，初创企业甚至于遭遇一阵空前猛烈的倒闭潮。

综上所述，纵使创业过程意味着不确定性、艰辛和坚持，但也不必悲观，创业者和投资人可将目光转向同具潜力的其他领域。不管怎样，创业者都要始终如一地保持着高涨的热情，共同期待着在下一个风口能够获得丰厚的回报。

第一节　创业机会的概念和形式

正如第二章所言，识别机会是创业过程的起点。一个具有创业动机和创业意向的潜在创业者采取创业行动的第一步就是识别创业机会。创业机会是创业的核心，创业的过程就是机会的识别、评估和开发过程。

一、创业机会的概念

简单地说，创业机会是指创业者可以利用的商业与社会发展机会。

我们在理解创业机会的时候，首先想到的是主要为了获得利润回报的商业机会，简单地说，就是我们要寻找赚钱的项目。事实上，还有一种创业机会，这种机会是能创造社会价值的社会发展机会，我们把这种旨在解决社会问题的机会开发活动称为社会创业（social entrepreneurship）。社会创业是20世纪90年代以来在全球范围内兴起的一种新的创业形式。

本书的第十四章会讲授关于社会创业的内容。

关于创业机会的概念，一直以来，学术界有个争议：创业机会存在于外部客观环境中等待创业者发现，还是产生于创业者人脑之中可以后天构建呢？由此产生了对创业机会的起源与产生过程两种不同的解释观点："创业机会发现说"和"创业机会构建说"。

"创业机会发现说"认为创业机会先于创业者的意识存在于外生的客观环境中，等待独具慧眼的个体（如具备某类特质、具有创业警觉性或者认知差异）去发掘。在外部客观环境中，如果我们集中盯住人们的需要，就可能发现一些机会。比如，2015 年 3 月，万科集团执行副总裁毛大庆放弃千万年薪辞职创业。他发现了什么机会呢？他发现了在双创年代，有成千上万的创业者和小微企业需要有一个联合办公的地方与资金、人脉等各种企业孵化服务。基于这个发现，毛大庆创办了优客工场，为创业者提供联合办公空间和创业孵化服务。

"创业机会构建说"认为创业机会并非一定预先客观存在等待被发现，创业机会可以通过创业者对社会环境、顾客和市场的内心反复迭代思考与研判以达到机会的想象性创造。也就是说，创业机会是被创业者构建出来的。例如，20 世纪 80 年代，日本的索尼公司推出了一款革命性的产品 Walkman 随身听，卖得非常成功。但是，索尼公司的联合创始人盛田昭夫说在索尼公司推出随身听之前，没人有这个需求。2007 年，乔布斯推出苹果公司的智能手机 iPhone 时，诺基亚和摩托罗拉公司当时已经称霸手机市场。但是，乔布斯通过一种极致的创新，在智能手机领域构建了一个新的创业机会。

另外一些学者认为创业机会的产生既有"发现"的特征，又有"构建"的特征。例如，美国凯斯西储大学斯科特·谢恩（Scott A. Shane）教授认为创业机会是一种情境，在该情境中，技术、经济、政治、社会和人口条件变化产生了创造新事物的潜力，或者这些条件变化使人们提出新的能产生利润潜力的商业创意。因此，创业机会是一个人能够开发具有利润潜力的新商业创意的情境。谢恩教授关于创业机会概念的解释一方面强调了机会来自于外部变化的情境，另一方面强调了创业机会是人们构建提出的商业创意①。例如：中国的打车市场软件——滴滴出行和神州专车，发现了出租车市场存在着尚未满足需求的创业机会，同时又借助移动互联网技术出来市场机会。

本书作者认同这种观点，在创业实践中，很多创业机会是被发现出来的，也是被构建出来的，二者是相辅相成的。事实上，创业机会不可能独立于创业者而存在。机会作为潜在事物，是知识、技术、市场、政治和社会条件等客观环境改变的结果，因此，机会首先存在和产生于外部世界。但是，它们仅仅是一种潜在事物，必须通过主动的认知过程从特定的人类思维中浮现出来。如果人们对此没有做出回应，这些人如果没有激发创造性想象产生创业想法（business idea），那至少对这些人而言，这个创业机会其实是不存在的。另外，即便创业机会是被创业者构建出来的，也一定是基于对外部环境尤其是人性需求和市场变化的不间断洞察，创业者无法"凭空"抽象地构建一个创业想法。因此，可以说，机会既是天然存在的，又是人类思想的产物。

我们在这里可以举一个经典的例子。1994 年，美国青年杰夫·贝佐斯在一次上网冲

① 罗伯特 A. 巴隆，斯科特 A. 谢恩 . 创业管理：基于过程的观点 [M]. 张玉利，等译 . 北京：机械工业出版社，2005.

浪时，偶然进入一个网站看到了一个数据——互联网使用量以每年 2 300% 的速度增长。贝佐斯看到这个数字后两眼放光，马上意识到了这个数据背后的商机。互联网的前身阿帕网在 1969 年就诞生了，但是直到 20 世纪 90 年代初期之前主要应用在军事和科研领域。1993 年前后，互联网正式大规模向民用商业化发展，贝佐斯发现的正是这样一个时机。面对外部环境变化提供的这种机遇，并不是每个人都能像贝佐斯一样构建和发展一个商业机会。经过筛选过滤，创建涵盖几百万种书籍的网上书店的想法最终定型。

二、创业机会的形式

无论是被“发现”还是被“构建”，创业机会实际上是一个动态发展的概念，也就是说，在创业者的思想意识里面，创业机会原本模糊，但会随着时间的推移逐步清晰和明确。

创业机会的最初级形式是未被满足的需求和未被充分利用的资源，诺贝尔经济学奖获得者、当代奥地利学派掌门人伊斯雷尔·柯兹纳（Kirzner）把机会的这种最初状态定义为“未精确定义的市场需求或未得到利用 / 未得到充分利用的资源和能力”[①]。严格来讲，机会的这种最初级形式随时随地客观存在，人类生活中很多需求还没有被满足，到处存在没有被充分利用的资源或能力。但是，我们绝大部分人是不会对此做出回应的，也就是，我们不会认真地去想出一种办法、注意或者点子去解决这个问题。不过，总有人会动脑筋去琢磨这个事情，他们会想尽办法找到途径精确定义和满足这种需求，想尽办法找到资源更好的潜在用途。这个时候，创业机会就从其最初级的形式中发展起来，并且从客观形式变为主观形式，变成了创业者头脑中的创业想法（business idea）。我们可以随便举一些例子，不要说我们有许多隐而不显的潜在需求，有一些没有被满足的需求是非常明显的，如癌症、艾滋病等人类很多疾病我们还没有能力完全克服；治理雾霾、净化污水、整治土壤等环境治理方面的需求还很紧迫；人们收入提高，消费升级带来的教育、医疗、旅游、健康等方面更精致生活的需求还有待提高。

创业者头脑中激发的创业想法也并不是一开始就非常清晰和完整的。最开始，创业者可能有一个商业概念（business concept），这一概念的核心观点是如何满足市场需求或如何利用资源。例如，杰夫·贝佐斯在 1994 年发现了互联网的商业价值后，他花了两个月的时间研究了网络销售业的潜力与远景，头脑中就形成了一个“电子商务”的商业概念。过去 30 年来，基于互联网的商业概念层出不穷，如电子商务、门户网站、网游、手游、在线教育、新传媒、社交、共享经济、网络直播、互联网金融等。这两年，VR、人工智能、基因检测等商业概念也非常火爆。

随着商业概念的不断成熟，创业者可能初步确立起比较清晰的产品或者服务的概念、市场的概念、供应链的概念、生产运作的概念等，这个时候创业机会就发展成了一个具体的创业项目（venture project）。例如，杰夫·贝佐斯电子商务的概念不断清晰，然后在众多的商品里面，拟出了 20 种认为适合于虚拟商场销售的商品，包括图书、音乐制品、杂志、PC 机和软件等，最后他首先选择了图书作为网上销售的商品，网上书店的创业项目就确

① Kirzner，L. M，Perception，Opportunity and Profit[M].University of Chicago Press，Chicago，IL. 1979.

立起来了。

随后，创业者要对创业项目整体的商业逻辑进行思考，尤其对创业项目价值主张、价值传递、运作模式、收入模式和成本模式等进行审视，这个时候创业机会就发展成为商业模式（business model）。例如，刚开始，杰夫·贝佐斯创立的亚马逊还是一个网站，他要通过这个网站赚钱，必须要考虑到收入怎么来、如何付款支付、供应链怎么处理、货运物流怎么解决、成本多大等一系列的问题，从而考虑和梳理亚马逊的商业模式问题。

创业机会的形式发展为商业模式之后，就可以看到该创业项目的运作模式、收入来源和成本结构，从而发现其赚钱的基本逻辑，明晰内部包括价值产生的重要环节、关键资源、利益相关者和各种参与者的关系框架。随着商业模式的不断清晰，潜在的创业者可能会拟定一个创业计划（business plan），于是创业想法就从一个简单、粗略、抽象的商业概念发展成了一个完整、缜密、系统的创业计划。杰夫·贝佐斯就是在西雅图市郊的一家咖啡吧里，完成了创业计划书，这份计划书最后吸引了美国著名的创业投资机构 KPCB（Kleiner Perkins Caulfield & Byers 的简称，国内称为凯鹏华盈）的注意，并由其出资成立了亚马逊书店。

最后，当创业者到工商部门登记注册创办企业，把创业计划付诸行动之后，创业机会就发展到了其最复杂和最高的形式——创业企业（enterprise）。一个创业者把他识别的创业机会准备通过创办一个组织来开发的时候，这个创业机会至少在他的头脑中已经非常清晰和完整了。

1995 年 7 月，贝佐斯在西雅图市郊一栋租来的只有两个房间的屋子里，成立亚马逊书店。他给书店取名为亚马逊，希望它能够像巴西的亚马逊河那样勇往直前。

综上所述，创业机会从最初级的形式即未被满足的需求和未被充分利用的资源（客观形式），到创业者头脑中的商业概念（business concept），到具体的创业项目（business project），到商业模式（business model），到创业计划（business plan），最后形成一个企业（enterprise），经历了一系列从模糊到具体的动态发展过程。当然，从实践看，这一过程很少是有序或完全系统化的。一些企业从机会发展到商业概念的时候就产生了，一些企业当商业模式还非常模糊的时候就产生了，一些企业从粗略和不完整的创业计划中产生，更多企业甚至没有任何创业计划就产生了。

阿迪奇维立（Ardichvili）提出了机会发展的“阶段门”思想，认为创业机会从简单的市场需求到成功创建企业需要跨过数道门（图 4-1）。

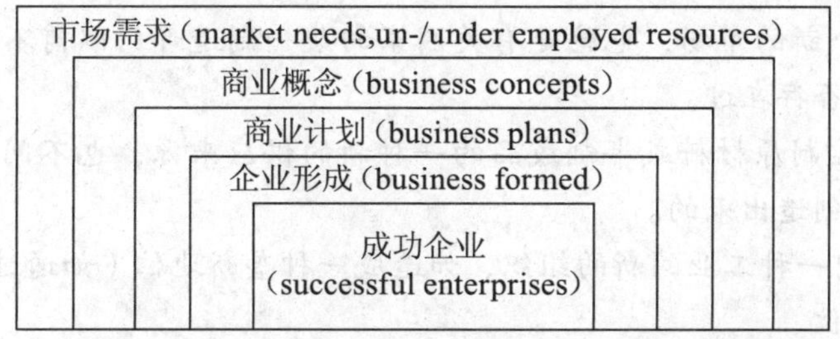

图 4-1　从简单的市场需求到成功创建新企业的“阶段门”

资料来源：Ardichvili A，R. Cardozo & S. Ray. A theory of entrepreneurial opportunity identification and development [J]. Journal of Business Venturing. 2003，18（1）: 105-123.

专栏 4-1 创业与创新

人们经常把创新和创业联系在一起，组合在一起使用这个词组，说明它们之间关系密切。事实上，创业活动可能涉及创新，也可能不涉及创新。但是，成功的有影响的创业活动需要创新甚至需要建立在创新的基础上。那么，创新需要建立在发明、创造或发现的基础上吗？创新与创意之间又有什么关系呢？

发明：指利用自然规律和技术手段创造前所未有的事物。

创造：产生出新颖、独特的新成果，如新概念、设想、新技术、工艺、产品。

发现：揭示和查明世界本来就存在的特征现象和规律。

创意：指具有新颖性和创造性的点子。

创新：生产要素和条件的新组合，使资源具有更大的物质生产能力。

可见，创新是美好的梦想加上有效的实施，并导致价值创造的过程。创新过程可以依赖发明、创造或发现，也可以不依赖它们。普通人可能没有发明、创造或发现，但却可以创新。而创意是一种创造新事物的思维方式，表现为思想、主意、点子、想象等具有新颖性和独特性的思维成果。但是，创意往往表现为"灵光一现"，需要通过创新过程来实施和实现。

当然，在创业实践中，创业者往往会有很多创意和新想法，但每一个创意与新想法并不一定会产生具体的创业项目。

专栏 4-2 熊彼特的五种商业创新

20 世纪伟大的经济学家约瑟夫·熊彼特（Joseph Alois Schumpeter）被誉为"创新理论"的鼻祖。熊彼特认为，创新就是建立一种新的生产函数，也就是说，把一种从来没有过的关于生产要素和生产条件的"新组合"引入生产体系。这种新组合包括五种情况：

（1）采用一种新的产品或服务——也就是消费者还不熟悉的产品或服务——或者一种产品或服务的一种新的特性。

（2）采用一种新的生产方法，也就是在有关的制造部门中尚未通过经验检定的方法，这种新的方法决不需要建立在科学上新的发现的基础之上，并且，也可以存在于商业上处理一种产品的新的方式之中。

（3）开辟一个新的市场，也就是有关国家的某一制造部门以前不曾进入的市场，不管这个市场以前是否存在过。

（4）掠取或控制原材料或半制成品的一种新的供应来源，也不问这种来源是已经存在的，还是第一次创造出来的。

（5）实现任何一种工业的新的组织，如造成一种垄断地位（如通过"托拉斯化"），或打破一种垄断地位。

后来人们将他这一段话归纳为五个创新，依次对应产品创新、技术创新、市场创新、资源配置创新、组织创新，而这里的"组织创新"也可以看成部分的制度创新。

资料来源：约瑟夫·熊彼特．经济发展理论 [M]. 何畏，等译．北京：商务印书馆，1990.

第二节 创业机会的类型

创业机会不仅表现为一个从模糊到具体的动态发展过程，还可以分为多种类型[①]。

一、识别型、发现型和创造型机会

根据目的—手段关系的明确程度，可以将创业机会划分为识别型（目的—手段关系明确）、发现型（目的—手段关系有一方明确）和创造型（目的—手段均不明确）三种类型（表 4-1）。

表 4-1 根据目的—手段关系明确程度的机会分类

手段 / 目标	明 确	不 明 确
明确	识别型机会	发现型机会
不明确	发现型机会	创造型机会

识别型机会是指市场中的目的—手段关系十分明显时，创业者可通过目的—手段关系的连接来辨识机会。例如，当供求之间出现矛盾或冲突时，不能有效地满足需求，或者根本无法实现这一要求时辨识出新的机会。常见的问题型机会大都属于这一类型。

发现型机会则指当目的或者手段任意一方的状况未知，等待创业者去发掘机会。例如，一项技术被开发出来，但尚未有具体的商业化产品出现，因此需要通过不断尝试来挖掘出市场机会。激光技术出现后的数十年才真正为人们所用。

创造型机会指的是目的和手段皆不明朗，因此创业者要比他人更具先见之明，才能创造出有价值的市场机会。在目的和手段都不明朗的状况下，创业者想要建立起连接关系的难度非常高。但这种机会通常可以创造出新的目的—手段关系，将能为创业者带来巨大的利润。

在商业实践中，识别型、发现型和创造型三种类型创业机会可能同时存在。一般来说，识别型机会多半处于供需尚未均衡的市场，创新程度较低，这类机会并不需要太繁杂的辨别过程，反而强调拥有较多的资源，就可以较快进入市场获利。把握创造型机会就非常困难，它依赖于新的目的—手段关系，而创业者拥有的专业技术、信息、资源规模往往相当有限，更需要创业者的创造性资源整合与敏锐的洞察力，同时还必须承担巨大的风险。而发现型机会则最为常见，也是目前大多数创业研究的对象。

结合我国经济发展实践不难发现，在改革开放之初，巨大的市场需求瞬间释放，识别型机会占主导地位，“倒爷”成为改革开放后第一代创业者的代名词。逐渐地，市场需求饱和，市场竞争压力增大，识别型机会迅速锐减，发现型机会比例加大。这时，人们创业不仅需要勇气和投机心理，还需要理性地分析市场环境来找寻市场空缺。可以大胆假设，在未来，创造型机会将回归到主导地位，成为推动我国经济社会发展的新兴力量。

① 张玉利，薛红志，陈寒松 . 创业管理 [M]. 北京：机械工业出版社，2015:74-77.

二、问题型、趋势型和组合型机会

依据目的的性质，机会可以分为问题型机会、趋势型机会和组合型机会三种类型。

问题型机会，指的是由现实中存在的未被解决的问题所产生的一类机会。问题型机会在人们的日常生活和企业实践中大量存在。例如，消费者的不便、顾客的抱怨、大量的退货、无法买到称心如意的商品、服务质量差等。在这些问题的解决中，存在着价值或大或小的创业机会，需要用心发掘。好利来的创始人罗红先生就是因为当年买不到表达自己对母亲挚爱的生日蛋糕，而创建了自己的糕点店。一般人看到的是问题，而创业者看到的是机会。

趋势型机会，就是在变化中看到未来的发展方向，预测到将来的潜力和机会。这种机会一般容易产生在时代变迁、环境动荡的时期。在这种环境下，各种新的变革不断出现，但往往不被多数人所认可和接受，一般处于萌芽阶段。一旦能够及早地发现并把握变革机会，就有可能成为未来趋势的先行者和领导者。趋势型机会可以出现在经济变革、政治变革、人口变化、社会制度变革、文化习俗变革等多个方面，一旦被人们所认可，它产生的影响将是持久的，带来的利益也是巨大的。美国米勒啤酒公司开发生产淡酒就是一个很好的例子。

组合型机会，就是将现有的两项以上的技术、产品、服务等因素组合起来，实现新的用途和价值而获得的创业机会。这种机会类型好比“嫁接”，对已经存在的多种因素重新组合，往往能实现与过去功能不大相同或者效果倍增的目的（1+1>2）。如芭比娃娃就是将婴幼儿喜欢的娃娃和少男少女形象结合起来，形成了一个新组合，满足了脱离儿童期还未成年的人群的需求，最终获得了创业上的巨大成功。

三、模仿型、改进型和突破型机会

从目的—手段组合的手段角度分析，又可以分为模仿型、改进型、突破型机会。这种分类比较容易理解，事例也很多。不少生存型的创业活动采取的是模仿性的行为，模仿他人、他地的成功模式，满足当地的要求；“山寨”行为多数具有改进性创新；数码相机相对于胶卷相机、电子手表相对于机械表等则属于突破性创新，甚至可以说是“创造性的破坏”。

四、Getzels 分类方法

有研究表明，机会的类型也可能影响开发的过程和创业的成败。根据 Getzels 关于创造性的理论，可以按照机会的来源和发展程度对机会加以分类（图 4-2）[①]。以市场需求为横轴，可能是识别的（已知的）需求或未能识别的（未知的）需求；以资源和能力为纵轴，可能是确定的或未确定的资源。确定的资源和能力包括一般的知识、人力资源、金融资源的情况了解或对自然资源（如产品 / 服务的技术条件）的情况了解。在这个矩阵中，市场需求表示存在的问题，资源和能力表示解决问题的方法。

① 姜彦福，张帏 . 创业管理学 [M]. 北京：清华大学出版社，2005:54.

		市场需求	
		未识别	已识别
资源和能力	不确定	“梦想” Ⅰ	问题解决 Ⅱ
	确定	技术转移 Ⅲ	企业形成 Ⅳ

图 4-2　机会的类型

矩阵左上方部分是“梦想”（机会类型Ⅰ）：市场需求未得到识别且资源和能力不确定（问题及其解决办法都未知），表现的是艺术家、梦想家、一些设计师和发明家的创造性。他们感兴趣的是将知识的发展推向一个新方向和使技术突破现有限制。

矩阵右上方部分是问题解决（机会类型Ⅱ）：市场需求已识别但资源和能力不确定（问题已知但其解决方法仍未知），描述了有条理地收集信息并解决问题的情况。在这种情况下，机会开发的目标往往是设计一个具体的产品 / 服务以适应市场需求。

矩阵左下方部分是技术转移（机会类型Ⅲ）：市场需求未得到识别但资源和能力确定（问题未知但可获得解决方法），包括我们常说的“技术转移”的挑战，如寻找应用领域和闲置的生产能力。这里的机会开发更多强调的是寻找技术或者资源应用的领域而不是产品 / 服务的开发。

矩阵右下方部分是企业形成（机会类型Ⅳ）：市场需求已识别且资源和能力已确定（问题及其解决方法都已知），这里机会的开发就是将市场需求与现有的资源匹配起来，形成可以创造并传递价值的新企业。

从理论上来说，这个矩阵描述了一个发展的过程：从问题和解决办法都未知（左上方部分）到已知问题或解决方法其中之一（右上方和左下方部分），再到两者都已知（右下方部分）。从理论上来说，在问题及其解决方法有一个未知或两者都未知的情况下形成的企业，其成功的概率比两者都已知的情况下形成的企业成功的概率要小。

第三节　创业机会的来源

根据第一节所讲的创业机会概念，创业机会既可能是被识别发现的，也可能是被构建出来的。与此相应，创业机会有两种基本的来源。

一、外部环境的持续变化

“创业机会发现说”认为创业机会存在于客观环境中，等待创业者去发掘识别。市场失灵理论和非均衡理论都可以很好地解释创业机会为什么会存在于社会环境中。经济学的均衡是一种帕累托最优状态，但是经济运行的常态是非均衡状态。不能实现帕累托最优就是市场的失灵和失败，那么就存在创业机会以实现潜在的帕累托改进。现代奥地利学派经济学家认为，创业机会的动态竞争过程是系统地从非均衡到均衡的过程，创业者对盈利机会的发现是市场机制运行的关键。由于现有的市场行为模式总是存在缺陷，为创业者提供了盈利机会，创业者不断自由进入市场。

约瑟夫·熊彼特认为，真正有价值的创业机会来源于外部环境的变革，这些变化为人们带来创造新事物的潜力，使人们可以做以前没有做过的事情，或使人们能够以更有价值的方式做事。当代管理大师德鲁克也指出，创业是由于环境改变所引起的机会发掘与利用行为，“改变”提供了人们创造新颖、与众不同事物的机会，当“改变”出现，创业家可以利用机会去创造新的价值。

作为创业机会来源的外部环境包括很多方面，但是追随熊彼特的研究者们明确了外部环境中 4 个主要的机会来源。

1. 知识与技术变化

知识与技术的变革可以使人们获得新的做事方法、工具或者力量，或者以更有效率的方式做过去的事，从而打破现有的社会均衡。例如，过去 30 多年互联网技术的发明成为一个有巨大价值的机会来源，掀起一波又一波的创业浪潮。新技术的出现也改变了企业之间竞争的模式，使得创办新企业的机会大大提高。技术变革越大越普遍，技术变革越具有商业发展潜力，创建新企业的机会就越多。当然，有些技术如航天飞机的商业利益是相当有限的。

专栏 4-3　哪些技术引领第四次工业革命

世界经济论坛 2016 年年会聚焦“掌控第四次工业革命”主题。哪些技术将引领第四次工业革命？瑞士冰雪小城达沃斯有不少答案。

在最新著作《第四次工业革命》中，世界经济论坛创始人兼执行主席克劳斯·施瓦布分别从物理、数字和生物领域列举了新工业革命中的核心推动技术，分别是无人交通工具（自动驾驶汽车和无人机）、3D 打印、高级机器人、新材料、物联网与基因工程。

美国高通公司首席技术官马修·格罗布在接受新华社记者采访时表示，第四次工业革命绝不仅受一种技术驱动，人工智能与学习算法、高速度与低成本的通信技术将是新工业革命的重要组成部分。

以人工智能为例，苹果手机 siri 语音控制系统通过预设答案及网络搜索手段实现了初步智能应用。但参加达沃斯年会的科技界人士预测，未来人工智能完全可以实现理解语言、读懂文件、自我学习甚至情感理解。

美国脸书公司设在达沃斯的互动体验区展示了人工智能在社交媒体中的应用，如利用人工智能技术自动识别照片主体、人物甚至城市地标，不但能为盲人语音读图，用户还可根据识别的对错给予反馈，帮助提高技术准确率。

世界经济论坛会场内，关于脑科学、降低碳排放技术、人类与机器的讨论会如火如荼，一部名为《碰撞》的虚拟现实纪录片吸引了大量政商界精英。

据介绍，制片方用 16 台特殊摄像机在澳大利亚大沙沙漠进行了 7 天全方位拍摄，随后历时数月将所有影像剪辑成片。体验者将智能手机放入虚拟现实眼罩中作为显示屏，便能获得“浸入式”的实景体验，无论低头、仰望或环顾四周，皆有身临现场之感。

当前，基因突变与某些疾病的关系仍然神秘未知，超级计算可在基因测序、寻找问题基因突变及开发精确药物等方面发挥重要作用。未来基因工程将有望通过修改基因来实现技术升级。

伴随新技术和创新层出不穷，不少初创科技企业相继进入相关行业来进行淘金，众多风险投资与跨国公司也兴趣浓厚。新技术激活新的经济增长点，新工业革命的未来值得期待。

资料来源：新华网，2016-01-23。

专栏 4-4

扫描二维码，阅读《麦肯锡：展望 2025，决定未来经济的 12 大颠覆技术》。

2. 管制与政治变革

政府管制和政治变革是创业机会的来源，因为这些变革意味着废除过去的禁区和障碍，使创业者可以进入一些被禁止的行业，同时也清除了许多不利于生成新企业的官僚政治障碍，或者将财富从一个人重新分配给另一个人。例如，放松对电信业、银行业、铁路业、航空业等的管制使现存企业更难以阻止新竞争者的进入。另外，政府通过提供补助或其他资源的方式支持特定类型商业活动的规章政策，可以鼓励创业者从事这些活动。如环境保护和治理政策出台，会将资源转移到保护人类环境的创业机会上来。

专栏 4-5

扫描二维码，阅读《网约车合法化重构出租车管制政策》。

3. 经济和社会变革

一个国家的经济增长、居民收入、汇率、周期性变化等经济因素是创业机会的重要来源，社会趋势、人们偏好、观念、人口、时尚等的变化使警觉的创业者能够提供人们需要的产品和服务。例如，人们的流行时尚在社会中经常变化；人口的老龄化为创业者提供了向老年人生产产品的机会。当前，中国经济转型升级、供给侧改革、人们消费升级等这些经济和社会变革孕育着诸多创业机会。

4. 市场和产业变化

消费者的需求瞬息万变，消费热点、方式、特点等消费行为日新月异，新兴市场的兴起、主流消费者群体的转移等变化意味着新的创业机会。行业内部有时因为兼并、收购、消亡等原因，行业结构会发生变化，这种变化转变了行业的竞争态势，并由此提供了创业创新的机会。

总之，持续变化是创业机会的重要来源（当然有的变化不具有太大的商业价值），没有变化，就没有创业机会。因此，潜在创业者要善于通过系统地搜寻具有商业价值的变化，捕捉变化的信息或信号，进而通过理性的行为产生大量的创业点子。当代管理大师德鲁克认为所有的创新机会都来自外界环境的变化，他甚至强调捕捉企业内部细小的变化征兆，如意外之事、不协调的状况、流程变化等。

专栏 4-6

扫描二维码，阅读《德鲁克提出的机会的七种来源》。

二、人性需求的永不满足

“创业机会构建说”认为创业机会并非客观存在，也非先于创业者意识，而是被创业者构建出来的。这个定义无非想说明有时候创业机会并不会明显地存在于外部环境中，而是需要创业者的创造性想象能力构建一个创业机会，并利用社会化技能，促使市场和社会接受其商业创意。但是，我们不能就此认为创业者可以闭门造车，凭空想象出一个商业创意来。盛田昭夫曾经说过，在索尼公司推出随身听之前，没有人知道有这种需求，因而需求是被创造的。事实上，在随身听产品出现之前，人们的确不可能产生对这种具体产品的需求。但是，人们的内心深处具有随时随地便捷地听音乐的需求，索尼公司不过是用一种具体的产品唤醒和满足了这种人性需求。因此，创业机会的构建必须建立在满足人的需求，尤其是人性需求的基础之上。

人性需求指的是由人的本性产生的想达到某种目的的要求或欲望，这是消费者或者用户各种需要和动机的底层来源。人类的需求从广度和深度都无穷无尽，人们有更美好、更便宜、更便捷、更适用、更愉悦、更快、更酷等需求，人性需求永不满足，为创业者洞察人性从而构建创业想法提供了机会。

专栏 4-7

扫描二维码，阅读《创造需求从消费者不爽开始》。

1. 人性需求的形式

需求有即时需求、显性需求、潜在需求、隐性需求等多种形式，创业者要发现和探寻这些需求及其特点，从而构造创业想法满足这种需求。

即时需求（immediate demand）是指人们不但有明确意识的欲望，并且明确地显示出来的渴望马上需要得到满足的需求。即时需求在消费者的购买行为中起到相当大的作用。如人们饿了、渴了就必须吃饭、喝水等带来的消费。我们在机场看到的很多商店，就是基于这种即时需求创办的。如在候机的时候，肚子饿了，即便一碗面条卖四五十元，也有很多人为了满足这种即时需求，不得不去消费它。我们在旅游的时候，看到很多路上或景区，进厕所方便也要缴纳几元钱，也是为了满足这种即时需求。

显性需求（manifest demand）是指人们已经有明确的购买欲望，并且有能力购买某种产品或服务的有效需求。比如，我们每个人都有衣食住行的基本需求，这种需求是显性的，因而围绕着人们的显性需求，有大量的创业机会，当然基于这种需求的市场竞争也是非常激烈的。

潜在需求（latent demand）是指人们虽然有明确意识的欲望，但由于种种原因还没有明确地显示出来的需求。根据这些原因，潜在需求分为购买力不足型、适销商品短缺型、对商品不熟悉型、市场竞争型等类型。一旦条件成熟，潜在需求就转化为显性需求。潜在需求是十分重要的，在消费者的购买行为中，大部分需求是由消费者的潜在需求引起的。如人们对无害香烟、安全的居住区、节油汽车的需求。

隐性需求（recessive demand）是指人们还没有认识到的要求，由于这些要求处于潜意识层次，人们没有直接提出、不能清楚描述、不能完全清晰明确的需求。隐性需求没有直接显示出来的，而是隐藏在显性需求的背后，必须经过创业者仔细分析、挖掘和引导才能将其显示出来。比如，到海底捞吃火锅，因为人多常常需要等位，等位的人希望能有椅子可坐，这是用户的显性需求，而在等位的过程中，服务员端了很多的水果和糕点给正在等位的人先充充饥，这些就是用户的隐性需求。

隐性需求的挖掘对识别创业机会很重要，当用户的显性需求被满足时，用户一般不会兴奋或惊喜，而不被满足时，用户则会产生抱怨，比如给等位的顾客提供椅子坐。当用户的隐性需求被满足时，用户一般会兴奋或惊喜，而不被满足时，用户却不会产生抱怨，比如等位过程中提供的水果和糕点。

我们已经学习过，关于创业机会的产生有两种解释：创业机会发现说和创业机会构建说。一般来说，基于即时需求和显性需求的创业机会，往往需要通过观察而被发现；而基于潜在需求和隐性需求的创业机会，往往需要通过创业者的主观思维构建出来。

2. 人性需求的层次

马斯洛需求层次理论是行为科学中重要的激励理论之一，由美国心理学家亚伯拉罕•马斯洛在 1943 年在《人类激励理论》论文中提出。作者将人类需求像阶梯一样从低到高按层次分为五种，分别是：生理需求、安全需求、社交需求、尊重需求和自我实现需求（图 4-3）。创业者要识别顾客的需求处在哪个层次，从而构建合适的创业想法去满足这种需求。

图 4-3　马斯洛的需求层次理论

资料来源：亚伯拉罕 • 马斯洛 . 动机与人格 [M]. 许金声，等译 . 北京：中国人民大学出版社，2007.

人类最基本生理需求是衣食住行，若无法满足，人类无法生存。这也是我们提及最多的用户刚需，每一天都离不开，也就蕴含着巨大的市场空间，是众多创业公司和巨头一直抢占的山头。随之产生的是安全需求，希望生活有所保障，避免被物理伤害。两个需求得到满足后个体会产生友谊、爱情、亲情等各种感情诉求，也渴望成为集体的一部分，几乎没有人希望过着孤独，不与外界产生联系的生活。随后希望被人尊重，得到认可和赞赏，名誉、声望和地位的尊重需求，这种需求很少得到充分满足。自我实现是最高层次的一种需求，是实现个人抱负、理想、价值的需要。

马斯洛的需求层次理论具有抽象性和一般性，它指出的是人们一般意义上根本需求的层次。但是，对于创业者而言，需要了解人们对产品或服务的具体诉求是什么。在一个经济社会，消费者对产品或服务的人性需求也呈现功能需求、品质需求、体验需求、参与需求等层次性。

功能需求：指消费者或用户对产品（服务）所具有的基本效用和使用价值的需求。任何产品都有一个基本用途，如汽车可以代步，冰箱能保持食物新鲜，门户网站可以提供咨询，社交软件可以联系朋友等。产品的基本功能包括产品特性、寿命、可靠性、安全性、经济性等，是满足人们对该产品基本需要的部分，是顾客需求的中心内容。

品质需求：指消费者对产品或服务的水准和质量方面的需求，产品的品质包括高水平功能、鲜明的特点、高信赖度、高耐用度、品牌内涵丰富、高美誉度、高知名度等内容。

体验需求：指消费者或用户通过感官、情感、情绪等感性因素和知识、智力、思考等理性因素对在购买的产品或服务的前、中、后等环节中所响应出的需求。也就是说，企业应注重与顾客之间的沟通，发掘顾客内心的渴望，以顾客的真实感受为准，站在顾客体验的角度，去建立体验式服务。例如，打造一些主题博物馆、主题公园、游乐区或以主题为设计导向的一场活动等。

参与需求：参与需求是一种在产品或服务生产过程中，消费者或顾客承担一定生产者角色而获得情感、个性化需求、自我创造及自我实现等方面需求。其中，涉入性的资源包括智力、精力、金钱、情绪等资源的投入。比如，在加油站采用自助服务。

总之，伟大的创业家都是对人性有深刻理解的人，如果没有对人性的深刻理解，了解客户的需求根植于人性的哪一个部分，乔布斯创造不出 iPhone 这样革命性的产品，贝佐斯不会超前提出电子商务商业模式，马化腾不可能做出微信这样的产品，江南春创造不了电梯户外广告。

专栏 4-8

扫描二维码，阅读《如何鉴别产品的“强需求”和“伪需求”？》。

专栏 4-9

扫描二维码，阅读《中国消费升级简介》。

专栏 4-10

扫描二维码，阅读《识别创业机会的技术和方法》。

专栏 4-11

扫描二维码，阅读《创业一开始就要有一个伟大的构想吗？》。

第四节　机会识别过程模型

如第三节所言，创业机会来源于外部环境的变化，所以我们可以通过系统搜寻有价值的变化来识别和发展创业机会；创业机会还来源于人性需求的不满足，所以我们可以通过洞察人性需求来构建和发展创业机会。但现实是，只有少部分人才能识别或构建和发展创业机会。因此，为什么是某些人发现并开发创业机会而不是其他人，这个问题成为学术研究的热点和焦点。学术界在探索这个问题的过程中，提出了很多有价值的创业机会识别过程模型。

一、四因素理论（Ardichvili 模型）

Ardichvili 等（2003）总结了各个学科背景下创业机会识别和开发研究中的关键概念，并揭示出各个关键概念之间的相互关系，提出了创业机会识别过程的理论模型（图 4-4）。Ardichvili 等强调成功的机会开发的核心过程包括机会识别、评估和开发三个部分，这个过程始于创业者拥有超过某个限度的创业警觉，当特定人格、相关的先前知识经验、社会网络等多个因素共同作用时，创业警觉的水平则可能提高。

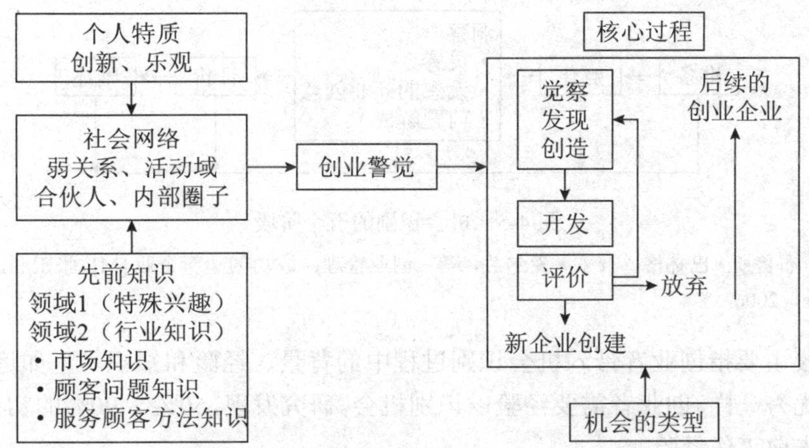

图 4-4　机会识别过程的理论模型与研究单元

资料来源：Ardichvili A，Cardozo R & Ray S. A theory of entrepreneurial opportunity identification and development [J]. Journal of Business Venturing，2003，18（1）: 105-123.

二、布雷特・史密斯研究模型

史密斯（2005）主张用机会的属性对机会分类，而不是根据其来源或前提条件。借用知识管理的默会知识和编码化知识把机会属性分为默会机会（tacit opportunity）和编码化机会（codified opportunity）①。

默会机会：难以编码化、难以清楚阐明或沟通的机会。

编码化机会：记录良好的、可以清楚阐明或沟通的机会。

创业者识别机会的过程：系统搜寻，偶然发现，集中搜寻。创业者先前的知识形成的“知识走廊”对其机会识别的差异会产生影响。

实证研究发现：编码化机会比默会机会普遍；编码化机会更容易搜寻发现，而且如果有先前知识，搜寻集中在经验领域内的机会；如果存在默会机会，但如果没有先前知识，则机会可能被忽视。机会永远都属于那些做好准备的人！

三、机会识别过程的五阶段模型

对个人来说，机会识别过程可分为五个阶段，如图 4-5 所示。垂直箭头表示，如果在某个阶段，某个人停顿下来或没有足够信息使识别过程继续下去，他的最佳选择就是返回到准备阶段，以便在继续前进之前获得更多知识和经验。

① Smith B. The Search for and Discovery of Different Types of Entrepreneurial Opportunities: The Effects of Tacitness and Codification, In: S.A. Zahra, et al. (eds), Frontiers of Entrepreneurship Research, Wellesley, MA: Babson College, 2005.

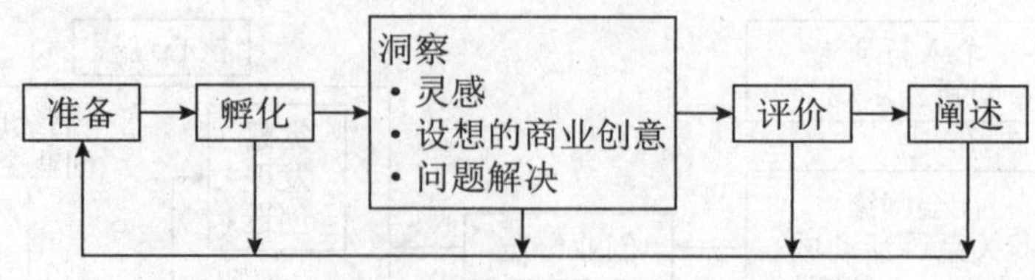

图 4-5　机会识别的五个阶段

资料来源：布鲁斯·巴林格，杜安·爱尔兰，等. 创业管理：成功创建新企业 [M]. 张玉利，等译. 北京：机械工业出版社，2006.

准备阶段主要指创业者带入机会识别过程中的背景、经验和知识。正如运动员必须练习才能变得优秀一样，创业者需要经验以识别机会。研究发现，50%～90% 的初创企业创意，来自个人的先前工作经验。

孵化阶段是个人仔细考虑创意或思考问题的阶段，也是对事情进行深思熟虑的时期。有时候，孵化是有意识的行为。有时，它是无意识行为并出现在人们从事其他活动时。

洞察阶段是识别闪现，此时问题的解决办法被发现或创意得以产生。有时，它被称为“灵感”体验，是创业者识别出机会的时刻。有时候，这种经验推动过程向前发展；有时候，它促使个人返回准备阶段。例如，创业者可能意识到机会的潜力，但认为在追求机会之前需要更多的知识和考虑。

评价阶段是创造过程中仔细审查创意并分析其可行性采取一种公正的看法。

阐述阶段是创造性创意变为最终形式的过程，详细情节已构思出来，并且创意变为有价值的新产品、新服务或新的商业概念，甚至已经形成价值如何实现的商业模式。

四、创业者与环境互动的机会识别过程模型

结合前面对机会来源的讨论，可以大致勾勒出创业机会识别过程的轮廓（图 4-6），该图的核心观点是，机会识别是创业者与外部环境（机会来源）互动的过程，在这个过程中，创业者利用各种渠道和各种方式掌握并获取有关环境变化的信息，从而发现现实世界中在产品、服务、原材料和组织方式等方面存在的差距或缺陷，找出改进或创造目的—手段关系的可能性，最终识别出可能带来新产品、新服务、新原料和新组织方式的创业机会。

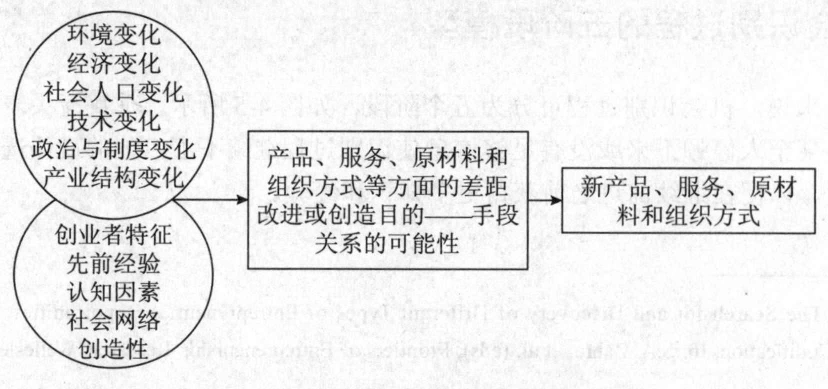

图 4-6　创业者与环境互动的机会识别过程

五、机会识别过程的三阶段模型

Lindasay 和 Craig（2002）将机会识别过程分为三个阶段：机会的搜寻阶段、机会的识别阶段和机会的评价阶段（图 4-7）。

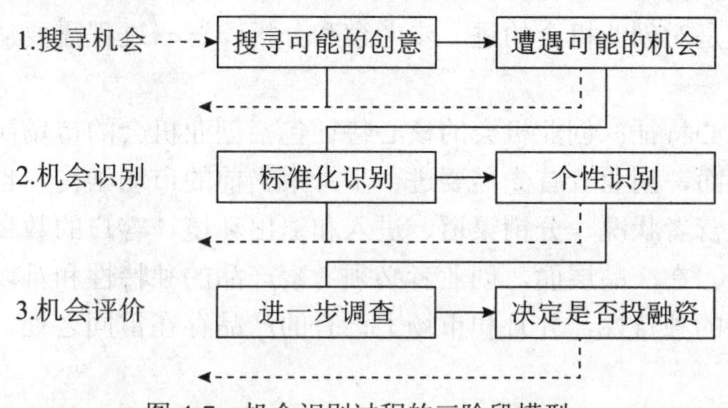

图 4-7　机会识别过程的三阶段模型

阶段 1：机会的搜寻（opportunity searching）。这一阶段创业者对整个经济系统中可能的创意展开搜索，如果创业者意识到某一创意可能是潜在的商业机会，具有潜在的发展价值，就将进入机会识别的下一阶段。

阶段 2：机会的识别（opportunity recognition）。这里的机会识别指从创意中筛选合适的机会，包括两个步骤：首先是通过对整体的市场环境，以及一般的行业分析来判断该机会是否在广泛意义上属于有利的商业机会，称为机会的标准化识别阶段（normative opportunity phase）；其次是考察对于特定的创业者和投资者来说，这一机会是否有价值，也就是个性化的机会识别阶段（individualize fit opportunity recognition phase）。

阶段 3：机会的评价（opportunity evaluation）。实际上这里的机会评价已经带有部分"尽职调查"的含义，相对比较正式，考察的内容主要是各项财务指标、创业团队的构成等，通过机会的评价，创业者决定是否正式组建企业，吸引投资。

六、林嵩：二阶段模型

林嵩（2010）将创业机会识别可以分为两个主要阶段：机会搜索和机会开发。这两个阶段在时间发生顺序上存在先后，在内部逻辑上存在相互依存的紧密联系（图 4-8）。

在机会搜索阶段，创业者需要从复杂的市场信息中寻找最可行的创业项目。为了实现这一目标创业者可以从如下三个方面入手。

宏观环境分析：创业机会识别开始于创业者对于整体宏观环境的把握，包括各类企业创办与发展的基本政治条件、宏观经济因素、人口结构、法律环境等。创业者需要寻找那些最为适合的行业，进而将视角集中在目标行业上。

行业环境分析：通过了解创业机会所处的基本环境及创业者潜在的竞争力，考虑创业者进入这一行业是否能够带来可观的利益，避免投资失误和资源浪费。在行业环境的分析方面要关注行业的发展势态，搜索那些刚起步的行业，避免进入处于成熟阶段或衰退阶段的行业。

产品分析：创业者应当对现有行业内的产品进行对比和分析，探讨可能的差异化突破点，这些差异化的角度可以是技术、成本、质量、性能等方面。同时创业者还应当采取一些必要的调查活动来测试创业者所设想的产品概念是否有价值。

机会开发阶段是对创业机会的进一步考察和分析，这一过程需要从如下三个方面入手解决：

创业机会的核心特征：创业机会的核心特征包括创业机会的市场层面特征以及产品层面特征。在市场层面，创业者首先需要进一步考察当前的市场结构，也就是创业者要进入的行业市场上的经营者状况、分销渠道、进入和退出环境、客户的数量、成本环境、需求对价格的敏感度等。在产品层面，创业者必须考察产品的独特性和难以模仿性，创业者的产品如果缺乏一定的独特性，并且和市场上已有的产品存在雷同之处，很难吸引到潜在的顾客。

创业机会的支持要素：在很多情况下，虽然创业机会非常有价值，但是或是由于创业者自身不愿冒风险，或是由于创业者无法整合足够的资源来实施创业活动，创业机会仍然无法成为真正的企业。因此，在这一阶段，创业者的分析围绕创业机会的支持要素，这些要素包括创业团队的契合程度和创业资源的充裕程度。

创业机会的商业模式：创业者还要就创业机会开发的整体性思考企业的商业模式。可以说，之前各个阶段的识别工作都必须在这一阶段得到系统的整理。创业者还必须推演出一系列可以量化的测算指标，得到未来在创业活动中可能实现的盈利效果。因此，经由机会的不断开发，创业者最终能够确定企业的商业模式，完成了创业机会的识别工作。

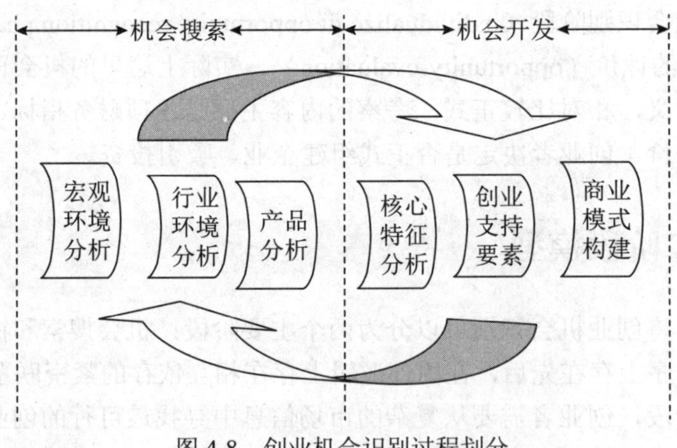

图 4-8　创业机会识别过程划分

专栏 4-12　与创业机会识别和筛选高度相关的因素

浙江大学创业管理研究团队通过小组探讨和深度访谈，在众多影响创业机会识别的因素中通过元素分析的方式，得出下面这些因素对识别创业机会高度相关。

（1）通过早期经验识别和筛选创业机会；
（2）通过头脑风暴识别和筛选创业机会；
（3）通过与思想者互动识别和筛选创业机会；
（4）通过创业实践识别和筛选创业机会；
（5）通过大数据技术识别和筛选创业机会；
（6）通过行业与竞争对手分析识别和筛选创业机会；
（7）通过市场供需平衡关系识别和筛选创业机会；
（8）通过问题导向、比较分析识别和筛选创业机会；
（9）通过跨行业合法复制产生创业机会，以此识别和筛选创业机会。

资料来源：斯晓夫，吴晓波，陈凌，等．创业管理——理论与实践 [M]. 杭州：浙江大学出版社，2016：80.

七、信息获取和分析模型

斯科特·谢恩等认为，信息在机会识别中起了核心作用。一些人比其他人更可能识别机会是因为：①他们具有获取某类信息的优越渠道；②一旦获取信息，他们能够有效地利用（图 4-9）。因此，通过改善信息获取渠道以及提高有效利用信息的能力可以增强识别机会的能力。

关于获取信息的优越渠道，创业者可以通过多种方式获得有用信息：①从事前沿工作获得“一线”信息，例如，从事研发或者市场营销类工作显得非常有价值。②通过丰富多样的工作和生活经历增加经验和知识。③建立广泛的社交网络提升信息获取渠道。④主动寻找机会，培养创业警觉。

创业者还要善于有效利用这些信息：①建立更丰富、整合得更好的知识储备，以便信息被扩展或以新方式被联结，从而激发创造力和想象力。②具有更高的实践智能。获取信息后要更善于即兴创作，在事物发展过程中即时形成计划或战略。归根结底，优越的信息处理能力意味着能看到信息背后的商业价值和含义，这需要良好的心智结构、乐观的心态和敏锐的洞察力。

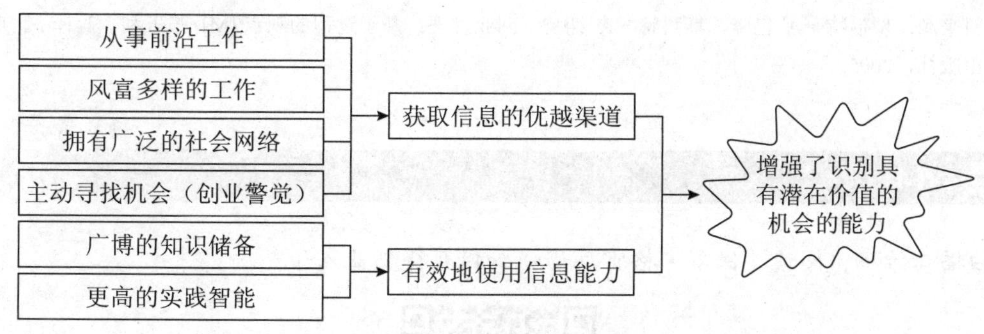

图 4-9　如何增强机会识别能力

资料来源：罗伯特·A. 巴隆，斯科特·A. 谢恩．创业管理：基于过程的观点 [M]. 张玉利，等译．北京：机械工业出版社，2005.

专栏 4-13 信号察觉理论和焦点调节理论

关于人类认知的两个重要理论可以进一步理解个体识别机会的过程：信号察觉理论和焦点调节理论。

信号察觉理论认为，因为机会通常是掩盖在嘈杂的背景下，准创业者在察觉机会信号时存在四种可能：①机会存在，而且觉察者也认为它存在，这种情况称为“命中”；②机会存在，但觉察者没有识别到，这种情况称为“错过”；③机会不存在，但觉察者错误地认为它存在，这种情况称为“错误警觉”；④机会不存在，觉察者也正确地认为它不存在，这种情况称为“正确拒绝”。如图 4-10 所示。

准创业者在察觉信号时，出现命中、错过、错误警觉、正确拒绝四种情况的可能性由两类因素决定：一是信号本身的特性，二是准创业者本身的状况。

判断机会是否存在 \ 机会是否确实存在	存在	不存在
存在	命中 机会存在，并被识别出来	错误警觉 机会不存在，但被认为存在
不存在	错过 机会存在，但没有被识别出来	正确拒绝 机会不存在，也判断不存在

图 4-10 信号察觉理论

那么，什么因素激励创业者去获得“命中”、避免“错误警觉”和避免“错过”呢？焦点调节理论回答了这个问题。这个理论认为创业者在调整行为以便实现渴望的结果时，往往会采取两种截然相反的观点：①以改进为中心的观点：专注于取得收益，目标是得到正面结果。②以预防为中心的观点：专注于避免损失，目标是避免负面结果。人们对这两种观点有不同的个人偏好。

信号察觉理论和焦点调节理论从认知科学上共同解释了为什么有些创业者比其他人更善于识别可行机会的问题。本质上说，成功者对存在的风险和取得成功的可能有着更为实际的看法。成功往往属于那些判断最贴近现实的人。

资料来源：罗伯特 • A. 巴隆，斯科特 • A. 谢恩 . 创业管理：基于过程的观点 [M]. 张玉利，等译 . 北京：机械工业出版社，2005.

专栏 4-14

扫描二维码，阅读《保罗 • 格雷厄姆：如何获得创业点子？》。

本章要点

- 创业机会是指创业者可以利用的商业与社会发展机会。对创业机会的产生有“创业机会发现说”和“创业机会构建说”。
- 创业机会的形式表现为从模糊到具体的动态发展过程，依次为：未被满足的需求和未被充分利用的资源、商业概念（business concept）、具体的创业项目（venture project）、商业模式（business model）、创业计划（business plan）、创业企业（enterprise）。
- 创业机会可以分为多种类型：识别型、发现型和创造型机会；问题型、趋势型和组合型机会；模仿型、改进型和突破型机会等。
- 创业机会有两种基本的来源：外部环境的持续变化；人性需求的永不满足。
- 创业机会识别过程模型包括四因素理论（Ardichvili 模型）；布雷特·史密斯研究模型；五阶段模型；创业者与环境互动的机会识别过程模型；三阶段模型，等等。

思考题

1. 创业机会识别过程中，创业机会的形式是如何发展的？

2. 人性需求包含哪些层次？如何辨别需求的真伪？

3. 了解最近两个年度的新浪科技风云榜。

4. 通过以下三个途径，了解创业热门领域：①查阅国家统计局和工商总局官网，了解最近年度新注册成立企业的行业分布；②查阅清科投资界和投中网，了解近三年天使投资和 VC 投资项目的行业分布；③查阅创业邦、36 氪、新浪科技等创业服务平台，关注近两年创业热门领域。

5. 练习：发现机会的初级形式

你能列举出在社会生活中一些未被满足的需求和未被充分利用的资源吗？这是创业机会的最初级形式，动动脑筋去琢磨这些事情，想尽办法找到途径精确定义和满足这种需求，或者想尽办法找到资源更好的潜在用途。

未被满足的需求	满足需求的途径
1.	
2.	
3.	

未被充分利用的资源	更好地利用资源的办法
1.	
2.	
3.	

6. 练习：系统搜寻能产生创业机会的变化

为了识别创业机会，我们要系统地搜寻能产生创业机会的变化。请列出以下四个方面你观察到的变化，并激发基于这些变化的商业创意。

搜寻能产生创业机会的变化	基于变化的商业创意
1. 知识与技术变化： （1） （2） （3） ……	1. 商业创意
2. 管制与政治变革 （1） （2） （3） ……	2. 商业创意
3. 经济与社会变革 （1） （2） （3） ……	3. 商业创意
4. 市场和产业变化 （1） （2） （3） ……	4. 商业创意

7. 练习：洞察人性需求

请你列举出一些你洞察到的潜在需求和隐性需求，并辨别真伪，提出满足真需求的商业创意。

需求的形式	需求的真伪	满足真需求的商业创意
潜在需求： 1. 2. 3.	需求的真伪辨别，为什么？	商业创意： 1. 2. 3.
隐性需求： 1. 2. 3.	需求的真伪辨别，为什么？	商业创意： 1. 2. 3.

8. 根据你所琢磨的人性需求和所观察到的变化，写出你初级的创业想法（点子）。

机会来源 / 创业想法	基于变化				基于人性需求			
	知识与技术	政策和管制	经济和社会变革	市场和产业变化	功能需求	品质需求	体验需求	参与需求

9. 根据学者们提出的各种创业机会识别过程模型，思考为什么有些人能更好地识别创业机会，而有些人不能？

扫描二维码，阅读案例故事《王小波：让基因检测成为潮流》。

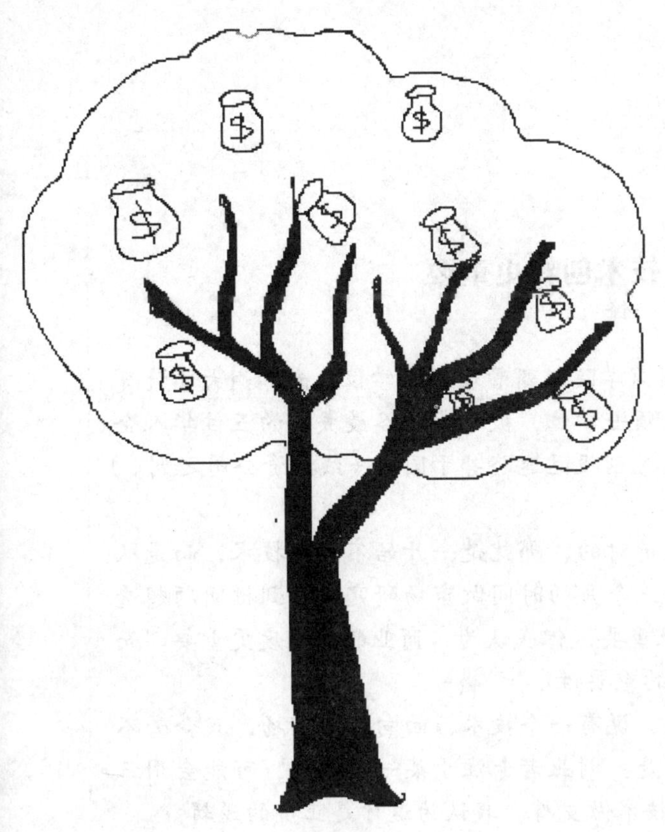

第五章　评估创业机会

在对的时间，只做一件对的事情，并且做到行业数一数二。

——雷军

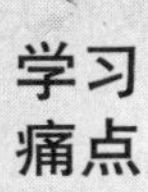

学习痛点

- 创业机会评估的基本原则是什么？
- 有价值的创业机会有哪些基本特征？
- 如何利用定性和定量方法评估创业机会的价值？
- 如何利用市场测试方法评估创业机会的价值？
- 如何评估创业机会的市场价值？
- 开发创业机会的风险有哪些？

引例

商业敏感度比技术创新更重要

邓　锋

（邓锋先生拥有宾夕法尼亚大学沃顿商学院工商管理硕士学位、南加州大学计算机工程的硕士学位和清华大学电子工程的硕士学位，被称为硅谷最成功的五位华人企业家之一。如今当他转身做投资，带领北极光创投迅速跻身于国内一线投资公司之列。）

一、我眼中的创业逻辑

回顾自己的创业历程，我觉得有一点是对的，那就是一开始不要想技术，而是从市场做起。创业之初，我和团队花了整整三个月的时间做市场研究，直到把问题想透了才开始动手。做企业，技术创新固然很重要，但我认为，商业的敏感度更重要。而且，越到后来，越发现对市场和客户理解的重要性。

如果现在有人拿着商业计划书找到我，说有一个技术，面向三个市场，我会毫不犹豫地把计划书打回去。我更希望看到的是：创业者专注于某一个领域，可能会用三个产品来打一个市场，再后面可能有九项技术做支撑。我认为这才是正确的逻辑。

二、我是这样做投资的

我认为一个好的创业切入点通常具备三大特征。

①市场已经存在；

②规模比较小；

③同时又高速增长。

市场已经存在的好处是，不需要再去教育客户。

规模比较小，意味着大企业还没有意识到这个市场，或者是已经意识到了但觉得没必要做。

这样我们就可以用革命性的技术去迅速占领市场，并随着市场的高速增长而发展。

作为投资人，我遴选创业者有三条标准：

①最重要的是创业者的价值观；

②其次是创业者的学习能力，尤其是快速学习的能力；

③最后才是创业者的经历和经验。

三、创始人千万别装酷

一个公司的独特性不仅体现在你怎么做技术和产品，更体现在你是怎么建造一个有能力的团队，因为只有团队才能够发现客户的需求，能够做出客户想要的产品，并最后把产品卖出去，从而帮助公司建立品牌。

所以从这个角度而言，作为CEO你要把最好的人招来并留住，用小团队取代大兵团作战便是一种对管理的创新，实际上这也是一种商业模式创新。

一个企业做到最后就是人的问题，能解决这个问题的只有创始人。

资料来源：微信公众号“微软加速器”，编者有删减。

第一节 创业机会评估的基本原则

创业成功的概率很低，大多数创业梦想都会落空。创业者在整合资源开发机会之前，都要认真客观评估其所识别的创业机会，以避免许多不必要的损失。创业机会评估的主体不仅仅是创业者或创业团队，天使投资人、创业投资机构和股东等投资人也需要对创业机会进行认真的评价。

一、创业机会评估的原则

我们在评估一个创业机会的时候，一般要注意遵守四个基本原则。

1. 阶段性评估

正如第四章所述，创业机会从模糊到具体呈现出动态的形式发展过程。因此，对创业机会的评估不可能一次性完成，需要贯穿从未精确定义的需求或未充分利用的资源、商业概念、具体项目、商业模式、商业计划等整个创业机会形式的发展过程，做出多次评估。也就是说，创业者对机会的评估是分阶段进行的，每个阶段都要通过预先设置的“门槛”。通过分阶段的评估步骤，一个最初的商业概念就会逐步完善起来，最终形成一个企业。创业者把机会发展成一个企业之后，甚至在初创企业经营过程中，都需要对创业机会作出进一步的评估。

从这个意义上说，创业机会的识别和评价并不是两个独立的环节。事实上，在整个机会识别过程中都存在机会的评价，在最初的阶段，创业者可能仅凭经验甚至直觉，或者通过一些非正式的市场调查以评价这个机会是否值得考虑，随着机会的开发，这种评价也逐渐变得正式，通过一些规范的手段来考察机会的商业价值。

2. 机会调整和放弃

创业本身是一种干中学（learning by doing）的高风险行为，创业者在反复多次的机会评估中，可能调整其最初的创业想法，甚至识别出其他更有价值的新机会。不能成功通过阶段性评估门槛的创业机会，将被修订甚至被放弃。因此，创业者在创业机会评估过程中的每一阶段都要放弃一些机会，一个明显的证据就是——我们认识到的社会需求和未利用资源的数量要远超过成功形成的企业数量①。当然，一次创业失败也可能是奠定下一次创业成功的基础。

3. 非正式评估和正式评估

由于“机会之窗”可能迅速关闭，机会显露出来、存在的时间非常短；或者创业者受到资源和能力的限制；或者关于机会的信息非常有限，在实践中创业者对创业机会的评价

---

① 姜彦福，张帏．创业管理学 [M]. 北京：清华大学出版社，2005.

常是非正式和不系统的，尤其是创业机会发展的最初阶段，创业者可能仅凭经验甚至凭直觉和心智捷径作出决策，或者仅仅通过一些非正式的市场调查以评价这个机会是否值得考虑开发。

当然，随着机会的开发，这种评价一般会逐渐变得正式和系统，通过一些规范的手段来考察机会的商业价值。尤其是对那些投资人或者投资机构，他们会对拟投资的创业项目开展正式研究和深入观察，对创业计划的真实性和可行性进行系统的全面评价，他们还会到创业企业进行详尽的尽职调查。

总之，这个原则告诉我们，创业者常常需要在对创业机会进行非正式评估和正式评估之间作出平衡。

专栏 5-1 创业者的心智捷径

人类认知在任何给定时间内加工（如处理、解释）信息的能力是有限的，因此，我们往往会采用心智捷径来扩展信息处理能力，减少心智消耗。研究表明，创业者比其他领域的人，更容易受到这些认知偏见和错误的影响。创业者常常利用的心智捷径：

（1）直觉推断：以快速、看似容易的方式做出复杂决策或推论的简单原则。

（2）乐观偏见：假定事情会向好的方向发展，预期事情会出现好结果的倾向。创业者会认为他们获得成功的机会高于实际情况。

（3）证实偏见：指一种更愿意关注、处理和记忆能证实自己观点或信念的信息，而忽略那些不能证实自己观点的信息的倾向。由于创业者只记忆支持他观点的记忆，所以会越相信其创意是可行的。

（4）控制错觉：指一种超越实际情况，认定自己能更大限度地掌控命运的倾向，认为自己对自身环境拥有更强控制的倾向。创业者的控制错觉往往会低估经济环境、竞争对手和其他很多不可控因素的潜在影响。

（5）承诺强化（沉没成本）：对正在失败的错误承诺更多的时间、精力和资源，以期设法将事情扭转过来。也就是说，即使负面影响持续增加，仍然坚持产生负面影响的决策的倾向。承诺强化是创业者应当尽力避免的认知错误，因为新企业没有多少资源，没有多少能力承担不断增加的损失。

（6）情感注入：情绪强有力地影响思考。例如，心情好时会记住积极的信息；心情不好时会记住消极的信息。

总之，人们的认知远没有达到完全理性，信息量大但信息处理能力又有限，人们只好采用心智捷径，但这些心理倾向和认知偏见成了人们思维过程中许多潜在错误的基础。

资料来源：罗伯特·A. 巴隆，斯科特·A. 谢恩. 创业管理：基于过程的观点 [M]. 张玉利，等译. 北京：机械工业出版社，2005.

4. 定性评估和定量评估

评估创业机会的具体方法很多，在学术界和业界，很多人提出了各种具体的创业机会评价方法。根据评估方法的属性，可以把机会评估方法大致分为两类：定性评估或者定量评估。创业者可以根据需要和具体情况选择不同的评估方法。

在现实中，人们常采用定性评估和定量评估相结合的综合性的评估方法。通常来说，创业者首先根据经验和直觉对创业机会作出定性的评估，然后根据需要进一步作出更精确的计算来完成定量评估。

二、有价值创业机会的基本特征

一个好的创业机会，具有以下特征。

1. 真实的需求

我们在第四章讲到创业机会的来源时，曾经说过人性需求的永不满足是创业机会的重要来源之一。因此，创业者要洞察人性需求，关注多种形式和层次的人性需求。

但是，在前面学习人性需求的层次和形式的时候，我们没有对人的欲望（desire）、需要（need）和有效需求（demand）作严格的区分。人类的欲望和需求虽然无穷无尽，但如果只有购买欲望无法构成一个有效需求。有效的需求不仅要有消费者的购买意愿，而且要有消费者的购买能力。

因此，一个好的创业机会需要建立在真实的需求基础之上。例如，有很多人渴望遨游太空，甚至有朝一日能到火星上居住。但是基于这种太空旅行和居住的需求至少在目前成本极其昂贵，或者技术上还存在诸多挑战，显然不是一个好的创业机会。

专栏 5-2　这是一个有价值的创业机会吗？

1. 马斯克的 SpaceX：是一个好的创业项目吗？

美国太空探索技术公司（SpaceX）是“钢铁侠”埃隆·马斯克（Elon Musk）在 2002 年 6 月建立的一家太空运输公司。埃隆创办这个公司的目的是实现其雄心勃勃的火星移民计划。你认为马斯克的 SpaceX 是一个具有真实需求的好创业项目吗？

2. 大学生早餐 O2O：是一个好的创业项目吗？

本书作者有一次担任路演评审嘉宾，有一个来自大学校园的创业团队提出了一个创业项目。他们发现很多大学生都不吃早餐，而早餐对健康又很重要，因此，他们想解决这个问题。他们的解决办法是创办一个大学生早餐 O2O 创业项目。学生可以在前一天晚上在他们的开发的 APP 上下单，预定第二天的早餐，然后第二天早上早餐就配送到顾客指定的地方。你认为这是一个具有真实需求的好创业项目吗？

专栏 5-3　创业最大忌讳：解决不存在的用户需求

Quora 上有人提问，“如果有一件事是创业时应当避免的，你觉得会是什么呢？”排名第一的回答来自 Suren Samarchyan，他是一名两度创业者，之前的项目达到了 5 亿美元估值，目前他在人工智能领域创业。以下为他的回答内容，由 tech2ipo 编译：

创业公司孵化器 Y-Combinator 联合创始创始人 YC 创始人保罗 • 格雷厄姆（Paul Graham）曾经说过："如果你不知道哪些用户最迫切地需要你的产品，就别去开发。解决不存在的需求，是创业公司最常犯的错误，没有之一。"

创业者首先关注的，一定要是用户需求，而非自己创意如何精彩。要看到自己有什么需求，也要看到其他人有什么需求。"成功的创业者，思路都是来源于外部事件的不断刺激，DrewHouston 就是有一回忘记带 U 盘，突然觉得'我得把重要文件弄成在线可存取'，才创立 Dropbox。"许多创意都来自生活中的发现，创业者将产品制作出来，解决需求，获得成功。

人们很难抽象地描述自己需要什么，但描述生活中遇到的问题却很简单，所以，注意人们在抱怨什么。Philip Kotler 在其经典教科书《营销管理——分析、计划、执行与控制》第 9 版中概括了一个一般的产品模型，将产品划分为核心利益、基础产品、期望产品、附加产品和潜在产品五个层次。其中核心利益是产品的本质，是实际上卖给顾客的东西，正如 Kotler 所说，旅馆实际上卖给顾客的是"休息与睡眠"；对于唇膏，妇女们实际上购买的是"希望"；对于钻头，购买者实际上购买的是"孔"，等等。

资料来源：创业邦，http://www.cyzone.cn/a/20140203/253997.html. 编者有删减。

2. 能够收回投资

一个好的创业项目需要有足够大的市场，或者未来有足够大的市场增长空间，这样才可以确保创业者在承担风险和努力工作之后，获得回报和收益。另外，从财务的角度评估一个创业项目的经济效益时，经常要用到一个投资回收期的概念。简单说，投资回收期是指从项目的投产之日起，用项目所得的净收益偿还原始投资所需要的年限。投资回收期衡量的是收回初始投资的速度的快慢，很显然，投资回收期越短越好。

因此，一个好的创业机会不仅可以收回投资，而且需要在合理的期限内收回投资。

专栏 5-4 利基市场和长尾理论

"利基"一词是英文"Niche"的音译，意译为"壁龛"，有拾遗补缺或见缝插针的意思。

菲利普 • 科特勒在《营销管理》中给利基下的定义为：利基是更窄地确定某些群体，这是一个小市场并且它的需要没有被服务好，或者说"有获取利益的基础"。

通过对市场的细分，企业集中力量于某个特定的目标市场，或严格针对一个细分市场，或重点经营一个产品和服务，创造出产品和服务优势。

长尾理论是网络时代兴起的一种新理论，由于成本和效率的因素，当商品储存、流通、展示的场地和渠道足够宽广，商品生产成本急剧下降以至于个人都可以进行生产，并且商品的销售成本急剧降低时，几乎任何以前看似需求极低的产品，只要有卖，都会有人买。这些需求和销量不高的产品所占据的共同市场份额，可以和主流产品的市场份额相当，甚至更大。简单地说，所谓长尾理论是指，只要产品的存储和流通的渠道足够大，需求不旺或销量不佳的产品所共同占据的市场份额可以和那些少数热销产品所占据的市场份额相匹敌甚至更大，即众多小市场汇聚可产生与主流相匹敌的市场能量。也就是说，企业的销售量不在于传统需求曲线上那个代表“畅销商品”的头部，而是那条代表“冷门商品”经常被人遗忘的长尾。

举例来说，一家大型书店通常可摆放10万本书，但亚马逊网络书店的图书销售额中，有1/4来自排名10万以后的书籍。这些“冷门”书籍的销售比例正以高速成长，预估未来可占整个书市的一半。这意味着消费者在面对无限的选择时，真正想要的东西和想要取得的渠道都出现了重大的变化，一套崭新的商业模式也跟着崛起。简而言之，长尾所涉及的冷门产品涵盖了几乎更多人的需求，当有了需求后，会有更多的人意识到这种需求，从而使冷门不再冷门。

“长尾理论”被认为是对传统的“二八定律”的彻底叛逆。

3. 具有竞争力

创业机会往往不可能独享，创业者也不太可能进入一个完全垄断的行业，无论是先进入还是后进入，创业者肯定会面临来自其他创业者或者企业的竞争。因此，创业项目必须具有竞争力，即消费者认为购买你的产品或服务比购买其他的产品或服务能够获得更多的价值。一个没有竞争优势的创业机会即便发展成企业了，也难以取得持续的成功。

例如在O2O商业模式火爆的今天，各行各业有人成功也有人失败。在激流勇进的市场中，缺乏核心的竞争力就无法在竞争者林立的市场上存活。

4. 实现目标

创业者苦苦识别、评估和开发某个机会，是为了满足创业者的某种愿望或创业动机。如果创业机会无法给创业者带来这种满足感，难以实现创业者的目标，这个机会就不是一个好的创业机会。

有的创业者带着情怀去创业，有的创业者希望在这个创业过程达成自我实现的初衷，而有的创业者则只是纯粹地想要上市，想要成功……毫无疑问，这些都是创业者创业的目标。

5. 有效的资源和技能

任何机会的开发都需要资源和技能，一个好的创业机会必须在创业者具备的资源和能力等范围内。这里强调创业者的资源的时候，不是说创业者一定要拥有某种资源，如果你能支配某种资源，具有资源的整合能力，这也是一种有效的资源。

只有创业者和创业机会之间存在恰当的匹配关系时，创业活动才可能产生，也更有可能取得成功。

三、现存企业和新企业在机会开发方面的优势

创业者在评估创业机会时，还要考虑到创业机会是有利于现存企业，还是有利于新企业。

大多数时候，现存企业比新创企业更善于利用创业机会，这是因为：①现存企业在产品制造和销售方面具有学习曲线优势，因为学习曲线与企业的存续经营时间有关；②现存企业可能拥有的声誉促使顾客和供应商更愿意与它们进行业务往来；③现存企业有了来自现有业务的现金流用于提高生产、改进服务和新机会开发，而新企业必须去筹集资金，并且外部资本的成本最高；④现存企业具有规模经济，摊在其上的研发、销售、广告等成本比新企业少；⑤现存企业具有厂房设备、销售渠道等互补性资产，在这个基础上产品更新比较容易，而新企业没有这些互补性资产。

但有些时候，有些机会是有利于新企业的：

（1）机会的一个主要来源是技术变革，而这种技术变革可以分为能力强化型和能力破坏型。能力强化型是指人们能将正在做的事情做得更好；能力破坏型是指人们将正在做的事情做得更差。当技术变革是能力破坏型的时候，有经验的人往往会局限于原有的思维和做事方式，没有经验的人能开发新的创意。现存企业在开发能力破坏型技术变革机会时，必须蚕食其现有业务，即现有产品或服务被替代。但是，由于现存企业在原来的业务或产品上已经投入大量资金，而开发新产品又要投入大量资金。因此，现存企业往往不愿意蚕食其现有业务，从而会错失这种机会。因此，新企业更善于利用能力破坏型变革机会。

（2）现存企业在开发新产品时，容易受到顾客的限制。因为顾客往往不喜欢新产品（学习和接受新产品有成本），现存企业在引入新产品时会冒失去顾客的危险，因此它们通常避免引入这些产品。而被这些主流顾客所拒绝的新产品通常可能就是好机会。

（3）开发独立性产品或服务对新企业也可能更成功，因为不用复制现有公司系统所带来的成本和困难。

（4）存在于人力资本中的机会更有利于新企业，因为创业者可以离开他们的雇主以创建企业来开发他们头脑中的知识。而存在于实物资本（机器和设备）的机会不利于创业者，因为他们不能带走雇主的实物资产。

现存企业和新企业在机会开发方面的优势见表 5-1。

表 5-1　现存企业和新企业在机会开发方面的优势

机会的特点	有利于谁	理　由	例　子
非常依赖于声誉	现存企业	人们更愿意从他们了解和信任的企业那里购买产品	珠宝商店
具有很强的学习曲线效应	现存企业	现存企业能沿着学习曲线移动，更善于生产和销售产品	汽车制造商
需要大量资本	现存企业	现存企业可以使用现有业务的现金流开发新机会	喷气式飞机制造
要求规模经济	现存企业	当规模经济存在时，随着生产数量的增加，生产产品或服务的平均成本下降	钢铁制造
在市场营销或分销方面需要互补性资产	现存企业	满足顾客需求的能力经常要求获得零售分销渠道	跑鞋生产商
依赖于对产品的逐步改进	现存企业	同复制其产品或服务的新企业相比，现存企业能够更容易和更便宜地对产品进行逐步改进	DVD 播放器制造商

（续表）

机会的特点	有利于谁	理　由	例　子
利用能力破坏型创新	新企业	现存企业的经验、资产和流程受到威胁	以生物技术为基础的计算机生产商
被主流顾客所拒绝	新企业	现存企业关注于它们的主流顾客，而不愿意引入被主流顾客所拒绝的产品或服务	计算机软驱制造商
建立在独立创新的基础上	新企业	新企业能够开发独立创新而不必复制现存企业的整个系统	药品生产商
存在于人力资本当中	新企业	拥有知识的人能够产生出满足顾客需求的产品或服务	厨师

资料来源：罗伯特・A. 巴隆，斯科特・A. 谢恩 . 创业管理：基于过程的观点 [M]. 张玉利，等译 . 北京：机械工业出版社，2005.

第二节　创业机会的评估方法

国内外的业界和学界提出了各种创业机会的具体评估方法与体系，这些方法包括定性方法、定量方法、定性和定量结合方法和市场测试方法等。

一、定性评估方法

创业机会往往蕴含着极大的不确定性和复杂性，很难进行精确的定量计算，或者由于机会转瞬即逝，往往来不及开展详细的定量评价，机会窗口就已经关闭，或者是创业者的财力有限，没有足够的资金去完成详尽的调查。所以，创业者通常利用定性评估方法，依靠经验、直觉和商业敏感等能力对创业机会快速做出主观判断，然后采取行动。

定性评估方法很多，这里介绍三种。

1. 史蒂文森的定性评价方法①

史蒂文森（Howard H.Stevenson）等学者指出为了充分评价创业机会，需要考虑以下几个重要问题。

①回答机会的大小、存在的时间跨度和随时间成长的速度这些问题；

②潜在的利润是否足够弥补资本、时间和机会成本的投资，而带来令人满意的收益；

③机会是否开辟了额外的扩张、多样化或综合的商业机会选择；

④在可能存在的障碍面前，收益是否会持久；

⑤产品或服务是否真正满足真实的需求。

---

①　Howard H.Stevenson，Michael J.Roberts，H.Irving Grousbeck.New Business Ventures and the Entrepreneur[M]. The McGraw-Hill，1994.

2. 贾斯汀·朗格内克的定性评价方法 [①]

美国贝勒大学（Baylor University）教授贾斯汀·朗格内克（Justin G.Longenecker），在他的著作《小企业管理：创业之门》一书中提出了评价创业机会的五项基本标准：

①对产品有明确界定的市场需求，推出的时机也是恰当；

②创业项目必须能够维持持久的竞争优势；也就是说，对于可能遇到的竞争力量，至少要可以与之抗衡；

③创业项目具有一定程度的高回报，允许适当投资失误；

④创业者和机会之间必须互相合适，也就是说，创业者能够获得利用机会所需的关键资源；

⑤机会中不存在致命的缺陷。

3. 冯婉玲等提出的创业机会评估方法 [②]

冯婉玲等在《高新技术创业管理》一书中指出可以从五个方面来选择创业机会。

第一，机会的原始市场规模。市场越大越好，但大市场可能会吸引强大有力的竞争对手，因此小市场可能会更友善。

第二，机会将存在的时间跨度。一切机会都只存在于一段有限的时间之内，这段时间的长短差别很大，由商业性质决定。

第三，预期特定机会的市场规模将随时间增长的速度。一个机会可能带来的市场规模将随时间变化，风险和利润也会随时间变化。机会存在的某些时期，可能比其他时期更有商业潜力。

第四，好机会一般都有的五个特点：①前景市场可明确界定；②前景市场中前 5 ～ 7 年中销售额稳步且快速增长；③创业者能够获得利用机会所需的关键资源；④创业者不被锁定在刚性的技术路线上；⑤创业者可以用不同的方式创造额外的机会和利润。

第五，特定机会对特定创业者的现实性。创业者是否拥有利用某个创业机会所需的资源；是否能“架桥”跨越资源缺口；对于可能遇到的竞争力量，至少要可以与之抗衡；存在可以占有的前景市场份额，甚至自己可以创造市场。

二、定量评估方法

顾名思义，定量评估方法指的是通过计算出评价创业机会的各项指标的数值来评估创业机会的一种方法。创业机会定量评估的具体方法也非常多，在这里，重点介绍 John G. Burch 提出的四种公认的创业机会定量评价方法 [③]。

---

① 贾斯汀·朗格内克 . 小企业管理：创业之门 [M]. 大连：东北财经大学出版社，1998.

② 冯婉玲，等 . 高新技术创业管理 [M]. 北京：机械工业出版社，2001.

③ John G. Burch，Entrepreneurship[M].John Wiley & Sons，1986.

1. 标准打分矩阵

首先选择对创业机会成功有重要影响的因素，然后通过专家小组对每一个评价指标进行极好（3 分）、好（2 分）、一般（1 分）三个等级的打分，最后求出每个指标在各个创业机会下的加权平均分，从而可以对不同的创业机会进行比较（表 5-2）。

这些评价指标包括易操作性、广告潜力、市场接受度、增加资本的能力、投资回报、专利权状况、市场大小、制造的简单性、质量和易维护性、成长潜力等。在实际应用中，可以根据具体情况选择其中的全部或者部分因素，或者增加其他因素进行评估。

表 5-2 标准打分矩阵

评估指标	专家评分			
易操作性	极好（3 分）	好（2 分）	一般（1 分）	加权平均分
广告潜力				
市场接受度				
增加资本的能力				
投资回报				
专利权状况；				
市场大小				
制造的简单性				
质量和易维护性				
成长的潜力				

在实际应用中，要注意三点：第一，根据具体情况选择合适的因素进行评估；第二，认真选择打分专家，建议选择具有丰富的实际经验或者专业技术能力的专家。第三，我们在评估创业机会的时候，常常需要对不同的机会进行比较。标准打分矩阵比较适合创业者对识别到的不同创业机会进行比较。

2. Westinghouse 法

威斯汀豪斯公司（Westinghouse）是美国一家历史悠久的电气设备制造商，国内有的翻译为西屋电气公司。西屋公司为了给投资决策寻找依据，提出了一个可以计算和比较各个机会优先级的公式：

机会优先级 =[技术成功概率 × 商业成功概率 × 平均年销售数 ×（单位产品价格 – 单位产品成本）× 投资生命周期]/ 总成本

在该公式中，技术和商业成功概率以百分比表示（从 0 到 100%）；平均年销售数以销售的产品数量计算；投资生命周期指可以预期的年均销售数保持不变的年限；总成本是预期的所有投入，包括研究、设计、制造和营销费用。对于不同的创业机会将具体数值带入公式计算，特定机会的优先级越高，该机会越有可能成功。

3. Hanan Potentionmeter 法

这种方法认为创业机会潜力指标包括税前投资回报率、预期的年销售额、预期的成长阶段、从创业到销售额高速增长的预期时间、投资回收期、占有领先者地位的潜力、商业周期的影响、为产品制定高价的潜力、进入市场的容易程度、市场试验的时间范围、销售人员的要求等。

然后由创业者填写预先设定好权值的选项式问卷，不同选项的得分从 -2 分到 +2 分，通过对所有因素得分加总，可以快捷地得到特定创业机会的成功潜力指标。所有因素得分高于 15 分的创业机会才值得继续，低于 15 分的都应被淘汰。

4. Baty 的十一因素法

在这种方法中，通过对 11 个因素的回答来对创业机会进行判断（表 5-3）。

表 5-3　Baty 的选择因素法

这个创业机会在现阶段是否你一个人发现？
初始的产品生产成本是否可以接受？
初始的市场开发成本是否可以接受？
产品是否具有高利润回报的潜力？
是否可以预期产品投放市场和达到盈亏平衡点的时间？
潜在的市场是否巨大？
你的产品是否是一个高速成长的产品家族中的第一个成员？
你是否拥有一些现成的初始用户？
是否可以预期产品的开发成本和开发周期？
是否处于一个成长中的行业？
投资界是否能够理解你的产品和顾客对它的需求？

回答完这 11 个问题之后，如果某个创业机会只符合其中的 6 个或更少的因素，这个创业机会就很可能不可取；相反，如果某个创业机会符合其中的 7 个或者 7 个以上的因素，那么这个创业机会将大有希望。

三、定性和定量结合的评估方法

评价创业机会是一项显示创业者艺术才华和科学才能的复杂工程。创业者一方面需要利用自己的商业敏感做出主观判断，同时也要利用一定的科学方法做出定量分析。将主观判断和客观分析相结合，采用定性和定量结合的评估方法，才能不失时机地识别创业机会。下面重点介绍两种具体的方法。

1. 蒂蒙斯评估模型

创业学之父、美国百森商学院教授蒂蒙斯（Timmons）提出的创业机会评价框架，涉及行业和市场、经济价值、收获条件、竞争优势、管理团队、致命性缺陷、创业家个人标准、理想与现实的战略差异八个方面的 53 项指标（表 5-4）。

创业者可以利用这个全面，甚至看起来非常庞杂的评价指标体系，来评价一个创业项目或创业企业的投资价值和机会。

表 5-4 蒂蒙斯创业机会评估框架

行业与市场	1. 市场容易识别，可以带来持续收入
	2. 顾客可以接受产品或服务，愿意为此付费
	3. 产品的附加价值高
	4. 产品对市场的影响力高
	5. 将要开发的产品生命长久
	6. 项目所在的行业是新兴行业，竞争不完善
	7. 市场规模大，销售潜力达到 1 千万到 10 亿
	8. 市场成长率在 30% ～ 50%，甚至更高
	9. 现有厂商的生产能力几乎完全饱和
	10. 在五年内能占据市场的领导地位，达到 20% 以上
	11. 拥有低成本的供货商，具有成本优势
经济价值	12. 达到盈亏平衡点所需要的时间为 1.5 ～ 2 年
	13. 盈亏平衡点不会逐渐提高
	14. 投资回报率在 25% 以上
	15. 项目对资金的要求不是很大，能够获得融资
	16. 销售额的年增长率高于 15%
	17. 有良好的现金流量，能占到销售额的 20% ～ 30%，甚至更多
	18. 能获得持久的毛利，毛利率要达到 40% 以上
	19. 能获得持久的税后利润，税后利润率要超过 10%
	20. 资产集中程度低
	21. 运营资金不多，需求量是逐渐增加的
	22. 研究开发工作对资金的要求不高
收获条件（回报能力）	23. 项目带来的附加值具有较高的战略意义
	24. 存在现有的或可预料的退出方式
	25. 资本市场环境有利，可以实现资本的流动
竞争优势	26. 固定成本和可变成本低
	27. 对成本、价格和销售的控制较高
	28. 已经获得或可以获得对专利所有权的保护
	29. 竞争对手尚未觉醒，竞争较弱
	30. 拥有专利或具有某种独占性
	31. 拥有发展良好的网络关系，容易获得合同
	32. 拥有杰出的关键人员和管理团队
管理团队	33. 创业者团队是一个优秀管理者的组合
	34. 行业和技术经验达到了本行业内最高水平
	35. 管理团队的正直廉洁程度能达到最高水准
	36. 管理团队知道自己缺乏哪方面的知识

（续表）

致命性缺陷	37. 不存在任何致命缺陷
个人标准	38. 个人目标与创业活动相符合
	39. 创业家可以做到在有限的风险下实现成功
	40. 创业家能接受薪水减少等损失
	41. 创业家渴望进行创业这种生活方式，而不只是为了赚大钱
	42. 创业家可以承担适当的风险
	43. 创业家在压力下状态依然良好
战略差异化	44. 理想与现实情况相吻合
	45. 管理团队已经是最好的
	46. 在客户服务管理方面有很好的服务理念
	47. 所创办的事业顺应时代潮流
	48. 所采取的技术有突破性，不存在许多替代品或竞争对手
	49. 具备灵活的适应能力，能快速地进行取舍
	50. 始终在寻找新的机会
	51. 定价与市场领先者几乎持平
	52. 能够获得销售渠道，或已经拥有现成的网络
	53. 能够允许失败

资料来源：杰弗里·蒂蒙斯，小斯蒂芬·斯皮内利 . 创业学案例 [M].6 版 . 周伟民，吕长春，译 . 北京：人民邮电出版社，2005.

蒂蒙斯的创业机会评价体系，给我们提供了一套全面、系统、科学的评价框架，但同时也存在指标多而全、主次不够清晰、各维度划分不尽合理、存在交叉重叠等不足之处，在一定程度上影响了评价的有效性。后来很多学者和业界工作者基于这个框架提出了很多简化的指标体系，帮助创业者科学深入地评价创业项目的可行性及其价值性。

2. 刘常勇创业机会评价框架

台湾中山大学刘常勇教授提出了包括市场和效益（回报）两个层面的创业机会评价体系（表 5-5）。市场层面的评价指标包括市场利基、市场结构、市场规模、市场渗透力、市场占有率、产品的成本结构等，效益层面的评价指标包括税后利润、盈亏平衡时间、投资回报率、资本需求、毛利率等。

表 5-5　刘常勇创业机会评价框架

市场层面的评价标准	效益层面的评价标准
1. 市场利基：创业机会是否专注于细分市场，市场定位是否明确，顾客需求分析是否清晰，顾客接触通道是否流畅等	1. 具有吸引力的创业机会税后利润要高于 15%。低于 5% 税后利润的创业机会就不是一个好的机会
2. 市场结构五力模型评价：通过对供应商、顾客、替代品生产商、潜在进入者、竞争者等力量分析创业机会的市场结构	2. 合理的盈亏平衡时间应在 2 年以内达成，高于 3 年的创业机会不是一个好机会

（续表）

市场层面的评价标准	效益层面的评价标准
3. 市场规模：市场规模大，成长速度快，意味着竞争程度低，利润空间大，有利于创业机会进入	3. 创业机会合理的投资回报率（ROI）要高于25%。投资回报率低于15% 的机会，不是一个好的创业机会
4. 市场渗透力：是否处在市场进入的最佳时期，即是否处在市场需求正要大幅成长之际	4. 资本需求量较低的创业机会，会带来较高的投资回报，也有利于拉高每股盈余
5. 市场占有率：创业机会预期可达到的市场占有率如果低于5%，则机会的市场竞争力不高。如果要成为市场领导者，最少要有20% 以上的市场占有率	5. 理想的创业机会毛利率应该高于40%，毛利率低于20% 的创业机会不值得考虑
6. 产品成本结构：开发创业机会导致的产品成本结构，如物料与人工成本比重、变动成本与固定成本比重、规模经济的产量大小等会决定机会的获利空间	6. 创业机会如果能在市场上创造战略价值，在产业价值链中能创造附加价值，则即使创业机会还没有获利，也是一个具有前景的机会
	7. 如果创业机会处于一个具有高度活力的资本市场，投资者的获利回收机会较高，这个创业机会就更容易受到青睐
	8. 一个具有吸引力的创业机会，应该为所有投资人考虑退出机制和退出策略

资料来源：刘常勇 . 创业管理的十二堂课程 [M]. 台北：天下远见出版股份有限公司，2003.

四、市场测试方法

创业者在利用定性和定量方法评估创业机会时，一方面是凭借创业者的经验、直觉和商业敏感性，但是创业者的主观感觉能否代表顾客的真实想法，创业者会不会一厢情愿地假定顾客的偏好和行为，这些问题常常影响对机会的判断。

另一方面，创业者在评估创业机会时，会做一定程度的市场调查。但是，消费者的购买行为是一个非常复杂的现象，有些行为可以通过调查而获得有价值的信息，有些行为难以通过访谈、问卷调查等询问方式获得有用信息。例如，有一些隐而未显的潜在需求连消费者自己都无法觉察到，更无法问出这种需求。著名的汽车工业的开拓人福特曾经说过，当他做市场调查问人们需要什么交通工具的时候，人们普遍回答需要一匹更快的马。另外，由于创业者面对未来高度不确定性，很难通过基于市场调查的预测方式判断未来，从而评估创业项目。面对如此的高度不确定性，近年来关于“精益创业”“行动胜于一切”“先开枪再瞄准”等思想和理念普遍被人们接受。精益创业的思想不是调查顾客的需求，然后基于顾客需求开发产品，而是对顾客需求做出假设或认知，然后制造出最小化可行产品（minimum viable product，MVP），来测量和验证这种认知（证实或推翻），从而帮助创业者建立一项可持续的业务。

因此，在条件允许的情况下，评估创业机会的一种直接有效方法是市场测试方法。市场测试方法指把产品或服务拿到真实的市场中进行检验，然后根据顾客的反应作出相关的决策。市场测试可以说是一种比较特殊的市场调查，但它不同于市场调查，有点类似于实验。因为测试是在一个真实的购买情境中，与真实的顾客互动交流过程中了解顾客的需求，从而判断创业机会的价值。这种评估方式还可以意外地发现一些突如其来的顾客行为和一些以前没有想到的问题，从而促使创业者调整创业想法[①]。

很多企业成功运用了市场测试的方法评估他们想推广的产品。比如，雀巢公司在大规模推出一款新的咖啡产品的时候，往往先做出一些小包装的咖啡，让部分目标消费者试用，测试消费者的反应；雅芳在推出一款新的护肤品之前，也常常用小包装方式进行市场测试。再比如，如果我们想去买一套房子，开发商往往会在售楼处摆放一个按比例缩小的地理位置模型，让你了解房子所处的地段；同时，开发商还会做出一个样板房，让你了解房子的结构布局。开发商通过这种方式让你了解他们即将建设的产品，供你购买决策。

当然，并不是所有的创业机会都适合用市场测试的方法。例如，如果开发创业机会需要巨大的固定成本，那么用小批量产品或服务测试市场效果会是一件十分不划算的事情。

专栏 5-5 MVP 概念提出和含义

硅谷创业家埃里克・莱斯（Eric Rise）在他的著作《精益创业》一书中，提出了最小化可行产品（minimum viable product，MVP）的概念。这个概念的核心思想是，开发产品时先做出一个简单的原型——最小化可行产品，即一个最小化、却可以满足核心需求的产品，然后通过测试检查它是否对用户有吸引力，并收集用户的反馈，快速迭代，不断修正产品，直至实现产品—市场匹配（product-market fit，PMF），最终适应市场的需求。

尤其在互联网领域的创业项目，MVP 是一种比较可行的市场测试方法，可以帮助创业者用最小的代价来验证创业项目的商业可行性。按照常规的开发方式，从调研、设计、开发到推向市场，会是一个漫长的过程，而且很难有人会保证成功率。但当换一种方式，以 MVP 进行小样调研，快速进入市场、接触客户并得到反馈。透过反馈不断修改原型，并进行不断的迭代开发，可极大减少试错成本。

举个例子，如果你希望做一个图片分享网站，那么作为产品原型，MVP 仅仅包含最基础的功能，形态或许就是一个提交图片的按钮以及图片的展示。借助 MVP，经过一系列实践，产品的设计思路将被一次次整改，最终完成正式版的开发。

资料来源：36 氪，http://36kr.com/p/217020.html

专栏 5-6

扫描二维码，阅读《初创企业打开市场的必杀技：寻找最小化可行产品》。

① 埃里克・莱斯. 精益创业：新创企业的成长思维 [M]. 吴彤，译. 北京：中信出版社，2012.

专栏 5-7

链接新浪视频，学习《王健林：清华大北大不如胆子大》：http: //video. sina. com. cn/p/news/o/dos/2017-01-09/104665510755. html.

第三节　创业机会的市场分析

在创业机会评估的众多指标中，市场指标是其中最重要的指标之一。一个好的创业机会，必须具有真实的顾客需求，市场潜力巨大。因此，创业者需要认真评估创业机会的市场前景。

一、市场分析的内容

市场起源于古时人类对于固定时段或地点进行交易的场所的称呼，到今天人们常常把市场看作买卖双方进行商品交换的场所。但是，在经济学和商业社会里，市场指某个地理区域内需要企业产品或服务、愿意购买且具有购买能力的人群。因此，市场有三个主要的构成要素：人口、购买力和购买欲望。

人口是构成市场的最基本要素，消费者人口的多少，决定着市场的规模和容量的大小，而人口的构成及其变化则影响着市场需求的构成和变化。购买力是指消费者支付货币以购买商品或服务的能力，是构成现实市场的物质基础。一定时期内，消费者的可支配收入水平决定了购买力水平的高低。购买欲望是指消费者购买商品或服务的动机、愿望和要求，是由消费者心理需求和生理需求引发的。产生购买欲望是消费者将潜在购买力转化为现实购买力的必要条件。市场的这三个要素是相互制约、缺一不可的，它们共同构成企业的微观市场，创业机会的市场评估研究的正是这种微观市场的消费需求。创业机会的市场评估主要包括以下内容：

1. 创业机会是否反映了顾客的真实需求[①]

成功的创业者应该基于真实的顾客需求来开发新产品和服务。这听起来是显然的，真

① 罗伯特 • A. 巴隆，斯科特 • A. 谢恩 . 创业管理：基于过程的观点 [M]. 张玉利，等译 . 北京：机械工业出版社，2005.

的是这样吗？或许是，但令人奇怪的是，很少的创业者开发出了能满足真实需求的产品，大部分都以不能产生销售而失败。为什么？因为大部分创业者都陶醉于创建新企业的想法之中，而对于能否提供优于市场上现有产品的新产品考虑不够。

什么是真实的需求？真实的需求指顾客存在未解决的问题，而现有的产品或服务又不能提供一种解决方案。例如，能够治愈肺癌的药物就具有真实的需求，至今没有一种治愈这种病的药，而得肺癌的病人急需这种药。相对于现有产品或服务，如果新产品或服务能够更好地解决顾客的问题，也可以说存在真实的需求。需要注意的是，这里的“更好”是指要比现有产品或服务“好得多”。由于顾客都有保持现状的倾向，新产品必须足够好才能实现顾客的转移。例如，使电脑运行速度增加两倍的微型集成电路芯片存在真实的需求，因为它解决了用户加快开机速度的“痛点”，而速度只能增加 2% 的电脑则不会有市场。

创业者如何判断是否存在真实的顾客需求呢？一般地，他们遵循四个步骤。

第一步，寻找顾客未被解决的问题。成功的创业者往往能找到顾客未被解决的问题。什么使顾客沮丧？什么使顾客抱怨？这些通常都是真实需求的信号。例如，许多公司的会计部门员工都在抱怨他们使用的软件不能有效地同时管理好员工薪水和公司存货，他们需要一种能够整合不同记录的软件，而现有软件不能满足这种需要，那么顾客就是确实需要一种综合性的软件。

创业者一旦识别出顾客的问题所在，第二步就是拿出这个问题的解决方案。否则，从创业者的角度看，顾客问题毫无意义。在会计软件的例子中，尽管顾客存在真实的需求，如果创业者不能开发出这种综合性的软件，或者开发出的软件并不优于现有的软件，那么创业者就没必要去创建新的企业。

当创业者找到顾客问题的解决方案后，第三步就是解决满足顾客需求的经济性。例如，只有以顾客愿意承担并且创业者有盈利的价格向顾客提供所需的综合性软件，创业才有意义。如果创业者有能力开发这种软件，但是所花成本大于顾客愿意承担的价格，那么建立公司来生产这种产品就不会盈利。

第四步是识别出可能替代已存在的或在不久很快就会出现的创业方案的其他方案。人们倾向于认为自己的创意比别人的都好，但是，成功的创业者知道如何批判性地将自己的方案与别人所提供的方案进行比较，尽力超越自负心理。为做到这一点，创业者通常会直接与潜在顾客或第三方进行交流，以便识别出与其他方案相比新方案的现实价值所在。例如，会计软件的创业者可以将自己的软件与其他软件拿给会计软件专家，并请他们给予评价，只有当创业者的新产品或服务确实优于其他方案时，才有理由创办企业。

总之，成功的新产品和服务都是基于真实的顾客需求，创业的基础是做出人们想要的东西，创业机会是否能满足潜在顾客对创业产品或服务的功能、用途、属性、价格、外观、渠道、送货时间、构造、成分、包装、形状、尺寸、质量、花色、顾客价值、优势、生命周期等要求，是否更好地解决了顾客的抱怨、沮丧等问题，是评估创业机会市场价值的重要方面。

专栏 5-8　练习：评估项目的市场需求

为了开发一种能够满足真实需求的产品或服务，创业者首先要评估顾客和市场的需求，识别顾客对产品需求的关键维度。请按照以下步骤完成这项练习：

第一步：以 1 页的篇幅，描述你的企业将要生产的新产品或服务。

第二步：列出你的产品或服务将会具有的特征（诸如价格、尺寸、重量等）。

（1）

（2）

（3）

（4）

（5）

……

第三步：说明你将如何收集关于顾客需求的信息，运用直接或间接技术，如观察顾客、焦点小组技术、访谈、问卷调查等。

第四步：根据第二步列出的产品特征类型，收集顾客需求的信息。

第五步：找到与顾客需求匹配的产品或服务特征。你的产品或服务具有满足顾客需求的特征吗？如果具有，请解释为什么。如果不具有，请考虑如何改进产品或服务以满足顾客的需求。

第六步：描述顾客希望产品或服务具有的最佳特征组合。如果愿意，你可以使用组合分析法。另外，还可以仅仅考虑哪一种特征对顾客尤其重要，并确保你的产品已经具有这些特征。

资料来源：罗伯特 · A. 巴隆，斯科特 · A. 谢恩 . 创业管理：基于过程的观点 [M]. 张玉利，等译 . 北京：机械工业出版社，2005：187.

2. 创业机会是否具有足够的市场容量和成长空间

创业机会的市场价值不仅体现在是否具有真实的顾客需求，而且还要评估这种需求是否足够大、能否持久、未来增长空间如何等问题。

如果机会的市场容量和成长空间有限，就意味着创业机会的开发成本无法通过足够的回报覆盖（如果这样，这个创业机会的开发是得不尝失的）；或者意味着大家在一个狭小的市场空间里，市场争夺将十分惨烈。

3. 创业机会所在行业的市场竞争如何

“女怕嫁错郎，男怕入错行”。如果创业者所识别到的机会已经是一个红海市场，意味着市场竞争十分激烈，创业机会的市场价值将十分有限，甚至毫无市场价值。因此，创业机会的市场评估还要分析行业的市场竞争状况如何。在分析行业竞争状况时，与行业的竞争强度相关的分析因素包括行业进入障碍、市场饱和度、竞争者促销策略、用户转换成本、产业结构、退出障碍等。

哈佛商学院著名教授迈克尔·波特（Michael Porter）提出的五力分析模型，是分析行业潜力的普遍工具。迈克尔·波特提出的行业五种力量分别是：供应商的议价能力、购买者的议价能力、潜在竞争者进入的能力、替代品的替代能力、行业内竞争者现在的竞争能力。

专栏 5-9

扫描二维码，阅读《做产品分析时问清楚这 60 多个问题》。

二、市场分析的方法

我们已经学习了创业项目的市场潜力或者市场价值包括什么内容。接下来自然会产生一个问题，即我们要通过什么手段或者途径知道创业项目的市场潜力？

事实上，创业者可以利用多种直接和间接的方法获取关于顾客需求、市场容量、市场竞争等方面的信息，从而更好地评估创业机会的市场价值。这些方法包括：

1. 调查法

调查法就是指运用科学的方法，有目的地、系统地搜集、记录、整理有关顾客、市场和竞争等方面的信息，为评估创业机会的市场价值提供客观的、正确的资料。按照调查的信息来源，可分为原始资料（第一手资料）和间接资料（二手资料）。

原始资料的调查方法又分为以下三种。

询问法：通过访谈、问卷、电话、电子邮件、网络等形式直接询问相关目标群体中的人，从而获得关于顾客、市场和竞争等方面所需要的信息和资料。例如，如果想知道人们对新产品或服务如何反应，最直接的办法是直接询问他们。这种方法效率较高，但是，询问的问题可能会先入为主，从而影响信息的真实性。另外，有的时候被询问者可能不是我们需要的调查对象。

观察法：指创业者直接在调查现场有目的、有计划、有系统地对调查对象的行为、言辞、表情等进行观察记录，以取得第一手资料的方法。这种方法在自然条件下进行，调查结果更接近实际，但也存在观察不到内在因素、调查时间长、观察结果流于片面等缺点。

实验法：指将调查对象置于一定条件下进行小规模的实验，然后对实验结果作出分析，研究是否值得大规模推广。这种方法的优点是可获得较正确的原始资料，但也存在实验市场不易选择、干扰因素多、时间长、成本较高等缺点。上节所介绍的创业机会的市场测试方法就属于实验法。

第一手资料的信息比较真实可靠，但是，创业者由于受到财力、物力、时间等因素的制约，常常无法系统地开展调查获得第一手资料，而是借助于收集市场信息的间接技术获得二手数据，即创业者使用别人收集的信息。

二手数据的来源非常广泛，包括线上各类平台网站的信息，竞争性企业的内部资料，各种公开的统计资料，公开出版的期刊、文献杂志、书籍、研究报告，市场研究机构、咨询机构所公布的资料，行业协会公布的行业资料，竞争企业的产品目录、样本、产品说明书及公开的宣传资料，政府公开发布的有关政策、法规、条例规定以及规划、计划等，推销员提供的情报资料，供应商、分销商以及企业情报网提供的信息情报，展览会、展销会公开发送的资料，等等，这些数据获取成本低，能够帮助创业者获得有价值的信息，从而评估和开发创业机会。

2. 认知图

认知图是一种能反映潜在顾客认知的图表，认知图揭示了顾客在感知和评价产品时所考虑的关键维度。在顾客认知图中，有些评价维度是很明显的，如价格、质量、外观等，但有一些维度难以分辨对顾客是否重要。因此，创业者要利用认知图来识别顾客对产品的关键评价维度[①]。

因为当人们在现有的竞争性产品中进行选择时，他们会依据产品或服务的不同维度进行比较，然后选择在一些维度上表现最好的产品。比如，人们在购买手机的时候，感知的关键维度是不同的，有的人关注品牌，有的人关注价格，有的人关注外观，有的人关注照相功能，有的人关注使用便利，这些因素就是顾客关于手机的认知图。

如果能知道顾客对我们产品或者服务的认知图，我们就可以评估我们的创业项目是否反映了顾客的真实需求。如果没有，我们可以根据顾客的认知图，改进和修订我们的产品或者服务。

3. 焦点小组

这是一种用来理解顾客如何感知和评价产品的方法。焦点小组由 8 ～ 12 人组成，这些人类似于现在消费者，他们集中会面 1 ～ 2 小时以描述他们对相关产品的看法和反应。主持人要激发参与者的各种不同观点，以识别小组成员感知和评价不同产品所依据的关键维度。然后，在关键维度被识别出来后，参与者根据每个维度对产品进行分级，并对这些等级进行讨论，直到达成共识。

4. 客户洞察方法

市场调查和研究有助于创业者了解市场容量、市场增长趋势等市场信息，但这些信息不足以保证创业者成功。创业者还需要认真研究消费者行为、评估确定真实的顾客需求，识别顾客对产品需求的真实维度。

我们已经学习过，需求有即时需求、显性需求、隐性需求、潜在需求等多种形式，即

① 罗伯特 • A. 巴隆，斯科特 • A. 谢恩 . 创业管理：基于过程的观点 [M]. 张玉利，等译 . 北京：机械工业出版社，2005.

时需求和显性需求都比较明确，容易被发现。但是，潜在需求和隐性需求都是没有直接显示出来，而是隐藏在显性需求的背后，需要经过创业者仔细洞察、挖掘和引导才能将其显示出来。

问题是，我们如何洞察出连消费者自身都无法察觉到，连自己都说不清楚的潜在需求和隐形需求呢？即使运用上面讲到的调查法、认知图、焦点小组等方式，也常常无法问出消费者隐而未显的未被满足的需要（unmet needs）。

一个看似很好的创业点子，如果我们去做市场调查，问客户是否会使用这种产品时，他们不会说“No”。但是，当你把产品推出时，最终却可能发现其实没有市场。尤其是那些企图改变产业游戏规则、具有突破性创新的创业机会，传统的市场调查方式往往英雄无用武之地。福特曾经说过，如果消费者脑袋里没有汽车的概念，你问消费者想要的下一代交通工具，他们通常会回答：我要一匹更快的马。

因此，近年来出现了以观察、同理心、洞察为基础的客户洞察（customer insight）技术，作为评估创业机会的市场分析工具。客户洞察的关键是以客户为中心，站在客户的角度考虑问题，通过同理心（empathy）原则来进行观察与解读，即通过同理心态、换位思考、感同身受、同感共情、神入或者移动，完全进入他人的境界和情感来进行思考。于是，就发展出一种移情图（the empathy map）的应用工具。

移情图是 Xplane 公司开发的一个可视思考工具（图 5-1），可以称其为“超简客户分析器”，这个工具可以帮助创业者超越客户的人口学特征，在心智模式上做到感情投入，以客户的身份、思想出现，看客户所看到的、想客户所想到的、听客户所听到的、感受客户所感受到的，更好地理解客户的环境、行为、关注点和愿望，从而找到更好的解决问题的方案，从而发现和创造新的价值主张。

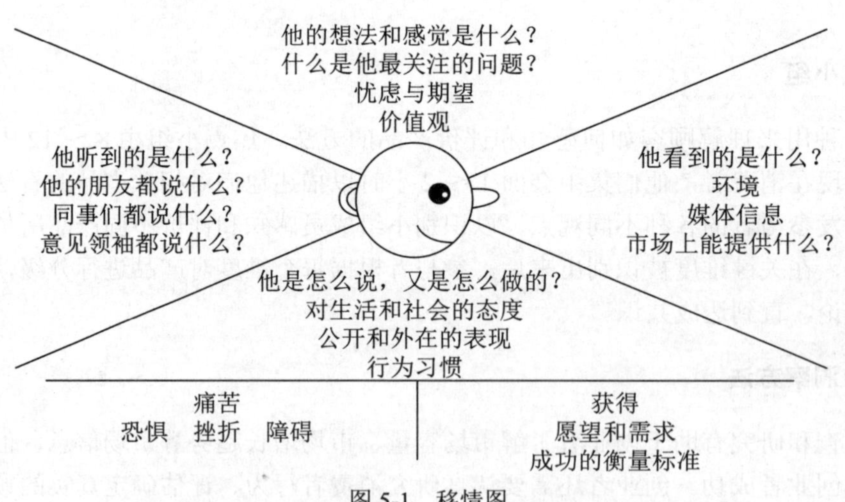

图 5-1　移情图

使用移情图时，首先，从所有细分的目标客群当中，挑选出一名特别突出的代表性人物作为主角，给这个客户一个名字和一些人口统计特征（包括收入、婚姻状态、年龄、职业等），然后通过询问并回答 6 个问题，在活动挂图或白板上描绘出新命名的客户。这 6 个问题是：

第一，她看到什么？（What does she see？）（描述客户在她的环境里看到了什么）。

第二，她听到什么？（What does she hear？）（描述客户所处环境是如何影响客户的）。

第三，她说什么以及做什么？（What does she say and do？）（想象客户在公众面前可能会说什么以及可能会做什么）。

第四，顾客内心真实的想法与感受是什么？（What does she really think and feel？）（试着勾勒出顾客的内心状态）。

第五，顾客的痛楚是什么？（What is the customer' s pain？）（描述顾客最大的挫折、阻碍、恐惧）。

第六，顾客想得到什么？（What is the customer' s gain？）（描述顾客真正的愿望与需要、成功的标准、达成目标的策略）

专栏 5-10　用户角色建模

要找出产品的受众，这个流程一般被称为用户角色建模。用户角色建模首先要通过头脑风暴的方式列出可能的用户角色集合。在整理完毕用户角色后，可以将每个用户角色写在一个卡片上，并在每个卡片上写下这个用户角色的一些特征，这样可以方便地对用户角色进行分析。不同的角色肯定会有不同的需求，这个时候，我们需要将自己代入角色，仔细想想如果自己是这个角色，会有什么样的需求。在需求收集和整理完成后与项目开始开发之前，我们需要召开需求评审会来确定每个需求的优先级和开发计划。在会议上，我们需要对每个需求的商业风险、技术风险、开发耗时和优先级做出评估。

最后，需要说明的是，创业机会的市场分析固然重要，但在实践中，创业者往往由于时间、资金、市场机会稍纵即逝等原因而无法进行充分的市场调查，因而不能获得足够的市场信息，创业者常常需要在拥有很少信息或者没有信息的情况下做出大量的决策。创业者常常需要采取的行动是先开枪，后瞄准！

由于市场中竞争的存在，企业还必须进行市场营销。关于市场营销部分，本书会在后面的章节介绍。

专栏 5-11　创业决策的主要方式

洛厄·布森利兹（Lowell·Busenitz）和杰伊·巴尼（Jay Barney）于 1997 年在《创业学杂志》发表文章，从决策过程上来分析创业者与职业经理的差异。文章认为，大企业经理在决策时更接近于理性模式。与此相比，创业者则没有完善的决策政策和程序，没有用于预测未来趋势的信息，比如，没有过去的绩效，市场信息也很少。创业者需要在拥有很少信息或者没有信息的情况下做出大量的决策以创办企业，市场是否接受新产品或服务在很大程度上是不确定的，而创业者试图减少不确定性的成本很高，但各种决策必须做。因此，偏见（biases）和直观推断（heuristics）成为创业决策的主要方式，这里“偏见”指的是创业者的主观臆断，“直观推断”指的是把决策简单化。

总之，偏见和直观判断是创业者在不确定和复杂情境下进行决策时所采用的简化策略。

同时，创业者所面临的决策环境与大企业经理相比具有更高的复杂性。因此，尽管偏见和直观推断方式可能有一些潜在的缺陷，但与低复杂性的决策环境相比，在高度复杂性的决策环境中，这种决策方式可能有更好的效果。

文章还对创业者与职业经理的“过度自信”（overconfidence）和“代表性直观推断”（representativeness）进行了研究，通过实证研究说明了创业者比大公司的经理表现出更大程度的过度自信以及创业者在决策时比大公司经理表现出更多的代表性判断。

资料来源：Busenitz L. Barney J. Entrepreneurs and Managers in Large Organizations: Biases and Heuristics in Strategic Decision-making [J].Journal of Business Venturing，1997，Vol.12，Issue 1: 9-30.

第四节　创业机会的风险评估

在评估创业机会时，必须承认任何机会的开发都可能或多或少暗藏风险，创业者要认真识别和防范这些风险。

一、技术风险

创业机会的技术风险指由于外部环境的不确定性、技术本身的难度与复杂性、创业者自身能力与实力的有限性等因素，而导致技术创新活动达不到预期目标的可能性。

技术风险可能包括以下方面：①技术开发难度大，关键技术预料不足，导致技术开发全部或部分失败；②技术开发周期过长，产品开发不能按期完成；③关键技术难于突破；④技术指标达不到预期要求；⑤存在技术障碍和技术壁垒；⑥实验基地、设备和工具缺乏；⑦由其他人率先成功研究出同样的技术；⑧原有的技术开发不合时宜，或者已经没有必要了，等等。

二、市场风险

创业机会的市场风险指由于市场因素的变化，导致的创业项目达不到预期目标的可能性。

市场风险可能包括以下方面：①新产品由于性能、稳定性或消费者惯性等因素一时难于被市场接受；②市场开拓难度超过预期；③市场预测过于乐观，产品市场需求不旺或增长不快，没有完成销售计划；④竞争对手的削价；⑤市场定位不准，营销策略、营销组合失误；⑥新产品寿命短或开拓的市场被更新的产品代替；⑦产品定价不当导致客户利益受损；⑧分销渠道不能履行分销责任和不能满足分销目标及由此造成一系列不良后果；⑨促销活动受阻、受损甚至失败的状态；⑩汇率、利率、原材料等价格波动对企业市场不利影响，等等。

三、政策风险

创业机会的政策风险是指因国家宏观政策（如货币政策、财政政策、行业政策、地区发展政策等）发生变化，导致创业项目达不到预期目标的可能性。

政策风险包括以下方面：国家产业政策变化；管制政策变化；货币政策变化；财政政策变化；税收政策变化；汇率政策变化；劳动法律政策变化；不可预测的政治、经济等变革，等等。

四、管理风险

创业机会的管理风险指在机会开发过程中因管理不善，导致创业项目达不到预期目标的可能性。

管理风险包括以下方面：决策错误；计划错误，灵活性不足；组织协调不力、部门配合不好；选人、用人失败；激励不足，执行有漏洞；团队缺乏经验，团队能力有缺陷；控制失效；企业文化不健全，等等。

五、财务风险

创业机会的财务风险是指创业者在各项财务活动中由于各种难以预料和无法控制的因素，使创业项目的最终财务成果达不到预期目标的可能性。

财务风险包括以下方面：技术创新资金不足，需要额外的融资；融资渠道不畅；资本机构不合理；流动性管理不善导致缺少现金；盈亏平衡点过高；达不到预期的投资回报；财务管理制度不完善；收益分配政策不科学，等等。

六、生产风险

创业机会的生产（运营）风险指在创业机会开发中由于涉及的原材料、设备、生产工艺、质量管理、产品架构、服务运营等方面存在难以预料的障碍，导致创业项目的生产或运作达不到预期目标的可能性。

生产风险包括以下方面：获取零件或原材料方面出现困难，价格无法稳定；生产设备不能满足要求；难于实现大批量生产；工艺不合理或现有工艺不适应；生产周期过长或生产成本高于预期；检测手段落后、产品质量难于保证、可靠性差，等等。

本章要点

- 评估创业机会一般要遵守四个基本原则：阶段性评估、机会调整和放弃、非正式评估和正式评估、定性评估和定量评估。

- 有价值创业机会具有以下特征：真实的需求、能够收回投资、具有竞争力、实现目标、有效的资源和技能。
- 大多数时候，现存企业比新创企业更善于利用创业机会；但有些时候，有些机会是有利于新企业的。
- 创业机会的具体评估方法包括定性方法、定量方法、定性和定量结合方法和市场测试方法等。
- 创业机会市场分析的内容包括：是否反映了顾客的真实需求、是否具有足够的市场容量和成长空间、所在行业的市场竞争如何。
- 市场分析的方法：调查法、认知图、焦点小组、客户洞察方法。
- 创业机会的风险包括技术、市场、政策、管理、财务、生产等方面的风险。

1. 为什么说创业者在反复多次的机会评估中，常常需要调整、修订甚至放弃其最初的创业想法？
2. 有价值的创业机会有哪些基本特征？
3. 开锁 O2O 是一个有价值的创业机会吗？为什么？
4. 现存企业和新企业在机会开发方面有哪些优劣势？
5. 创业机会的定性和定量评估方法有哪些？
6. 利用蒂蒙斯创业机会评估框架，评估你在第四章所识别的创业项目。
7. 蒂蒙斯的创业机会评价体系有什么缺点？
8. 举例说明什么样的创业项目可以用市场测试方法评估其可行性。
9. 创业者如何利用 STP 理论确定目标消费者或客户？请完成你所识别项目的 STP 分析。
10. 分析说明当前哪些行业的创业机会市场竞争比较激烈。
11. 市场分析的四种方法各有什么优缺点？
12. 利用移情图分析你所识别的创业项目。
13. 分别举例说明创业机会的技术、市场、政策、管理、财务、生产等方面的风险。

扫描二维码，阅读案例故事《黄辉：纳米纤维世界里的创业天地》。

第六章　互联网创业

互联网不仅仅是一种技术，不仅仅是一种产业，更是一种思想，是一种价值观。

——马云

学习痛点

- 互联网技术对人类社会产生了多大的影响？
- 中国互联网创业历史具有什么特征？
- 互联网技术的未来发展趋势有哪些？
- 如何捕捉互联网的下一波创业浪潮？
- 互联网创业的基本理念和思维特征是什么？

引例

为什么说互联网的下半场，是中国年轻人的新机会？

从现在中国主流的互联网公司成立算起，互联网已经进入第20年。从iPhone诞生算起，移动互联网也进入了第10年。现在，越来越多的互联网公司意识到，中国互联网已经进入了下半场。美团点评CEO王兴最早提出了这个说法，“中国移动互联网人口红利消失，接下来进入的下半场，不依赖红利，依赖技术、依赖服务。”除了王兴，许多互联网企业家都有类似观点。

互联网下半场有什么不同？我们先看上半场发生了什么。

（1）互联网成为人们生活不可或缺的部分。我们用手机可以完成越来越多的事情，获取信息、与人沟通、娱乐游戏、工作学习、进行交易、身份认证等，手机无处不在，无所不能。

（2）互联网成为各行各业的基础设施。“互联网+”这个概念大家应该都不陌生，互联网确实已经改变了媒体、金融、零售、出版、娱乐诸多行业，正在改变教育、医疗、农业等更多行业。

（3）中国创新崛起，中国市场壮大并创新。这是被许多人忽视的，因为中国有人口红利和经济增长红利，中国互联网企业进行着越来越多的创新，而不是抄袭硅谷。比如微信、移动支付、外卖、共享单车，要么是本土创新，要么比国外发达。

那么，下半场跟上半场都有什么不同呢？

（1）人工智能成为新的增长驱动。人口红利、市场红利、流量红利都没了，技术红利，就是人工智能的红利。工业革命取代了人类重复的体力劳动，人工智能技术将取代人类重复的脑力劳动，如开车、会计、统计、审批等，而这对于互联网公司尤其是重视的技术互联网公司来说，是机会。

（2）内容崛起成注意力杀手。移动互联网基础工具和平台这些基础设施，该有的基本都有了。未来最重要的事情是向这些东西里面填充内容，再借助人工智能技术进行精准分发，满足对于中国人越来越重要的精神消费需求。对于互联网公司来说，争取用户时间、注意力，变得至关重要。

（3）万物互联数据大爆炸。4G这几年在中国的普及速度，超过了所有人预期。现在运营商已经开始布局5G，很快就来了。同时，传感器的日益廉价、摩尔定律从PC和手机转到其他智能设备继续生效。这个世界会出现越来越多的设备，并且会相互连接，它们会产生大量的应用，改变我们的生活和生产，也将产生大量的数据，这些数据会被人工智能技术挖掘。

（4）中产阶级崛起，消费升级。这是中国正在出现的非常重要的一个趋势，中国的说法是小康，国际说法是中产，这个群体壮大，对物质生活要求更高，同时更重视精神、个性化、国际化、绿色低碳等，悄然变化着消费理念。

（5）中国互联网全球化。中国人口红利消失，产品很难增长。互联网公司，甚至创业公司，都纷纷去海外寻求发展，全球化成功的案例越来越多；互联网公司，创业而不是模仿，在世界舞台扮演日益重要的角色，甚至开创全球领先的模式，比如库克到中国参观 ofo。

（6）移动互联网年轻化。“90 后”“00 后”正在成为移动互联网用户的中流砥柱，甚至“10 后”都会玩儿王者荣耀，用作业帮查作业。这些用户，跟“80 后”“70 后”有非常大的不同，他们是互联网原住民，习惯于互联网的生活、工作和学习，对于二次元、内容付费这样的东西接受度很高，对于盗版这样的行为可能反而无法接受。

当互联网下半场有这么多不同时，年轻人该如何迎接下半场呢？

资料来源：微信，罗超频道（luochaotmt）。

第一节　互联网创业浪潮

熊彼特说新技术的产生可以使人们以更有价值的方式做事，因此，具有创新精神的企业家和潜在的创业者往往会利用新技术推动一波又一波的商业变革。互联网技术的出现和发展，对人类的生产和生活产生了巨大的影响，基于互联网的创业活动已经形成世界范围内波涛汹涌的创业浪潮。

一、互联网的发展

1. 互联网在世界的发展

互联网起源于苏联和美国冷战时期的高科技及军备竞赛，和许多我们熟悉的技术一样，它也是军事技术民用化的结果。当时的计算机系统都是基于主机的客户终端形式，这种集中式的网络结构很容易遭到破坏，1969 年，美国国防部高级研究计划署资助建立了一个名为 ARPANET（即阿帕网）的网络，这一非中心式网络把位于各个节点的大型计算机采用分组交换技术，通过专门的通信交换机和通信线路实现相互连接。

专栏 6-1　争鸣

互联网诞生于 1969 年，但具体生日日期却有争议。主要有两大派别。

“9 月 2 日派”：1969 年 9 月 2 日克兰罗克（L.Kleinrock）教授实现了两部电脑的连接，据此认定阿帕网的诞生。

“10 月 29 日派”：强调只有两台主机之间实现了通信，才算是互联网的真正“生日”。1969 年 10 月 29 日 22 点 30 分，阿帕网实现加州大学洛杉矶分校（UCLA）第一节点与斯坦福研究院（SRI）第二节点的连通，实现了分组交换网络的远程通信，标志互联网正式诞生。

如同人与人之间相互交流是需要遵循一定的规矩一样，计算机之间的相互通信需要共同遵守一定的规则。1974年，TCP（transmission control protocol，传输控制协议）和IP（internet protocol，互联网络协议）问世。TCP/IP 协议规范了网络上的所有通信设备，尤其规范了一个主机与另一个主机之间的数据往来格式以及传送方式。建立起 TCP/IP 协议后，普通用户仅需了解 IP 的地址格式，即可与世界各地进行网络通信，最终导致了大量的网络、主机和用户都连入了 ARPANET，使得阿帕网成为 Internet 的雏形。

到了 1986 年，美国国家科学基金会（NSF）采用 TCP/IP 协议将分布在美国各地的 6 个超级计算机中心互联，形成国家科学基金会网（NSFNET）。后来，NSFNET 所覆盖的范围逐渐扩大到全美的大学和科研机构，并且允许社区网络接入，因此连接了全美上千万台计算机，拥有几千万用户。而 ARPANET 在 1990 年正式退役，NSFNET 代替了 ARPANET，成为互联网的骨干网络。

尽管这些网络的建设已经获得了巨大的发展，但其用户基本上仍局限于大型公司、科研院所和军事机构的科研工作者，普通人很难理解和使用网络，直到 1989 年欧洲粒子物理研究所（CERN ）的蒂姆·伯纳斯·李（Tim Berners-Lee）开发出一种通过超链接文本共享信息的技术 HTML（hypertext markup language，超文本标记语言），他还编写了构成超文本信息系统框架的通信协议，并将这种新的系统称为 WWW（world wide web，万维网）。

专栏 6-2

扫描二维码，阅读《万维网之父：不为一己私利的发明家》。

1992 年，CERN 开始在其成员机构之外推广 WWW，但这个推广过程并不顺利，因为普通用户看到的只是文本界面或图片的链接，而不是今天习以为常的图文并茂的网页内容。1993 年，伊利诺伊大学的天才学生马克·安德森（Marc Andreessen）与埃里克·比纳（Eric Bina）共同推出了首个被广泛用于阅读 HTML 语言的图形浏览器 Mosaic。该软件后来被作为 Netscape Navigator 推向市场，它在世界范围内引起了轰动，点燃了互联网发展的燎原烈火，互联网从此开始走入普通人的生活。

万维网和浏览器的应用，使因特网在技术上突破了平面文字的限制，演变成了一个文字、图像、声音、动画、影片等多种媒体交相辉映的新世界，更以前所未有的速度席卷了全世界。1995 年 5 月，美国国家科学基金会（NSF）宣布退出互联网，把网络经营权转交给美国三家最大的私营电信公司（Sprint、MCI 和 ANS），这是互联网发展史上的重大转折。

美国的网络发展从此进入面向社会的产业化运营和商业化应用阶段，开始向各行业渗透。eBay 和 Amazon 在 1995 年开始运营，作为互联网的诞生地，美国引领了过去将近半个世纪的全球互联网的创新与创业浪潮。

专栏 6-3　小知识：互联网、因特网和万维网

互联网、因特网和万维网其实并不是一回事，它们三者的关系是：互联网包含因特网，而因特网则包含万维网。

互联网是由若干台电子计算机相互连接而成的网络，即使只有两台机器，不论用何种技术使其彼此通信，也可以称为互联网。互联网标准写法是 internet。跨国性的超大互联网不仅有因特网，还有惠多网（CFido，一种全球性的 BBS 网络），这些网络共同构成了互联网，因此，我们可以将互联网看作各种网络的大杂烩。

因特网是互联网的一种，它是目前全球最大的一个电子计算机互联网，由美国的 ARPANET 网发展演变而来。因特网是由上千万台设备组成的国际互联网，使用 TCP/IP 让不同的设备彼此通信。但使用 TCP/IP 的网络并不一定是因特网，局域网（LAN）和企业内部网（Intranet）也可以使用 TCP/IP。因特网标准写法是 Internet。

因特网是基于 TCP/IP 实现的，TCP/IP 由很多类型协议组成，不同类型的协议又被放在不同的层，其中位于应用层的协议有很多种，如 FTP、SMTP 和 HTTP 等。只要应用层使用的是 HTTP，这部分因特网就被称为万维网，是我们常用的 Web 浏览器应用的基础。

2. 互联网在中国的发展

互联网在中国的萌芽发展可以追溯到 1987 年。1987 年 9 月，在德国卡尔斯鲁厄大学（Karlsruhe University）维纳 • 措恩（Werner Zorn）教授的帮助下，在北京计算机应用技术研究所内正式建成中国第一个国际互联网电子邮件节点，并于 9 月 20 日发出了中国第一封电子邮件：Across the Great Wall we can reach every corner in the world.（越过长城，走向世界）从此，揭开了中国人使用互联网的序幕。

1994 年 4 月 20 日，中国国家计算机与网络设施（NCFC）工程通过美国 Sprint 公司连入 Internet 的 64K 国际专线开通，实现了与 Internet 的全功能连接。从此，中国被国际上正式承认为第 77 个真正拥有全功能互联网的国家。

1995 年 5 月，邮电部宣布向社会开放接入服务，上网、用网成为机构和个人的新时尚。同时，国家非常重视信息基础设施的建设，1997 年 10 月实现了中国科技网、金桥信息网、中国公用计算机互联网、中国教育和科研计算机网四大骨干网络的互联互通，大大促进了各项互联网业务的快速发展。

根据中国互联网络信息中心（CNNIC）发布的统计数据，截至 1997 年 10 月 31 日，我国上网用户仅 62 万（其中大部分用户通过拨号上网）。但是，截至 2017 年 12 月，我国网民规模达 7.72 亿，手机网民达 7.53 亿，互联网普及率为 55.8%。20 年间，中国网民从 62 万增加到 7.72 亿，增长了一万多倍！

专栏 6-4

扫描二维码，阅读《互联网对社会发展的影响》。

专栏 6-5

扫描二维码，阅读文章《互联网重塑中国商业》。

二、中国互联网创业的历史

无数的人、行业和事物，因互联网的兴起、普及而发生着巨变。考察近 30 年中国互联网的发展道路，尤其是互联网的商业应用历史，我们可以清晰看到不同阶段的演变。中国互联网的应用和创业历史大致经过了三个阶段、五个时期（表 6-1）[①]。

表 6-1　中国互联网创业阶段

阶段名称	创业前阶段	消费互联网阶段			工业互联网阶段
时期	1994 年之前	1994—2001 年	2001—2008 年	2009—2014 年	2015 年至今
阶段特性	学术科研	媒体娱乐	社交	即时传播	万物连接
网民临界点	无	3%（3 370 万）	22%（3 亿）	50%（7 亿）	70%（10 亿）
商业创新	邮件	门户、游戏、搜索、电商	博客、视频、SNS	微博、微信	互联网 +、云、大数据、智能硬件、共享经济、人工智能、区块链
领军企业		新浪、搜狐、网易等	百度、阿里、腾讯等	百度、阿里、腾讯等	百度、阿里、腾讯、滴滴、美团、摩拜等

1. 互联网创业前阶段（1994 年之前）

从 20 世纪 60 年代一直到 90 年代初期这一阶段，美国互联网由政府出资建设，主要

① 方兴东，潘可武，李志敏，等 . 中国互联网 20 年：三次浪潮和三大创新 [J]. 新闻记者，2014（4）：3-14.

供国防领域的军事人员、计算机研究人员、学术界学者和政府机构使用。应用技术也相对单一，主要是文件传输和电子邮件，操作也较为繁复。1994 年，美国允许商业资本介入互联网建设与运营，从此开创了互联网创业的历史。具体而言，从 1994 年网景掀起的互联网资本热潮，推动产生了亚马逊、eBay、雅虎等第一代互联网公司，以及 Google、Facebook、Twitter、Airbnb 等互联网创业神话。

我国的互联网历史在 1994 年之前也处在实验科研阶段，主要为了科研院所的学术研究需求。从 1986 年启动中国学术网项目，到 1987 年第一封电子邮件，再到 1990 年注册登记了我国的顶级域名 CN，以及 1993 年中科院高能物理所租用美国卫星链路接入美国能源网，最终到 1994 年 4 月初，中国互联网终于得到美国国家科学基金会（NSF）的认可。

互联网在该阶段的应用突出了学术属性，仅有科技工作者、科研技术人员等很少人群使用，而且使用的范围也被限制在科学研究、学术交流等较窄领域。这个阶段的商业创新主要表现为邮件，但邮件主要用于科研机构和人员之间的交流，并没有产生基于邮件服务的创业企业。

2. 消费互联网创业 1.0 阶段（1994—2001 年）

1994 年中国正式接入国际互联网之后，随着互联网向社会开放接入服务，上网、用网成为机构和个人的新时尚。互联网服务供应商（ISP）开始出现，进入互联网创业第一阶段。

互联网作为一种信息传播工具，这阶段互联网创业的媒体属性非常突出，提供新闻与资讯服务的门户网站首先成为重要的互联网应用。门户网站的概念最早起源于互联网商业中的 ICP（internet content provider，互联网内容提供商）。

1997 年开始，网易、搜狐和新浪三大门户网站先后创立，人民网、新华通讯社网站（后更名新华网）等中央级官方新闻门户与上海热线、武汉热线等地方门户逐步建立起来。除了综合性的门户网站，携程网、搜房网、易车网等垂直领域的信息门户网站纷纷产生，开启了互联网的门户时代。1999 年 7 月，名不见经传的中华网在纳斯达克首发上市，融资 8 600 万美元。2000 年 1 月，再次发行新股又募得令人惊讶的 3 亿美元，第一次让风险投资看到了中国市场的巨大商机，中国概念股在美国市场得到热捧，由此带动了三大门户上市热潮。2000 年 4 月，新浪赴美登陆纳斯达克，成为国内第一家海外上市的门户网站。同年 6 月和 7 月，网易和搜狐也相继在美国上市。

随着门户网站的崛起，风险投资的概念和模式开始被人们所接受，互联网企业的融资路径逐步明确，迎来了中国互联网创业的第一次热潮。这一时期，腾讯（1998）、盛大（1999）、当当网（1999）、阿里巴巴（1999）、天涯社区（1999）、百度（2000）等互联网公司纷纷创立，网上即时通信、网络游戏、电子商务、信息搜索等开始起步，互联网的各种内容和应用蓬勃发展。

但好景不长，2000 年下半年，世界互联网泡沫由顶峰走向破裂，沉重打击了中国互联网创业热情。新浪股价一度跌到了 1.06 美元，搜狐跌至 60 美分，网易上市当天就跌破发行价，股价一度仅有 53 美分。2000 年来自美国的以科技股为代表的纳斯达克股市的崩盘和“网络泡沫”的破灭，让全球互联网产业都进入“严冬”，市场一片低迷。据Webmergers统计，2000年的互联网泡沫破灭，令全球至少有4 854家互联网公司被并购或者关门。

专栏 6-6

扫描二维码，阅读《瀛海威：启蒙中国互联网》。

3. 消费互联网创业 2.0 阶段（2001—2008 年）

冬天过去后就是春天。在严峻的形势下，门户网站开始对自身仅靠广告获利的发展模式进行了调整，在认真探索如何将大量的客户资源转化成为盈利，并重新找寻业务模式的过程中，推出如网络游戏、SP业务、电子商务、在线媒体等新业务，逐渐走向多元化。经过3年的艰苦转型，中国三大门户网站从单纯模仿“雅虎”，过渡到了自我创新的成长期，它们有了各自的新定位。短信SP无疑成为三大门户走出困境的一根救命稻草，再加上网络游戏和网络广告，门户盈利模式已经清晰。新浪、搜狐和网易在2003年度首次迎来了全年度盈利，中国门户网站进入稳定发展阶段。

同时，这阶段互联网的发展从人机对话发展到人与人对话，Web 2.0等新概念异军突起，标志互联网新媒体发展进入新阶段。这阶段互联网创业的突出属性是社交特性，人的社交需求成为互联网创业者的主要关注点。互联网社交应用从最早的BBS逐渐演进到聊天室、网络社区、即时消息。到了Web 2.0时代，中国社交网络产品出现了视频分享、SNS社区、问答、百科等。

在各种社交应用中，博客成为这个创业时期重要的网络社交媒体。2002年，“中国博客教父”方兴东创办“博客中国”，个人门户兴起。2005年，以新浪博客为代表的Web 2.0网站异军突起，这一年被称为“博客元年”。广大网民通过博客能够在互联网上发表意见，创造内容，人们通过互联网拓展了自己的社交网络，获得了更多有价值、可靠度更高的信息。

这期间，携程、TOM互联网集团、盛大网络、腾讯公司、空中网、前程无忧网、金融界、e龙、华友世纪和第九城市等网络公司在海外纷纷上市。中国互联网公司掀起了自2000年以来的第二轮境外上市热潮。2005年8月百度在美国纳斯达克上市，成为中国互联网第二次创业浪潮的高峰。搜索超越了门户网站，不仅可以为人们提供信息，还可以帮助人们筛选信息，以搜索服务为载体，网络广告产业获得飞跃式的发展。

网络游戏是互联网创业的重要内容之一。2003—2005年，第一批早期的互联网游戏公司通过代理海外游戏成长起来，随后开始提升自身游戏研发实力和品牌知名度，国产网络游戏逐渐兴起。2007 年开始，网络游戏成为中国互联网第一收入来源。8 月，完美时空成功上市，融资约 1.88 亿美元，创造了中国互联网公司首次上市融资额的新高度。下半年尾随而上的征途、金山、久游等以网络游戏为主业务的互联网公司上市，推动了中国互联网创业的新一股热潮。

电子商务属于出现较早的互联网应用，在 1998 年就开始起步，但由于这段时期我国信息化水平较低，社会大众对电子商务缺乏了解，加上受互联网泡沫的影响，始终没有成为中国互联网创业热潮的中心，8848 成为中国互联网历史上最惨烈的失败案，阿里巴巴、当当、卓越、易趣、美商等知名电子商务网站举步维艰，一直在边缘辛苦发展。2003 年“非典”给电子商务带来意外的发展机遇，支撑电子商务发展的一些基础设施和政策在“非典”之后得以发展起来。各 B2B（企业对企业）、B2C（企业对顾客）电子商务网站会员数量迅速增加，并实现部分盈利。2003 年，阿里巴巴创立淘宝网并推出“支付宝”，以“担保交易模式”使消费者对网上交易产生信任，渐渐改变了国内 C2C 市场格局，网购理念和网购消费习惯进一步普及。2007 年 11 月阿里巴巴（B2B 业务）在香港上市（2012 年退市），成为中国互联网第三次创业浪潮的高峰。

总之，这期间是中国互联网创业蓬勃发展的重要阶段。传统门户盈利模式的建立、新兴门户的出现、社交网络的崛起、网络游戏的大发展、电子商务的重要性凸显等都是这阶段的主要特征。2005 年，我国网民首次突破 1 亿，到了 2008 年 6 月 30 日，我国网民总人数达到 2.53 亿人，首次跃居世界第一。

4. 消费互联网创业 3.0 阶段（2009—2014 年）

随着我国互联网和移动通信的迅猛发展，手机上网成为人们一种重要的上网方式。2012 年，手机网民为 4.2 亿，超过 PC 网民。2013 年底 4G 牌照的发放以及移动终端设备的普及，加速了我国移动互联网发展进入全民时代。各种传统上只能在 PC 上获得的业务纷纷往手机等移动终端迁移，移动新媒体、移动电子商务、手机游戏、LBS、手机视频等逐渐兴起，人们在出行之中就可以随时随地获得各种信息和服务，将中国互联网带入即时传播时代。随着移动互联网蓬勃发展，各种移动 APP 应用、移动社交、移动电子商务等成为这阶段互联网创业的热门领域之一。

作为互联网创业的最早内容之一，网络传媒的形式从门户网站和搜索引擎发展到了移动新媒体。过去十几年不断满足数亿用户资讯需求的门户网站不知不觉从新媒体沦落成了“旧媒体”。搜狐、腾讯、网易、新浪等各大门户网站都纷纷推出手机客户端 APP，向手机用户全面提供资讯、评论、搜索、邮箱、游戏资讯等服务。另外，随着大数据、云计算等新一代信息技术的使用，手机新闻客户端不再像传统门户网站那样“庞杂”和“笨重”，变得更加“精准”“轻巧”和“智能”，可以按照用户的点击行为、浏览行为、地理位置、社交关系等综合的分析，对用户实行个性化的信息定制。

这期间，互联网社交应用进入微信息社交网络时代，产生了微博和微信两种重要的互联网社交服务。中国的微博服务从大约 2007 年开始发展，“饭否”是最早创建的中国知名微博服务，随后还出现了像叽歪、嘀咕、做啥等微博服务机构。2009 年 8 月，新浪推出微博产品，140 字的即时表达，图片、音频、视频等多媒体支持手段的使用，转发和评论的互动性，使得这种产品迅速聚合了海量的用户群。2010 年，网易、搜狐、腾讯等门户网站纷纷开启微博功能，吸引社会名人、娱乐明星、企业机构和众多网民加入。随后，微博迅猛发展，对社会生活的渗透日益深入，个人微博、政务微博、企业微博等出现井喷式发展。2014 年 4 月，新浪微博正式登陆纳斯达克，成为全球范围内首家上市的中文社交媒体。

腾讯公司在 2011 年 1 月推出的手机即时通讯软件微信，成为移动互联网背景下革命性的网络社交媒体。人们可以通过微信随时随地快速发送免费语音短信、视频、图片和文字等，同时将内容分享给好友以及将用户看到的精彩内容分享到微信朋友圈。

这期间，随着网民数量的增长和物流快递行业的极速发展，电子商务迅速发展，除了“线上下单 + 线下物流”的传统电子商务模式爆发出巨大的发展潜力外，团购、O2O（线上到线下）等“线上下单 + 到店体验”的新型电子商务创业模式也出现并兴起。2010 年，团购网站迅速兴起，出现了如美团网、拉手网等一批团购网站，在大众快速消费行业如餐饮、休闲娱乐、服饰、酒店住宿、旅游、生活服务等迅速扎根，到 2011 年 9 月巅峰时期达到 5 058 家团购网站，呈现出“千团大战”的局面。随后，由于进入门槛低、同质化严重、服务质量低等原因，大部分团购网站难以为继，2012 年开始团购行业出现了大洗牌和巨变。2014 年，脱胎于团购的 O2O 模式延续了团购的优势，受到资本的热捧，涉入餐饮、旅游、汽车出行、教育、医疗健康、房产家居、社区服务、美业、婚庆等众多行业，成为互联网创业的热门模式。

电子商务的快速发展，促进了第三方互联网支付、众筹、P2P（个人对个人）等互联网金融模式的高速发展。2013 年，阿里巴巴以支付宝为基础推出了余额宝业务，开创了国内互联网金融的先河。随后，微信支付、二维码支付等以移动互联技术为基础的第三方互联网支付正在重塑支付市场的格局。国内首家 P2P 网贷平台“宜信”创立于 2006 年 5 月，第二年纯中介的 P2P 平台“拍拍贷”成立。但是，2013 年以来，P2P 网贷平台才呈现爆发式增长，根据网贷之家的统计数据，截至 2016 年 10 月底，全国 P2P 网贷平台达到 4 335 家。近年来，中国网贷行业高速发展的同时，诸如平台跑路等问题接踵而至。

专栏 6-7　1994—2017 年中国互联网大事记

1994 年：中国互联网元年。中国正式全功能接入国际互联网。

1995 年：商业化探索年。邮电部开放公众上网接入业务。

1996 年：公众服务与互联网创业元年。国务院信息化工作领导小组成立。

1997 年：互联网热潮迭起。人民网上线。丁磊创立网易公司。

1998 年：门户网站崛起。新浪、网易转型门户，多家新闻门户创立。

1999 年：网络媒体年。中国网络概念股第一股中华网上市。

2000 年：网络泡沫破灭。纳斯达克股指大跌，新经济概念泡沫破裂。

2001 年：互联网寒冬。5 月，中国互联网协会成立。12 月，电信改革方案获批准，《传奇》《大话西游》等引爆网络游戏市场。

2002 年：蓄势突围。博客概念引入。《互联网出版管理暂行规定》出台。

2003 年：全面复苏。三大门户首次实现全年盈利。

2004 年：网络发展浪潮再起，掀起第二轮上市潮。网络游戏市场突破 20 亿元。

2005 年：博客元年。《国家信息发展战略》审议通过。

2006 年：Web 2.0 大众化。网络新闻作品首次入选中国新闻奖。

2007 年：互联网大变局。BAT（百度、阿里巴巴、腾讯）格局形成。

2008 年：网络奥运年。网络媒体全面加入“奥运”“5・12”汶川地震报道。中国网民总数达到 2.53 亿，跃居世界首位。

2009 年：社会化网络兴起。“偷菜”“抢车位”成时尚。

2010 年：微博元年。搜狐、新浪引发微博大战。

2011 年：平台开放年。腾讯微信发布。国家互联网信息办公室正式成立。

2012 年：移动互联元年。手机网民规模 4.2 亿，超过 PC 网民。

2013 年：网络空间战略觉醒。国务院发布“宽带中国”战略实施方案。4G 牌照发布。

2014 年：移动互联时代开启。新浪旗下微博上市。

2015 年：滴滴和快的、58 同城和赶集、美团和大众点评、携程和去哪儿、世纪佳缘和百合网这些原来“水火不容”的竞争对手均选择了“联姻”合并。“创业咖啡”兴起。

2015 年：第二届世界互联网大会于在浙江乌镇举办，主题为“互联互通・共享共治——构建网络空间命运共同体”。BAT 互联网版图初步形成。

2016 年：人工智能围棋机器人阿尔法狗一战成名，以 4 比 1 的总比分战胜世界围棋冠军李世石。人工智能、虚拟现实 VR、云计算、移动视频直播、滴滴与 Uber 中国合并、共享单车等成为热门词汇。

2017 年：共享充电宝、共享雨伞、共享篮球、共享汽车等共享模式随着共享单车跟风而来。微信小程序诞生。无人快递开始试水。启动无现金城市。新零售无人超市赚足眼球。

5. 工业互联网创业阶段（2015 年至今）

细数中国自改革开放以来出现的几次创业大潮，很多人将 2015 年定义为第四次创业大潮来临的起点。这一波的创业浪潮在政府大力提倡的“大众创业，万众创新”背景下，在全国各地如雨后春笋般出现大量低成本、便利性、市场化众创空间的背景下，积极投身创业实践的人群数量极大、范围很广、草根性特征非常明显。从创业领域看，互联网产业成为这次创业浪潮的最大焦点，新一轮互联网创业浪潮正在形成。

如果说过去 20 年的第一代互联网创业聚焦在消费领域，是门户、游戏、搜索、电商、社交所统治的时代，核心商业模式是为流量变现。那么，未来第二代互联网创业将聚焦在生产领域，全面进入“互联网 +”时代，互联网从信息传递工具变成信息能量，重塑现实社会的各种供需关系。商业模式也从单纯的流量变现，向多个方向演绎，如云、大数据、O2O、物联网、人工智能等。“互联网 + ”行动计划将给创业者带来更广阔的创业平台，进一步加速新一轮互联网创业的发展。

专栏 6-8

扫描二维码，阅读《“互联网 +”报告：产业重构将带来最好的时代》。

专栏 6-9

扫描二维码，阅读《新互联网时代成功的三大策略》。

第二节　互联网创业机会

中国互联网产业经历了门户、SP、搜索、网游、社交、电子商务六大主流，随着国家从战略层面实施“互联网 +”行动计划，云计算、大数据、物联网、VR 等技术的发展和应用，分享经济理念的普及推广，互联网创业仍然充满了大量的机会。

一、互联网技术的发展趋势

技术变革是创业机会的重要来源。互联网创业机会的大量涌现都是基于互联网技术的不断产生、发展和成熟，互联网技术的发展催生了大量互联网应用。因此，要利用未来互联网创业机会，必须关注互联网技术的发展趋势。未来的互联网技术包括计算机技术、通信技术、网络技术、传感技术等方面的发展。同 100 年前的电力技术、200 年前的蒸汽机技术一样，互联网技术将对人类经济社会产生巨大、深远而广泛的影响。

1. 网络终端呈多样化

计算机曾经是连接互联网的唯一终端设备。从 1946 年世界上出现了第一台计算机以来，计算机技术的发展经历了从电子管、晶体管、集成电路、大规模集成电路到人工智能等几代技术的发展。计算机从最早的如同大楼一般高大的巨型机到个人计算机（PC机），到液晶屏式机，再到笔记本电脑、掌上电脑，计算机的体积越来越小，重量越来越轻。而且，智能手机的出现满足了人们随时随地上网的需求，智能手机已经超过个人电脑成为第一大上网终端。

最近几年，各种智能硬件层出不穷，虚拟现实技术（virtual reality，VR）和增强现实技术（augmented reality，AR）的热潮也刚刚兴起，网络终端呈多样化趋势。在手机之后，下一个时代是汽车、可穿戴设备还是更神奇的AR（增强现实技术）、VR（虚拟现实技术）？从大型机到PC的演变、从PC到移动终端设备，每一次终端的演变就会对整个信息业态，甚至对整个经济的业态产生重大影响和改变。

2. 随时随地连接成为可能

人类从结绳纪事、信鸽、烽火台、旗语、击鼓、马车驿站、书信邮递，再到通过文字和图像记载进行经验的传承，再后来电报、电话、互联网，直到现在的移动互联网，人类的信息传递方式发生了翻天覆地的变化。古代数据通信主要以声光为载体，只能在可视或者可听的范围内传输，可靠性差、速度慢、保密性低。现代通信技术可以安全、可靠、高效地传递计算机或其他设备产生的数据信号。互联网的数据传递也从传统的靠PC通过有线连接，到通过各种移动终端实现无线连接。

未来全球通信和网络技术将快速升级演进，新一代光网络、新一代移动通信（5G）、智能网络等新领域快速发展，Wi-Fi等无线技术的渗透为高速互联网的腾飞将起到推波助澜的作用。再加上一些互联网巨头相继投入大规模资金部署热气球、无人机、卫星等设备使用网状回路和Wi-Fi，在空中传输数据，为几十亿处于偏远、贫困地区的人口提供网络服务，使得人们可以通过各种各样的智能移动终端接入网络，真正实现随时随地接入网络，交互无时不在。

3. 工业互联网将迅速发展

未来随着传感器逐步变得微型化、智能化，它们将普遍被安装嵌入到环境、设备、机器、楼宇、建筑、桥梁、人体、动植物当中，作为一个个触点收集数据，无处不在，实时监测物体数据，再通过网络与其他的人、环境、设备、装置等交换数据或者上传到云端进行数据处理并做出反馈。这样，整个社会也将从人与人、人与信息连接的信息互联网时代，迁移到人与人、人与物、物与物相互连接的万物互联时代。

2012年，GE（美国通用电气公司）提出了工业互联网（industrial internet）的概念。工业互联网最终将世界上的所有机器和设备像人类社会一样全部由网络进行连接，通过大数据处理实现预测和远程控制，实现数字世界与机器世界的深度融合，推动了工业智能化的发展，从而将像工业革命那样实实在在地提高效率、加快生产率增长，在全球的工业领域释放出巨大的能量。例如，互联网将用户需求通过网络信息平台计时反馈给工业厂商，并通过反馈进行产品的修改调整。同时也可以将客户的个体化需求进行分门别类，通过工业模块化的组合进行个性产品的制作。如果说消费互联网就像9世纪发明的“黑火药”，只是用来生产夺人眼球的烟花，那么，工业互联网会像14世纪火药用于制造枪炮一样，会释放出巨大的能量，并带来革命性的变化。

专栏 6-10 大数据将持续推动技术产业创新

最早提出词汇“Big Data”的是2011年麦肯锡全球研究院发布的《大数据：下一个创新、竞争和生产力的前沿》研究报告。之后，经Gartner技术炒作曲线和2012年维克托·舍恩伯格《大数据时代：生活、工作与思维的大变革》的宣传推广，大数据概念开始风靡全球，麦肯锡称：“数据，已经渗透到当今每一个行业和业务职能领域，成为重要的生产因素。人们对于海量数据的挖掘和运用，预示着新一波生产率增长和消费者盈余浪潮的到来。”

资料来源：作者整理。

专栏 6-11 工业互联网概念的提出

2012年11月，美国通用电气公司（GE）首倡并权威出品的重要著作《工业互联网：打破智慧与机器的边界》，深度剖析了工业互联网时代的来临。在21世纪的今天，工业互联网将再次改变我们的世界。该书特别强调了将工业革命的成果及其带来的机器、机组和物理网络，与近期的互联网的成果——智能设备、智能网络和智能决策的融合，将此融合称作“工业互联网”。由此，我们可以认为，工业互联网是数据流、硬件、软件和智能的交互。

资料来源：和讯网，http://book.hexun.com/2015-06-29/177129305.html。

4. 人工智能（artificial intelligenc，AI）时代即将开启

当我们实现万物连接，地球上亿万个设备、机器、人、环境中的传感器都无时无刻不在获取数据的时候，我们也将进入一个数据爆炸的时代。万物连接产生的海量的、实时积累的数据和信息，将推动大数据引擎、算法系统不断演进和优化，建立在云计算、大数据、深度学习基础上的万物将变得更加智能，它们能够比人类更准确地了解环境、社会甚至人类自身，可以对具体场景加以判别，随时随地推送服务，提供解决方案，甚至预测用户的需求。总之，这些数据资源通过云端的智能分析，服务于个人、企业、政府，从而创造出巨大的经济和社会效益。

人与机器或设备交互方式的变革，是未来实现人工智能的重要技术基础。当前基于语音的交互方式正大规模进入人们视野，而基于手势、动作、面部表情、视网膜、脑电波的交互方式也相继进入研发、试用阶段，真正应用到具体产品中会在不远的将来实现。总之，未来随着人机交互将变得越来越自然和频繁，智能设备将进一步延伸和扩展人类的感官与认知能力，甚至变成我们的触觉器官，成为人体的一部分。

专栏 6-12

扫描二维码，阅读《2016—2045 年新兴科技趋势报告》。

专栏 6-13

扫描二维码，阅读《从 AlphaGo 看人工智能的未来：AI 下一个风口在哪里？》。

二、互联网创业机会

从 20 世纪 90 年代初互联网商业化以来，互联网行业主要围绕着个人的生活和消费领域创造了无数的商机。未来随着互联网基础设施的不断完善和信息技术革命的不断推进，互联网将成为一种信息能量，推动着社会的变革。变革是创业机会的主要来源之一，互联网引发的未来更深层次的变革将给创业者带来丰富的商机。

1. “互联网 +”

2015 年，制定和实施“互联网 +”已经成为国家发展战略。所谓“互联网 +”，就是以互联网为主的一整套信息技术和互联网思维全面融入、渗透、延伸和改造企业发展的流程、管理等各环节，提高效率，打破信息不对称。“互联网 +”通过在人、物、商品、信息之间建立衔接与关联，关联后将产生开放、协作、参与和共赢，产生大数据。“互联网 +”通过聚合形成巨大的长尾效应，颠覆传统行业的“二八规则”。

传统产业的互联网融合已经在传媒、广告、零售、教育、医疗、金融、汽车、房产等众多领域产生了无限商机，催生了一批创业企业争夺市场，有的领域已经是一片红海。而在现代制造业、生产性服务业等诸多领域，互联网以及移动互联网渗透的比例并不大，还亟须创业者以及资本进入和改造。以医疗为例，未来人们穿戴实时追踪健康数据的感应器，在身体出现问题时提醒我们和我们的医生，这将深远改变我们的治疗方式以及医疗体系运作的整个方式，这种变化将充满商机。

未来“互联网 +”创业要把握三大趋势：一是垂直再细分。传统行业众多的细分行业，尤其是工业领域的细分行业，可以通过互联网获得发展机会，裂变出更多的需求，这些都将会是未来创业的机会点。二是为用户提供精准、个性化的服务。随着消费升级，标准化商品将不再能够满足市场需求，个性定制是未来普遍的产品形态，提供个性化服务的重度垂直模式将具有商业机会。三是专业人才再跨界。“互联网 +”创业一方面需要对互联网技术具有高度敏感度，另一方面需要在传统行业深耕的经验。具有通识互联网与传统行业的跨界专才，才能更好捕捉下一波机遇。

专栏 6-14

扫描二维码，阅读《传统企业转型“互联网 +”的 6 种重要武器》。

2. 物联网

物联网是在计算机互联网的基础上，利用 RFID（电子标签）、无线数据通信等技术，构造一个覆盖世界上万事万物的 IOT （internet of things）。在这个网络中，物品能够彼此自动识别，实现信息的互联与共享。物联网的高速发展，将使世界运行的基础发生全新的变化，实现物质世界与人类社会的全方位信息交互，人与物质世界的连接，这种变化蕴藏着巨大的创业机会。

首先，需要大量的智能设备和硬件。物联网的基础是所有的设备、硬件等实物都智能化，从而实现万物的互通互联。其中，可穿戴设备是一个潜力巨大的新兴市场，将成为全球范围内快速增长的高科技市场之一。如今，智能手表、智能手环、智能眼镜、智能皮包、智能家居、智能衣服、智能汽车、智能医疗、智能电网、无人飞机、智能机器人、3D 打印机等新鲜品不断问世和普及。新一代的智能产品丰富多样，涉及领域从消费领域向生产领域不断扩大，智能硬件创业的热潮正在到来。

其次，万物互联必将带来大数据和云服务。未来，所有的设备、硬件和设施都实现互联互通之后，将产生海量的信息，这些信息的流动就会产生海量大数据。这些信息存储在云端，通过云端的服务与各种终端设备实时连接。云计算将为 IT 服务、互联网和移动互联网等产业开拓全新的商业模式和建设思路，成为信息服务业发展的重要方向。通过云端，利用大数据的分析可以真正实现人工智能，催生基于数据分析的价值服务，使社会财富从土地、矿产向数据急速转型。因此，结合智能计算的大数据分析和云服务将成为创业热点。

最后，物联网时代网络与数据信息安全问题蕴含着创业机会。随着云计算、可穿戴设备、智能硬件等的不断普及，大数据一方面可以给我们带来便利的信息共享和人工智能，另一方面也蕴含着巨大的信息安全风险。大数据时代，也可称为透明的时代，个体将难以保障隐私，一旦服务器出现问题就意味着用户数据的丢失，安全对每个国家、企业和个人都非常重要。同时，随着智能设备的普及，所有的东西都智能化了后，更存在重大的安全问题。这些安全问题的解决和防范，将为创业者提供广泛的发展空间。

总之，PC 时代成千上万台电脑的连接和移动互联网时代通过手机把亿万用户联系在一起产生了巨大价值。在万物互联时代，把几十亿人和难以计数的设备连接在一起，这必将带来更加巨大的机会。

专栏 6-15

扫描二维码，阅读《工业互联网时代，中国制造该何去何从？——对话厦门大学管理学院木志荣副教授》。

3. 分享经济

分享（共享）经济指拥有闲置资源的机构或个人有偿让渡资源使用权给他人，让渡者获取回报，分享者利用分享他人的闲置资源创造价值。根据经济学的原理，交易成本会限定交易的界限，阻碍交易进行，所以，当信息技术的不发达，高昂的交易成本就会阻碍分享经济的出现，而随着移动互联网、智能手机的出现，极大地降低交易成本之后，分享经济则飞速发展，成为一种新的经济趋势。

2011 年，“分享经济”被美国《时代周刊》列入改变世界的十大创意之一。以 Uber、Airbnb、滴滴出行、摩拜单车、ofo 为代表的一批分享经济公司迅速崛起，引起了社会各方的广泛关注。Uber 是最大的出租车公司，然而它没有自己的车队；Facebook 是最大的媒体内容公司，然而它并不拥有内容；阿里巴巴是世界上最大的零售商，然而它没有自己的库存；Airbnb 是世界上最大的住宿平台，然而它没有自己的房产。在共享经济理念下，所有权似乎不如以往那样重要了，获取渠道要比所有权更重要。

随着信息技术的发展和人们社会关系的重塑，分享经济的运行模式也将趋于多元化，包括涉及的领域也将从住房、交通、旅游等向更广阔的生活领域和企业生产的方方面面推进，运行模式也将从个人跟个人之间的分享，到企业与个人之间的分享，再延伸到企业与企业之间的分享。

4. 互联网金融

互联网金融（ITFIN）是指传统金融机构与互联网企业利用互联网技术和信息通信技

术实现资金融通、支付、投资和信息中介服务的新型金融业务模式。互联网金融是依托支付、云计算、社交网络以及搜索引擎等互联网工具，实现资金融通、支付和信息中介等业务的一种新兴金融。在实现安全、移动等网络技术水平上，互联网金融定会被用户熟悉和接受。在未来，众筹、P2P 网贷、移动支付、第三方支付、数字货币、大数据金融、信息化金融机构、金融门户等互联网金融形式会不断发展和完善，挑战传统金融服务业。

5. O2O

O2O 英文全称为“Online To Offline”。这种模式与传统电子商务的概念有较大差别，它主要通过线上查找信息、对比服务和价格、线上下订单并付款，在线下消费产品或服务，这种模式主要适用于服务型的产品。伴随着团购电商的火爆，从 2014 年开始，O2O 模式受到资本的热捧，涉入餐饮、旅游、家政、汽车出行、教育、医疗健康、房产家居、社区服务、美业、婚庆等众多行业，野蛮生长，成为互联网创业的热门模式。但因为大量扎堆，同质化严重，搞价格战，靠补贴，过度依赖线上而忽略线下产品，导致 O2O 企业也经历了大洗牌，一张张死亡企业的名单也让这个领域笼罩着层层阴霾。

O2O 模式是一种新型电商，它的作用在于将线上线下的消费和服务更好地融合在一起，实现了商业活动中的营销、体验和交易行为的融合与创新。线上通过及时发布新品信息、打折信息等方式吸引并运营粉丝，最终将线上顾客吸引到实体店里消费。线下是 O2O 的核心，没有了线下模式的 O2O 只是空中楼阁。回归到商业的本质，产品又是线下模式的核心。所以，在 O2O 方向上创业，确保线下产品优势极为关键。线上和线下的结合也不是简单的“线上下单，线下支付”，而是通过积累的海量消费数据进行连接。线上的粉丝运营工作通过数据反映到线下，线下产品的改进工作通过线上粉丝的数据进行反馈，提出个性化的产品和精准的顾客服务。我国地域广阔，各区域的差异化明显，基于大数据分析的垂直化、社区化、本地化将成为 O2O 发展的主流。

专栏 6-16

扫描二维码，阅读《O2O 寒冬将至：剩者为王》。

6. 移动医疗

移动医疗就是指通过使用移动通信技术来提供医疗服务和信息，具体到移动互联网领域，则以基于安卓和 iOS 等移动终端系统的医疗健康类 APP 应用为主。春雨掌上医生、杏树林、好大夫在线、丁香园、大姨妈、5U 家庭医生是目前中国移动医疗 APP 代表企业。

移动医疗领域的主要模式有慢病管理、医疗 O2O、挂号服务、诊后管理、在线问诊以及大数据等。由于结合了移动通信技术、互联网技术、电子商务技术、医疗行业相关技术等，移动医疗具有明显的跨行业的技术特点，还没有出现明显的垄断者、成熟的应用和商业模式，因此尚未形成稳定的市场竞争环境。

未来，随着技术应用和商业模式的创新，信息采集和无线传输技术的发展，移动医疗服务具有无限可能性。免费 + 增值服务、电商模式、平台模式、移动医院以及行业定制等商业模式，将颠覆传统医疗模式。为患者与医生提供交流的诊后服务、医疗信息化、医疗智能硬件、慢病管理、医药在线流通、医疗大数据也是重要的发展方向。

7. 在线教育

在线教育是一种以网络为介质的教学方式，通过应用信息科技和互联网技术来进行内容传播和快速学习。我国的在线教育先后经历了从远程教育平台到培训机构转战线上以及到目前的互联网公司涉足在线教育。20 世纪 90 年代末期，我国出现了如电大这样的网校，就是以网络为介质的远程教育平台，用广播电台和电视台授课；2000 年左右，传统培训学校开始转战线上，网络课程主要是依靠自身，成本比较高，想要规模化其难度还比较大，这中间的代表有新东方、黄冈网校等。到了 2010 年前后，互联网公司如网易“全球名校视频公开课”、第九课堂、粉笔网等开始涉足在线教育，其无论从形势还是内容上，在线教育都开始了多样化发展。但是，与迅猛发展的门户网站、网络游戏、电子商务相比，在线教育是一个增长比较缓慢的行业。

自 2012 年起，由美国 MOOC、可汗学院传来的在线教育融资风暴开始影响中国。中国在线教育成为互联网大佬开始关注的行业，在线教育网站平台呈现了爆发式增长。截至 2015 年底，我国约有 9 500 家从事互联网教育的公司，市场规模突破千亿元大关。但是，平台盲目依靠资本“烧钱”竞争、缺乏具体的盈利模式、教学内容同质化等问题日渐凸显，造成在线教育行业普遍亏损。

2016 年以来，随着在线教育行业发展回归理性，未来在线教育将获得良性发展。作为下一个蓝海市场，未来在线教育市场巨大。据估计，2021 年在线教育市场规模可达 2 830 亿元。目前市场规模占据主要地位的是学历教育、职业教育和语言培训三大块，未来其他细分领域仍有不少机会。

专栏 6-17

扫描二维码，阅读《“疯狂老师”张浩：传统行业转型互联网，做重是唯一机会，而不是做轻！》。

8. 跨境电子商务

跨境电子商务是指分属不同关境的交易主体，通过电子商务平台达成交易、进行支付结算，并通过跨境物流送达商品、完成交易的一种国际商业活动。2008 年以来，随着国际贸易条件的恶化，中国出口贸易增速出现了下台阶式的减缓。跨境电子商务是一种新型贸易方式和新型业态，具有广阔的市场空间和良好的发展前景。

根据海关总署和中国电商研究中心统计的数据，2014 年海淘的用户数达到 1 800 万，成交规模 1 400 亿元。预计 2018 年，市场规模将达到万亿级别。商务部公布的全球贸易格局报告则显示跨境出口电商市场规模的年增速保持在 30% 以上。

跨境电商巨大的市场红利背后是出现在年轻消费者群体中的消费升级趋势。以“80 后”和“90 后”人群为主的消费人群的消费观念和需求已经发生变化，安全放心、高品质、多样化、个性化、优质服务等成为消费升级过程中用户的核心需求。同时，中国的出境游人群规模逐年增长，境外消费将增强国内用户对海外品牌的认知度，并刺激回国后的跨境消费。同时，从 2014 年开始政府便不断释放跨境贸易利好，这也促进了跨境电商基础设施的加速完善。

跨境进口电商起步时间不长，还处于粗放型和萌芽阶段，未形成真正的龙头企业，创业者仍然可以从中找到许多机会和突破口。

专栏 6-18

扫描二维码，阅读《2016 年 10 大互联网创业风口排行榜》。

专栏 6-19

扫描二维码，阅读《隆领投资蔡文胜：未来三到五年 互联网创业方向在哪里？》。

专栏 6-20

扫描二维码，阅读《如何开发一款 APP》。

第三节　互联网创业哲学

创业者要把握好未来的互联网创业机会，必须建立一种正确的互联网创业哲学，才能在技术、市场和商业模式日新月异、瞬息万变的复杂情境下，识别、捕捉和开发互联网创业机会。哲学是一种世界观和方法论，互联网创业哲学就是在利用互联网创业时的一种思维方式和根本方法，具体包括互联网精神、互联网理念和互联网经济三个方面[①]。

一、互联网精神

互联网精神是互联网世界主导性的意识形态，实质上就是网络文化的一套独特价值观和信仰。国际互联网建立的初衷是资源的共享，要共享就必须搭建一个实现共享的技术平台，这就要求电脑相互连接，并保持开放，这样，互联网就成为一个具有互联性、开放性、共享性、平等性、多样性、自由性等特点的计算机网络。网络技术蕴含的这些价值观念一开始就决定了网络文化的精神内核，也决定了互联网的技术架构、运行机制、管理模式以及最终的商业模式。

具体而言，互联网精神包括开放、平等、协作、分享、自由、创新等，在这些理念的基础上，基于 IP 的人与物、人与人和物与物的连接和互动使整个社会成为一张互联网，这种互动不断催生出新的商业模式。

1. 开放

开放就是“互联互通”，互联网的特质决定着它既没有时间界限也没有地域界限。互联网的开放精神不仅仅体现在物理时空约束打破，虚拟经济与实体经济的连通，更体现在人们的思维空间的开放上。不同行业和生活经历、不同地方的人可以共同就某一话题展开交流和讨论，思想火花的碰撞极大地拓宽人们思维的边界。在经济活动方面，互联网改变了交易场所、拓展了交易时间、丰富了交易品类、加快了交易速度、减少了中

① 李海舰，田跃新，李文杰 . 互联网思维与传统企业再造 [J]. 中国工业经济，2014（10）.

间环节。

从厂商组织层面看，互联网的开放理念不仅拆除了企业内部之间的墙，而且也打通了企业与外部之间的墙，面向社会、面向全球，充分利用外部资源，实现企业从有边界发展到无边界发展的突破。

2. 平等

互联网的平等精神源自网络的“去中心化、去权威化、去等级化”架构，表现为网络面前大众参与、人人平等，人人成为中心。网络是一个平等的世界，相互间往往互不相识、远隔万里，无论权力、财富、身份、地位、容貌如何，在网络组织中成员之间彼此平等相待，以平等自由的精神融入互联网的世界。

就企业内部服务关系而言，高层为中层服务，中层为基层服务，基层为用户服务。就企业和企业之间的关系而言，由竞争走向合争，再到共建商业生态。就企业和员工的关系而言，员工由被管理者转向自管理者，再进一步转向自创业者。就企业和用户之间的关系而言，用户由产品购买者转向产品制造者、产品定价者和产品传播者，再进一步转向产品创意者。

3. 协作

互联网使每一个参与的用户联结在了一起，任何网络用户既是信息的接收者，同时也可以成为信息的传播者，并可以实现在线信息交流的实时互动。互联网世界的这种自由、平等连接和资源共享、互通有无属性，决定了每个人都需要有协同合作精神，才能共同编制和维护这张网。

就企业的生产协作形式而言，网络协作使企业从“公司生产”转向“社会生产”。“公司生产”主要面向企业内部，补短板，改缺点，即所谓的“木桶理论”。“社会生产”面向外部，由于网络协作效应，可以博采众长、资源共享、互通有无、补缺补漏，企业可以在优势领域集中资源突破，在非优势领域选择外部合作，经营长板、经营优势，此即所谓的“新木桶理论”。

4. 共享

共享包括分享、免费、普惠。在互联网背景下，产品生产的边际成本几乎接近于零，使得分享成为可能；大量使用“虚拟资源”无须缴纳任何费用，使得免费成为可能。在分享和免费的基础上，普惠成为互联网精神的又一重要内容。互联网最大的魅力就是分享，分享的参与层次很多，个人可以在社会网络分享信息和体验，企业可以在研发、生产、销售等内部不同部门和员工中实现共享信息与经验，企业还可以向外部社会实现开源共享。

二、互联网思维

创业者不仅需要充分利用互联网精神作为创业理念和信仰，而且需要一种立足于互联网去思考和解决问题的思维作为行动指南。互联网思维是指在互联网时代基于互联网的特征，对市场、对用户、对产品、对营销、企业价值链乃至对整个商业生态进行重新审视的思考方式，体现的主要是注重“以用户为中心”，强调信息在生产、交换和传播中的价值。

互联网思维，带来的不仅是新的商业、服务模式，改造传统产业，也将影响人们在互联网时代的思考方式。国内外很多互联网创业家和学者提出了众多互联网思维特征（表 6-2）。例如，小米公司创始人雷军提出的互联网思维“雷七诀”——专注、极致、口碑、快；腾讯创始人马化腾提出的“马七条”——连接一切、互联网 + 传统行业 = 创新、开放式协作、消费者参与决策、数据成为资源、顺应潮流的勇气、连接一切的风险；360 公司创始人周鸿祎提出的用户至上、体验为王、免费模式、颠覆式创新，等等。

表 6-2　各种关于互联网思维观点的概况

提出者	企　业	有关内容	资料来源
雷军	小米公司	“雷七诀” 专注：少就是多，大道至简 极致：做到自己能力的极限 口碑：超越用户预期 快：天下武功，唯快不破	陈光锋 . 互联网思维：商业颠覆与重构（前言）[M]. 北京：机械工业出版社，2014
马化腾	腾讯公司	“马七条” 连接一切、互联网 + 传统行业 = 创新、开放式协作、消费者参与决策、数据成为资源、顺应潮流的勇气、连接一切的风险	2013 年马化腾在腾讯公司 15 周年“WE 大会”上发表的对未来互联网 7 个反思
赵大伟	和君集团	9 大思维 用户思维、简约思维、极致思维、迭代思维、流量思维、社会化思维、大数据思维、平台思维、跨界思维	赵大伟 . 互联网思维——独孤九剑 [M]. 北京：机械工业出版社，2014
陈光锋	武汉经天纬地人和信息技术有限公司	12 大思维： 标签思维、简约思维、No.1 思维、产品思维、痛点思维、尖叫点思维、草根思维、粉丝思维、爆点思维、迭代思维、流量思维、整合思维	陈光锋 . 互联网思维：商业颠覆与重构 [M]. 北京：机械工业出版社，2014
马云	阿里巴巴	跨界、大数据、简捷和整合	马云演讲
周鸿祎	360 公司	用户至上、体验为王、免费模式、颠覆式创新	央视采访
张瑞敏	海尔集团	零距离、网络化、企业无边界、管理无领导、供应链无尺度	
颜艳春	eFuture 富基融通董事长	5F 思维：碎片化思维（fragment）；粉丝思维（fans）；焦点思维（focus）；快一步思维（fast）；第一思维（first）	颜艳春 2014 年 1 月 9 日新浪博客

资料来源：作者整理。

专栏 6-21

扫描二维码，阅读《赵大伟：互联网思维——独孤九剑》。

专栏 6-22

扫描二维码，阅读《到底什么是互联网思维、如何才是互联网 + ？》。

专栏 6-23

扫描二维码，阅读《从“系统”角度来理解互联网思维》。

- 1969 年，ARPANET（即阿帕网）产生；1995 年，互联网进入产业化运营和商业化应用阶段。
- 中国互联网的应用和创业历史大致经过了互联网创业前阶段、消费互联网创业阶段、工业互联网阶段三个阶段，五个时期。
- 互联网技术的发展趋势呈现网络终端呈多样化、随时随地连接成为可能、工业互联网将迅速发展、人工智能时代开启等特征。
- 互联网引发的未来更深层次的变革将给创业者带来丰富的商机。
- 技术、市场和商业模式日新月异、瞬息万变，互联网创业哲学是创业者在利用互联网创业时的一种思维方式和根本方法。

1. 互联网在发展初期为什么能走入普通人的生活？

2. 谈谈互联网技术在我国的发展历史。

3. 全球第一次“互联网络泡沫”的破灭是怎么产生的？

4. 了解 BAT 成立之初的团队、资金、规模等状况。

5. 比较分析消费互联网创业阶段和工业互联网创业阶段的特点。

6. 说明未来人工智能技术对人类社会尤其商业社会的影响。

7. 说明国家实施“互联网 +”发展战略取得了哪些成就？

8. 物联网、人工智能、大数据等这些技术之间有什么关系，这些技术孕育着哪些创业机会？

9. 互联网金融面临什么样的政策风险？未来的机会在哪里？

10. 分析 O2O 企业在快速发展之后大量倒闭的原因？未来 O2O 创业模式的机会在哪里？

11. 移动医疗、在线教育、跨境电商等领域已经出现了大量的创业公司，分析这些领域未来的创业机会。

12. 共享经济的本质是什么？未来共享领域还有什么创业机会？

13. 互联网精神对创业者有什么意义？

14. 了解国内外互联网创业家和学者提出的互联网思维特征。

扫描二维码，阅读本章案例故事《王金灵：返乡创业舞台宽》。

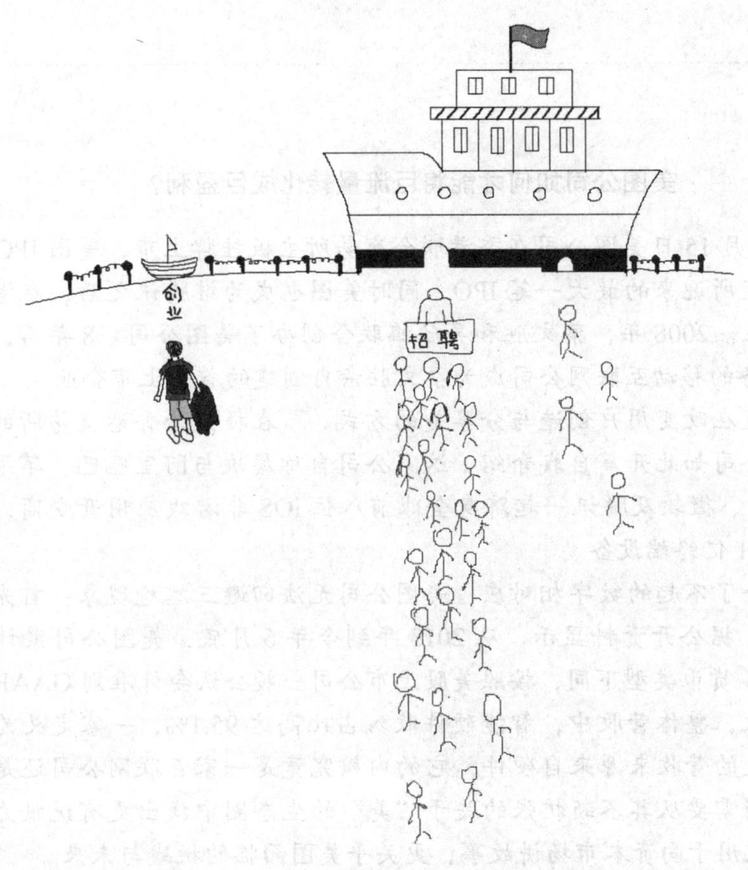

第七章　构建商业模式

当今企业间的竞争，是商业模式的竞争，而不是产品的竞争。

——彼得·德鲁克

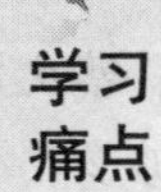

学习痛点

- 商业模式到底是什么？
- 商业模式该如何设计？它的基础逻辑是什么？
- 应当如何对商业模式进行创新？

引例

美图公司如何才能将巨流量转化成巨盈利？

2016 年 12 月 15 日美图公司在香港联合交易所主板挂牌上市，美图 IPO 不仅是深港通开闸后港交所迎来的最大一笔 IPO，同时美图也成为继腾讯之后，在港交所上市的大互联网企业。2008 年，蔡文胜和吴欣鸿联合创办了美图公司。8 年后，这一覆盖 11 亿台移动设备的移动互联网公司成为蔡文胜亲自创建的首家上市企业。

“我们一直在改变用户创造与分享美的方式。”在提交给香港交易所的上市申请资料中，美图公司如此开篇自我介绍。这家公司自称屡次与阿里巴巴、苹果、百度、Facebook、谷歌、微软及腾讯一起跻身全球前八位 iOS 非游戏应用开发商，同时公布已经激活全球 11 亿终端设备。

但是与这个了不起的数字相对应，美图公司无法回避三尴尬现象：首先，美图处于巨额亏损中，据公开资料显示，从 2013 年到今年 6 月底，美图公司累计亏损超过 62 亿元人民币（货币类型下同，按照美股上市公司一般公认会计准则 GAAP 标准——编者注）；其次，整体营收中，智能硬件收入占比高达 95.1%，一家定义为移动互联网的公司，最大的营收来源来自硬件，它的内核究竟是一家互联网公司还是硬件制造商？最后，美图需要从其不断扩张的关于“美”的生态圈中找出更有说服力的盈利模式。这一点不仅用于向资本市场讲故事，更关乎美图面临的挑战与未来。

在诸多飞速扩张的移动互联网公司中，美图只是一个个案。它的代表意义在于，在没有人质疑移动互联网就是未来的今天，拥有庞大用户与流量的眼球公司，为何仍然难以实现盈利，解除可持续发展的焦虑。如果它们只是享受表面数据带来的繁荣，注定终将昙花一现。

巨流量级应用何以不盈利？

2008 年即成立的美图公司在移动互联网公司里算得上老牌，但是在这 8 年间尽管建立了看似丰满的产品矩阵，产品线更是从线上延伸到智能硬件，美图的巨额亏损仍然让外界意外。

庞大、活跃及快速增长的用户基础，被视为美图的核心资产。2016 年 6 月，美图全部应用的月活跃用户总数约为 4.46 亿人，同比增长 81.0%。根据 AppAnnie，以下载量计，2014 年 6 月至 2016 年 6 月屡次与阿里巴巴、苹果、百度、Facebook、谷歌、微软及腾讯等全球互联网巨头一起跻身全球前八位 iOS 非游戏应用开发商之列。然而美图面临的问题的是，庞大的用户基础，长期的市场发酵，公司整体却处于巨额亏损中。并且没有直接证据证明，庞大的用户基础给美图带来了可观的收入和盈利预期。

这就不难理解美图为何转向开发硬件，将应收的希望寄托在智能手机上。蔡文胜在谈到美图为什么做手机时也曾经指出两个问题：首先，美图的用户已经足够多，但是从使用频率来讲，还是不够；其次，美图系列的产品更偏向于工具型，人们只有在需要的时候才会想到打开去使用它。那么美图做手机，显然是想通过硬件更密切、深入地和用户捆绑在一起。

在业内看来，这确实是一个危险信号，比美图的巨额亏损更加危险。一家以图片应用为主要产品的公司，却靠硬件赚钱，很难给现在50亿的估值提供支撑和说服力。速途研究院院长丁道师就认为美图目前50亿美元的估值难免言过其实。美图公司的收入中，手机占比很大，一年几十万部的销量显然无法支撑50亿美元的估值。小米公司一年出货量7 000万台左右，估值才400多亿美元。美图目前的收入主要靠手机，但估值还得靠产品和工具。

现在备受质疑的美图需要用更有说服力的商业模式和潜在商机证明自己。美图将自身的商业模式总结为，免费的创新产品及服务吸引大量用户，达到可观规模时采取多种变现策略。美图列出的基于用户基础的变现模式包括在线广告、智能硬件、电子商务、互联网增值服务等。

根据已经披露的营收数据，智能硬件的销售占美图总收益的95.1%，在线广告收益占比跌至2016年上半年的4.4%。不过美图仍然认为在多个方位极具潜力。在线广告方面，美图的大部分用户是对美有追求的女性，奢侈品、化妆品和快速消费品等女性相关行业潜力巨大，美图计划运用技术及大数据分析能力进一步优化广告基础设施并提供更全面及富有创造性的广告解决方案；美图同时也在计划推出社交电子商务平台，让用户可轻松在线购买时尚品牌的正品。根据艾瑞咨询报告，2015年，中国在线零售市场的总商品交易额为人民币3.8万亿元，且预期将于2020年达到人民币10.5万亿元。除此之外，互联网增值服务也将是美图的发力方向，比如美拍用户可免费获取内容并与直播主播、内容制作者及其他用户交流，并向他们赠送付费虚拟礼物，美图公司尝试着在风口上的直播和网红经济中分一杯羹。

眼下国内的互联网公司从电商到视频网站都在涌动内容变现的风潮，以电商巨头阿里巴巴为例，已经开始通过自身强大的数据分析能力，与媒体矩阵配合落地内容变现。虽然美图的用户更加垂直细分，但在线广告的收入一直在下滑，在未来的竞争中只会更困难。互联网分析师葛甲认为，美图的六大核心APP都仅仅是工具类APP的成功，其本身很难盈利。美图未来需要探索如何激活这几大工具软件上的用户价值，如何将用户价值转变为商业价值。

值得注意的是，平台化之外，美图也在努力向国际化与生态化发展。美图对外宣称，海外总用户已达到1.1亿，超过百万用户的国家和地区有18个。另外，美图也在建立自己的生态链。从累计投资的项目看，先后投了亮风台、echo回声音乐、视觉科技等，主要围绕图片视觉、年轻用户等，关于美的产业都有所涉猎。不过在业内看来，美图之前的产品更偏向工具类，对硬件的依赖并不太大。如果美团坚持发展硬件，应该考虑将软硬件做更深度的结合，与现在搭建的生态链建立更有效的联结。

资料来源：李立 . 美图现象级应用何以不盈利 商业模式画饼难充饥 [N]. 中国经营报，2016-10-15. 编者有删减 .

第一节 商业模式概述

美图公司作为跻身全球前列的应用开发商，至今无法找到一种极佳的商业模式将公司经营将近十年所获得流量转换为盈利。作为企业存在的最基本要素，商业模式已经成为创业者和风险投资者嘴边的一个热门名词。所有人都确信，好的商业模式是企业成功的保障。那到底什么是商业模式？为什么说一个成功的商业模式是一个企业成功最重要的保障呢？

虽然商业模式（business model）的概念最早是在 20 世纪 50 年代提出的，但直到 20 世纪 90 年代随着互联网技术商用化，以及全球电子商务的发展，新的商业模式创造了许多商业机会，并成就了许多卓越的互联网公司，商业模式的概念才开始被广泛使用和传播。到了 21 世纪初，商业模式已经成为学术期刊、报纸，甚至人们日常谈话中，出现频率最高的热门术语之一了。

一、商业模式的定义

在实践中，尽管大量创业企业拥有很好的市场机会、新颖的创业思路以及才干超群的创业团队，但仍然会成长乏力或快速失败，其中一个可能的重要原因便是没有建立起驱动企业健康成长的商业模式。因此，创业者的一个主要任务就是探索并建立与机会相适配的商业模式。

那么，究竟什么是商业模式呢？尽管商业模式在国内外已经得到了企业界和学术界的广泛关注，但迄今为止，对于商业模式的概念本质并没有取得共识。表 7-1 列出了编者整理的一些有代表性的观点。

表 7-1 商业模式的定义

学者（时间）	定义或解释
Timmers（1998）	商业模式是用来表示产品、服务与信息流的一个框架，包含各个商业参与者及角色、潜在利益以及获利描述
Mahadevan（2000）	商业模式是企业与商业伙伴及买方之间价值流、收入流和物流的特定组合
Rappa（2000）	商业模式是企业为了自我维持，产生利润而经营商业的方法，即企业如何在价值链中进行定位，从而获取利润
Stewart 等（2000）	商业模式是企业能够获得并且保持其收益流的逻辑陈述
Amit & Zott （2001）	商业模式是交易活动各组成部分的一种组合方式，其目的是开拓商业机会
Afuah（2001）	商业模式是企业获取并使用资源，为顾客创造比竞争对手更多的价值以赚取利润的方法
Weill（2001）	商业模式是对一个公司的消费者、伙伴公司与供应商之间关系与角色的描述
Joan Magretta （2002）	商业模式描述了企业的每个部分通过匹配配合组成一个系统，从而为顾客创造价值的活动
Morris 等（2003）	商业模式是一种简单的陈述，说明了企业如何通过对战略方向、运营结构和经济逻辑的一系列具有内部关联性的变量进行定位和整合，以便于能够在特定的市场中建立竞争优势

（续表）

学者（时间）	定义或解释
Seddon & Lewis（2004）	商业模式是一组活动在组织单位中的配置，这些单位通过在企业内部和外部的活动在特定的产品——市场上创造价值
翁君奕（2004）	商业模式是企业核心界面要素形态的有意义组合，核心界面包括客户界面、内部构造和伙伴界面
Osterwalder 等（2005）	商业模式用来说明公司如何通过创造价值、建立内部结构，以及与伙伴形成网络关系，来创造市场、传递价值和关系资本，并获取利润、维持现金流
罗珉，曾涛，周思伟(2005)	商业模式是通过整合组织、供应链伙伴、顾客、员工等利益相关方来获取超额利润的一种战略创新和可实现的结构体系
王国顺，陈怡然（2013）	商业模式是在企业特定战略环境下，通过整合企业现有资源，以实现顾客价值及实现企业自身价值过程

资料来源：根据相关文献，编者整理。

商业模式的这些林林总总的定义，可以归纳为四类：经济类、运营类、战略类和整合类[①]。

在经济类定义的层次上，商业模式仅仅被描述为企业的经济模式，其根本内涵为企业利润获取的逻辑。与此相关的变量包括收入来源、定价方法、成本结构、最优产量等。许多研究者都是从这个角度对商业模式进行了概念限定和本质阐述，如 Stewart 等（2000）认为商业模式是企业能够获得并且保持其收益流的逻辑陈述。

在运营类定义的层次上，商业模式被描述为企业的运营结构，焦点在于说明企业通过何种内部流程和基本构造设计，使得价值创造成为可能。与此相关的变量包括产品 / 服务的交付方式、管理流程、资源流、知识管理和后勤流等。也有许多研究者从这个角度对商业模式进行了概念限定和本质阐述，如 Timmers（1998）将商业模式定义为：用来表示产品、服务、与信息流的一个架构，包含各个商业参与者（business actors）与其角色的描述、各个商业参与者潜在利益的描述，以及获利来源的描述。

在战略类定义的层次上，商业模式被描述为不同企业战略方向的总体考察，涉及市场主张、组织行为、增长机会、竞争优势和可持续性等。与此相关的变量包括利益相关者识别、价值创造、差异化、愿景、价值、网络和联盟等。例如，Weill（2001）定义商业模式为：对一个公司的消费者、伙伴公司与供货商之间关系与角色的描述，这种描述能辨认主要产品、信息与金钱的流向，以及参与者能获得的主要利益。

在整合类定义的层次上，商业模式被认为是一种对企业商业系统如何很好运行的本质描述，是对企业经济模式、运营结构和战略方向的整合与提升。采取综合类定义的研究者认为，一个成功商业模式必须是独一无二和无法模仿的。要做到这一点，就必须超越过去那种对商业模式简单的认识。例如，Morris 等（2003）在考察了众多商业模式定义的基础上，为商业模式提供了一种整合类的定义：商业模式是一种简单的陈述，说明了企业如何通过对战略方向、运营结构和经济逻辑的一系列具有内部关联性（interrelated）的变量进行定位和整合，以便于能够在特定的市场中建立竞争优势。 Osterwalder 等（2005）在对

① 原磊. 国外商业模式理论研究评介 [J]. 外国经济与管理，2007（10）:17-19.

众多概念进行比较研究的基础上，去除了一些认为是不应当包括在内的因素后，认为商业模式是一种建立在许多构成要素以及它们之间关系之上的，用来说明特定企业商业逻辑的概念性工具。它说明了公司如何通过创造顾客价值、建立内部结构，以及与伙伴形成网络关系，来创造市场、传递价值和关系资本，并获得利润、维持现金流。

需要指出，以上观点主要产生于对既有企业或电子商务企业的研究，许多研究对象或是大型企业，或是经营内容复杂的企业。但对于本书的对象即潜在创业者或创业者而言，可能仅仅是有一个创业想法，或者新创企业只具有简单的结构和经营内容，因此，当商业模式的界定过于复杂时，反而不易透析出创业企业的特征。鉴于此，本书作者建议创业者从商业模式要解决的基本问题的视角来理解商业模式。

专栏 7-1　案例：苹果 iPod/iTunes 商业模式

2001 年，苹果发布了其标志性的便携式媒体播放器 iPod。这款播放器需要与 iTunes 软件结合，这样用户可以将音乐和其他内容从 iPod 同步到电脑中。同时，iTunes 软件还提供了与苹果在线商店的无缝连接，用户可以从这个商店里购买和下载所需要的内容。购买一个 iPod，等于买下一家奇大无比的音像商店。iPod 有点类似洛克菲勒的公司卖煤油时免费送出的油灯，有了这盏“油灯”，你就会从 iTunes 那源源不停地购买“油”（数字音像）。

这种设备、软件和在线商店的完美有效结合，很快颠覆了音乐产业，并给苹果奠定了市场的主导地位。然而苹果不是第一家推出便携式媒体播放器的公司。竞争对手如帝盟多媒体公司（Diamond Multimedia）的 Rio 品牌便携式媒体播放器曾经在市场上同样成功，直到它们被苹果超越。

苹果公司是如何实现这种优势的呢？因为它完美地构建了一个更优秀的商业模式。一方面，苹果通过其特殊设计的 iPod 设备、iTunes 软件和 iTunes 在线商店的结合，为用户提供了无缝的音乐体验。苹果的价值主张就是让用户轻松地搜索、购买和享受数字音乐。另一方面，为了使这种价值主张成为可能，苹果公司不得不与所有大型唱片公司谈判，来建立世界上最大的在线音乐库。

关键点在哪里？苹果通过销售 iPod 赚取了大量与其音乐相关的收入，同时利用 iPod 设备与在线商店的整合，有效地把竞争对手挡在了门外。

乔布斯深知，顾客购买播放器的真正目的是听音乐和看电影，而其他的公司认为顾客购买的是播放器本身。一种购买行为的背后，隐藏着另一种购买需求，甚至这种隐形的购买需求背后还潜藏着一种或多种更隐秘的需求。平庸的企业往往只能看到显而易见的需求，并且把全部精力用来满足这种浅层的需求，而卓越的企业之所以卓越就在于他们具有对客户需求的还原能力。

专栏 7-2　商业模式的常用元素

商业模式是一个非常宽泛的概念，跟商业模式有关的说法很多，包括运营模式、盈利模式、B2B 模式、B2C 模式、“鼠标加水泥”模式、广告收益模式等，不一而足。

商业模式是一种简化的商业逻辑，依然需要用一些元素来描述这种逻辑。这些常用元素包括：

价值主张（value proposition），即公司通过其产品和服务所能向消费者提供的价值。价值主张确认公司对消费者的实用意义。

消费者目标群体（target customer segments），即公司所瞄准的消费者群体。这些群体具有某些共性，从而使公司能够（针对这些共性）创造价值。定义消费者群体的过程也被称为市场细分（market segmentation）。

分销渠道（distribution channels），即公司用来接触消费者的各种途径，涉及公司如何开拓市场，公司的市场和分销策略如何。

客户关系（customer relationships），即公司同其消费者群体之间所建立的联系。通常所说的客户关系管理（customer relationship management）即与此相关。

价值配置（value configurations），即资源和活动的配置。

核心能力（core capabilities），即公司执行其商业模式所需的能力和资格。

合作伙伴网络（partner network），即公司同其他公司之间为有效地提供价值并实现其商业化而形成合作关系网络。这也描述了公司的商业联盟（business alliances）范围。

成本结构（cost structure），即所使用的工具和方法的货币描述。

收入模型（revenue model），即公司通过各种收入流（revenue flow）来创造财富的途径。

二、商业模式的基本问题

追溯根源，创业者在设计商业模式时，涉及三个基本问题：如何为客户创造价值？如何为企业创造价值？如何将价值在企业和客户之间进行传递？下面将依次介绍这三个基本问题。

1. 如何为客户创造价值

商业模式涉及的第一个基本问题就是创业项目将为顾客提供什么样的价值主张。对于价值主张，有两种定义解释：一是从顾客角度解释，指客户从产品或服务中所获得实际效用的清晰陈述，仅限于价值内容；二是从企业角度解释，指企业将在哪里以及如何创造或发掘价值的思路的清晰表达，不仅包括价值内容，即对客户真实需求的深入描述，而且包括目标顾客，即对目标客户的选择。

所有企业得以运行是因为都有自己的价值主张，哪怕是微不足道的街道小店。当你开办这样一个小店时，你首先要回答的问题是"顾客为什么偏偏进我的店而不是别人的店？"如果街上只有你这一家店（这种情况几乎不可能），问题的答案就很简单；如果街上已经有了很多店（实际情况常常是这样），这个问题的答案就不那么简单了。这时，你有什么理由让人偏偏买你的产品而不是买别人的产品？

所有的商业模式都要建立在如何为客户创造价值内容的基础之上。你提供的产品是什么？能为用户创造什么样的价值？你的产品解决了哪一类用户的什么问题？你的产品能不能把贵的变成便宜的，甚至是免费的？能不能把复杂的变成简单的？这些是创业者在设计商业模式时需要认真考虑的重要问题。

当然，为客户创造价值的前提是弄清楚创业项目的目标客户到底是谁。也就是说，商业模式中的产品模式是建立在用户模式基础上的。创业者一定要找到对你的产品需求最强烈的目标用户。360 公司创始人周鸿祎认为：如果你说自己的产品是普世的产品，是放之四海而皆准的产品，这说明你没有经过认真的思考。

专栏 7-3 价值主张中的用户模式

多玩 YY（原公司名欢聚时代）成立于 2005 年 4 月，核心业务包括 YY 语音、多玩游戏网与 YY 游戏运营。公司在 2012 年成功在美国纳斯达克上市。YY 语音聊天工具刚起步的时候瞄准的是游戏工会。这些人要玩游戏，要对战，要手忙脚乱地操作键盘和鼠标，就没有时间打字。而且，游戏对战中的沟通不是一对一聊天，是多对多的团队协作。因此，YY 就开发出这种语音聊天工具帮助这些游戏工会的人，这些人是产品感受最强、需求最强的一批用户。

另外一个例子是 UC 手机浏览器，最初 UC 浏览器是一个 WAP 浏览器，那个时候手机流量很贵，网速慢，资费高，对于使用 WAP 方式上网的用户，流量是他们心中的痛。UC 浏览器主要针对这部分人，不仅解决这些人的上网浏览问题，而且解决上网的节省流量问题，这是 UC 浏览器长期主打的诉求，而且由此建立了口碑。这就是用户模式，UC 浏览器就是一个很好的案例。

资料来源：周鸿祎. 没有用户价值，莫说商业模式 [EB/OA]. 创业邦. http://news.cyzone.cn/news/2012/12/24/237189.html.

2. 如何为企业创造价值

商业模式涉及的第二个基本问题如何为企业创造价值指的是收入模式，即创业者在考虑了产品模式和用户模式，思考如何为客户创造价值时，同时要考虑创业项目或者创业企业如何获取收入。这是创业者在识别机会之后，思考和设计如何通过某种方式使自己识别的机会转变成一种可行的盈利模式。

比如，Google 的两个天才创始人做搜索引擎，好几年找不到赚钱的方法，只能是给雅虎这样的门户网站提供搜索技术服务来赚点糊口的钱。这个时候，天上掉下来 overture 这个大馅饼，它是搜索引擎付费点击模式的鼻祖。如果把 Google 看作是媒体，那么 overture 就是精细化广告代理公司。随后雅虎收购了 overture 整合入雅虎搜索中，Google 的 AdWords 借鉴了 overture 的付费点击模式，形成了搜索引擎的商业模式。

一般来说，企业要想从创造的价值中获得价值，必须从财务角度出发考虑以下问题。

（1）收益模式：营业收入 = 价格 × 数量，数量可以是市场规模、交易规模、购买频率、附加性产品的数量。

（2）成本结构：成本是如何分配的，包括主要的工资的成本，直接与间接成本，规模经济等。成本结构主要取决商业模式所需要的关键资源的成本。

（3）利润模式：为实现预期利润，每笔交易所应产生的净利。

（4）利用资源的速度：为了完成目标数量，该以多快的速度来利用企业的资源？这涉及库存周转率、固定资产及其他资产的周转率，并且要从整体上考虑该如何利用好资源。

专栏 7-4

扫描二维码，阅读《一篇文章看懂共享单车的盈利模式！》。

3. 如何将价值在企业和客户之间传递

商业模式涉及的第三个基本问题如何将价值在企业和客户之间传递指的是推广模式，即创业者要思考和设计通过怎样的方式能够到达你的目标用户群。

中国有句古话“酒香不怕巷子深”，意思是你的产品足够好，自然就有足够的客户。这是一个错误的认识，尤其对创业者而言，如果只靠自然的口碑，即使产品做得再好，还没接触到大多数目标用户，就可能先被市场巨头捆绑甚至剿灭了。因此，创业者在商业模式设计中，需要细致考虑通过什么样的渠道通路可以让产品或服务到达目标客户，如何营销或推广产品或服务，如何建立良性有效的客户关系，如何服务客户，如何做好售后服务，如何把客户变为粉丝，如何经营客户粉丝，等等。

由于资本已经成为创业者背后的重要力量，有的创业者一提到推广就想到要花钱砸钱，提供各种免费补贴，这种现象在近年来的创业热潮中不罕见。但是，花钱的推广未必是好的模式。一方面，创业者融来的钱都是割肉流血用股权换来的，简单全砸在市场推广方面很可惜；另一方面，如果有足够多的钱，可以拿钱去刷地铁、刷公交、刷路牌广告，也能在市场上砸出几个泡出来。但是，砸钱出的推广效果让人产生错觉，以为“一推就灵”，从而不再研究用户需求，不再重视产品的体验，不重视推广模式创新，其实这是最危险的。

专栏 7-5

扫描二维码，阅读《关于商业模式创新，你最需要知道的六个问题在这！》

三、商业模式的类型

在亚历山大·奥斯特瓦德等的商业模式新生代中将商业模式分为五类[①]。

1. 非绑定式商业模式

非绑定企业的概念认为，存在三种不同的基本业务类型：客户关系型业务、产品创新型业务和基础设施型业务，它们分别代表三种不同的价值，即亲近客户、产品领先和卓越运用。每种类型都包含不同的经济驱动、竞争驱动和文化驱动因素，比如，客户关系型业务亲近客户价值信条，范围经济是关键，寡头占领市场，保证“客户至上”的文化氛围；产品创新型业务专注产品领先，速度是关键，要以员工为中心，鼓励创新文化；基础设施型业务关注于卓越运行，规模是关键，寡头占领市场，特别关注成本。

这三种类型可能同时存在于一家公司里，但是理论上这三种业务“要分离”成独立的实体，因为这三类业务同时发展将意味着高额的成本和相互之间的资源冲突。例如，总部位于苏黎世的私人银行机构 Maerki Baumann 就是采取非绑定式商业模式的典范。它们将面向交易的平台业务分拆成银行内部的独立实体，这些实体为其他银行和证券商提供银行服务。现在 Maerki Baumann 本身则专注于建立良好的客户关系，并提供咨询服务。

2. 长尾式商业模式

长尾式商业模式的核心是多样少量：他们关注于为利基市场提供大量产品，每种产品相对而言卖得都少。利基产品销售额可以与凭借少量畅销产品产生绝大多数销售额的传统模式相媲美。长尾商业模式需要三个经济因素条件：生产工具大众化，分销渠道大众化，连接供需双方的平台成本不断下降。

长尾模式需要低库存成本和强大的平台，并使得利基产品对于买家来说容易获得，增加客户的参与程度，提升客户对于产品的参与感。例如，乐高在 2005 年就开始尝试用户创造内容模式，推出了乐高工厂，让客户自行设计乐高套件并实现在线订购并与设计客户分成，客户可以使用称为乐高设计师的软件，发明和设计自己的建筑物、汽车、主题和人物，其间可以从数千种组件和颜色中搭配。客户甚至可以设计用来包装定制玩具套件的包装盒。通过乐高工厂，这家公司把被动的客户变成了主动设计者，参与到乐高的设计体验中来。虽然乐高工厂仅是乐高收入的一小部分，却是实现乐高长尾模式的第一步，未来甚至可能会替换传统大众市场。

3. 多边平台式商业模式

在互联网时代，很多创业公司最喜欢做的项目就是做一个平台出来，然后通过平台让多边客户实现成交的方式来获取利益。多边平台又称多边市场，指将两个或者更多有明显区别但又相互依赖的客户群体集合在一起，而平台实现收益的方式就是促进不同客户群体间交易达成过程中所获得的收益。

---

① 亚历山大·奥斯特瓦德，伊夫·皮尼厄 . 商业模式新生代 [M]. 北京：机械工业出版社，2014.

只有相关客户群体同时存在，并能促进各方客户群体之间互动，这样的平台才具有价值。因此，多边平台对于某个特定用户群体的价值本质上依赖于其他边的用户数量。多边平台需要提升其价值，直到它达到可以吸引更多用户的程度，这种现象被称为网络效应。例如，知乎将不同类型的学习爱好者集中在一起，大众点评将商家与用户集合在一起，等等。

4. 免费式商业模式

免费商业模式中，至少有一个庞大的客户细分群体持续从免费的产品或服务中受益，它可以来自多种模式。

第一，基于多边平台的免费产品或服务。例如新闻报纸，传统报纸的收入依赖报摊零售、订阅费和广告，在前两项快速下降的情况下，广告增长却不够快。因此 Metro 报纸免费提供，在人流量大的渠道分发，并定位短乘期间上下班的年轻乘客使编辑成本下降，大量的客户群体吸引了广告客户。

第二，带有可选收费服务的免费基本服务。例如，Skype 是一款免费的即时通信软件，Skype 用户只有在呼叫固定电话和移动电话时才需要付费，这种增值服务被称作 SkypeOut，费率非常低廉。但是，Skype 通过一种免费式的商业模式，最终依旧获得大量的付费客户。

第三，“诱钓”，即使用免费或廉价的初始产品或服务来吸引客户重复购买。例如，吉列向市场推出一款极低价格的可替换刀头的剃须刀架，以此创造一次性刀片需求，并向客户提供后续重复性消费。其他案例如移动通信、喷墨打印机等。

三种模式中有个共同特点，就是至少有一个客户细分群体持续从免费的产品或服务中受益。在免费模式中，零价格所引发的需求会是一分钱或任何其他价格所引发需求的许多倍。

5. 开放式商业模式

开放式商业模式可以用于那些通过与外部伙伴系统性合作，来创造和捕捉价值的企业。这种模式可以是“由外到内”，即将外部的创意引入公司内部，也可以是“由内到外”，即将企业内部闲置的创意和资源提供给外部伙伴。

例如，宝洁公司建立了一种新的创新文化：从关注内部研发到关注开放式研发过程的转变。一个关键因素就是“连接和发展”战略，这个战略旨在通过外部伙伴关系来促进内部的研发工作。为了连接企业内部资源和外部世界的研发活动，宝洁在其商业模式中建立了三个“桥梁”：技术创业家、互联网平台和退休专家。技术创业家来自宝洁内部业务部门，他们不断寻找外部解决方案以解决内部挑战；通过互联网平台，宝洁与世界各地问题求解专家建立联系解决内部问题；通过 YOURENCORE 网站从退休专家那里征求知识。最终，宝洁的研发生产率大幅提高了 85%，而研发成本却仅仅提高了一些，宝洁的股价重新回暖。

专栏 7-6 商业模式与管理模式

商业模式是企业的基础结构，类似于一艘战舰的构造：不同种类战舰的发动机、船舱、炮塔、导弹等的结构和配置不同，在战舰中的位置和功能也就不同。

而管理模式类似于驾驶战舰的舰队官兵：船队的最高长官，既要组织分配好官兵的工作，制定出相应的管理控制流程，并建立官兵的选拔、培养和激励等制度，也要有能够凝聚舰队战斗力的舰队文化。只有先确定好了整个舰队的配置，构造好一艘战舰，才能确定需要招募什么样的官兵以及如何提高官兵的战斗力。从这个角度上说，商业模式设计必须先于管理模式设计，商业模式重构的重要性也必然凌驾于战略、组织结构、人力资源等的转型之上。

资料来源：魏炜，朱武祥 . 发现商业模式 [M]. 北京：机械工业出版社，2009.

专栏 7-7 商业模式、战略与战术

我们可以把商业模式想象为一辆汽车。不同的车辆会设计不同的功能——传统引擎的运作方式就有很大不同，标准变速器和自动变速器的运作也不相同，这就为驾驶者创造了不同的价值。车辆的制造方式决定了驾驶者可以做什么，不可以做什么，也决定了他可以采用的战术。比如，要在巴萨罗那哥特区蜿蜒的小巷中自由穿梭，低能耗紧凑型轿车绝对比大型 SUV 更能为驾驶者创造价值，因为大型越野车在这里几乎无用武之地。如果驾驶者对车子进行改装，包括外观、功率、油耗、座位等，那么这些改装都不是战术性的，而是构成了战略变化，因为这包含了对车辆（“商业模式”）本身的变更。简言之，战略关乎设计和制造汽车；商业模式是汽车本身；而战术则是如何驾驶汽车。

资料来源：拉蒙 • 朱萨德苏斯 - 马萨内尔，霍安 . 里卡特 . 在竞争者设计商业模式 [J]. 哈佛商业评论（中文版），2011（7）.

第二节 商业模式开发与设计

商业模式开发和设计方法众多，本书所介绍的商业模式主要关注创业者在识别和开发创业机会的时候，对创业项目能否盈利、如何盈利的整体逻辑思考。因此，本书选择商业模式画布的思想和工具，来介绍商业模式的开发与设计。

一、商业模式的逻辑

商业模式是企业创造价值的核心逻辑，商业模式运行的逻辑表现为价值发现、价值匹

配、价值获取三个方面。其中，价值发现是逻辑起点，价值匹配是逻辑中介，价值获取是逻辑的终点（图 7-1）。

价值发现 ⇨ 价值匹配 ⇨ 价值获取

图 7-1　商业模式的逻辑

1. 价值发现：明确价值创造的来源

价值发现是对机会识别的延伸。通过可行性分析，创业者所认定的创新性产品和技术，只是创业的手段，最终盈利与否取决于是否拥有顾客。创业者在对创新产品和技术识别的基础上，需进一步明确和细化顾客价值所在，确定价值主张，这是商业模式设计的关键环节。许多创业者失败的原因就在于违背了创新"纪律"，陷入"如果我们生产出产品，顾客就会来买"的错误逻辑。殊不知，创新是要为客户创造出"新"的价值；把未满足的需求或潜在的需求，转化为机会并创造出新的客户满意。不能真正为客户带来价值的创业活动，注定会失败的。

专栏 7-8

扫描二维码，阅读《铱星公司的失败案例》。

2. 价值匹配：明确合作伙伴，实现价值创造

新企业不可能拥有满足顾客需要的所有资源和能力，即便新企业愿意亲自去打造和构建需要的所有资源和能力，也常常面临着很大的成本和不确定性风险。因此，为了在机会窗口内取得先发优势，并最大限度地控制机会开发的风险，几乎所有的新企业都要与其他企业形成合作关系，以使得商业模式有效运作。也就是说，客户价值主张和企业价值主张，如果没有相应的资源（客户资源、产品渠道）与企业内生能力作为支撑，是很难形成商业模式的，尤其难以实现持续盈利的目标。

例如，戴尔公司在创业初期，与供应商、托运企业、顾客以及其他许多商业伙伴的合作，促使戴尔公司的商业模式形成。如果戴尔的供应商不愿意在即时原则基础上向它供应新式零部件，戴尔公司就要付出很高的库存成本，就不可能向顾客供应高品质产品或进行价格竞争。戴尔公司与供应商密切合作，不断激励它们参与进来。通过与戴尔公司合作，这种方式也有助于供应商获利，因为戴尔的订单规模占了供应商很大部分的生产份额。

3. 价值获取：制定竞争策略，占有创新价值

这是价值创造的目标，是新企业能够生存下来并获取竞争优势的关键，也是商业模式有效运行的核心逻辑之一。许多创业企业是新技术或新产品的开拓者，但却不是创新利益的占有者。这种现象发生的根本原因在于这些企业忽视了对创新价值的获取。

价值获取的途径有两方面：一是为新企业选择价值链中的核心角色，二是对自己的商业模式细节最大可能地保密。对第一方面来说，价值链中每项活动的增值空间是不同的，哪一个企业占有了增值空间较大的活动，就占有了整个价值链价值创造的较大比例，这直接影响到创新价值的获取。对第二方面来说，有效商业模式的模仿一定程度上将会侵蚀企业已有利润，因此创业企业越能保护自己的创意不泄露，越能较长时间地占有创新效益。

例如，谷歌通过以下几种方式赚取收入：第一，巧妙地安排随同搜索结果一起出现的广告；第二，向门户网站（如美国在线）许可搜索技术；第三，向企业许可搜索技术，以建立企业内部搜索引擎；第四，即使有见识的观察者也难以觉察的其他获利途径。谷歌严守它的商业模式秘密，避免其他企业成功复制其运作方式。谷歌对其商业模式的细节保密的时间越长，它越能长时间地获得巨额回报。

总之，价值发现、价值匹配和价值获取是有效商业模式的三个逻辑性原则，在其开发过程中，每一项思维过程都不能忽略。新企业只有认真遵循了这一原则，才能真正开发出同时为顾客、企业以及合作伙伴都创造经济价值的商业模式。

二、商业模式画布

长期从事商业模式研究和咨询的埃森哲公司认为，商业模式至少要满足两个必要条件：第一，必须是一个整体，有一定结构，而不仅仅是一个单一的组成因素；第二，组成部分之间必须有内在联系，并把各组成部分有机地关联起来，使它们互相支持，共同作用，形成一个良性的循环。

因此，商业模式实际上是一种包含了一系列要素及其关系的概念性工具，用以阐明某个特定实体的商业逻辑，描述公司所能为客户提供的价值以及公司的内部结构、合作伙伴网络和关系资本等用以实现这一价值并产生可持续、可盈利性收入的要素。

按照这个观点，商业模式应具备五个特征：包含诸多要素及其关系；是一个特定公司的商业逻辑；是对客户价值的描述；是对公司的构架和它的合作伙伴网络及关系资本的描述；产生盈利性和可持续性的收入流。

商业模式画布很好地体现了商业模式的这些特征，是用来描述和分析创业项目如何创造价值、传递价值、获得价值的基本原理和工具。

商业模式画布是一个视觉化的商业模型架构和分析工具，可以把商业模式设计分为 9 个关键要素（图 7-2）：价值主张、客户细分、渠道通路、客户关系、收入来源、核心资源、关键业务、合作伙伴、成本结构。任何新的商业模式，都可以由这 9 个构造块按不同逻辑重新排列组合得出。

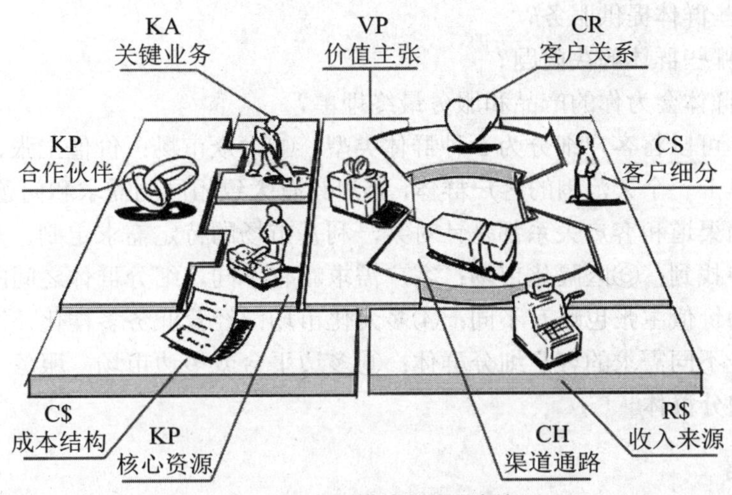

图 7-2　商业模式的设计框架

资料来源：亚历山大・奥特斯瓦德，伊夫・皮尼厄．商业模式新生代 [M]. 王帅，等译．北京：机械工业出版社，2011.

下面依次对九个要素进行说明。

1. 价值主张

价值主张用来描绘为特定客户（消费者或者用户）细分创造价值的系列产品和服务，主要回答以下问题：

（1）我们该向客户传递什么样的价值？

（2）我们正在帮助客户解决哪一类难题？

（3）我们正在满足哪些客户需求？

（4）我们正在提供给客户细分群体哪些系列的产品和服务？

价值主张的简要要素主要包括：①新颖：产品或服务满足客户从未感受和体验过的全新需求；②性能：改善产品和服务性能是传统意义上创造价值的普遍方法；③定制化：以满足个别客户或客户细分群体的特定需求来创造价值；④把事情做好：可通过帮客户把某些事情做好而简单地创造价值；⑤设计：产品因优秀的设计脱颖而出；⑥品牌 / 身份地位：客户可以通过使用和显示某一特定品牌而发现价值；⑦价格：以更低的价格提供同质化的价值，满足价格敏感客户细分群体；⑧成本削减：帮助客户削减成本是创造价值的重要方法；⑨风险抑制：帮助客户抑制风险也可以创造客户价值；⑩可达性：把产品和服务提供给以前接触不到的客户；⑪便利性 / 可用性：使事情更方便或易于使用可以创造可观的价值。

2. 客户细分

客户细分用来描述一个企业想要接触和服务的不同人群或组织，主要回答以下问题：

（1）我们正在为谁创造价值？

（2）谁是我们的重要客户？

（3）为哪些群体提供服务？

（4）帮助哪些群体解决问题？

（5）哪些群体会为你的产品和服务最终埋单？

一般来说，可以将客户细分为 5 种群体类型：①大众市场：价值主张、分销渠道和客户关系全都聚集于一个大范围的客户群体，客户具有大致相同的需求和问题；②利基市场：价值主张、分销渠道和客户关系都是针对某一利基市场的特定需求定制，常可在供应商—采购商的关系中找到；③区隔化市场：客户需求略有不同，细分群体之间的市场区隔有所不同，所提供的价值主张也略有不同；④多元化市场：经营业务多样化，以完全不同的价值主张迎合完全不同需求的客户细分群体；⑤多边平台或多边市场：服务于两个或多个相互依存的客户细分群体。

3. 渠道通路

渠道通路指确定了价值主张、瞄准了目标用户后，创业者要描绘公司如何沟通、接触细分客户而传递其价值主张，主要回答以下问题：

（1）通过哪些方式和途径接触我们的客户细分群体？

（2）我们如何接触他们？我们的渠道如何整合？

（3）哪些渠道最有效？

（4）哪些渠道成本效益最好？

（5）如何把我们的渠道与客户的例行程序进行整合？

企业可以通过自有渠道、合作伙伴渠道或者两者混合来接触客户。其中，自有渠道包括自建销售队伍和在线销售，合作伙伴渠道包括合作伙伴店铺和批发商。

4. 客户关系

接下来，创业者需要思考的是，企业需要和客户（用户）保持什么样的关系才能够使得客户（用户）一直留存。客户关系用来描绘公司与特定客户细分群体建立的关系类型，主要回答以下问题。

（1）每个客户细分群体希望我们与之建立和保持何种关系？

（2）哪些关系我们已经建立了？

（3）这些关系成本如何？

（4）如何把它们与商业模式的其余部分进行整合？

（5）客户可不可以经常使用我们的产品和服务？

（6）可不可以为我们的产品和服务持续埋单呢？

一般来说，可以将客户关系分为六种类型：①个人助理：基于人与人之间的互动，可以通过呼叫中心、电子邮件或其他销售方式等个人自助手段进行；②自助服务：为客户提供自助服务所需要的所有条件；③专用个人助理：为单一客户安排专门的客户代表，通常是向高净值个人客户提供服务；④自助化服务：整合了更加精细的自动化过程，可以识别不同客户及其特点，并提供与客户订单或交易相关的服务；⑤社区：利用用户社区与客户或潜在客户建立更为深入的联系，如建立在线社区；⑥共同创作：与客户共同创造价值，鼓励客户参与到全新和创新产品的设计与创作中。

5. 收入来源

收入来源用来描绘公司从每个客户群体中获取的现金收入（需要从收入中扣除成本），主要回答以下问题。

（1）什么样的价值能让客户愿意付费？

（2）他们现在付费买什么？

（3）他们是如何支付费用的？

（4）他们更愿意如何支付费用？

（5）每个收入来源占总收入的比例是多少？

一般来说，收入来源可分为七种类型：①资产销售：销售实体产品的所有权；②使用收费：通过特定的服务收费；③订阅收费：销售或重复使用的服务；④租赁收费：暂时性排他性使用权的收费；⑤授权收费：知识产权授权使用；⑥经济收费：提供中介服务收取佣金；⑦广告收费：提供广告宣传服务收入。

6. 核心资源

核心资源用来描绘让商业模式有效运转所必需的最重要的因素，主要回答以下问题：

（1）我们的价值主张需要什么样的核心资源？

（2）我们的分销渠道需要什么样的核心资源？

（3）我们的客户关系需要什么样的核心资源？

（4）我们的收入来源需要什么样的核心资源？

一般来说，核心资源可以分为 4 种类型：①实体资产：包括生产设施、不动产、系统、销售网点和分销网络等；②知识资产：包括品牌、专有知识、专利和版权、合作关系和客户数据库；③人力资源：在知识密集产业和创意产业中，人力资源至关重要；④金融资产：金融资源或财务担保，如现金、信贷额度或股票期权池。

7. 关键业务

关键业务用来描绘为了确保其商业模式可行，企业必须做的最重要的事情，主要回答以下问题。

（1）我们的价值主张需要哪些关键业务？

（2）我们的渠道通路需要哪些关键业务？

（3）我们的客户关系需要哪些关键业务？

（4）我们的收入来源需要哪些关键业务？

一般来说，关键业务可以分为三种类型：①制造产品：与设计、制造及交付产品有关，是企业商业模式的核心；②平台 / 网络：网络服务、交易平台、软件甚至是品牌都可看成平台，与平台管理、服务提供和平台推广相关；③问题解决：为客户提供新的解决方案，需要知识管理和持续培训等业务。

8. 合作伙伴

合作伙伴指让商业模式有效运作所需的上下游服务商与合作伙伴的网络，甚至是竞争对手。主要回答以下问题。

（1）谁是我们的重要伙伴？

（2）谁是我们的重要供应商？

（3）我们正在从伙伴那里获取哪些核心资源？

（4）合作伙伴都在执行哪些关键业务？

一般来说，合作伙伴可以分为四种类型：在非竞争者之间的战略联盟关系；在竞争者之间的战略合作关系；为开发新业务而构建的合资关系；为确保可靠供应的购买方—供应商关系。

9. 成本结构

成本结构指运营一个商业模式所引发的所有成本，主要回答以下问题。

（1）什么是我们商业模式中最重要的固定成本？

（2）哪些核心资源花费最多？

（3）哪些关键业务花费最多？

一般来说，成本结构可以分为两种类型：①成本驱动：创造和维持最经济的成本结构，采用低价的价值主张、最大程度自动化和广泛外包；②价值驱动：专注于创造价值，增值型的价值主张和高度个性化服务通常是以价值驱动型商业模式为特征。

任何一种商业模式都少不了上述 9 个要素，任何新型的商业模式都不过是这 9 个要素按不同逻辑的排列组合而已。每个创业者的定位、兴趣点和视角都不一样，向各要素中添加的内容当然也就不一样，于是就有了不同的商业模式。

需要注意的是，商业模式并不是企业的全部，它描述的是企业各个部分怎样组合在一起构成一个系统。但是，商业模式并没有把“竞争”因素纳入其中。每一家企业都会遇到竞争对手，这只是早晚的问题，而应对竞争则是“战略”的任务。竞争战略是指如何比竞争对手做得更好。因此，创业者不能认为有了商业模式就万事大吉，它充其量只是创业成功的一部分而已。

专栏 7-9

扫描二维码，阅读《商业模式画布：创业公司做头脑风暴和可行性测试的一大利器》。

专栏 7-10

扫描二维码，阅读《精益画布 VS 商业计划画布》。

三、商业模式的设计方法

商业模式画布告知我们商业模式设计的九大要素，但是，创业者应该用什么样的正确方法充分利用这九大要素，设计出属于自己的商业模式呢？下面介绍六种方式。

1. 客户洞察法

客户洞察法，即基于客户洞察建立商业模式。企业往往在市场研究上投入了大量的精力，然而在设计产品、服务和商业模式上却忽略了客户的观点。良好的商业模式设计应该避免这个错误，需要依靠对客户的深入理解，创业者要从客户的角度来看待商业模式，这样可以找到全新的机会。这并非意味着要完全按照客户的思维来设计商业模式，但是在评估商业模式的时候需要把客户的思维融入进来。

有时候挑战在于该听取哪些客户和忽略哪些客户的意见。商业模式创新者应该避免过于聚焦于现有客户细分群体，而应该盯着新的和未满足的客户细分群体。许多商业模式创新的成功，正是因为它们满足了新客户未得到满足的需求。

本书在第五章介绍过被称为“超简客户分析器”的可视思考工具——移情图，这个工具可以帮助创业者理解客户的人口学特征，更好地理解客户的环境、行为、关注点和愿望，从而设计出可靠的商业模式。

2. 创意构思法

设计新的商业模式会产生大量商业模式创意，并筛选出最好的创意，这是一个富有创造性的过程，这个收集和筛选的过程被称为创意构思。

过去的经验对商业模式创新的参考价值极为有限，商业模式创新更不能简单复制竞争对手或者标杆的模式，而是要设计全新的模式，来满足未被满足的、新的或潜在的客户需求。

当设计可行的新商业模式时，掌握创意构思的技能就非常关键。创意构思主要有两个阶段：第一，创意生成，这个阶段重视数量，即要激发出足够多的商业创意；第二，创意合成，这个阶段集中讨论所有的创意，并加以组合，缩减到少量可行的可选方案。值得强调的是，创意构思并不一定要找到颠覆性的商业模式，常常只是把现有的商业模式略做扩展，以增强竞争力的创新。

创业者可以通过以下两种方法生成商业模式创意：第一，使用商业模式画布来分析商业模式创新的核心问题，商业模式画布的9个构造块都可以是创新的起点。第二，使用“假如”的提问方式。创业者在构思新的商业模式的时候，常常会被现状限制思维，从而遏制了想象力，克服这个问题的方法之一就是利用“假如”问题挑战传统假设，这些问题将帮助创业者发现能够使假设问题成立的商业模式。

专栏 7-11 创业的快速试错

早期创业公司的首要任务之一，是对它的商业模式进行试错。人算不如天算，预先想得再好的商业模式，一旦付诸实践，也常问题百出，甚至根本行不通，这对于创业公司来说可能是致命的。没有一个切实可行的商业模式，创业公司就像汪洋大海中的一条小船失去了方向，弄不好就会触礁沉没。创业公司能否生存下来，很大程度取决于它的试错速度，幸运的公司能够赶在弹尽粮绝之前，根据试错实践迅速调整、修改、改进、磨炼出可行的商业模式，找到生财之道，这样创业公司才能成活，才有发展的前提。试错，是创业公司的生死考验，是创始人的一场意志和智慧的较量。

3. 可视思考法

所谓可视思考，是指使用诸如图片、草图、图表和便利贴等视觉化工具来构建与讨论事情。因为商业模式是由各种构造块及其相互关系所组成的复杂概念，不把它描绘出来将很难真正理解一个模式。

商业模式是一个系统，其中的一个元素可以影响其他元素，因此，商业模式只有作为一个整体看待的时候才有意义。如果不进行可视化思考，很难捕捉到商业模式的全貌。商业模式画布就是一个可视化的思考工具，形象地把客户、渠道、供应商、合作伙伴等相关者的关系用一张图表现出来，便于系统地思考商业模式。事实上，通过可视化描绘商业模式，人们可以把其中的隐形假设转变为明确的信息，这使得商业模式明确而有形，并且讨论和改变起来也更清晰。视觉化技术赋予了商业模式生命，并能够促使人们共同创造。

4. 原型制作法

对于开发创新的商业模式来说，原型制作是一个强有力的工具，与可视化思考一样，原型制作同样可以让概念变得更形象具体，并能促进新创意的探索。原型制作来自设计和工程领域，在这些领域中，原型制作被广泛地用于产品设计、架构和交互设计中。

商业模式的原型既可以是画在餐桌上的草图，也可以是具体到细节的商业模式画布，还可以是一种能实地测试的成型商业模式。但是，不必把商业模式原型看成某个真正商业模式草图。原型是一个思维工具，可以帮助创业者探索不同的方向：如果增加另一个客户细分群体会对商业模式意味着什么？消除高成本资源将是怎样的结果？如果免费赠送一些产品或服务，并且用一些更具创新性的产品或服务替代现在的收入来源又将会意味着什么？原型制作通过添加和移除每个模型的相关元素，来探索新的、可能是荒谬的甚至不可能的构想。

专栏 7-12　商业模式设计：拓展思维和逆向思维

初期的互联网只有获取信息的功能，门户网站当时就满足了大众对于信息获取的需要。互联网后来又延伸出了社交、游戏、电商等几大类其他市场。如果在门户网站盛行之时，将门户网站较为成熟的商业模式复制到其他几大类市场，就有可能构筑先发优势，也可避免 2000 年门户网站的寒冬，这就是马云那时做阿里巴巴的高明之处。当然，延伸拓展思路还可以在互联网行业几大类市场内不断地细化，如电子商务在后来又细分为 B2B、B2C、C2C、行业电子商务等市场，如果我们在出现 B2B 的商业模式后，就通过拓展延伸的思维优先进入 B2C、B2C、C2C 等其他细分市场，同样能够取得明显的先发优势。在传统行业，如产品日益趋同的饮料市场，各企业之间的商业模式基本一致，此时更看重商业模式在细分市场的复制。汇源公司首先开发了高浓度的果汁，统一公司则延伸开发了低浓度的果汁，农夫山泉公司依据品牌的高端定位开发了高端果汁，而康师傅公司则专注于低价全系列低浓度果汁，业绩证明果汁市场的延伸拓展思路均取得了较好的效果。

信息技术行业领导者微软公司的商业模式比较传统，主要是卖软件、产品及许可证，通过提供产品和技术赚钱。微软的主要竞争对手依据逆向思维的方法制定相反的商业模式，并借此冲击微软的垄断地位，比如谷歌等有实力的企业在软件业实施开源软件，即消费者不再掏钱购买软件，为消费者免费享受软件打造另一种商业模式。与此相类似的是，中国 360 杀毒软件业采用了开源模式，消费者开始可以免费使用杀毒产品，而 360 的商业模式转向为客户增值的个性化服务。

5. 故事讲述法

本质上，新颖而富有创意的商业模式经常是晦涩难懂的，它们通过全新的方式组合各种元素，挑战现行的模式，形容一个全新的、未经考验的商业模式，就如同只用单薄的文字去描述一幅画作。面对这些陌生的模式，投资人、合作伙伴、员工很有可能觉得晦涩难懂而难以接受。所以，要把新的商业模式呈现出来，而又不招致抵触，呈现的方法就变得至关重要。

如果通过讲故事方式告诉这个商业模式是如何创造价值的，就如同用色彩来装饰画布，新概念新模式就变得有形起来，而不再抽象了。比起逻辑，人类更容易被故事所打动和吸引。将创业者的创意模式所包含的逻辑融入有趣的故事叙述中，能更容易鼓励员工参与其中，调动员工的积极性。创业者还可以通过讲故事来描述其商业模式是如何为客户解决问题的，从而清楚明白地把创业想法推销给投资人，故事还为下一步详细地介绍商业模式提供了很好的支持和认同。

讲故事的目的，是要把一种新的商业模式以形象具体的方式呈现出来。所以，故事的设计一定要简单易懂，主人公也只需要一位。总之，就像商业模式画布可以帮助创业者绘制分析创业模式一样，讲故事时一种理想的工具，好的故事能够帮助创业者有效地表达新的商业模式和理念。

6. 情景推测法

在新商业模型的设计和原有模型的创新上，情景推测把抽象的概念变成具体的模型。它的主要作用就是通过细化设计环境，帮助创业者熟悉商业模式设计流程。

有两种类型的情景推测：第一种情景推测描述的是不同的客户背景，客户是如何使用产品和服务的，什么类型的客户在使用它们，客户的顾虑、愿望和目的分别是什么。第二种情景推测描述的是新商业模式可能会参与竞争的未来场景。

第三节　商业模式的创新

如果对商业模式进行最浅显易懂的剖析，商业模式就是企业获得盈利的方式，而商业模式的创新就可以理解为，对企业获得盈利方式的改进。

一、商业模式创新的概念

商业模式这个概念提出后，无数的学者和实业家都想搞清楚，如何通过商业模式的创新来获得一个崭新的盈利模式，而往往很多实践都会以失败告终。

商业模式创新是指企业价值创造基本逻辑的创新变化，它既可能包括多个商业模式构成要素的变化，也可能包括要素间关系或者动力机制的变化。通俗地说，商业模式创新就是指企业以新的有效方式赚钱。例如，厦门大学翁君奕教授将商业模式的核心要素分为平台环境、客户环境、伙伴环境、顶板环境、内部环境。商业模式的创新就可以理解为将这五个要素平台进行不同的组合，产生各种各样的商业模式，转变成商业模式“魔方”[①]。

由于商业模式构成要素的具体形态、相互间关系及作用机制的组合几乎是无限的，因此，商业模式创新企业也有无数种。例如，提供全新的产品或服务、开创新的产业领域，或以前所未有的方式提供已有的产品或服务，或使其构成要素明显不同于其他企业，就是一种商业模式创新。如孟加拉国的格莱珉银行面向穷人提供的小额贷款产品服务，开辟全新的产业领域，而且其业务模式不同于传统商业银行，主要以贫穷妇女为主要目标客户，贷款额度小，不需要担保和抵押等。亚马逊卖的书和其他零售书店没什么不同，但它销售方式、产品范围、库存配送等与传统书店全然不同。

二、商业模式创新的特点

创新概念可追溯到熊彼特，他提出创新是指把一种新的生产要素和生产条件的“新结合”引入生产体系。创新具体有五种形态：开发出新产品、推出新的生产方法、开辟新市

---

① 翁君奕 . 商务模式创新 [M]. 北京：经济管理出版社，2004.

场、获得新原料来源、采用新的产业组织形态。相对于这些传统的创新类型，商业模式创新有几个明显的特点。

1. 商业模式创新必须以客户为中心

商业模式创新更注重从客户的角度，从根本上思考设计企业的行为，视角更为外向和开放，更多注重和涉及企业经济方面的因素。商业模式创新的出发点，是如何从根本上为客户创造增加的价值。因此，它逻辑思考的起点是客户的需求，根据客户需求考虑如何有效满足它，这点明显不同于许多技术创新。一种技术可能有多种用途，技术创新的视角，常是从技术特性与功能出发，看它能用来干什么，去找它潜在的市场用途。而商业模式创新即使涉及技术，也多是与技术所蕴含的经济价值及经济可行性有关，而不是纯粹的技术特性。

2. 商业模式创新伴随着多个要素的变化

商业模式创新表现得更为系统和根本，它不是单一因素的变化。它常常涉及商业模式多个要素同时大的变化，需要企业组织的较大战略调整，是一种集成创新。商业模式创新往往伴随产品、工艺或者组织的创新，反之，则未必足以构成商业模式创新。如开发出新产品或者新的生产工艺，就是通常认为的技术创新。技术创新，通常是对有形实物产品的生产来说的。但如今是服务为主导的时代，商业模式创新也常体现为服务创新，表现为服务内容、方式及组织形态等多方面的创新变化。

3. 商业模式创新会给企业带来新的竞争优势

商业模式创新可能开创了一个全新的可盈利产业领域，即便提供已有的产品或服务，也更能给企业带来更持久的盈利能力与更大的竞争优势。传统的创新形态，能带来企业局部内部效率的提高、成本降低，而且它容易被其他企业在较短期时期模仿。商业模式创新，虽然也表现为企业效率提高、成本降低，由于它更为系统和根本，涉及多个要素的同时变化，因此，它也更难以被竞争者模仿，常给企业带来战略性的竞争优势，而且优势常可以持续数年。

三、商业模式创新的方法

商业模式是无形的，远不如产品创新那么具体，因此商业模式创新很重要，但挑战也很大。按照 IBM 商业研究所和哈佛商学院克利斯坦森教授（Christensen）的观点，商业模式包含用户价值定义、利润公式、产业定位、核心资源和流程四个部分。相应地，商业模式创新就是对这四个部分的变革：改变收入模式，改变企业模式，改变产业模式和改变技术模式[①]。

---

① 创业邦. http://www.cyzone.cn/a/20120717/229820.html.

1. 改变收入模式

改变收入模式就是通过改变一个企业的用户价值定义，相应地改变其利润公式或收入模型。这就需要创业者从确定用户的新需求入手。这并非是市场营销范畴中的寻找用户新需求，而是从更宏观的层面重新定义用户需求，即去深刻理解用户购买你的产品需要完成的任务或要实现的目标是什么。其实，用户要完成一项任务需要的不仅是产品，而是一个解决方案。一旦确认了此解决方案，也就确定了新的用户价值定义，并可依次进行商业模式创新。

国际知名电钻企业喜利得公司就从此角度找到用户新需求，并重新确认用户价值定义。喜利得一直以向建筑行业提供各类高端工业电钻著称，但近年来，全球激烈竞争使电钻成为低利标准产品。于是，喜利得通过专注于用户所需要完成的工作，意识到它们真正需要的不是电钻，而是在正确的时间和地点获得处于最佳状态的电钻。然而，用户缺乏对大量复杂电钻的综合管理能力，经常造成工期延误。因此，喜利得随即改动它的用户价值定义，不再出售而出租电钻，并向用户提供电钻的库存、维修和保养等综合管理服务。为提供此用户价值定义，喜利得公司变革其商业模式，从硬件制造商变为服务提供商，并把制造向第三方转移，同时改变盈利模式。戴尔、沃尔玛、道康宁、ZARA、Netflix 和 Ryanair 等都是如此而进行商业模式创新。

2. 改变企业模式

改变企业模式就是改变一个企业在产业链的位置和充当的角色，也就是说，改变其价值定义中“造”和“买”的搭配，一部分由自身创造，另一部分由合作者提供。一般而言，企业的这种变化是通过垂直整合策略或出售及外包来实现的。如谷歌在意识到大众对信息的获得已从桌面平台向移动平台转移，自身仅作为桌面平台搜索引擎会逐渐丧失竞争力，就实施垂直整合，大手笔收购摩托罗拉手机和安卓移动平台操作系统，进入移动平台领域，从而改变了自己在产业链中的位置及商业模式，由软变硬。IBM 也是如此。它在 20 世纪 90 年代初期意识到个人电脑产业无利可图，即出售此业务，并进入 IT 服务和咨询业，同时扩展它的软件部门，一举改变了它在产业链中的位置和它原有的商业模式，由硬变软。甲骨文、礼来、香港利丰、美图秀秀等都是采取这种思路进行商业模式创新。

3. 改变产业模式

改变产业模式是最激进的一种商业模式创新，它要求一个企业重新定义本产业，进入或创造一个新产业。如 IBM 通过推动智能星球计划和云计算，重新整合资源，进入新领域并创造新产业，如商业运营外包服务和综合商业变革服务等，力求成为企业总体商务运作的大管家。亚马逊也是如此，它正在进行的商业模式创新向产业链后方延伸，为各类商业用户提供如物流和信息技术管理的商务运作支持服务并向它们开放自身的 20 个全球货物配发中心，并大力进入云计算领域，成为提供相关平台、软件和服务的领袖。

4. 改变技术模式

正如产品创新往往是商业模式创新的最主要驱动力，技术变革也是如此。企业可以通过引进激进型技术来主导自身的商业模式创新，如当年众多企业利用互联网进行商业模式创新。当今，最具潜力的技术是云计算，它能提供诸多崭新的用户价值，从而提供企业进行商业模式创新的契机。另一项重大的技术革新是3D打印技术。此技术一旦成熟并能商业化，它将帮助诸多企业进行深度商业模式创新。如汽车企业可用此技术替代传统生产线来打印零件，甚至可采用戴尔的直销模式，让用户在网上订货，并在靠近用户的场所将所需汽车打印出来！

当然，无论采取何种方式，商业模式创新需要企业对自身的经营方式、用户需求、产业特征及宏观技术环境具有深刻的理解和洞察力。这才是成功进行商业模式创新的前提条件，也是最困难之处。

四、初创企业商业模式设计和实施挑战

对于初创企业来说，商业模式创意在设计实施中，将遇到的挑战主要集中在市场的变幻莫测、竞争对手的阻截扼杀、资金的短缺和管理能力的不足等方面。

1. 如何应对市场的不确定性

创业者提出的很多商业模式创新的价值主张是针对新兴技术和新兴市场而言的。在实施这些商业模式创意时，初创企业所碰到的最大困扰之一就是市场需求的不确定性。即使在构思和论证时，价值主张虽然明确且具有预见性，但是当真正加以实施后，原来设定的价值对象是否领情、价值回收是否足够让股东最后能得到超过市场平均水平的回报等，则可能存在相当差距。因为新兴行业或新兴市场往往不成熟、需要培育但又可能受新的变化因素影响而改变趋势。何况很多商业模式创意的价值主张受到主客观因素的限制，做不到那么精确完备。在这种情形下，初创企业只能运用“摸着石头过河”的策略，先从最确定和最有利于降低不确定性的环节入手，然后根据行业技术动态和市场开发的进展，按照明朗化的趋向进行不断的适应性调整。

2. 如何在市场中领先一步

当初创企业选择在比较成熟的行业或者市场空间比较狭窄的新兴行业实施自己的商业模式创意时，在位竞争对手或者潜在进入者的可能反应是一个重要的制约因素。初创企业进入成熟行业，势必会受到在位大企业的阻挡和遏制。为此，创业模式实施前必须认真考虑如何后来居上的策略。如果进入的是一个空间比较狭小但前景比较确定的新兴市场，那么初创企业若不能在短时间内形成气候以占领地盘，就会被其他企业抢了先机。特别是商业模式创意设计容易被模仿时，问题尤其突出。这时，初创企业也要对如何领先占领市场做出充分的谋划。

3. 如何突破资金和管理能力不足的“瓶颈”

商业模式创意的创业实施常常会受到资金缺乏和管理能力不足的困扰。创业实施对资金的需要主要来自迅速实现价值主张的支撑因素。例如，进入一个需要培育开发消费需求

的市场，要求有比较充足的资金使得企业能够支撑到市场成熟取得回报之时。再如，当一个商业模式的价值主张需要网络外部效应作为支撑条件时，资金也会构成现实的“瓶颈”因素。商业模式创意也需要一个强有力的管理团队加以实施。但处于创业阶段的企业往往既没有一个成型的管理团队，又缺乏对高素质管理人才的吸引力。而这又反过来限制了价值主张的实现。

专栏 7-13

扫描二维码，阅读《苹果是如何创新商业模式的？》。

专栏 7-14

扫描二维码，阅读《ZARA 快速时尚商业模式成功秘诀》。

- 国内外企业界和学术界对于商业模式的概念本质并没有取得共识。商业模式的定义，可以归纳为四类：经济类、运营类、战略类和整合类。
- 商业模式解决的三个基本问题是：如何为客户创造价值？如何为企业创造价值？如何将价值在企业和客户之间进行传递？
- 商业模式分为五类：非绑定式商业模式、长尾式商业模式、多边平台式商业模式、免费式商业模式、开放式商业模式。
- 商业模式运行的逻辑表现为价值发现、价值匹配、价值获取三个方面。
- 商业模式画布的九大要素是：价值主张、客户细分、渠道通路、客户关系、收入来源、核心资源、关键业务、合作伙伴、成本结构。
- 商业模式的设计方法有客户洞察法、创意构思法、可视思考法、原型制作法、故事讲述法、情景推测法。

- 商业模式创新是指企业价值创造基本逻辑的创新变化。商业模式创新具有商业模式创新必须以客户为中心、商业模式创新伴随着多个要素的变化、商业模式创新会给企业带来新的竞争优势三个特点。
- 商业模式创新的四个方法：改变收入模式，改变企业模式，改变产业模式和改变技术模式。
- 初创企业商业模式实施中面临市场的变幻莫测、竞争对手的阻截扼杀、资金的短缺和管理能力的不足等方面的挑战。

1. 讨论美图公司如何设计自己的商业模式，能否通过手机盈利？
2. 小米公司的商业模式的逻辑是什么？
3. 根据商业模式画布思想和工具，设计团队创业项目的商业模式。
4. 在商业模式设计中，你该如何解决商业模式创新所面对的问题？
5. 摩拜和 ofo 是怎么盈利的？
6. 亚马逊如何从低利润率转型到高利润率的公司？
7. 京东一直都没赚钱，怎么就能上市？
8. 雀巢只是一家卖咖啡的公司吗？ 星巴克的营销模式为什么那么奏效？ 360 免费模式到底是怎么做的？
9. 为什么创业者不能说自己的产品是普世的产品，是放之四海而皆准的产品？

扫描二维码，阅读本章案例故事《徐飞：从数码平台到生态农业的探索者》。

第八章　组建创业团队

单个的人是软弱无力的，就像漂流的鲁滨孙一样，只有同别人在一起，他才能完成许多事业。

——叔本华

学习痛点

- 群体与团队有什么区别？
- 创业团队的作用和类型有哪些？
- 了解创业团队的构成要素。
- 创业团队的组建原则和过程有哪些？
- 打造优秀创业团队的元素。
- 团队冲突管理有哪些策略？

引例

俞敏洪：破解组建核心创业团队之道

在"改变企业命运的商业模式公开课"上，新东方教育科技集团创始人兼董事长俞敏洪对创业初期如何组建核心团队谈了自己的看法，分析新东方最早的核心成员加盟过程，他表示，利益吸引人是很难的，而价值观和创业愿景，以及对于彼此的尊重才是最大的吸引力。以下是俞敏洪的叙述。

我喜欢跟一批人干活，不喜欢一个人干。创业初期，环顾周围的老师和工作人员，能够成为我的合作者的几乎没有，看来合作者只能是我大学的同学。我就到美国去了，跟他们聊天，刚开始他们都不愿意回来。当时王强在贝尔实验室工作，年薪 8 万美元，他一个问题就把我问住了："老俞，我现在相当于 60 万人民币，回去了你能给我开 60 万人民币的工资吗？另外你给我 60 万，跟在美国赚的钱一样，我值得回去吗？"当时新东方一年的利润也就是一百多万，全给他是不太可能的。

两个因素导致他们都回来了。第一，我在北大的时候，是北大最没出息的男生之一。我在北大四年什么风头都没有出过，普通话不会说，考试成绩也不好，还得了肺结核，有很多女生直到毕业还不知道我的名字。直到 20 年以后的 2000 年，全班同学再聚会，全班女生恍然发现，我是我们班男生中挺有才干的人之一。第二，我去美国时中国还没有信用卡，带的是大把的美金现钞。大家觉得俞敏洪在我们班这么没出息，在美国能花大把大把的钱，要我们回去还了得吗？因为他们都觉得比我厉害。

我用的第二个方法，就是告诉他们："如果我回去，我绝对不雇用大家，我也没有资格，因为你们在大学是我的班长，又是我的团支部书记，实在不济的还睡在我上铺，也是我的领导。中国的教育市场很大的，我们一人做一块，依托在新东方下，凡是你们那一块做出来的，我一分钱不要，你们全拿走。你们不需要办学执照，启动资金我提供，房子我来帮你们租，只要付完老师工资、房租以后，剩下的钱全拿走，我一分钱不要。"他们问："你自己一年有多少总收入？""500 万元。"他们说："如果你能做到 500 万元，我们回去 1 000 万元。"我说："你们肯定不止 1 000 万元，你们的才能是我的 10 倍以上。"我心里想到底谁能赚 1 000 万还不知道呢！就这样，我把他们忽悠回来，到 2003 年新东方股份结构改变之前，每个人都是骑破自行车干活。第一年回来只拿到 5 万元、10 万元，到 2000 年每个人都有上百万的收入。所以大家回来干得很好、很开心。

过去自己一个人演独角戏时各种成功与荣耀都集中在自己身上，自己也可以一言九鼎。但是当组织结构不断扩大，仅靠一个人的力量无法完成整个机构的运转时，吸取他人的意见和建议成为管理成功的关键。

在现代化的管理组织机构建立的过程中，自己的决策能力必然会被越来越多的智囊所淡化，同事们的直言甚至可能伤害自己的尊严。那么，作为一个管理者，应该加强与团队中所有人员的相互了解。只有对每个人的个性、道德品格、缺点非常了解后，大家才可能一起进行批评和自我批评，而且是毫不留情面的。了解方式可以是工作中的互相切磋，可以是哥们似的促膝谈心，根据不同同事的性格制造增进了解的机会非常必要。当你知道了对方的缺点，也同时知道对方优点的时候，做一件事情要学的就是尽可能使用对方的优点，避开对方的缺点。对任何一个人的优点弘扬，可以使自己团队中的每一个人都是在应用自己的长处做事。同时作为一个管理者只有看到大家的长处，并认可长处，才有可能心服口服地把曾经属于自己的权力、荣誉逐渐让渡。每个管理者都希望成功，任何一个优秀的同事也渴望成功，让更多优秀同事享受你让渡的荣耀是团队凝聚力形成的重要原因之一。

资料来源：中国企业家网 . http://www.iceo.com.cn/chuangye.

第一节　创业团队的重要性

在创业实践中，团队共同创业是一种普遍现象。共同创业有利于分散创业的失败风险，提高驾驭环境不确定性的能力，从而降低新创企业的经营失败风险；共同创业还具有更强的资源整合能力，能同时从多个融资管道获取创业资金等资源，从而保证创业企业的成功。

一、创业团队的定义

认识创业团队的概念，首先要区分群体和团队的关系。群体是指两个以上相互作用又相互依赖的个体，为了实现某些特定目标而结合在一起。群体成员共享信息，做出决策，帮助每个成员更好地担负起自己的责任。团队是指一种为了实现某一目标而由相互协作的个体所组成的正式群体，团队合理利用每一个成员的知识和技能协同工作，解决问题，达到共同的目标。

团队和群体的关系表现在：团队是一个特殊的群体，群体强调的是个人基于共同目标而承担好各自领域的责任，群体没有共同的责任和积极的协调功能。从群体发展到真正的团队需要一个过程和时间的磨炼。在团队里，成员不仅要承担基于共同目标的个人责任，而且还要有共同的、所有成员都理解和承诺的工作目标与方法，他们的技能和方法互补、不可缺少，他们通过共同努力能够产生积极的协同效益，创造的成果比工作群体或各自为政创造成成果大得多。例如，一个旅行团是一个群体，但是一支优秀的足球队一定是一个团队。

创业团队是一种特殊团队，创业团队的定义有广义与狭义之分。狭义的创业团队是指有着共同目的、共享创业收益、共担创业风险的一群共同创立和经营新创企业的人，他们提供一种新的产品或服务，为社会提供新增价值。而广义的创业团队不仅包含狭义创业团队，还包括与创业过程有关的各种利益相关者，如创业投资商、供应商、专家咨询群体等。本书所指的创业团队主要从狭义上来理解。

二、创业团队组成要素

创业者如何组成一个创业团队呢？一般来说，创业团队需要五个重要的组成要素：目标（purpose）、定位（place）、职权（power）、计划（plan）和成员（people）。这五个因素紧密结合，被称为“五个 P”，构成一个团队整体框架。

1. 团队目标

目标是将人们的努力凝聚起来的重要因素，先有共同目标才有团队出现的必要性，团队目标可赋予成员认同感，增强团队的凝聚力和持续发展力。因此，创业团队应该有一个共同目标，为团队成员指引方向，没有这个目标团队就没有存在的价值。从本质上来说创业团队的根本目标都在于创造新价值。

2. 团队定位

定位指的是创业团队中的具体成员在创业活动中扮演什么角色，也就是创业团队成员的角色分配问题，即明确各人在新创企业中担任的职务和承担的责任。定位问题关系到每一个成员是否对自身的优劣势有清晰的认识，整个创业团队分工协作、各司其职，才能形成良好的合力。

3. 团队职权

创业活动具有动态复杂性，团队成员必须拥有较多的权力才能快速决策和行动。另外，很多人参与创业是因为具有自主权和控制权。所以，为了实现团队成员良好合作，提高团队成员的积极性，需要赋予每个成员一定的权力。

4. 团队计划

任何组织都必须有计划，明确行动方向和行动指南，创业团队要有计划，计划提出创业团队的目标和实现目标的有效实施方案，明确团队成员在不同阶段分别要做哪些工作以及怎样做。另外，按计划进行可以保证团队的工作顺利，只有在计划的规范下，团队才会一步步地贴近目标，从而最终实现目标。

5. 团队成员

任何计划的实施最终还是要落实到人的身上去，个人是构成创业团队的细胞。团队目标是通过其成员来实现的，不同的人通过分工来共同完成创业团队的目标，因此，对于创业者来说，创业团队伙伴的选择是团队建设与管理中非常重要的部分。人作为知识的载体，是所有创业资源中最活跃、最重要的资源，创业者要充分考虑团队成员的能力、性格、资源等方面的因素。

三、创业团队的作用

"众人拾柴火焰高"，个人的力量有限，而团队却能够散发无限的力量。由于创业过程中面临很多新生陷阱，资源和能力匮乏，更需要抱团生存和发展。

学术界大量实证研究，创业团队对公司创业绩效有重大影响，对获利率、存活率、成长潜力影响尤大。很多证据都显示，一个优良的创业团队是创业成功的关键因素之一，一个新创事业的成长潜力与创业团队的优劣有着很强的关联。

第一，创业团队具有资源优势。创业团队中的每个成员具不同的知识结构、成长背景、经验积累、经济社会资源等，这些资源集合在一起要比单个创业者丰富得多，从而可以更有效地解决创业企业面临的很多问题，增加新企业成功的可能性。创业团队也可以解决个人创业在时间、精力上的不足问题，避免创业企业过分地依赖一个人招致的缺位损失。

第二，创业团队具有创新优势。创业团队是一种紧密联系和分享协作的特殊群体，团队把多种资源优势、技能和知识糅合在一起，增加了成功的可能性。团队成员具有不同的思维方式、信息获取渠道和信息处理方式，这种分享认知的方式有利于集体创新，获得更多商机。

第三，创业团队具有决策优势。团队成员合理分工，各司其职，掌握很多具体领域的信息和问题，可以快速决策；整个团队群策群力，增加了决策的科学性；团队成员进行任务分担，可为团队核心人物思考重大问题提供了时间保证。

第四，创业团队具有绩效优势。创业团队成员在优势互补、共同风险、协作进取、坦诚沟通的过程中，形成了创业团队的凝聚力、合作精神、立足长远目标的敬业精神，提高了创业企业驾驭环境不确定性的能力，创业团队工作绩效大于所有个体成员独立工作时的绩效之和。曾有研究得出这样结论：工作群体绩效主要依赖于成员的个人贡献，而团队绩效则基于每一个团队成员的不同角色和能力而尽力产生的乘数效应。

专栏 8-1

扫描二维码，阅读《公司成长取决于创业团队》。

四、创业团队的类型

团队有多种类型，如可以根据团队存在的目的分为问题解决型团队、自我管理型团队、多功能型团队三种类型。创业团队也有多种类型，比如，可以根据团队成员之间的关系，把创业团队分为星状创业团队（star team）、网状创业团队（net team）和虚拟星状创业团队（virtual star team）三种。

1. 星状创业团队

这类创业团队有一个核心主导人物（core leader），充当了领军角色。这种团队在形成之前，一般是核心主导人物有了创业的想法，然后根据自己的设想进行创业团队的组织。创业团队其他成员也许是核心主导人物以前熟悉的人，也有可能是不熟悉的人，但这些成员在企业中更多时候是支持者角色（supporter）。

这种创业团队有几个明显的特点：①组织结构紧密，向心力强，主导人物在组织中的行为对其他个体影响巨大。②决策程序相对简单，组织效率较高。③容易形成权力过分集中的局面，从而使决策失误的风险加大。④当其他团队成员和主导人物发生冲突时，因为核心主导人物的特殊权威，其他团队成员在冲突发生时往往处于被动地位，在冲突较严重时，一般都会选择离开团队，因而对组织的影响较大。

这种组织的典型例子比如：太阳微系统公司（Sun Microsystem）创业当初就是由维诺德・科尔斯勒（Vinod KhMla）确立了多用途开放工作站的概念，接着他找了 Joy 和 Bechtolsheim 两位分别在软件和硬件方面的专家，以及一位具有实际制造经验和人际技巧的麦克・尼里（Mc Neary），于是，组成了 SUN 的创业团队。

2. 网状创业团队

这种创业团队的成员一般在创业之前都有密切的关系，比如同学、亲友、同事、朋友等。一般都是在交往过程中，共同认可某一创业想法，并就创业达成共识以后，开始共同进行创业。在创业团队组成时，没有明确的核心人物，大家根据各自的特点进行自发的组织角色定位。因此，在企业初创时期，各位成员基本上扮演的协作者或者伙伴角色（partner）。

这种创业团队有几个明显的特点：①团队没有明显的核心，整体结构较为松散。②组织决策时，一般采取集体决策的方式，通过大量的沟通和讨论达成一致意见。因此组织的决策效率相对较低。③由于团队成员在团队中的地位相似，因此容易在组织中形成多头领导的局面。④当团队成员之间发生冲突时，一般都采取平等协商、积极解决的态度消除冲突。团队成员不会轻易离开，但是一旦团队成员间的冲突升级，某些团队成员撤出团队，就容易导致整个团队的涣散。

这种创业团队的典型例子：微软的比尔・盖茨和童年玩伴保罗・艾伦，HP 的戴维・帕卡德和他在斯坦福大学的同学比尔・体利特等多家知名企业的创建多是先由于关系和结识，基于一些互动激发出创业点子，然后合伙创业，这种的例子比比皆是。

3. 虚拟星状创业团队

这种创业团队由网状创业团队演化而来。基本上是前两种的中间形态。在团队中，有一个核心成员，但是该核心成员地位的确立是团队成员协商的结果，因此核心人物某种意义上说是整个团队的代言人，而不是主导型人物，其在团队中的行为必须充分考虑其他团队成员的意见，不像星状创业团队中的核心主导人物那样有权威。

专栏 8-2

扫描二维码，阅读《雷军：创业公司如何组建优秀团队》。

第二节　创业团队的组建

选择优秀的创业伙伴并发展与他们的良好工作关系是一项复杂的工作，需要大量的努力，因为新企业能否成功在很大程度上取决于它所获取的人力资源，以及最初的、早期的员工所带来的人力资源。其中需要考虑的首要问题是，在角色安排上，创业者究竟是应当选择那些在各个方面与自己相似的人，还是有差异的人，以便提供他们自己所缺少的知识、技术和能力？因此，创业团队组建必须遵循一些基本原则。

一、创业团队组建原则

1. 互补性原则

由于创业团队中宽泛的知识、技术和经验有利于新企业，因此，在互补性而不是相似性的基础上选择合作创业者通常是一种更有用的策略。创业团队为获得成功，必须掌握非常宽泛的信息、技能、才能和能力，当创业团队的所有成员在各重要方面都具有高度的相似性时，这种成功不太可能出现。理想的状况是，如果一个团队成员所缺少的东西可以由另一个或者更多的其他成员提供，那么，整体的确大于各部分之各和，因为团队能够整合人们的知识和专长。因此，创业者在组建创业团队时的第一规则是：不要屈从于只和那些背景、教育、经历状况与自己相似的人一起工作的诱惑。否则，它不能提供新企业所需的丰富的人力资源基础。因此，强调互补性在一定程度上可能是更好的策略，因为它可以提供给新企业一种强有力和多样化的资源基础。

专栏 8-3

扫描二维码，阅读《木桶理论和长板理论》。

2. 相似性原则

物以类聚，人以群分。心理学有一个“相似性导致喜欢”规则，人们往往愿意同许多方面与自己相似性（如有关态度与价值观；人口统计因素如年龄、性别、职业、种族背景；共同兴趣等方面的相似性）的人交往，觉得相互之间更加了解，这时人们会感到舒坦，而且也趋向于喜欢这些人。创业者也会遵循“相似性导致喜欢”的规则，倾向于选择那些在背景、教育、经验上与他们非常相似的人组成团队。这样做的好处就是容易彼此了解，促进沟通，在一起工作时更加愉快和舒适，形成良好的人际关系，意见容易达成一致。但是，相似性组建团队的缺点也非常明显：相似的人越多，他们的知识、培训、技能、欲望和社会网络重叠的程度就越大。

创业者在组建团队时，处理相似性和互补性矛盾的一个有用方法是：在个人特征、动机、价值观等方面追求相似性，在知识、技能、经验、资源等方面追求互补性。

3. 渐进性原则

组建一支优秀的创业团队往往不是一蹴而就的事情，需要在创业过程中随着时间的推移和企业的发展而逐步完善。许多创业者在起步时团队不全甚至是没有团队，需要在创业过程寻找合适的创业伙伴，逐渐组建创业团队。

即便有的创业者一开始就组建了一个梦之队，也并不一定意味着成功。因为创业团队还需要不断打磨，寻找最佳的契合模式，需要一个过程使团队成员在思维方式、习惯等方面互相适应。何况，在创业初期选择精益创业方式可以最大可能地提升生存概率，而反其道而行之则容易加速死亡。初创企业的资金都很有限，每一分钱都得用到刀刃上。因此，初创企业的人员数量上不能太多，能满足基本的需求就可以了，否则会增加内耗，造成不必要的麻烦。

4. 动态性原则

一开始就拥有一支成功不变的创业团队是每个创业企业的梦想，然而这种可能性微乎其微。即使新创企业成功地存活下来，其团队成员在前几年的流动率也会非常高。在创业企业发展过程中，由于团队成员有更好的发展机会，或者团队成员能力已经不能满足企业需求，团队成员也需要主动或被动调整。

在团队组建的时候就应该预见到这种可能的变动，并制定大家一致认同的团队成员流动规则。这种规则首先应该体现公司利益至上的原则，每个团队成员都应认可这样的观点：当自己能力不再能支撑公司发展需求的时候，可以让位于更适合的人才。此外，这种原则也应体现公平性，充分肯定原团队成员的贡献，承认其股份、任命有相应级别的“虚职”以及合理的经济补偿都是安置团队成员退出的有效方式。团队组建的时候应该有较为明晰的股权分配制度，而且应该尽可能地预留一些股份，一部分用来在一定时间内根据团队成员的贡献大小再次分配，另外一部分预留给未来的团队成员和重要的员工。

二、创业团队的组建过程

组建一支优秀的创业团队对创业成功很重要。创业团队的组建没有固定的模式，但是，公司初创人在组建团队时一般从以下方面入手。

1. 创业者自我评估

创业者在组建团队时，首先要对自己有一个准确的评价和定位，只有在认清自我的基础上，才能有明确的方向和目标，才能知道自己需要什么样的创业伙伴。创业者需要从四个方面进行自我评估。

一是知识基础。创业者要分析自己所接受的教育水平、专业背景、工作经历等，评估自己知道什么和不知道什么，找到自身与拟创企业所需的差距，从而知道自己需要从他人，包括潜在的合作者那里获得什么。

二是专门技能。每一个人都有一系列独特的完成某些任务的能力，创业者应当去评估并列举出自身行业技术、管理经验、能力状况等技能，从而明白自己擅长什么、不擅长什么。这样，才能针对性地选择具有不同技能的人作为合作伙伴。

三是动机。思考自己“为什么要创建企业”？自己“想要从创业中最终获得什么”？等等，只有明确了自己的各项动机之后，创业者才有可能评判和那些潜在合作者之间的动机差异，防止动机差异程度给未来造成阻碍。

四是个人特性。人的性格特征具有多面性、复杂性和不确定性，人格特质是创业者自我评估中最难的一项。创业者可以利用大五人格理论，了解自身在尽责性、外向性 / 内向性、友好性、情绪隐定性、经历开放性这五大关键维度上处于什么位置。

当然，创业者对自己人力资本的自我评估是一件非常困难的事情，因为人们通常意识不到自身行为的原因，而且在许多情况下，只有根据其他人对自己的反应来理解自己的特征。

专栏 8-4　人格结构五因素模型

人格结构五因素模型（big five structure，five-factor model），又被译为大五人格模型。20 世纪 80 年代以来，人格研究者们在人格描述模式上达成了比较一致的共识，提出了人格五因素模式，被称为“大五人格”。这五种人格特质是：

尽责性：个体所表现出来的努力工作、组织化、可靠性以及坚韧性的程度，或者懒惰、非组织化和不可靠的程度。

外向性—内向性：个体表现出来的喜欢群居、过于自信以及善于交际的程度，或者保守、胆小和安静的程度。

友好性：个体表现出来的合作、谦恭、可信以及易于相处的程度，或者不合作、不易相处以及好胜的程度。

情绪稳定性：个体表现出来的不安全、焦虑的、沮丧以及情绪化程度，或者平静、自信以及安全的程度。

经历的开放性：个体表现出来的创造性、好奇以及具有广泛兴趣的程度，或者实现以及只有狭隘兴趣的程度。

资料来源：MBA 智库百科 . http://wiki.mbalib.com.

2. 选择合作伙伴

找到对的人，就是成功了一半。创业者在自我评估的基础上，要选择合适的创业伙伴，并进行合理的角色安排，使创业团队整体具有战斗力和凝聚力。首先，要根据互补性原则，选择在知识、技术、能力、经验、信息、思维方式、行事风格等方面具有互补性的成员，尽量保证团队成员的异质性。其次，要根据共同价值观原则，选择具有统一的价值认同、思路、理念、信仰的成员，保证创业企业有共同的宗旨、目标和努力方向。最后，要根据相似性原则，选择在个性、特质、动机等方面具有相似性的成员，保证成员之间的有效沟通和凝聚力。

创业者在选择伙伴时，如果相似性和互补性有冲突，这个时候在互补性而不是相似性的基础上选择合作创业者通常是一种更有用的策略。但是，创业者选择创业伙伴时，还要考虑到创业机会的特征。如果创业机会蕴含的不确定性程度高，价值创造潜力大，此时需要以互补性为主要原则，用理性逻辑来组建创业团队以便更好地应对创业过程中的复杂任务。如果创业机会蕴含的不确定性程度较低，价值创造潜力一般，则团队成员可以依靠彼此的吸引力、齐心协力和信任来完成创业任务，此时创业伙伴的选择更需要相似性。

3. 建立强有力的工作关系

创业者找到对的人，仅仅只是一个开始。创业者还必须能够合理地使用团队成员，保证团队成员以一种有效的方式共同工作。首先，团队成员的角色要有清晰的界定，将对的人放在对的位置上，处在团队中特定位置的人的职责和权限要有清楚的界定。职责和权限不清，往往是引发冲突的主要来源。其次，对公平感知的关注，创业者要采取积极措施，以确保创业团队的所有成员都感觉到他们受到了公平的待遇。最后，要在团队成员之间设计有效的沟通模式和风格。

专栏 8-5　创业公司团队里至少要有这六种人

“创业成功没有灵丹妙药，但是你的团队往往决定着创业企业的成功或者失败。”企业家 Bernd Schoner 说。

Bernd Schoner 拥有麻省理工学院（MIT）的博士学位，并且是 RFID 技术创业企业 Thingmagic 的联合创始人，2010 年他把公司卖给了 Trimble Navigation，收购总价不详。

Thingmagic 拥有由五位联合创始人组成的原始团队。但截至该公司被收购为止，Bernd Schoner 说，只剩下了两个人——这导致他更强烈地思考了团队动力这个问题。

“在一个典型的高科技公司或创业企业中，人们要更合理地承担一定的角色，我认为，如果你格外注意这一点，那么你成功的概率就会上升。” Bernd Schoner 说。他为此写了本书——《高科技企业家的生存指南》，即将出版。

虽然一些公司开始时只有一个或两个员工，但 Bernd Schoner 说，有六种类型的人最关键，他认为，有这六种关键的人，就可以组成一个伟大的团队。这里是他梦之队阵容的组成：

第 1 种：不受约束的技术天才

“现在人们普遍认为，高科技创业最好拥有具备技术知识的人才。” Bernd Schoner 说，“你也会希望有人能够领导团队的技术进程。”

第 2 种：绝对领导者

Bernd Schoner 说，通常情况下，一个公司里，有一个能发号施令的人是很重要的。

“对于较大的创始人团队来说，如果同时存在五种不同的意见，并且都同等重要，那么这种情况是非常棘手的。民主是伟大的，但是在创业企业中却不是。” Bernd Schoner 说，“领导者或者首席执行官并不需要总是正确的，但你需要这么一个人，他要是一个能够让别人尊敬的领袖人物，这就是一件好事。”

第 3 种：行业资深人士

Bernd Schoner 说，在年轻的创业企业团队里往往缺少这种人，但他强调，在团队里有一些经验老到的人员是非常重要的。

“真正了解行业的某些人是极具价值的。他们的作用不仅是竭力想创造酷的或者新的东西，他们真正具有经验，能够明白一个特定的行业需要的是什么。”他说。

第 4 种：销售人才

“销售人才是不仅仅懂得技术，而且也懂得如何把它卖给客户的人。年轻的技术人员往往会忽略团队中销售专家的价值。但当我们想让人付钱时，就和技术无关——而是与我们能够提供给顾客的价值有关。”

第 5 种：super star

公司里的 super star 是什么？ Bernd Schoner 解释说，他可以是科技天才，也可以是首席执行官，但他必须具有个人魅力，可以把人们团结到公司周围的人。

“这个人可以建立自己的营销战略，他是那个你想把他送到专题讨论会以及行业研讨会上的人！” Bernd Schoner 说。

第 6 种：理财专家

特别是当你还没有把产品推向市场时，随时掌握成本是很重要的。

“拥有金融人才是重要的。要有人具备足够的处理数字的能力。”然而，如果你的公司还没有足够大到能养超过五个员工时，Bernd Schoner 说，你可以把这个人从名单上去除，只要团队中有其他人有很强的资金管理意识就行了。

资料来源：创业邦 . http://www.cyzone.cn/a/20140508/257372.html.

专栏 8-6

扫描二维码，阅读《创业必读：组建初创团队最常见、最致命的 10 个大坑》。

第三节 创业团队的管理

创业团队对于创业成功具有重要的意义，但并非所有的团队都能获得成功。因此，团队管理非常重要，创业者要掌握团队管理的艺术，从而持续打造一个优秀的创业团队。

一、创业团队的维系和成长

1. 创业团队的维系

创业团队管理中，首先面临的是减小创业团队人员的流失率，确保创业团队稳定地渡过创业过程的各种艰难时刻。

我们在前面学习过，创业团队分为星状创业团队、网状创业团队和虚拟星状创业团队三种。从团队的稳定性来看，有核心主导的创业团队由一个核心主导来组成所需要的团队，他在挑选成员时就已经考虑到成员的性格、个性、能力、技术以及未来的价值分配模式等，相对会减少由于创业成员间因为自身性格、兴趣不合，导致创业团队解散的情况。但是，任何创业团队都有散伙的可能性，创业团队的维系要注意以下方面。

首先，核心创业者要激发创业团队成员热情和创造力，联络团队感情，发展共同的创业理念和愿景，加强团队凝聚力和合作精神，经过碰撞后争取早日形成一致的创业思路，形成共同的行动纲领和行为准则。

其次，要保证团队成员间通畅的沟通渠道，进行持续不断的沟通。团队开始工作时要沟通，遇到问题要沟通，解决问题时也要沟通，有矛盾时更要沟通。沟通可以化解矛盾，增强信任，减少猜疑、埋怨等。沟通的时候要多考虑团队的远景目标和未来的远大理想，多想有利于团队发展的事情。

最后，团队成员要安排好股权和利益分配机制。“亲兄弟，明算账”，创业团队成员之间事先要有明确的所有权分配安排，并有正式的约定。对于没有股权的团队成员，要通过授权、薪酬机制、工作设计等手段进行有效激励。

2. 创业团队的成长

布鲁斯·塔克曼（Bruce Tuckman）提出了团队发展阶段模型，认为团队发展要经历5个阶段：组建期（forming）、激荡期（storming）、规范期（norming）、执行期（performing）和休整期（adjourning）。根据布鲁斯·塔克曼的这个理论，可以把创业团队的发展分成几个阶段。

第一，启动阶段。该阶段的显著标志是一方面团队缺乏一起创业的经验，另一方面对诱人机会在未来可能的成功带来的高回报的憧憬。此时，团队最主要的任务是减少不确定性，在团队内部相互考验和评价，培育一起工作的经验。同时发展能够帮助他们的外部社会网络。

第二，成长导向阶段。在这个阶段团队是以集体成长导向为标志的，但是相互之间不知道如何获得成长且不清楚企业未来的发展方向。在这个阶段中，团队对外开始聚焦于发展资源、知识和技能以便在市场上有效竞争，对内共同应对可能碰到的各种事件，并对将来的发展和当前的业务进行思考。

第三，愿景阶段。这个阶段团队已经形成一个共享的清晰的商业愿景。团队一方面要把愿景分解成一系列可达成的目标，并且考虑实施方案。另一方面团队需要澄清团队成员的任务与角色，界定其职责。同时深入了解团队成员的个体差异，以及这些差异对团队行为和团队过程可能的影响。

第四，制度化阶段。这个阶段其特征是创业团队成员从对新创企业的创立者的忠诚转变为对当前事业及其未来发展方向的关心，即不是关心创业主导者个人的雄心和价值观而是整个组织。

在启动阶段和成长导向阶段中，可能因为处于磨合期，创业团队比较容易出现导致发展障碍的功能失调问题，包括人际关系和决策冲突等。

二、如何打造一个优秀的创业团队

1. 优秀创业团队的特点

优秀的创业团队善于根据独特的创业理念来实现愿景，这种重要的理念作用在以后成功的企业实践中将得到充分体现。根据对全球500家成功创业创的调查，创业都有令人神往的创业远见并坚持信念、付诸行动、力求成功，最后梦想成真。优秀创业团队的杰出理念各有不同，但都具有以下几个共同点。

高度凝聚力。优秀创业团队中每个成员都是紧密相关、不可分割的，成员能够彼此信任、同甘共苦。创业团队中的每一位成员都会认为，单纯依靠个人的力量不可能单独成功，任何个人离开企业的整体利益不能单独获益。同样，任何个人的损失也将损害整个企业的利益，从而影响每一个成员的利益。

高度合作精神。优秀的创业团队具有整体协同能力，注重相互配合以减轻他人的工作负担从而提高整体的效率，注重在创业团队成员中树立榜样模范，并通过奖励制度激励员工。团队中没有个人英雄主义，每一位成员的价值，表现为其对于团队整体价值的贡献。

能力搭配完美。建立优势互补的团队是创业关键，好的创业团队成员间的能力通常都能形成良好的互补。在一个优秀的团队里，“主内”与“主外”的不同人才，耐心的“总管”和具有战略眼光的“领袖”，技术与市场两方面的人才，都不可偏废。

长期的承诺。一支优秀的团队，其成员会朝着企业的长远目标而努力，保持对企业长期经营的信心，对于企业经营成功给予长期的承诺。创业过程充满了艰辛、荆棘和挫折，创业工作投入时间大、工作复杂程度和不确定性程度高，如果对事业的信心不足、激情不够，将无法适应创业的需求。优秀的创业团队成员了解企业会经历挑战和困难，并承诺不会因为一时利益或困难而退出。

追求价值创造。创业团队都致力于价值创造，即努力把蛋糕做大，从而使所有的人都能获利，包括为客户提供更多的价值、帮助供应商从团队的成功中获取相应收益，以及使团队的赞助商和持股人获得更大盈利。

共同分享收获。尽管法律或道德都没有规定创业在企业收获期要公平公正地分配所获利益，但越来越多的成功创业者已经这样做了。通常他们会把企业“盈利”中的10% ～ 20% 留出来分给关键员工。

股权分配合理。优秀创业团队成员的股权分配不一定要均等，但需要合理、透明与公平。合理的股权分配要与其所创造的价值和贡献相匹配。

2. 组建优秀创业团队

如何组织一个优秀的团队，如何让每个人都能发挥他们各自最大的作用，是每个创业者必须思考的问题。从理论上说，组建优秀创业团队属于组织行为学中团队建设的范畴。

团队建设是指企业在管理中有计划、有目的地组织团队，并对其成员进行训练、总结、提高的活动。团队建设的方法与技巧很多，一般来说，团队建设应从以下几个方面进行。

第一，组建核心层。团队建设的重点是培养团队的核心成员，充分发挥核心成员的作用，使团队的目标变成行动计划，团队的业绩得以快速增长。团队核心层成员不仅要知道团队发展的规划，还要参与团队目标的制订与实施，实现同心同德、承上启下，心往一处想，劲往一处使。对于创业团队而言，企业的创建者或者创始人是核心层成员。

第二，明确团队目标。团队目标是全体成员奋斗的方向和动力，也是感召全体成员精诚合作的一面旗帜。核心层成员在制订团队目标时，需要明确本团队目前的实际情况，例如：团队处在哪个发展阶段？团队成员存在哪些不足，需要什么帮助，斗志如何？等等。

第三，培育团队精神。团队精神是指团队的成员为了实现团队的利益和目标而相互协作、尽心尽力的意愿和作风，它包括团队的凝聚力、合作意识及士气。团队精神强调的是团队成员的紧密合作。要培育这种精神，领导人首先要以身作则，做一个团队精神极强的楷模；其次，在团队培训中加强团队精神的理念教育；最重要的，要将这种理念落实到团队工作的实践中去。

第四，做好团队激励。激励是指通过一定手段使团队成员的需要和愿望得到满足，以调动他们的积极性，使其主动自发地把个人的潜能发挥出来，从而确保既定目标的实现。每个团队成员都需要被激励，领导人的激励工作做得好坏，直接影响到团队的士气，最终影响到团队的发展。

专栏 8-7

扫描二维码，阅读《史上十大最佳创业团队盘点》。

专栏 8-8

扫描二维码，阅读《周鸿祎谈如何组建创业团队》。

专栏 8-9

扫描二维码，阅读《创业需要一个好的团队，还是一个好的领袖？》。

三、创业团队的冲突管理

创业者往往充满激情、愿景和梦想，想法很多，但是他们所从事的创业活动又具有高度的复杂性和不确定性。因此，在创业的过程中，团队成员之间常常难以避免会发生对立和分歧。

专栏 8-10

扫描二维码，阅读《创业者当勇于接受团队冲突》。

1. 冲突原因

团队冲突指团队成员在目标、利益、认识、性格、意见等方面互不相容或互相排斥，从而产生心理或行为上的矛盾，导致抵触、争执或攻击事件。有合作就难以避免冲突，冲突的发生是企业内外部某些关系不协调的结果，表现为冲突行为主体之间的矛盾激化和行为对抗。

冲突产生的原因有认知冲突和情感冲突两种。

认知冲突是指创业团队成员有关创业过程中出现的与问题相关的意见、观点和看法所形成的不一致性。一般而言，如果认知冲突对事不对人，一定程度上有助于改善团队决策质量和提高创业绩效。

情感冲突指的是基于人格化、关系到个人导向的不一致性，这种论人不论事的情感冲突容易在团队成员之间挑起敌对、不信任、冷漠等情绪，会降低团队的有效性和工作绩效。

在创业实践中，团队冲突的根本来源是情感冲突和认知冲突，但是冲突的具体原因却表现为多种多样。例如，核心成员全局观不够，从合作精神不足，到专注个人或小集体利益，最后形成宗派顽疾，阻碍企业发展；核心成员不稳定，从互不认同到分歧不断，逐渐冲突增加，直至团队分裂；班子在业务方向、做事方式和待遇等方面意见不一致；CEO 德才不足、心胸狭窄、不能容人、缺乏公正、任人唯亲等导致团队成员信任危机；创业团队的结构和工作方式不合理，等等。

专栏 8-11

扫描二维码，阅读《如何处理团队中的五个矛盾？》。

2. 冲突管理

冲突管理即指在一定的组织中对各种冲突的管理。冲突管理策略模式已有多种，应用最广的通用策略模式是美国行为科学家托马斯（K. Thomas）提出的冲突管理五种基本策略。

第一种：竞争策略。竞争策略又被称为强制策略，是一种“我赢你输”，武断而不合作的冲突管理策略。奉行这种策略者，往往只图满足自身目标和利益却无视他方的目标和利益，常常通过权力、地位、资源、信息等优势向对方施加压力，迫使对方退让、放弃或失败来解决冲突问题。这种策略难以使对方心悦诚服，较少解决冲突佳法，但在冲突主体实力悬殊或应付危机时较为有效。

第二种：回避策略。回避策略指既不合作又不武断，既不满足自身利益又不满足对方利益的冲突管理策略。奉行这一策略者无视双方之间的差异和矛盾对立，或者保持中立姿态，试图将自己置身事外，任凭冲突事态自然发展，回避冲突的紧张和挫折局面，以退避三舍、难得糊涂的方式处理冲突问题。回避策略可以避免冲突问题扩大化。当冲突主体相互依赖性很低时，回避可避免冲突或减少冲突的消极结果；但当冲突双方相互依赖性很强时，回避则会影响工作，降低绩效，并可能会忽略某些重要的看法、意见和机会，招致对手的受挫、非议和影响冲突的解决，故拟长期使用回避策略时，务必三思而后行。

第三种：合作策略。合作策略指的是在高度合作精神和武断的情况下，尽可能地满足冲突主体各方利益的冲突管理策略模式。奉行这种策略者必须既考虑自己关心点满足的程度，又考虑使他人关心点得到满足的程度；尽可能地扩大合作利益，追求冲突解决的“双赢”局面。

第四种：迁就策略。迁就策略又被称为克制策略或迎合策略，指的是一种高度合作且武断程度较低（不坚持己见），当事者主要考虑对方的利益、要求，或屈从对方意愿，压制或牺牲自己的利益及意愿的冲突管理策略。通常的迁就策略奉行者要么旨在从长远角度出发换取对方的合作，要么是不得不屈从于对手的势力和意愿。

第五种：妥协策略。妥协策略又称为谈判策略，指的是一种合作性和武断性均处于中间状态，适度地满足自己的关心点和满足他人的关心点，通过一系列的谈判、让步，避免陷入僵局，“讨价还价”地部分满足双方要求和利益的冲突管理策略。妥协策略是一种被人们广泛使用的处理冲突方式，它反映了处理冲突问题的实利主义态度，有助于改善和保持冲突双方的协和关系。尤其在促成双方一致的愿望时十分有效。奉行此策略时，应在满足对方最小期望的同时做出让步，冲突双方应当相互信任并保持灵活应变的态度，着重要防止满足短期利益在前、牺牲长远利益在后的妥协方案或妥协策略的消极影响。

上述五种冲突管理策略若从冲突双方相互间的得失权衡来看，竞争为彼失己得，合作为各有所得，妥协为各有得失，回避为各无所得，迁就为彼得己失。哪个策略更为有效，人们的观点并不一致，且受到每个人基本哲学的影响。事实上，影响冲突管理策略有效性的因素很多，每一种策略的有效性必须放到具体冲突的情形、环境、情节、矛盾、资源等实际状况中去考察，具体问题、具体处理。

在创业实践中，创业团队的冲突管理基本适用于以上五种基本策略。但是，创业者需要根据实际情况灵活运用这些基本策略，而这些策略的落实也需要具体的冲突管理办法。比如，为了减少团队内部歧视和分歧，创业团队要培养共识，而这个共识就是让团队成员都知道团队的价值观、团队协作技巧和团队的处事方式等。有效的沟通和相互信任也是团队避免冲突和解决冲突的重要方式。不管是电子邮件、电话会议、面对面会议还是网络会议，开放而稳定的沟通渠道对创业团队的维系至关重要。创业团队面分歧也应该坦然面对，积极解决，每个人的想法必然有对的地方，适当地取长补短，才能有助于团队的健康成长。

专栏 8-12

扫描二维码，阅读《天使还是魔鬼？》。

专栏 8-13

扫描二维码，阅读《别和商学院同学一起创业》。

- 团队是一个特殊的群体，创业团队是一种特殊团队，创业团队的定义有广义与狭义之分。
- 创业团队由目标（purpose）、定位（place）、职权（power）、计划（plan）和人员（people）五个因素组成，被称为“五个 P”。
- 创业团队的作用包括资源优势、创新优势、决策优势和绩效优势。
- 创业团队的类型主要有星状创业团队（star team）、网状创业团队（net team）和虚拟星状创业团队（virtual star team）三种。
- 创业团队组建原则包括：互补性原则、相似性原则、渐进性原则、动态性原则。
- 创业团队的组建过程包括创业者自我评估、选择合作伙伴、建立强有力的工作关系。
- 创业团队的管理包括创业团队的维系和成长、打造一个优秀的创业团队、创业团队的冲突管理。
- 成功的创业团队具备以下特征：高度凝聚力；高度合作精神；能力搭配完美；长期的承诺；追求价值创造；共同分享收获；股权分配合理。

- 组建优秀创业团队要注意组建核心层、明确团队目标、培育团队精神、做好团队激励。
- 创业团队冲突产生的原因有认知冲突和情感冲突两种。
- 冲突管理有 5 种基本策略：竞争策略；回避策略；合作策略；迁就策略；妥协策略。

1. 团队和群体有什么不一样？
2. 创业团队由哪些因素构成？
3. 不同类型创业团队有哪些特点？
4. 结合实例阐述创业团队的意义及重要性。
5. 阐述创业团队的组建策略。
6. 如何在创业团队中建立强有力的工作关系？
7. 一个优秀的创业团队具有哪些特点？如何打造一个优秀的创业团队？
8. 结合实例说明创业团队冲突产生的原因有哪些？
9. 收集资料，评价创业需要一个好的团队，还是一个好的领袖？
10. 观察你身边的创业者，举出一些创业团队案例并归纳这些团队的组建和发展具有什么特点。
11. 如何在创业团队冲突管理中灵活运用 5 种基本策略？

扫描二维码，阅读本章案例故事《常琪山：从厦大手绘地图开始》。

第九章　创业计划

每份计划书如同雪花一般，千差万别。但每一份都是独立的艺术品，体现创业者的鲜明个性。

——约瑟夫·R. 曼库索

学习痛点

- 了解创业计划书的含义和意义。
- 学习撰写创业计划书的步骤、要求和技巧。
- 掌握创业计划书各具体内容的撰写指南。
- 掌握创业计划书的展示形式。

引例

创业者需要讲给 VC 一个什么样的故事呢？

美国著名创业投资人盖伊·川崎（Guy Kawasaki）曾为圣诞老人写过一份融资 PPT，其内容如下。这样的项目和演示形式是每个 VC 都梦寐以求的。

解决什么问题

父母需要一种方法来引导他们的孩子，这是从3岁到十几岁的孩子都面临的普遍问题。

解决方案

给听话的好孩子糖果和玩具，给淘气的孩子大煤块。

商业模式

（1）跟玩具公司和糖果公司进行收入分成，卖形象经营许可给零售商，从电影、音乐和出版物收取版税；

（2）由飞行的驯鹿带着，在 1 个晚上将玩具送给全世界的小孩；通过烟囱进入家里，知道每个小孩想要的东西，知道每个小孩是好孩子还是淘气包；

（3）超过 50 项专利，完全环保，售后 100% 保障。

市场营销

（1）通过搜索引擎优化，Google 可产生 15 700 000 次点击；

（2）跟玩具厂商、糖果厂商及零售商合作，增加品牌认知度；

（3）入侵西方文学领域；

（4）跟老年人合作，创立长期的品牌认知度。

竞争

没有，或者算上耶稣也行，这取决于你的世界观。

团队

有几百年成功经验的 CEO，另外，还有会飞行的驯鹿，他们是全部免费工作，没有期权。

预测

面对20亿儿童，保守计算，1%的市场份额是2 000万儿童。一个人每年贡献 10 元钱，就是 2 亿美元的收入。

资料来源：CAP 船长，http://www.jianshu.com/p/6743ec2b5460.

第一节　创业计划概要

一、创业计划的概念

创业计划或商业计划（business plan，BP），有时也称为行动计划（game plan）或行路图（road map），是高科技与创业投资浪潮兴起的产物。创业计划书是创业者在创办一个新的企业时所有相关的外部及内部要素的描述，是创业者就某一项具有市场前景的新产品或服务向创业投资家游说以取得创业投资的商业可行性报告。

创业计划实质上是对创业者或团队创意和理想的具体化，是创业者为所选择的创业项目在未来 3 ～ 5 年的发展而制定的一份完整、具体、深入的行动指南。创业计划应该由创业者来准备和撰写，然而，在准备和撰写创业计划时，创业者也可以向有关的专业人员咨询，甚至委托外部专业人员来撰写。

二、创业计划的意义

创业计划的功能或意义，主要表现在以下方面。

1. 创业计划使创业机会的形式发展得更清晰

我们在前面学习过，创业计划是创业机会的一种表现形式。一般来讲，每一位创业或者准创业者在创业之初都会对拟创建企业的发展方向及经营思路有一个粗略的设想。但如果把创意发展形式落实到纸面上，撰写成规范具体的创业计划，则会迫使你检查自己的运作构思是否可行，帮你改正不切实际的想法，降低试错的代价。

创业计划书使创业者客观、冷静、严格地从整体角度观察和梳理自己的创业思路是否可行，清醒地认识自己的创业机会，明确创业方向和经营理念，洞察市场和用户，找到好的定位和切入点，明确产品逻辑和业务走向，进而认真规划创业蓝图，以避免因企业破产或失败带来的巨大损失。

2. 创业计划是创业者有效经营和管理企业的行动指南

成功的商业计划书是一份非常有意义的企业文献。它详尽地描述了企业的生产运作计划、市场环境、营销策略、人力资源计划、财务分析、风险评估、战略目标和需要的资源，可以让管理层和员工增强对企业现状和未来前景的了解，帮助创业者建起公司，让公司顺利运转，减少失败的可能，因而可以作为企业的重要文献，在管理和经营决策中发挥重要的作用。

此外，商业计划还可以激励管理者及公司员工。

3. 创业计划是寻求外部资源支持的必不可少的工具

完善的创业计划可以使他人了解创业项目及创业构想，有利于创业者寻求外部资源的支持。其作用具体表现在以下几个方面。

第一，它是创业者向各类投资者筹资沟通的工具。商业计划书是找投资人的敲门砖。商业计划书里包含了投资所需要的信息，指出了项目或企业的优势、劣势，机会与威胁，展示了市场机会和竞争策略，提供了预期的投资报酬和风险回避措施，这一切都为投资者进行有效率的项目筛选分析，并最终快速做出投资决策提供了信息。

银行一般只要求贷款企业提供过去和目前的财务报表。但由于资金的需求大大超过资金的供给，只提供财务报表是不够的，贷款企业必须提供有前景的商业计划书。商业计划书可以使本企业与众不同。

第二，寻求战略性合作伙伴和签订大规模的合同。战略性合作伙伴指与创业企业有合作研究、合作市场开发及其他业务关系的各种企业及公司。对于创业企业来说，获得战略同盟就意味着获得资金、市场以及其他领域的重要渠道。一般来讲，一个大企业在吸收一个小企业作为战略性伙伴之前，都要详细阅读该企业的商业计划书。同时，创业企业在向大企业承揽大的业务的时候，大企业的管理者一般也要求创业企业提供商业计划。

第三，吸引高级管理人员。当一个小企业招聘高级管理人员的时候，往往也需要商业计划书。因为对于创业企业来说，招聘管理人员实际上是双向选择的过程。公司想办法确保所聘职员真像其本人说的那样优秀，应聘者也想知道在新的公司里能否发挥自己的才能。所以，商业计划可以节省时间，增加效率，并消除不必要的误会。

第四，得到各类中介机构的支持。创业计划有利于创业者与供应商、经销商等中介机构进行沟通，取得他们的支持和信任，为企业发展创造良好的外部环境。

利用创业计划在寻求外部资源支持时，创业者要与有关人士分享创业构想，但要注意防范创业构想被人窃取。最好的办法除了寻求律师的建议外，要让创业计划的阅读者签署保密协议或不公开协议。

专栏 9-1 “创青春”全国大学生创业大赛

创青春是“创青春”全国大学生创业大赛的简称，是“挑战杯”中国大学生创业计划竞赛的改革提升。大学生创业计划竞赛又称商业计划竞赛，是风靡全球高校的重要赛事。它借用风险投资的运作模式，要求参赛者组成优势互补的竞赛小组，提出一项具有市场前景的技术、产品或者服务，并围绕这一技术、产品或服务，以获得风险投资为目的，完成一份完整、具体、深入的创业计划。“挑战杯”全国大学生系列科技学术竞赛由团中央、中国科协、教育部、全国学联共同主办，由国内著名大学承办，分课外学术科技作品竞赛和大学生创业计划竞赛两类，课外学术科技作品竞赛简称为“大挑”，大学生创业计划竞赛简称为“小挑”，从1999年开始每两年一届间隔举办。

2013年11月8日，习近平总书记向2013年全球创业周中国站活动组委会专门致贺信，特别强调了青年学生在创新创业中的重要作用，并指出全社会都应当重视和支持青年创新创业。为贯彻落实习近平总书记系列重要讲话和党中央有关指示精神，适应大学生创业发展的形势需要，共青团中央、教育部、人力资源和社会保障部、中国科协、全国学联决定，在原有“挑战杯”中国大学生创业计划竞赛的基础上，自2014年起共同组织开展“创青春”全国大学生创业大赛，每两年举办一次。

大赛下设三项主体赛事：大学生创业计划竞赛、创业实践挑战赛、公益创业赛。大学生创业计划竞赛面向高等学校在校学生，以商业计划书评审、现场答辩等作为参赛项目的主要评价内容。创业实践挑战赛面向高等学校在校学生或毕业未满五年的高校毕业生，且已投入实际创业三个月以上，以经营状况、发展前景等作为参赛项目的主要评价内容。公益创业赛面向高等学校在校学生，以创办非营利性质社会组织的计划和实践等作为参赛项目的主要评价内容。大赛还设立了 MBA、移动互联网创业等专项竞赛。

"挑战杯"中国大学生创业计划竞赛厦门大学历届获奖情况见表 9-1。

表 9-1　"挑战杯"中国大学生创业计划竞赛厦门大学历届获奖情况

<table>
<tr><th>时　间</th><th>获奖情况</th><th>项目名称</th></tr>
<tr><td rowspan="4">第一届
1999 年</td><td>金奖</td><td>辣椒的综合利用技术创业计划</td></tr>
<tr><td>优秀奖</td><td>尔康激光治疗器</td></tr>
<tr><td>鼓励奖</td><td>"雷曼"多功能憎水剂</td></tr>
<tr><td>鼓励奖</td><td>不锈钢表面耐蚀处理系统</td></tr>
<tr><td rowspan="4">第二届
2000 年</td><td>金奖</td><td>高效原油脱硫剂创业计划</td></tr>
<tr><td>优秀奖</td><td>计算机光莫尔防伪技术应用</td></tr>
<tr><td>鼓励奖</td><td>新型电镀锌镍合金防腐剂</td></tr>
<tr><td>鼓励奖</td><td>蓝讯生物技术有限公司</td></tr>
<tr><td>第三届
2002 年</td><td>金奖</td><td>e 客软件有限责任公司创业计划</td></tr>
<tr><td rowspan="2">第四届
2004 年</td><td>金奖</td><td>卫士冲床保护器</td></tr>
<tr><td>金奖</td><td>丙谷二肽创业项目</td></tr>
<tr><td>第五届
2006 年</td><td>金奖</td><td>生物柴油 T-S 催化剂项目</td></tr>
<tr><td rowspan="3">第六届
2008 年</td><td>金奖</td><td>研发生产环保型温差半导体车载电源</td></tr>
<tr><td>银奖</td><td>氧化铝纤维</td></tr>
<tr><td>银奖</td><td>高效微生物制氢以及氢能电能一体化转化</td></tr>
<tr><td rowspan="3">第七届
2010 年</td><td>金奖</td><td>液相超级电容器</td></tr>
<tr><td>银奖</td><td>连续强发光碳化硅自由膜产业化</td></tr>
<tr><td>铜奖</td><td>发酵法制备虾青素，用于饲料添加剂</td></tr>
<tr><td rowspan="3">第八届
2012 年</td><td>金奖</td><td>β- 葡聚糖酶</td></tr>
<tr><td>银奖</td><td>多功能汽车急救胶</td></tr>
<tr><td>铜奖</td><td>AKN 超级轴承</td></tr>
<tr><td rowspan="7">第一届"创青春"
2014 年</td><td>金奖</td><td>全光 BCG 技术生命体征监测仪</td></tr>
<tr><td>银奖</td><td>安毎康生物科技有限责任公司</td></tr>
<tr><td>银奖</td><td>家宁科技有限责任公司</td></tr>
<tr><td>银奖</td><td>绿维新材料开发有限责任公司</td></tr>
<tr><td>银奖</td><td>厦门手望翻译服务有限公司</td></tr>
<tr><td>铜奖</td><td>厦门矩阵创想自动化系统有限公司</td></tr>
<tr><td>铜奖</td><td>厦门阿普斯戴尔生物技术有限公司</td></tr>
<tr><td rowspan="6">第二届"创青春"
2016 年</td><td>金奖</td><td>厦门桑德科技有限公司</td></tr>
<tr><td>金奖</td><td>厦门爱图视界科技有限公司</td></tr>
<tr><td>银奖</td><td>厦门弧形世界医疗科技有限公司</td></tr>
<tr><td>银奖</td><td>厦门云境智能科技有限公司</td></tr>
<tr><td>银奖</td><td>厦门医宝贝教育咨询有限公司</td></tr>
<tr><td>铜奖</td><td>厦门安提海拉科技有限公司</td></tr>
</table>

资料来源：厦门大学校团委张晴老师提供。

专栏 9-2

扫描二维码，阅读《挑战无处不在，青春永不言败：创赛感悟》。

三、创业计划的基本内容

商业计划书没有固定的格式，不同的创业计划所包含的内容也不完全相同。但是，一份完整的创业计划一般包含以下 13 个方面的主体内容。

1. 执行摘要

执行摘要又称为执行总结或者计划书摘要，旨在引导并说服投资者完整阅读商业计划书。有的放在扉页，有的放在目录后。

执行摘要一般包括产品或服务的名称及技术或工艺特征、所属产业、趋势及特征；项目的市场需求和趋势、营销的基本策略；生产运作的条件和优势；公司的组织和管理；项目的筹资计划、投资可行性和效益评价结果；项目的风险资本撤出方式和预计效益；项目的基本结论和建议。

2. 产品 / 服务

产品 / 服务又可以称为项目背景、服务描述、产品与技术、技术与产品等，这部分用来回答生产什么以及为什么你的产品比同类产品来得好。

产品 / 服务说明：公司目前所有产品清单及其使用领域，产品或服务的技术价值和应用价值，产品的创新处，在国内外领先程度，产品或服务的生命周期，产业的特征和生命周期等。

3. 市场与竞争分析

市场与竞争分析又称为市场机会、市场分析、市场需求与定位、市场与行业等，回答市场需求和所属行业的竞争与发展趋势。

这部分内容包括市场容量调查和预测过程及结果，同行业国内外主要竞争对手产品开发情况或产品销售情况，与其他产品相比的竞争优势（为什么你的产品 / 服务比你的竞争对手强）。

4. 市场营销方案

市场营销方案又称为营销策略、市场营销、服务营销等，这部分要详细阐述你将如何

销售你的产品 / 服务。

这部分内容包括目标市场、营销策略的利弊分析和调整。市场销售和促销销售渠道，促销 / 广告，定价，客户服务等。

5. 生产运营模式

生产运营模式又称为生产管理、服务运营、生产运作管理、生产运作等，这部分关注如何有效组织产品生产或者服务运营。

这部分内容包括采购、生产、仓储、运输、销售等各环节的生产组织方案，生产工艺流程，生产人员和设备的配置。

6. 管理与团队

管理与团队又称为管理体系，公司组织与管理，公司产权与管理等。这部分要说明创业者如何安排有效的管理体系和优秀的团队来实现商业计划。

这部分内容包括初创企业的组织结构设置和调整，董事会、总经理、部门经理等各部门的职责划分，部门管理（人事、财务、生产、采购、销售等）制度，公司重要股东情况，董事会成员的简历，公司员工及员工持股情况简介，职工管理制度和人事计划（激励制度、奖惩分配、劳动工资制度等）。

7. 资金需求与融资方案

这部分又称为投资分析等，用来说明新创企业的资金需求和融资构想。

资金需求与融资方案内容包括资金需求预测，资金来源和比例（技术入股、风险资本投资入股、管理者出资入股、银行贷款等），成本计算，融资方式和金额等。

8. 财务预测与分析

财务预测与分析简称财务分析，还有的创业计划把财务分析和投资分析一起介绍，合称为财务计划与投资收益分析，财务预测和投资分析等。这部分旨在通过财务分析展示项目的经济效益。

这部分内容包括编制损益表、现金流量表、资产负债表、还贷计划表，测算投资效益指标等。

9. 企业战略

又称为战略规划，公司战略（有的创业计划把这部分放在第三点市场与竞争分析之后）。这部分要阐述创业企业的战略方向和行动指南，内容包括战略构想、行动方案、竞争优势等。

10. 风险及其防范

风险及其防范又称为风险因素及防范措施，机遇与风险，风险识别与管理，风险分析。这部分是对创业项目可能面临的风险分析和提出防范措施。

这部分内容包括各类风险描述及其防范措施，风险变化对投资效益的影响等。

11. 创业资本撤出机制

创业资本撤出机制又称为创业资本退出机制或撤出方式等（有的创业计划把风险防范与资本退出放在一起介绍，称为风险防范与资本退出）。这部分内容是给投资者提出创业资本的撤出方式。

这部分内容包括撤出方式的选择、撤出的时机、退出策略等。

12. 结论和决策建议

结论和决策建议又称为结束语、总结等。这部分是对全计划书概括全文，得出结论。

这部分内容包括项目的技术价值、市场价值、投资价值、决策建议等。

13. 封面和附录

创业计划书是一份文件，一份完整的创业计划书还包括封面、保密声明、目录以及附录等部分。

封面一般包括公司名称、地址、主要联系人名字、联系方式（电话、电子邮件）。保密声明是对计划书的接受者和阅读者关于商业秘密保护的约定。附录包括附件、附图和附表等部分。

四、创业计划的整体逻辑

创业计划的13个方面的内容结合在一起，就可以完整地讲一个故事了。这个故事实际上分为四个部分，四个部分的整体逻辑需要清晰严密。

故事第一段：有这样一个公司（已成立或者提议中拟成立），它想成为某个领域一家伟大的公司。它是在什么情况下创建的，已取得了哪些成绩，它由一帮具有什么能力的团队创立和管理？它要为用户解决什么样的问题，这个问题有多么严重，它的产品和服务是什么，怎样解决用户的问题？已经有哪些用户使用了它的产品和服务？它如何从客户那里赚到钱？公司所做的事情有可能做多大，有多大的市场机会和发展潜力，又有哪些竞争对手跟它抢夺这些机会，公司与它们相比的优势在哪里？公司产品的定位是什么？公司是通过哪些营销渠道和手段来推广产品与服务，让足够用户了解和购买的？

故事第二段：这个产品或者服务怎么生产出来？产品形状性能如何？产品架构如何？需要什么样的供应链、物料需求和合作伙伴？关键资源和生产运营关键环节是什么？公司要设计什么样的组织结构和管理制度确保有效的生产或者运营？团队成员有什么样的优劣势，能确保完成这些任务吗？

故事第三段：产品或者服务的销售推广以及生产运营需要花多少钱？这些钱从哪里来？出钱的投资者能获得什么样的投资回报？创业项目从经济上是否可行？

故事第四段：公司未来有什么样的发展目标和计划？公司未来还会开发什么样的产品？公司未来10年、20年的战略规划是什么？如何确保实现这些规划？未来长远的事情会面临什么的风险？怎么去防范和管理这些风险？投资者如何退出企业？

以上故事的演绎方式，创业者可以通过撰写一份 30 ～ 100 页的“完美”创业计划书来完成。但是，由于投资人首先会快速筛选创业项目，创业者要准备一份 1 ～ 2 页的执行摘要以便让投资人快速了解创业项目，决定是不是有必要跟创业者面谈，了解一些详细情况。

一旦投资人决定跟创业者面谈，那创业者通常需要一份 PPT 演示文件，这份演示文稿的内容来自创业计划书的概要，是重要的一份融资文件。

专栏 9-3

扫描二维码，阅读《商业计划书撰写的六条经验——不会写 BP 的菜鸟快来看》。

专栏 9-4

扫描二维码，阅读《青山资本：五个 Tips，让你的商业计划书打动投资人》。

第二节　如何撰写创业计划书

一、撰写创业计划书的步骤

商业计划书在多数情况下是由一个创业团队写作智囊团通过反复的讨论和修改共同完成的。撰写创业计划书是在完成一个商业项目，而不仅仅是一个写作任务。因此，创业计划书的编制没有固定的方法，但大体经历四个步骤，如图 9-1 所示。

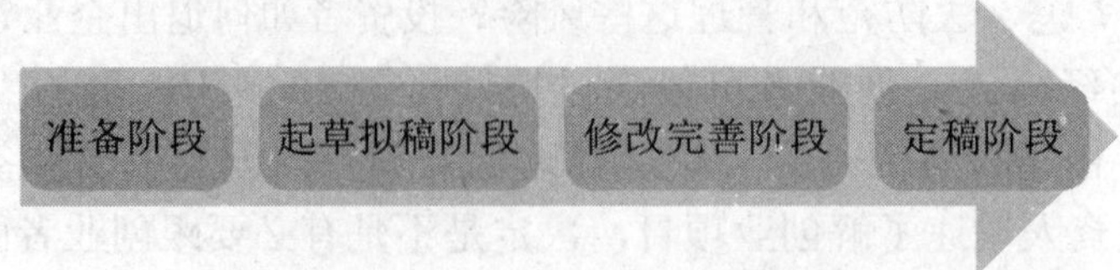

图 9-1 创业计划书的编制步骤

1. 准备阶段

创业者或创业团队通过激发创意和筛选商机，选择了合适的创业项目后，就可以开始准备撰写创业计划。但是，在开始动笔撰写创业计划之前，还有许多重要的准备工作要做。

第一，市场调查工作。

创业计划不是在图书馆、教室、实验室里完成的，也不是仅仅通过资料查询、翻阅文献等方式来完成的。而是要开展实实在在的实地调查，了解真正的市场信息，掌握实际资料。为此，创业者首先要进行大量的市场调查，为所识别的创业机会的可行性和实施细节收集各种信息和资料。这是动笔撰写创业计划核心部分的关键。市场调查的内容极为广泛，我们在前面第五章评估创业机会时曾经学习过，主要包括以下几方面。

宏观环境调查：创业项目实施面临的宏观环境因素很多，核心因素包括政治、经济、社会和技术四个方面，被称为 PEST 分析。这部分的内容可以通过国家权威的统计等政府部门发布的数据和调查报告，学术机构等权威社会机构以及行业协会等发布的报告来获得相关信息。

行业环境调查：创业项目所进入的行业环境特征对项目的实施影响很大，创业者需要对所进入的行业情况进行详尽调查。哈佛大学著名教授迈克尔·波特（Michael Porter）提出的五力模型普遍用来分析行业的吸引力，这五种力量分别为：同行业内现有竞争者的竞争能力、潜在竞争者进入的能力、替代品的替代能力、供应商的讨价还价能力、购买者的讨价还价能力。其中，创业计划书要对客户（用户）和竞争者进行更细致的调查分析。

消费需求调查：消费者的数量、构成、货币收入；消费者的购买动机（心理、生理、经济、社会等）；消费者的购买行为（习惯型、经济型、理智型、感情型、冲动型等）。这是市场调查的重点和难点，通过市场调查可以了解市场需求量，确定目标市场，预测市场销售量。

竞争对手调查：竞争对手的数量、竞争者的生产能力、产品架构、用户数量、商业模式、盈利情况、所占的市场份额、竞争者的促销手段、新产品开发情况等。

市场调查的方法很多，主要包括：询问法（面谈、网络调查、电话调查、邮寄调查等）；观察法（直接在现场观察，通过摄像器材间接观察）；实验法；抽样问卷调查，等等。

通过市场调查，收集相关信息和数据并分析后，可以帮助创业者对宏观信息、行业状况有一个比较清晰的认识，同时对自己的创业项目优势特征等有更深刻的认识。可以根据这些信息对创业机会进行重新评价和调整，对如何开发创业机会有更合理的规划。比如新创企业是否会具有足够的生命力，产品或服务是否真的有市场，市场是否足够大或者增长足够快，是否有太多的竞争者，财务前景如何。

第二，制订工作计划。

确定撰写创业计划的目的与宗旨；完成构思，确定总体框架，如对要素的取舍、议题的增减、篇幅等做出预先的设想；确定完成创业计划的日程安排。

第三，合理进行团队的分工合作。

完成创业计划书往往是一个集体工作，团队成员需要分头查阅资料、实地调查和撰写初稿，所以需要创业小组的分工协作。例如，有一个负责人统筹协调，各部分分工撰写，明确每个人的职责和任务，并公布工作制度、纪律和工作要求。为此，创业团队可以制作一份任务分配表，把完成创业计划书的各项任务、完成时间、完成标准分配给团队成员，保证井然有序地完成创业计划书的撰写。

2. 起草拟稿阶段

这阶段要全面撰写创业计划的各部分，初步形成较为完整的创业计划方案。一般按以下三个层次完成草稿。

第一层次主要评估基本现状、设计战略理念，内容上侧重于创业项目、创业企业、产品与服务、工艺与技术、组织与管理、战略规划等方面。

第二层次需要深入细致的调查、分析、思考和创造性，主要侧重于对市场与竞争的分析，提出生产运作设想，销售和促销策略。

第三层次的议题和要素要使创业计划趋于完善，这部分内容条理性要强，而且要符合规范，主要包括财务计划、融资方案以及风险分析等。

3. 修改完善阶段

这阶段可以将计划书草稿交给有关行业内人士广泛征求意见、建议，以进一步补充、修改和完善草拟的创业计划，使商业计划书最终变得引人注目。

这阶段需要对草稿进行认真检查是否完整、务实、可操作，是否突出了创业项目的独特优势和竞争力，并注意对细节的加工润色，如词汇的选用、语法结构、语言精练程度、上下文衔接、思路清晰、剔除多余和重复的内容、错误的拼写和打印等。

4. 定稿阶段

对创业计划定稿并印制成正式文本，注意商业计划书的装帧和包装。

封面：公司名称、地址、电话、电子邮件、通信地址、日期、创业计划编号等。如果是参赛作品，还包括参赛省份、学校名称、公司名称、团队名称、作品类别。

扉页：保密须知。强调未经同意，不得将创业计划全部或部分予以复制、传递给他人，泄露或散布给他人。

二、撰写创业计划的原则

创业者或团队应该在整个撰写过程中牢记以下两个方面的原则。

1. 始终把顾客价值和投资回报铭记于心

在撰写商业计划书的过程中，坚持顾客价值和投资回报应该作为撰写计划的基本原则。商业计划书的一个显著特点是对外宣传性，而顾客价值以及企业的投资回报是企业未来发展的基础和重要衡量指标。

2. 以投资人最关心的问题作为出发点

商业计划书表达应该简明、清晰；为了使读者能够在尽可能短的时间内领会计划内容，要从投资人最关注的要点出发。比如，突出具有强大市场潜力的产品；表明诱人的投资回报；展示竞争优势；显示对市场已经充分了解；强调强有力的创业团队；出色的执行摘要，等等。

三、撰写商业计划的基本要求和技巧

1. 撰写商业计划书的基本要求

第一，主题明确，生动简洁。创业计划书的主题要清晰明确，有严密的逻辑思路和分析框架。商业计划书的各章、节、目论述清晰，前后呼应，循序渐进。在撰写商业计划书时，应该避免一些与主题无关的内容，要始终围绕如何开发创业产品或服务展开阐述。

计划书要写得生动、吸引人，通俗易懂，让人明白，将重要的因素、目标、行动和结论强调出来，便于投资者评阅。尽量多用图表、照片和插图等形式，比较直观形象，可以打破单调的文字格局。

计划书的篇幅要恰当，最长不要超过 50 页，最好在 30 页左右。要知道投资者没有很多时间来阅读一些对他来说是没有意义的东西。附录的篇幅应扼要适当。计划书主要参考文献的标注要符合标准。

第二，结构完整，内容充实。大多数计划书应该规划 3 ～ 5 年的前景，战略部分可以适当规划到 10 年左右的前景。各部分内容要有连贯性，论据充分，论证严谨，并按规范的格式顺序编写。

整份商业计划书前后基本假设或者预测要相互呼应，也就是前后逻辑合理。例如，财务分析要基于对市场推广以及生产运营等方面内容的合理假设。在创业团队分工写作中，要注意最后的统一协调，避免零散、不连贯、文风相异。

另外，可以把不方便放在正文中的科研成果获奖、专利、发明证书、财务报表、市场调研的方案和问卷等资料，作为商业计划书的附录放在后面。

第三，方法科学，分析规范。在产品或服务描述、行业与竞争分析、营销策略、生产运营、战略规划、财务分析等工程技术和管理方面的专业术语要规范化、科学化。在选择和应用各种市场调研和预测方法，以及财务效益可行性研究方法时，要注意科学性和可行性。例如，财务分析一般要提供第 1 年每月的财务数据，第 2 年、第 3 年季度财务数据，第 4 年、第 5 年年度财务数据。

第四，呈现竞争优势与投资利益。商业计划不仅要将资料完整陈列出来，更重要的是整份计划书要呈现出具体的竞争优势，并明确指出投资者的利益所在。而且要显示创业者创造利润的强烈企图，而不仅是谋求企业发展而已。

第五，呈现市场导向和经营能力。明确利润是来自市场真实的需求，没有依据明确的市场分析，所撰写的商业计划书将会是空泛的。根据自身的产品和服务性质，确定本公司的细分市场，并介绍目标客户情况。根据市场发展的主要影响因素，如行业趋势、社会经济趋势、政策、人口变化等，规划本公司未来的销售目标和计划。

要尽量展现经营团队的事业经营能力与丰富的经验背景，并显示对于该企业、市场、产品、技术以及未来营运策略已有完全的准备。通过语言要反映出创业者是一个考虑周全、知识丰富、谨慎精明的人，而不是一个幼稚没经验的人。文笔始终要体现专业水准。

第六，预测科学，客观真实。在分析和预测中，要论据充分、论证严谨。对市场占有率、财务预测、投资报酬率等有关数字要通过合理方式进行预测，不能简单、主观地粗略估计，更不能盲目过于乐观。为此，调查研究要科学合理，引证的资料要客观权威。在商业计划书中，创业者应尽量列出客观的可供参考的数据与文献资料。要全面披露与投资有关的信息，并承诺信息的真实性。要避免使用“最好的”“了不起的”“完美的”“无可匹敌的”等最高级用法。

第七，排版规范、装帧整齐。目录、执行摘要、附录、实例、图表、语法、内容安排以及排版等因素，都是有效展示商业计划书的关键，这些内容要规划、美观、简洁、朴素。

2. 撰写创业计划书的技巧

根据撰写创业计划书的原则和要求，创业者在撰写计划书的过程中，应该注意以下四个方面的技巧。

第一，确定总体方案。全面考虑各方面影响因素，做好商业计划书撰写的前期准备工作，使商业计划书的撰写过程得以顺利开展。制订工作计划是完成商业计划书的第一步。进行必要的筹划，不但能够大幅度提高创业计划的撰写效率，而且也有助于商业计划书撰写人员之间的相互协作，明确每个成员自己的职责和任务。

第二，根据需要进行设问。在具体撰写计划并阐述某一议题时，可以从消费者、用户、投资人、竞争者、管制者、创业者等角度以设问的方式使问题具体化。通过设置问题来发现和解决商业计划书中的不足之处。

第三，始终瞄准最终产品 / 服务。创业企业的最终产品 / 服务价值是企业价值的基础，企业生产过程其实就是价值的创造过程，在计划的撰写过程中应该牢记此项目标，并经常进行价值评估。

第四，团队合作，寻求外部资源。组成商业计划书写作小组，小组成员之间经常互相交流写作技能以及关于创业企业背景资料。同时，应该与外部的顾问进行密切的联系，在撰写过程中得到他们的及时帮助与指导。

第五，不断检查修正。写好商业计划书的秘诀还在于不断地修改，而且在修改过程中应该认真征求专业人士的意见以增强计划的可读性和规范性。

专栏 9-5　周鸿祎：教您打造十页完美商业计划书

第一，用几句话清楚说明你发现目前市场中存在一个什么空白点，或者存在一个什么问题，以及这个问题有多严重，几句话就够了。很多人写了 300 张纸，抄上一些报告。投资人天天看这个，还需要你教育他吗？比如，现在网游市场里盗号严重，你有一个产品能解决这个问题，只需要一句话说清楚就可以。

第二，你有什么样的解决方案，或者什么样的产品，能够解决这个问题。你的方案或者产品是什么，提供了怎样的功能？

第三，你的产品将面对的用户群是哪些？一定要有一个用户群的划分。

第四，说明你的竞争力。为什么这件事情你能做，而别人不能做？是你有更多的免费带宽，还是存储可以不要钱？这只是个比方。如果这件事谁都能干，为什么要投资给你？你有什么特别的核心竞争力？有什么与众不同的地方？所以，关键不在于所干事情的大小，而在于你能比别人干得好，与别人干得不一样。

第五，论证一下这个市场有多大，你认为这个市场的未来是怎么样的？

第六，说明你将如何挣钱？如果真的不知道怎么挣钱，你可以不说，可以老老实实地说，我不知道这个怎么挣钱，但是中国一亿用户会用，如果有一亿人用我觉得肯定有它的价值。想不清楚如何挣钱没有关系，投资人比你有经验，告诉他你的产品多有价值就行。

第七，用简单的几句话告诉投资人，这个市场里有没有其他人在干，具体情况是怎样。不要说“我这个想法前无古人后无来者”这样的话，投资人一听这话就要打个问号。有其他人在做同样的事不可怕，重要的是你能不能对这个产业和行业有一个基本了解和客观认识。要说实话、干实事，可以进行一些简单的优劣分析。

第八，突出自己的亮点。只要有一点比对方亮就行。刚出来的产品肯定有很多问题，说明你的优点在哪里。

第九，倒数第二张纸做财务分析，可以简单一些。不要预算未来 3 年挣多少钱，没人会信。说说未来一年或者 6 个月需要多少钱，用这些钱干什么？

第十，如果别人还愿意听下去，介绍一下自己的团队，团队成员的优秀之处，以及自己做过什么。

一个包含以上内容的计划，就是一份非常好的商业计划书了。

资料来源：创业邦 . http://www.cyzone.cn/a/20111118/218525.html。

第三节 创业计划书具体内容撰写指南

一、“执行摘要”部分撰写指南

1. 基本内容

根据英文 executive summary 的不同翻译，这部分又称为经理人摘要或执行总结、计划书摘要等。毋庸置疑，执行摘要是商业计划书中最重要的部分。它把创业计划的核心提炼出来，相当于整个商业计划书的浓缩，是整个商业计划书的精华所在。执行摘要有的放在扉页，有的放在目录后的首页。

执行摘要一般包括产品或服务的名称及技术或工艺特征、架构特征、所属产业、趋势及特征；项目的市场需求和趋势、营销的基本策略；生产运作的条件和优势；公司的组织和管理；项目的筹资计划、投资可行性和效益评价结果；项目的风险资本撤出方式和预计效益；项目的基本结论和建议。如果能够简洁清楚地阐述这些内容，投资者将会更有兴趣读完整篇商业计划书。

2. 撰写注意事项

在撰写的时间顺序方面，由于执行摘要是商业计划书的缩影，有必要将执行总结放到最后写。尽管这部分内容最终将出现在商业计划书最开始的位置，但是由于它反映了全部规划过程的总体结果，因此，应该在将创业计划书的其他所有部分都完成之后，再动手写这一部分。撰写执行摘要应该注意以下问题。

第一，回答投资者最关心的问题。在撰写执行摘要时，不是过多地考虑创业者想说什么，而应该着重考虑投资者想知道什么，他们会有什么疑惑，他们的兴趣在哪里。一般来说，投资者最关心的是产品或服务的独特优势、市场需求（是否有足够大的市场）、创业团队的素质（是否有经验并能胜任工作）、项目的资金需求和财务分析（是否具有合理性和可行性）、风险、资本退出方式等内容。

第二，语言简练，条理清晰。执行摘要需要高度浓缩，不能纠缠于细节，内容不要超过两页，越短越好。投资者通常从摘要中获得的信息来判断是否有继续阅读计划书的必要。清晰有力的写作在执行总结中会比在计划书的其他部分获得更好的效果。同样的计划书内容，如果写作风格充满活力、有条理，语言清新简练，计划书可能就会被考虑，否则可能被放弃。

第三，能激发读者的兴趣。注意措辞的生动性，令人信服和生动地展示项目的诱人之处，可读性强，避免晦涩难懂，避免使用专业术语。

二、“产品 / 服务”部分撰写指南

1. 基本内容

如果是已有企业的创业计划书，则需要简单介绍已有企业的基本情况、定位、战略目标等情况。如果是拟建企业，则可以直接介绍产品或服务部分。

提供什么产品或服务对创业成功与否至关重要。创业者在创业过程中是围绕着产品 / 服务来展开的，创业者识别机会的最终结果是要提出某种具体的产品或服务，并对产品能否适应市场的要求做出评估，而这些结果可以对投资者的投资决策产生关键影响。这部分内容包括（图 9-2）。

第一，产品或服务的基本描述。包括产品的用途、名称、外观、架构、原理、性能、特征等。如果创业项目是一个非实体服务项目，需要清晰描述服务的基本内容。

第二，产品或服务竞争优势。包括创新性、成本优势、技术优势、应用价值等。

第三，研发情况。包括创业企业的研发实力、技术鉴定情况、研发资金投入情况、系列产品开发计划、研发资源和优势等。

第四，成本分析。包括开发设备、人员工资、试验检测费用等。

第五，市场前景。包括顾客需求、市场容量、市场接受度、市场测试情况、初步的市场反应等。

第六，品牌保护。包括专利、许可、版权、配方等。

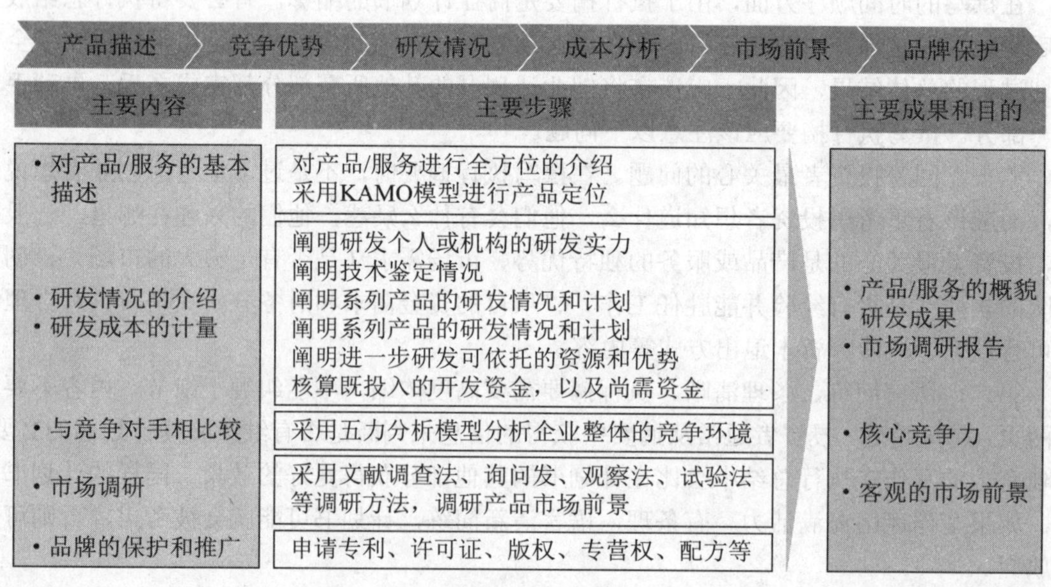

图 9-2　创业计划书产品 / 服务部分基本内容

2. 撰写注意事项

撰写这部分内容应该注意以下四点。

第一，突出客户价值，市场和市场取向决定产品 / 服务的特性。以技术背景出身的创业者在产品设计时，往往只从技术的角度关心产品的特性。这是一个误区，产品的性能应该是由市场所决定的。关于产品的特性，要多听取顾客、用户、分销商等的意见。

企业的成功来自满足市场需要。人们倾向于购买他们想要的，而不是你认为他们需要的。只有在极少的行业里成功来源于产品的优越性或高科技，大多数的生意不能依靠所谓“高人一等”的产品 / 服务，要依靠满足市场需求。因此，在撰写过程中创业者一定要把自己放在客户的角度来评价产品 / 服务。

第二，突出创新性。创业过程本身就是一个创造的过程，创新是企业发展的核心问题。创业者要突出产品或服务的独特性和新颖性。

第三，避免过多的技术细节。创业计划书读者是投资人、银行家等，计划书中没有必要也不能进行过于详细的技术论证，加入过多的技术细节势必会影响阅读理解能力。在投资人对项目感兴趣以后，会召集专业人员对项目的技术可行性进行分析。因此，在这一阶段应避免使用复杂的技术引证和术语。

第四，引用产品 / 服务已试点成功的例子。产品从实验室或者创业者头脑中的构想走向市场要经历一个复杂的过程，创业计划书要展示这个过程的成果。如果产品 / 服务已经过测试，那么就应该公布测试结果，这种方法比进行技术上的论证更有效，更能够激发投资人的投资热情。如果条件允许，做出一个样品或者 DEMO，对证明产品或服务的可实现性和功能具有重要意义。

三、“市场与竞争分析”部分撰写指南

1. 基本内容

这部分内容的主要任务是分析创业企业面临的市场与竞争环境，即了解企业将进入的行业和市场状况，从而估计出产品或服务的市场潜力。这部分内容包括以下内容（图 9-3）。

第一，行业状况和内外部环境分析。创业者应该对所处行业和企业产品在行业中的需求情况进行客观描述，能利用五力模型等工具切合实际地迅速判断行业现状，并能对行业的发展趋势做出预测。同时，能利用价值链等分析工具分析创业企业的内部环境和利用 PEST 等分析工具从国内国际的宏观背景充分考虑影响行业发展的因素及作用的大小（如政治、经济、政府政策、文化和社会价值观、生活方式、技术进步、工艺提高等因素）。

第二，机会分析。从宏观到微观，从行业到个体，分析创业项目所针对的问题，识别创业机会的大小。

第三，市场状况分析。市场状况包括消费者的偏好与愿望、确定目标客户和目标市场、市场容量调查和预测结果、未来市场的发展趋势、预计的市场份额和销售额等。在市场分析中，创业者首先要做好市场细分工作，如根据地理、人口、消费者的经历和偏好等因素进行细分市场，了解和分析每个细分市场的特点。然后，在市场细分基础上，要确定创业企业的目标市场，预测目标市场前景。最后，根据目标市场分析，合理确立创业项目的市

场定位。市场分析的这种方法被称为 STP 分析，即市场细分（segmenting）、选择目标市场（targeting）和产品定位（positioning）。

第四，竞争状况分析。创业过程中，竞争来自方方面面，创业者必须了解和描述市场竞争的全貌。认真分析竞争对手在产品开发、销售、技术、质量、价格等各个方面的情况，在与竞争对手的分析对比中，知己知彼，从而制定合理的竞争策略。

上述的行业、市场、竞争等外部环境分析中，既要抓住外界的机会，也要认识到外界的威胁。然后通过内部环境分析帮助企业识别自身的优势和劣势，从而有助于评估企业是否具备完成当前目标和未来目标的能力。这种分析方式称为 SWOT 分析，即分析内外部环境中的优势（strength）、劣势（weakness）、机遇（opportunity）与威胁（threat）。内外部环境 SWOT 分析中这些真实可靠信息可以帮助创业企业确立竞争优势。

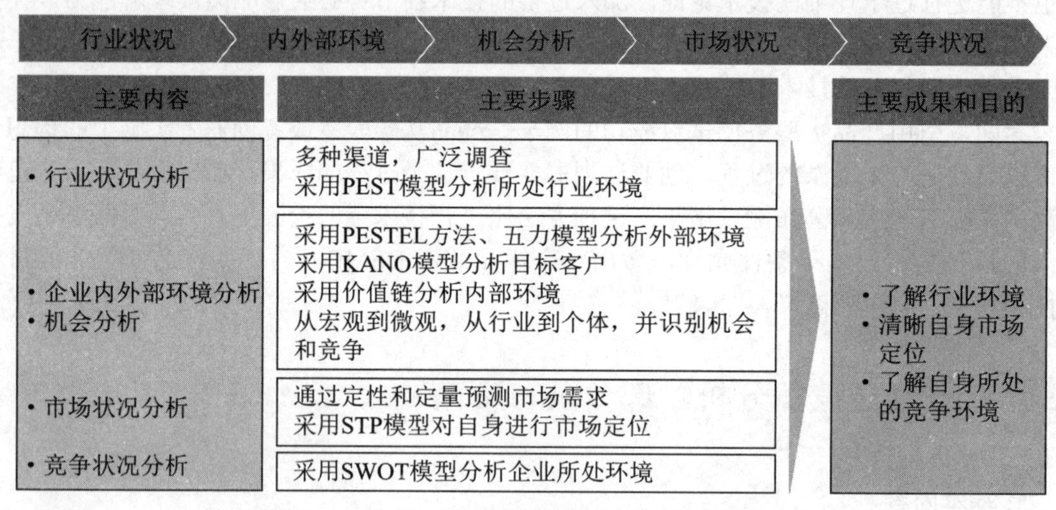

图 9-3　创业计划书市场与竞争分析部分基本内容

2. 撰写注意事项

撰写这部分内容应该注意以下几点。

第一，广泛调查，充分收集有关市场和竞争方面的信息。创业者可以通过二手资料，如报纸、期刊、杂志、政府统计资料、互联网等多渠道获得有关行业、市场、竞争方面的信息。创业者还需要通过亲自实地调研获得有关信息，或委托专业调查公司获得第一手资料。

第二，分析要从宏观到微观逐步深入。从了解外部各行业状况，到具体行业的状况；从分析外部整个市场状况到目标市场状况，从目标市场状况到单个消费者状况，从远到近，从宏观到微观逐步深入。竞争状况的分析也是如此。分析不能仅仅停留在宏观和行业层面，泛泛而谈，而是需要深入分析创业项目或者创业企业所在区域真实行业、竞争和客户情况。总之，创业计划书所分析的客户、竞争者是具体真实存在的。

第三，内外部环境分析中信息要真实可靠，错误和不明确的信息都会被认为是对投资者的不诚实和漠视。

四、“市场营销方案”部分撰写指南

1. 基本内容

基于行业、市场与竞争状况分析后，如何把创业企业的产品或服务投放市场、完成销售是创业计划的重要组成部分，也是商业计划书最难写的部分之一。这部分内容包括以下几方面（图 9-4）。

第一，产品或服务如何定位。在上面的市场分析部分提到过 STP 分析，即市场细分（segmenting）、选择目标市场（targeting）和产品定位（positioning）。在确定市场营销方案时，要根据细分市场中所选择的目标市场的特点和需求，对产品或服务进行合理定位，确定产品的价格、性能、进入市场的方式等。

第二，选择销售战略。创业者可供选择的销售战略包括集中性市场营销，即企业只为单一的、特别的细分市场提供一种类型的产品；或者是差异性市场营销，即为不同的市场设计和提供不同类型的产品；或者无差异性市场营销，即向所有的市场提供单一品种的产品，这种方法对不存在市场细分，或者不容易被识别出来以及不被人认为重要的市场需求有一定的效果。但随着人们需求结构的多样化，无差异性市场营销适用的空间越来越小。

第三，销售渠道。营销渠道指产品在其所有权转移过程中从生产领域进入消费领域的途径。创业企业应根据用户的特点、产品的性质、企业本身的状况和市场环境等方面的因素，从营销成本和营销效益两个角度综合权衡，选择合适的营销渠道。在分析比较现有的各种销售渠道的同时，创业者应该积极探索创造性的销售渠道。近年来，形式多样的互联网营销已经成为适合初创企业的重要销售渠道。

第四，销售方式的选择。销售的方式按载体可以分为直销、离线销售、在线销售、微博销售、直接邮寄、电子邮件营销、联合营销、双向营销、扩散性营销等，不同的产品和服务应采取不同销售方式，几种方式可以组合营销。销售方式按人员还可以分为：高层人员销售（如高价商品、咨询服务业的业务谈判等）；公司销售人员销售；销售商（代理商、零售商等）销售。

第五，营销战略。综合运用各种市场营销手段，包括产品设计、定价、分销渠道、人员推销、广告宣传和其他促销手段，以达到销售产品取得最佳经济效益的营销策略。最著名的营销组合是麦卡锡提出的 4Ps 营销组合：产品（produce）、定价（price）、分销（place）、促销（promotion），再加上策略（strategy）。后来，市场营销组合又由 4Ps 发展为 6Ps，10Ps。20 世纪 90 年代，美国市场学家罗伯特 • 劳特伯恩（Robert Lauterborn）提出了“4C”组合：顾客（Customer）、成本（Cost）、便利（Convenience）、沟通（Communication）。21 世纪初，美国学者唐 • 舒尔茨（Don Shultz）提出了基于关系营销的 4R 组合，即关联（Relevance）、反应（Response）、关系（Relationship）和回报（Return）。

第六，客户关系管理。为了保留老客户以及将已有客户转为忠实客户，甚至把客户经营为粉丝，创业者还要充分利用信息技术以及互联网技术来协调企业与顾客间在销售、营销和服务上的交互，从而提升其管理方式，向客户提供创新式的个性化的客户交互和服务的过程，这个过程称为客户关系管理（customer relationship management，CRM）。

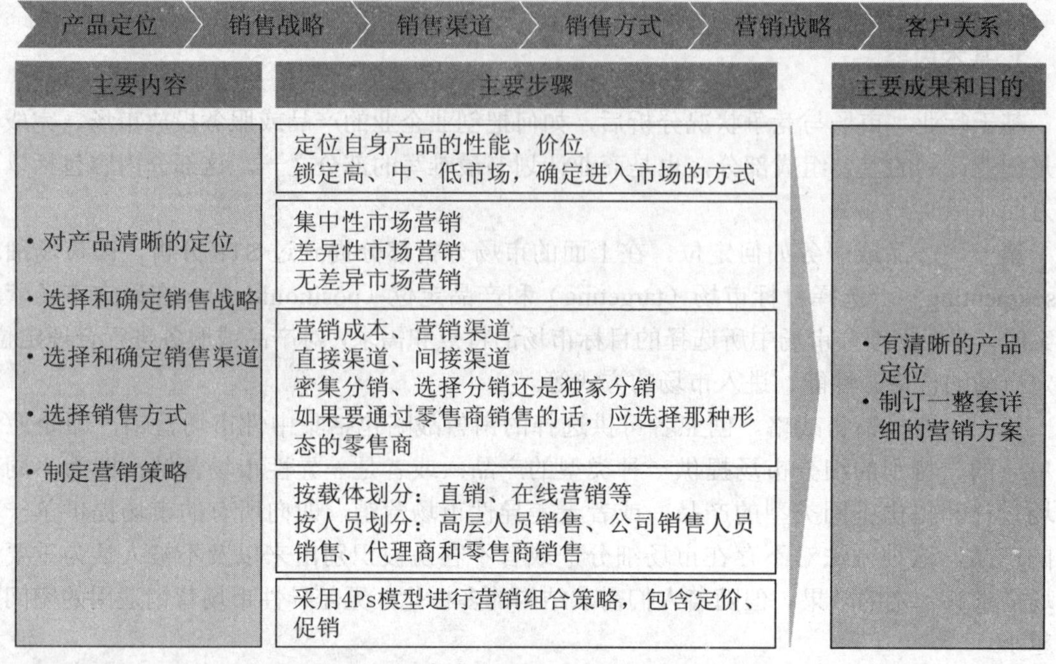

图 9-4　创业计划书市场营销部分基本内容

2. 撰写注意事项

撰写这部分内容注意以下事项。

第一，营销方案要向客户明确传达能满足客户特定的利益。市场营销的根本目的是实现客户对产品的认知，所有营销手段都要体现产品或服务所能提供给消费者的附加值。

第二，营销方案的选择要考虑销售费用。创业企业往往缺少资金，不可能依靠重金砸广告的方式实现营销。因此，方案要实事求是，尽量多使用不花钱、少花钱的营销方案。创业者本人或团队自身的人际营销是起步阶段创业营销的关键。

第三，注意销售渠道、方式、策略等方面的灵活性与多样性。市场营销的理论工具和方法非常丰富，创业者不能简单照抄照搬、纸上谈兵，应该根据创业项目的特点、所在区域的环境、创业企业的实力和团队状况等因素制定与实施切实可行的营销方案。

五、“生产运营模式”部分撰写指南

1. 基本内容

这部分的根本任务是结合市场分析和产品或者服务的技术工艺特点，制订可行的生产或者运营计划，将筹集的各种资源转化成具体的产品和服务。这部分内容包括以下几方面（图 9-5），（当然，不同的创业项目其生产运营的差异很大）。

第一，如果创业项目是属于制造业，生产运营的主要内容包括生产或加工方式（自行生产、委托生产和贴牌加工）、厂址布局设计、工艺选择与设计、生产设备和生产流程、物料需求计划、供应链管理、精益生产、品质控制、库存管理、产品包装与储运、技术提升、成本控制、设备更新和新产品投产计划等。

第二，如果创业项目是属于服务业，运营过程中生产、销售和消费是同时进行的，产出没有库存。因此，服务运营中员工的知识、技能、态度等服务规范和能力管理很重要。

第三，如果是互联网创业项目（如 APP），其运营又有其自身的要求、规范和流程，读者务必了解有关生产运作、服务运营或产品运营方面的知识。

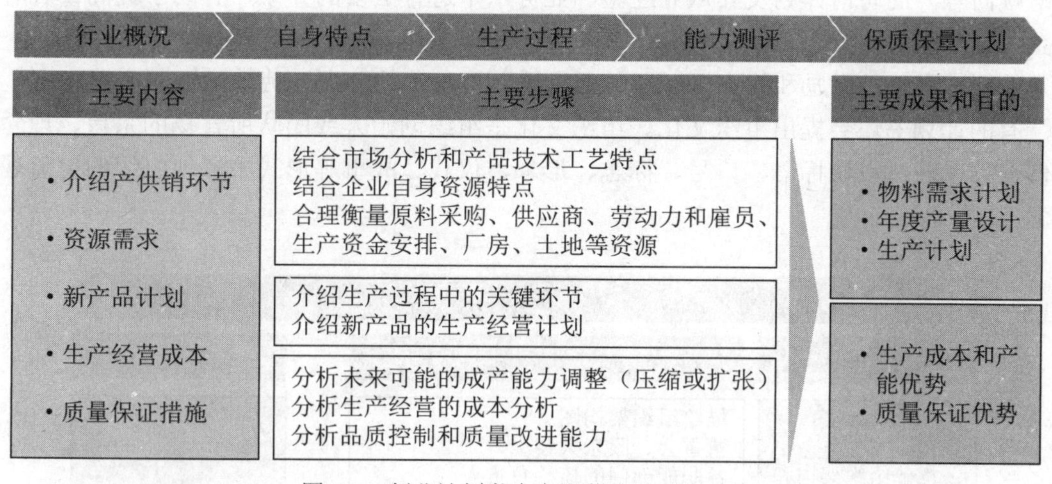

图 9-5 创业计划书生产运营部分基本内容

2. 撰写注意事项

第一，要确保产品或服务的品质特征或者功能效用达到预期的效果。创业项目能否取得成功，往往不是因为创业团队提出了一个填补市场空白的项目，而是因为团队有强大的产品运营能力，能把产品“做”出来是很重要的。

第二，不同的创业项目所需要的生产运营管理的内容和形式差别很大，要根据项目的特点设计合理的运营体系。

第三，创业企业缺乏资金、经验、声誉，其生产运营体系的设计要充分考虑初创企业的这些特点，尽量整合资源、节约成本。

六、“管理与团队”部分撰写指南

1. 基本内容

创业机会的开发是需要一个组织体系和团队来完成的。企业的组织结构与管理以及团队也是投资者非常关注的内容，他们在项目选择时十分关心企业的管理框架是否科学合理，管理团队是否有能力和经验管理好公司的日常运作。这部分内容包括以下几方面（图 9-6）。

第一，组织结构和职能部门。这是组织结构设计过程包括岗位（职位）设置、部门划分、管理幅度、管理层次、责权利关系等，最后形成组织结构图。其中，职能部门的划分需要科学、合理和有效。

第二，管理团队描述。包括团队成员的职务、简历、知识领域、专业技巧以及经验。一个高效、团结的管理团队必须有负责产品设计与开发、市场营销、生产运营管理、财务管理等方面的专门人才。

第三，关键的外部顾问。对创业企业拟聘用的外部顾问（比如技术顾问、管理顾问、理财顾问等）的聘请计划及其从业经验、业务水平进行必要的介绍，有助于提高读者对创业企业管理能力的信心。

第四，员工的激励和约束机制。包括激励制度、奖惩分配、劳动工资制度等。

有的计划书还会提出组织文化。组织文化是组织创始人或团队所宣扬的宗旨、理念和信仰，可以通过设计标语、口号、标志、形象、仪式、故事等形式来展现组织的价值观和信念。

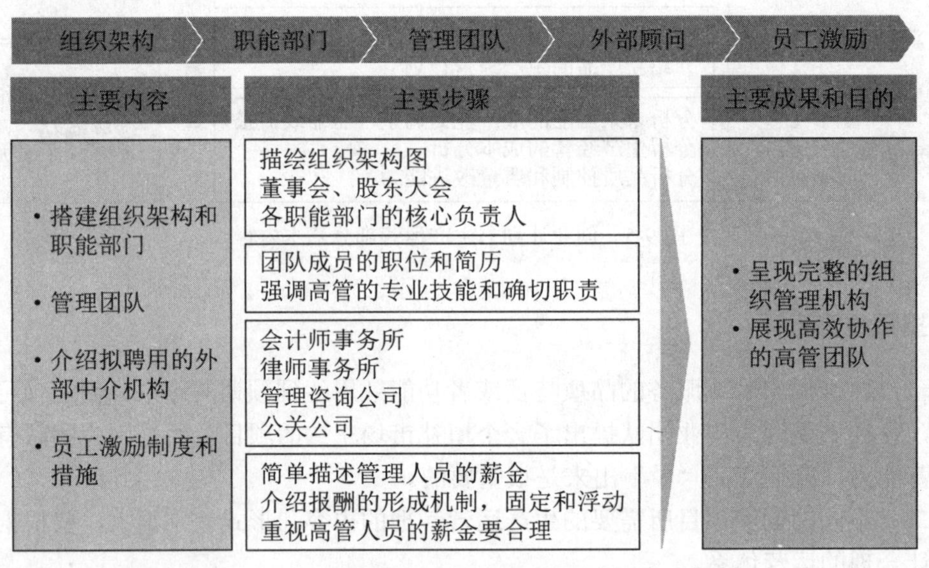

图 9-6　创业计划书管理与团队部分基本内容

2. 撰写注意事项

第一，组织结构要动态灵活，初创企业的组织结构不能复杂庞大。初创企业的资金实力、人员规模非常有限，不需要也没有能力设置过多的职位和部门，应该集中人力在产品技术和销售推广两个方面。初创期企业面临极端不确定性，资源有限，各职能和人员分工不是很清晰，常常需要身兼数职。但是，随着企业规模的扩大，可以相应地增加岗位和部门。

第二，管理团队要显示专有知识和创造力的证据，并着重强调经营业绩。企业的成功越来越多地取决于高层管理人员的领导能力和独创能力。对创业企业来说，最理想的情况是管理人员或创业者本人经营过类似的企业或在某一些大公司中任过职，并曾取得良好的业绩。

第三，管理人员的薪金不能太高，否则投资人就会认为创业者创办企业的动机有问题。当然，管理人员的薪酬也不能太低，否则投资人会认为管理人员缺乏积极性来管理企业。

七、“资金需求与融资方案”部分撰写指南

1. 基本内容

创业计划书是创业者获得融资的重要工具，因此资金需求和融资计划是创业计划中比较重要的部分。一般来说，创业者必须向投资人说明每一项具体的资金需求，并说明它的用途。这部分内容包括以下几方面（图 9-7）。

第一，资金需求预测。要编制创业成本，包括购买机器设备、最初的库存和物料、制造和销售开支、长期资产（房屋建筑等）、员工工资等。一旦估算出创业开支，就能测定企业开始创建时需要的资金总量。

第二，确定资金来源。创业者可以利用的资金来源包括：个人；亲属和朋友；非正式的私人投资者；产品或服务的供应商；银行；政府；创业投资机构，等等。

第三，确定恰当的资金构成。资金来源包括技术入股、创业资本投资入股、管理者出资入股、银行贷款等。由于不同的融资方式所带来的成本和风险不同，在融资的过程中创业者要注意选择恰当的融资结构。

第四，资金使用计划。说明投入资金的用途和使用计划。

第五，确定融资规划。企业融资是一个长期的过程，企业在发展的不同阶段资金需求量也不一样。创业者要根据企业的发展目标和战略做出融资的整个规划。

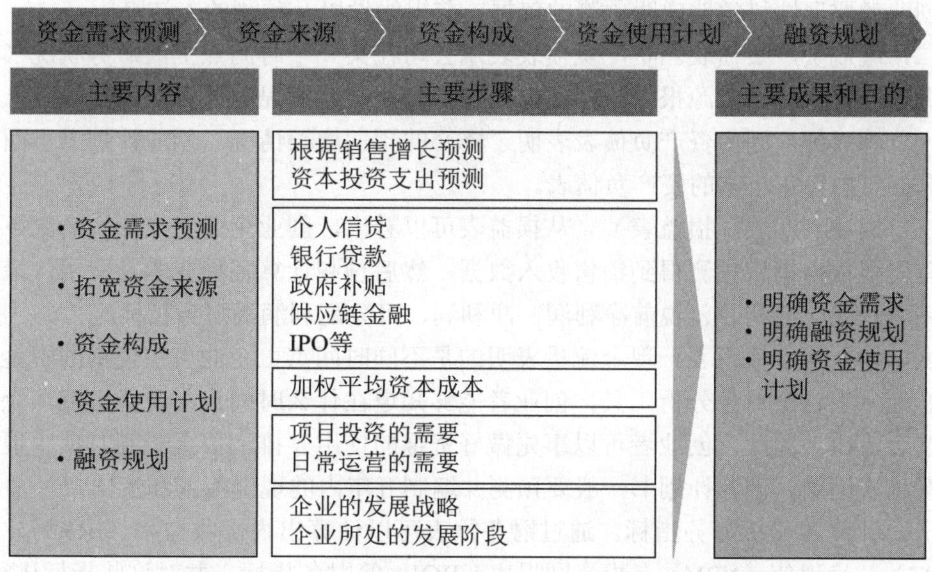

图 9-7 创业计划书资金需求与融资方案部分基本内容

2. 撰写注意事项

第一，在预测资金需求时，要区分企业营运前支出和营运前期支出。企业营运前支出指机器、设备等企业运营前的投入。企业营运前期支出指企业开始经营的前几周或前几个月，销售收入根本无法满足各项支出需求，常常低估员工工资和供应商货款等方面的资金需求。

第二，创业者自己要投入资金。创业者投入自己的真金白银是向投资人证明创业项目值得投资开发的最简单明显的证据。

第三，创业者融资要讲究策略。比如，创业者在选择投资机构时，除了要考虑资金因素外，还要考虑投资机构所能带来的增值服务；从投资者那里分阶段地筹集资金，而不是一次性获得全部资金。

八、“财务预测与分析”部分撰写指南

1. 基本内容

创业者的创业动机不尽相同，但根本的目标是要追求财务回报。在创业计划书里，财务分析部分可能枯燥乏味，但对于投资人来说，这部分的内容非常重要，因为他们可以从财务分析部分知道企业经营的损益情况，从中判断自己的投资能否获得预期的回报。这部分内容包括以下几方面（图 9-8）。

第一，财务假设和财务预测。要使财务分析的数据有意义，必须进行科学合理的财务假设。财务分析的假设条件，要根据前面部分所做的对研发计划、产品生产运营计划、市场营销计划、销售计划等环节的分析和预测，做出成本费用明细表、销售收入明细表、薪金水平明细表、固定资产明细表等各种可能和开支和收入假设。财务假设是基于财务数据预测，创业者要理性科学地说明预测的依据、前提假设以及预测的方法。

第二，编制资产负债表。资产负债表表示公司在某一个时间点上的财务状况（资产和负债状况），正像公司资源报告一样，它是判别企业经营状况的重要工具。投资人对资产负债表十分感兴趣，因为资产负债表表明了资产的预期增长情况。创业计划书里面常常要列出未来五年内每年年末的资产负债表。

第三，编制利润表（损益表）。从损益表可以看出，创业企业将在什么情况下盈利或亏损。首先要根据销售预测得到销售收入数据，然后预测计算各种成本及费用，最后可以计算出销售利润（毛利）、税前净利润、净利润、可分配利润等财务指标。

第四，编制现金流量表。现金流量表明的是不同时间点上企业可供使用的资金数量。通过现金流量表这个财务分析工具，创业者能够知道在什么时间点上现金会流入企业，什么时间又会流出。因此，创业者可以事先做好资金的使用安排，不至于到时缺少现金而使企业经营出现困难。创业计划书一般要预测并编制五年内的现金流入和流出。

第五，计算和分析财务指标。通过财务报表可以计算出内部收益率（IRR）、投资回收期（PT）、净现值（NPV）、投资回报率（ROI）等财务指标，并对这些指标进行分析。

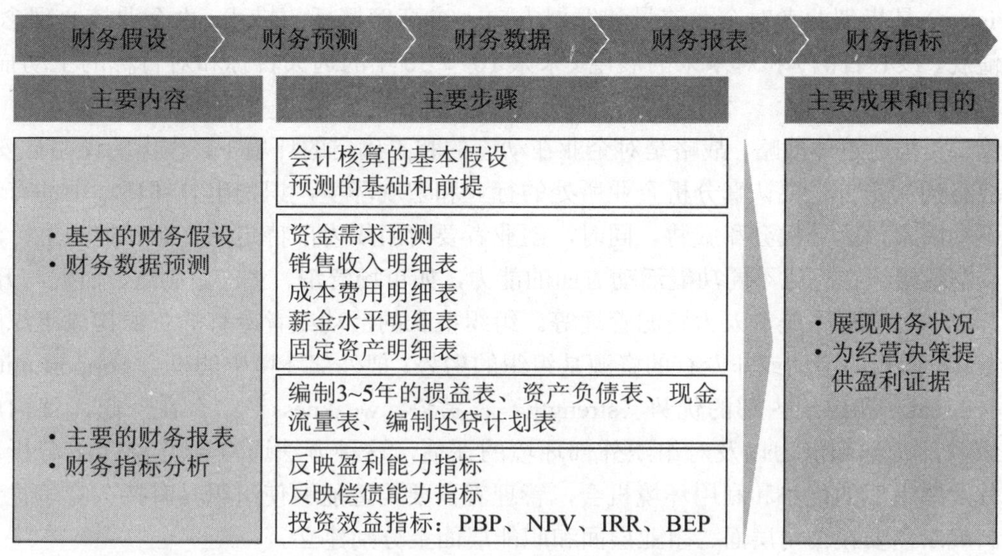

图 9-8　创业计划书财务预测与分析部分基本内容

2. 撰写注意事项

第一，财务报表要做准确。编制财务报表是一项专业性的工作，因为报表本身的编制有一套严格的会计方法。因此，需要专业人士来完成，或者向专业会计、财务人员请教。

第二，财务假设要合理。编制财务报表的难点在于创业者如何根据经验和对市场的理解，做出各种财务假设和财务数据预测。而创业者常常有一种倾向，对自己创业项目的前景过于乐观。因此，创业者需要在乐观估计和客观实际之间寻求平衡。如果财务假设和数据太偏离客观实际，财务报表只能是一个数字游戏，对创业项目的投资评估毫无意义。

第三，财务预测要近细远粗。创业企业的财务数据都是预测的。创业项目开发面临很多不确定性，在越远的将来这种不确定性越大。因此，在预测的过程中，对近期的情况做较细的预测，而对远期的情况进行较粗略的预测，以减少失误。

九、“企业战略”部分撰写指南

1. 基本内容

有很多创业计划书把这部分放在市场机会分析之后。这部分内容是想说明创业者所开发的机会是一项长远的事业，而不仅仅是一个创业项目。创业者制定战略的实质是使组织保持与众不同，保持适应环境条件的竞争力，从而使创业者创建的组织基业长青。这部分内容包括以下几方面（图 9-9）。

第一，确定组织使命和愿景。使命（mission）是指对组织自身和社会发展所做出的承诺，企业在社会经济活动中的身份或角色，包括企业的经营哲学、宗旨和形象等。愿景（vision）是指创业者对企业前景和发展方向一个高度概括的描述，由企业核心理念（核心价值观、核心目的）和对未来的展望（未来 10 ～ 30 年的远大目标和对目标的生动描述）构成。

第二，构造总体战略。战略是对企业在动态的和不确定的环境下，作出的谋略性安排。企业战略的制定首先要认真分析企业所处的行业和宏观环境，识别出外部环境中的有利因素和不利因素，区分机会和威胁。同时，创业者要对组织内部特定的资源和能力进行清晰评估，发现组织在完成不同功能活动方面的能力，如市场营销、生产、制造、研究与开发、财务、会计、信息系统、人力资源管理等。组织擅长的活动或者专有的资源构成组织的优势，组织不擅长的活动或非专有的资源是组织的劣势。把外部环境中的机会（opportunity）、威胁（threat）和组织内部的优势（strength）、劣势（weakness）结合在一起，就构成了对组织内部资源和能力以及对组织外部环境的评估，这种方法通常称为 SWOT 分析。为了充分发挥组织的优势和利用环境机会，管理者需要构造能够使组织具有持久竞争优势的战略。战略需要在公司层面、事业层面和职能层面上分别建立。

第三，战略地图。战略地图是构造战略的有用工具之一，其他工具还包括如平衡记分卡、核心竞争力模型、五力分析模型、价值链分析模型、战略钟模型等。

第四，战略指南和行动。提出战略的具体实施方案，并安排评估和反馈机制。

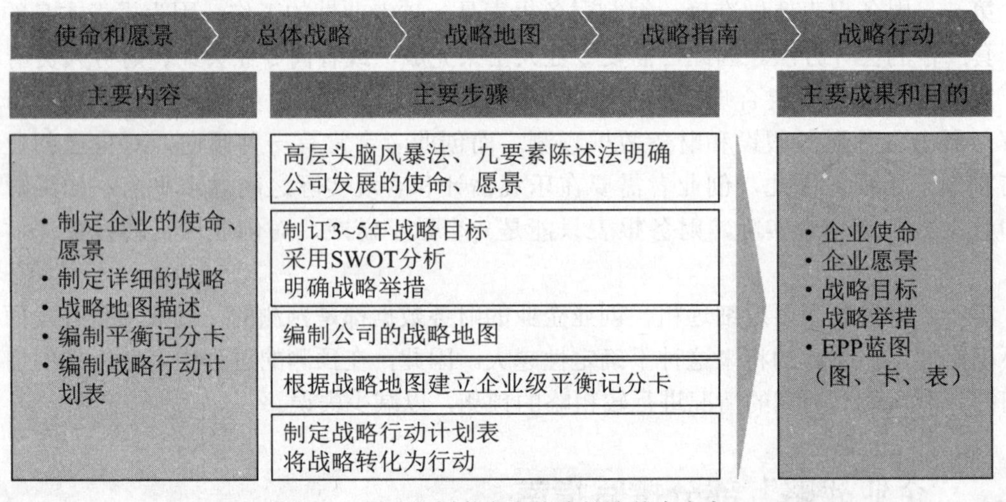

图 9-9　创业计划书企业战略部分基本内容

2. 撰写注意事项

第一，制定企业战略的目的获得核心竞争力。核心竞争力是指组织具有其他竞争者没有的竞争优势，创业者在企业战略中要发掘创业企业的独特竞争力来源。比如，找出新的市场利基，发挥先行者优势等。

第二，战略制定和实施的理论、工具和方法很多，这些方法多数主要适用于成熟和规模较大的企业。创业者要选择合适的工具和方法制定战略，并且要因地制宜灵活应用这些理论工具。

第三，初创企业战略要保持适当的柔性。战略是企业从时间和空间上对长远未来的一种谋略行动计划，但是初创企业未来的外部环境和内部条件有极大的不确定性。因此，创业者在战略实施中要不断评估和调整企业战略，从而使初创企业的战略保持灵活性。

十、"风险及其防范"部分撰写指南

1. 基本内容

机会与风险总是相伴而生。创业机会开发的任何环节都存在风险，创业者在创业计划书里面不谈风险，显然是不诚实的。只有坦诚地面对风险，冷静地对风险做出防范和管理，才是创业者实事求是的态度。这部分内容包括以下几方面（图 9-10）。

第一，列出可能的风险因素，如政策风险、市场及营销风险、技术研发风险、产品生产或服务运营风险、管理风险、财务风险等，并估计其严重性及发生的概率，同时提出解决方法。

第二，敏感性分析。敏感性分析是指测试创业项目的售价、产量、成本、投资、建设期等关键因素发生变化时，项目投资效益（NPV、IRR 等）的预期值发生变化的程度。通过敏感分析，可以判断当项目处在最悲观情况下，创业项目是否还有效益。同时，可以找出项目的最敏感因素，使创业者能了解项目建设中可能遇到的风险，提高决策的准确性和可靠性。有的创业计划书中敏感性分析放在投资或财务分析部分。

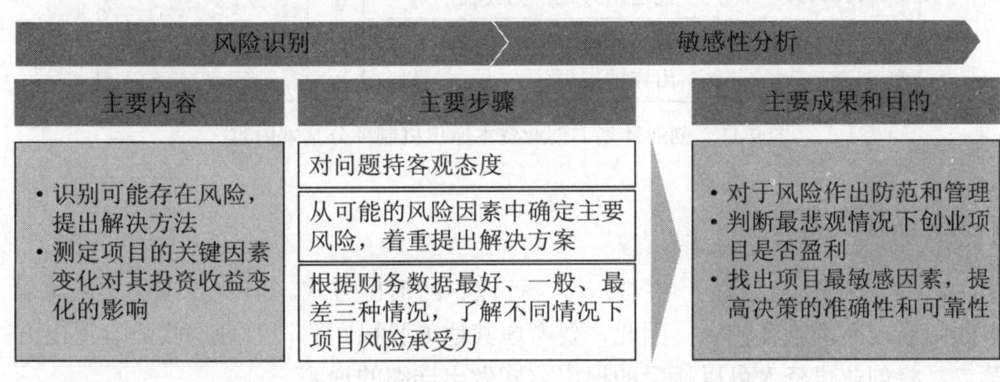

图 9-10　创业计划书风险及其防范部分基本内容

2. 撰写注意事项

第一，确定主要的风险。撰写过程中要抓住针对创业项目影响较大的风险进行评估，并着重介绍控制风险的手段。

第二，措辞尽量客观，对所存在的问题不应夸大和回避。

第三，划分三种不同假设情况的风险承受力。根据所获得的财务数据划分最好情况、一般情况、最差情况进行分析，了解各种不同情况创业项目的风险承受能力。

十一、“创业资本撤出机制”部分撰写指南

1. 基本内容

无论是天使投资人还是创业投资机构，创业项目的投资人进行股权投资的目的不是分红，而是择机通过股权转让退出创业企业以获得高额的财务回报。因此，创业计划书必须提及创业资本的退出机制。这部分内容包括以下几方面（图 9-11）。

第一，创业资本退出的方式。包括首次公开发行股份（IPO）、新三板、股权回购、管理层收购（MBO）、场外交易、清算或破产等。

第二，说明每一种退出方式的条件和优劣势。

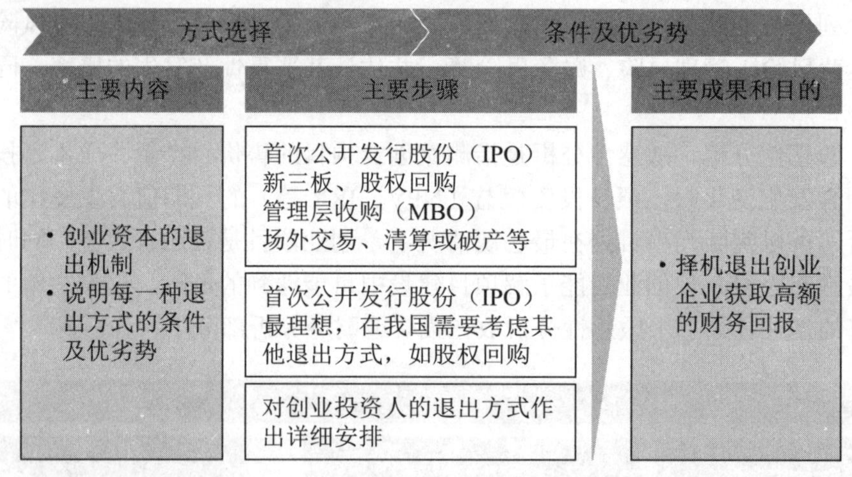

图 9-11 创业计划书创业资本撤出机制部分基本内容

2. 撰写注意事项

第一，首次公开发行股份（IPO）是一种理想的退出方式。但从我国的实践来看，企业上市的门槛较高，难度较大。因此，要考虑其他如股权回购、管理层收购等退出方式。

第二，将创业投资人可以接受的退出方式做出详细的说明。

十二、“结论和决策建议”撰写指南

这部分的内容是概括全文，得出结论。重点概括创业项目的技术价值、市场价值、投资价值，从而得出值得投资的决策建议。

十三、“附录”部分

这部分内容包括与创业计划有关但不宜放在正文中的一些内容，包括有关图表、照片、

说明等。一般来说，附录部分包括附件、附图和附表三部分。

附件包括营业执照副本、董事会名单及简历、创业团队照片及介绍、公司章程、产品说明书、市场调查资料、专利证书、鉴定报告、注册商标、合作意向书、产品试用报告、实验报告、中试报告、特许加盟的对象要求和地点评估等。

附图包括企业组织结构图、工艺流程图、产品展示图、产品销售预测图、项目选址图、企业 CI 等。

附表包括主要产品目录、主要客户名单、主要供应商和经销商名单、主要设备清单、市场调查表、现金流量预测表、资产负债预测表、损益预测表等。

专栏 9-6

扫描二维码，阅读《“疯狂 BP”——商业计划书制作助手》。

第四节 创业计划书的有效展示

创业计划书完成后，创业者常常需要参加各种正式或非正式的路演活动，向潜在投资者或者创业团队其他成员展示计划书。创业计划书展示的方式有口头陈述、项目路演、推荐信等。

一、口头陈述

口头陈述也就是人们常说的电梯演讲（elevator pitch），指创业者在两分钟之内，向投资者介绍创业项目。口头陈述的时间往往很短，短到仿佛只有双方共同乘坐了一段电梯的时间。口头陈述应当是经过精心设计与准备、风趣且灵活的。创业者需要准备一份纲要，列出所有投资者感兴趣的重点信息，切忌死记硬背地陈述内容。

准备口头陈述时可遵循以下步骤。

（1）全面了解大纲内容；

（2）纲要中可使用关键词、举例、形象化或细节描述；

（3）反复排练，把握时间；

（4）熟悉展示时所用工具，如笔记本电脑、iPad 等；

（5）在展示的前一天完整演练，掌握每一个细节。

创业者陈述时有时难免会紧张，但要避免出现过度紧张的局面。为此，要多练习，并对自己的项目有足够的热情、自信和魄力，要极具感染力地去展示你的创业计划。学术研究发现，创业者对于商业计划书的展示非常重要，尤其是创业者在展示过程中表现出来的热情与准备程度。热情洋溢的创业者将会展示出强烈的正面情绪，他们使用口头语言和肢体语言来表达他们对于创业活动的信心和投入。①

在听取创业者的口头陈述时，投资人往往是比较苛刻甚至有时是怀有对立情绪的，会对创业项目或团队泼冷水，从而验证其能力和勇气。为此，创业者应做好相应的准备，虚心接受有益的建议和意见。如果得不到投资，也是一次学习的经历和推广创业项目的机会，能为下一次的展示增添自信。创业者应该明确自己的目标，在基于综合思考和理性分析下，对自己要阐述的内容始终保持自信和激情，将自己要传达的信息准确无误地传递给投资者。

二、项目路演

项目路演就是创业者在正式场合向台下众多的投资方讲解自己的企业产品、发展规划、融资计划。分为线上项目路演和线下项目路演。线上项目路演主要是通过互联网对项目进行讲解；线下项目路演主要通过活动专场对投资人进行面对面的演讲以及交流。

创业者在向投资人做比较正式的陈述或路演时，需要借助演示文稿，即用 PPT、Prezi 等形式来图文并茂、视图化地展示创业项目。在资本市场蓬勃发展的今天，投资人通常每天都会评估很多项目，很多创业者用 PPT 等演示文稿取代厚厚的商业计划书。在演示的过程中，常常还需要接受投资人的质疑、解答投资人的问题。

创业者在讲自己的项目时，似乎总有千言万语。但一份好的演示文件是简练的、高度针对性的，要求内容既简短又突出重点。PPT 演示文件的内容结构基本跟执行总结和完整版商业计划书一样。总体篇幅应控制在 15 ～ 20 页，这样易于演示，同时也不至于使投资人失去耐心。PPT 重点关注以下关键信息。

（1）需求痛点。投资者希望清楚了解创业项目解决了顾客的何种难题或痛点，而不仅仅是解决了顾客的痒点。

（2）市场份额。创业项目如何在市场竞争中获得份额。

（3）商业模式。投资者希望了解企业是如何盈利的。

（4）财务现状与预测。具体项目的成本预算并预测未来的收入、利润和回报率。

（5）打动投资人。陈述的目的就是使投资者有意愿进一步讨论商业计划书的细节。因此，创业者的热情尤为重要，要让投资人相信这是一个激动人心的项目。

---

① Chen，X P，Yao，X & Kotha，S. Entrenprenenr passion and preparedness in business plan presentation:A persuasion analysis of venture capitalists’funding decisions[J]. Academy of Management Journal，2009，52(1):199-214.

专栏 9-7

扫描二维码，阅读《作为风投公司，我们最希望收到这样的商业计划书》。

三、推荐信

创业者有时通过找人推荐，请推荐人写一封推荐信或邮件来联络投资人。在推荐信或邮件里面可以附上创业计划书的执行摘要，让投资人更了解创业项目。如果推荐人名声不错，或者推荐信很诱人，创业者获得跟投资人面谈的机会比较大。

专栏 9-8　BP 推荐信示例

下面是一封浓缩简介的范例，ABC 公司创始人张 ×× 想向 IDG 融资，寻求百度 CEO 李彦宏的推荐：

主题：推荐 ABC 公司给 IDG（很实用的主题形式！）

彦宏，你好！

谢谢你能够答应把我们推荐给 IDG。附件是我们 ABC 公司创业计划的执行摘要。（**提醒对方注意查收附件！**）

简单来说，ABC 可以帮助用户通过互联网免费获得海量的优质电子版的图书、杂志，用户可以自由下载和使用这些内容。（**产品是什么？解决什么问题？**）就像使用 Google 和百度一样简单方便。（形象说明产品的易用性。）网址是：http://abc.com。（**让 VC 方便试用！**）

ABC 在保护知识产权的基础上，突破了传统出版模式的传播、成本、用户互动、商业模式等方面的瓶颈，是出版行业的一次重大革新及发展趋势。（**巨大的市场机会！**）

公司创立两年来，我们已经与国内 90% 以上的出版社及杂志社建立长期内容合作关系，获得了 1 000 多家集团客户，个人注册用户超过 500 万，网站页面访问量每天 5 000 万，并且每月以 10% 的速度在增长。（**发展速度、市场地位、客户认可度。**）之前，公司除了我个人投资 500 万人民币之外，还接受了 Google 老板拉里•佩奇 100 万美元的天使投资。（**投资人认可。**）

在做 ABC 之前，我做过 X 公司（被 Google 以 1 亿美元收购）和 Y 公司（被微软以 2.5 亿美元收购）。（**团队背景！**）

我一直很欣赏 IDG 的投资理念和成就。（**找此 VC 的原因。**）我们准备从下周开始跟 VC 洽谈融资的事情，我希望能有机会给 IDG 展示一下我们在 ABC 所取得的成绩。（**推进 VC 尽快行动，并造成竞争气氛。**）

祝好！

林 ×× zxx@abc.com

1398888888（方便 VC 直接联络）

专栏 9-9

扫描二维码，阅读《如何写一份打动投资人的商业计划书》。

专栏 9-10

扫描二维码，阅读《商业计划书（BP）的革命：一次倒序的尝试》。

专栏 9-11

扫描二维码，阅读《创业公司也需要 B 计划》。

- 创业计划有三个主要意义：使创业机会的形式发展得更清晰；创业计划是创业者有效经营和管理企业的行动指南；创业计划是寻求外部资源支持的必不可少

的工具。

- 一份完整的创业计划一般包含 13 个方面的主体内容，这些内容结合在一起，形成一个完整的创业故事。
- 撰写创业计划书有四个步骤：准备阶段；起草拟稿阶段；修改完善阶段；定稿阶段。
- 撰写创业计划的两个基本原则：始终把顾客价值和投资回报铭记于心；以投资人最关心的问题作为出发点。
- 撰写创业计划的一些基本要求和技巧。
- 创业计划书各部分具体内容的撰写指南。
- 创业者展示创业计划书的方式有口头陈述、项目路演、推荐信等。

1. 创业计划书有何意义？
2. 创业计划书中的各项具体内容之间有什么逻辑关系？
3. 撰写创业计划书的准备阶段有哪些工作要完成？
4. 撰写创业计划有哪些基本要求和技巧？
5. 掌握创业计划书各部分具体内容的撰写指南。
6. 投资者眼中好的创业计划书有哪些特征？
7. 如何把创业计划以更有效的形式展示？
8. 了解并积极参与你所在大学“创青春”全国大学生创业大赛。
9. 根据前面章节识别的创业机会，完成一份创业计划书。
10. 你认为创业者是否应该花费大量精力去完成正规化的详细计划，还是完成一个适度计划及分析就好了？多大程度的计划对于创业者是有用的？

扫描二维码，阅读本章案例故事《王焱良：让人们在“净屋”里健康生活》。

第十章 创业融资

钱不是万能的，但没有钱是万万不能的。

——沈立

学习痛点

- 了解创业融资难的原因。
- 学会编制资金用途清单。
- 知道创业融资的主要渠道。
- 掌握股权融资的过程。
- 掌握创业企业的估值方法。
- 学会运用创业融资策略。
- 掌握财务报表的预编方法。
- 学会计算重要的财务指标。

引例

滴滴打车的初始融资

2012年6月，程维离开阿里巴巴，在北京创立小桔科技，公司的创业项目是做智能出行的打车应用滴滴打车。两年之后，仅仅上线18个月的滴滴打车成为新型出行模式的开创者、互联网打车领域的领头羊、估值10亿美元的公司。但是程维的融资过程难之又难。

一开始，和程维同为阿里巴巴高管的王刚作为天使投资人出资70万元，程维出资10万元，共80万元。在项目初期，团队就开始寻找VC进行投资，但是由于项目超前，而且产品没有上线，概念又很新，23家VC没有一家愿意投资。对于需要巨大资金投入的互联网商业，区区80万无疑是九牛一毛，尽管程维处处节省，到11月时，公司账面上只有1万多。因为资金匮乏，早期外包的打车软件有30多处系统故障，遭到许多出租司机的投诉。一直到2012年12月，北京每天有200单的时候，金沙江的朱啸虎找上了门，滴滴打车获得了300万美元的第一轮投资。

接下来的融资似乎水到渠成，2013年4月，滴滴打车获得了B轮腾讯公司1 500万美元的融资；2014年1月，滴滴打车获得中信产业基金6 000万美元、腾讯3 000万美元、其他机构1 000万美元共计1亿美元的融资，成为首个获得C轮融资的打车软件。

从上述案例中，我们可知创业者创业的第一笔资金通常来自自己，创业者的第一轮融资非常困难，融资是分阶段进行的。创业者的融资为什么难？融资渠道有哪些？融资为什么要分阶段？了解这些对创业成功十分重要，本章的正文讲对这些疑问进行解答。

第一节　创业融资需求

创业计划书是创业者如何开发创业机会的系统规划，同时也是融资的敲门砖。我们在第九章学习过，创业项目的资金需求、融资计划、投资回报是创业计划书重要内容。在所有开发创业机会所需要的资源中，资金是最重要的一种资源。

创业融资是指创业者在开发机会中，根据创业计划和企业战略，确定合理的资金需求和资金来源，通过不同渠道、采用不同方式筹集资金，并有效管理资金的过程。创业融资要解决三个基本问题：第一，需要多少钱？第二，从哪里得到这些钱？第三，需要做哪些安排才能得到这笔资金？

一、创业融资难的原因

新创企业需要投入的资金大大超过其自身经营产出的资金，而对于一个刚刚起步，没有太多人脉资源的创业者来说，获得投资并不是一件容易的事情。银行不愿意借款给没有大量资产的初创企业，创业投资家为了控制风险与追求高额资本回报也不一定愿意投资小型企业，公开上市对于初创企业更是遥不可及。许多优秀的技术和创意在还没有投入市场，就因为资金短缺的问题被扼杀在了摇篮里。创业融资在创业过程中非常重要，但是创业者常常面临融资难的问题。创业融资难有以下几方面原因。

1. 不确定性

一个企业在初创时期，面临的风险非常大。这个不确定性体现在外部和内部。如今中国涌现了大量的创业者，社会处在一个产品日新月异的时期。同时资本市场的不稳定性，给创业者融资环境制造了很多的不确定性。而就内部来说，一个初创企业内部的组织稳定性远远比一个运作多年、管理成熟的企业差得多。初创企业缺乏先进的管理经验和知识、创业者自身素质和能力的限制，这很容易导致企业在市场变化中没能很好地把握资源和机会，从而导致失败。较高的失败率，让投资者承担了很大的风险，这种风险的补偿成本就很高，导致创业融资难融资贵。

2. 信息不对称

这是融资环境普遍存在的一个现象。拥有优秀的技术和产品的创业者，不一定能在路演或展示自身企业的过程中让投资人真正了解核心优势。而那些并没有实际优势，但善于“装饰”自己的创业者反而容易获得投资。这是因为投资人对行业和技术的理解不如创业者深刻，而沟通又不一定能反映真实情况。另外，创业者在融资过程中可能会有矛盾的心理，即创业者拥有很好的技术与模式，但有些属于商业机密而不愿意向投资人透露过多，从而导致沟通成本太大，人为地制造了信息不对称。反之，投资人对于投资后企业的管理和实际情况很难把握到位，如果投后企业改变资金用途、产生关联交易而挪为私用、给自己设定过高的薪酬，投资人是难以监控的。总之，投资者必须在信息少于创业者的情况下决定是否向价值非常不确定的新企业提供资金。因此，创业者和投资者之间的这种信息不对称以及未来不确定性导致了新企业融资的困难。

二、创业融资的资金需求

现金对初创企业非常重要，没有现金，企业无法生存，创业者无法抓住盈利机会。而且新创企业往往入不敷出，企业初始投入资金能否维持起步期的创业生涯，这是创业关键的第一步，一般来说第一笔融资要能维持公司 12 ～ 18 个月的生存。创业者如果遇到资金链危机，就会使后续的融资谈判处于劣势，并影响初创企业的发展。因此，创业者需要对创业企业进行财务预测，对企业前两年的现金需求进行估计，尤其是对第一年进行月度预估。

通常来说，创业者在初创伊始，便要估算启动资金，大多数新创企业一开始并不需要投入太多资金。但是，如何确定新创企业所需的资金数量呢？创业者需要编制资金用途清单，预测未来的资金使用数量。本节以海归留学博士张某开发停车管理软件为例，测算资金需求，第一步便是编制资金用途清单，具体如表 10-1。

表 10-1　停车管理软件资金用途清单　　单位：万元

项　目	资金来源（现金流入）	资金运用（现金流出）	资金余额	解决方案	说　明
创业者投入资金	100 000				创始人自由资金
房租及相关费用		36 000			面积 100 平方米，每月 3 000 元
人工成本		198 000			3 个人每月 5 500 元维持最低生活
电脑		24 000			1 台 8 000 元
办公家具		2 000			办公桌椅
办公费用		10 000			差旅费、调研费
宣传营销费用		30 000			没有销售前的宣传和推广
合计	1 00 000	300 000	−200 000		资金缺口

由表 10-1 可知，张某的创业项目主要成本为人工成本、房租、办公电脑、营销费用等。创业者需要为新项目筹集 30 万元的资金，创始人自己投入 10 万元，仍有 20 万元的资金缺口。对于资金缺口的解决方案，在寻求外部融资之前，创业者应充分了解国家、地区的创业优惠政策并加以应用。以厦门为例，海归博士留学生创业，可以得到厦门市政府部分资金支持，并可以通过留学生园、各种孵化园、创客空间，获取免费办公场所。

在充分运用国家政策之后，创业者应该考虑外部融资来弥补资金缺口，在考虑这些因素后，可以制定如表 10-2 的解决方案。

表 10-2　资金缺口解决方案　　单位：万元

项　目	资金来源（现金流入）	资金运用（现金流出）	资金余额	解决方案	说　明
创业者投入资金	100 000				家人提供
引入留学生创业扶持资金	100 000			厦门市留学生创业无偿资助 10 万元	
房租及相关费用	36 000	36 000		留学生创业申请在留学生园办公，第一年免租	100m^2 每月 3 000 元
人工成本	132 000	198 000		找一个软件公司 2 个人去上班兼职创业	3 个人每月 5 500 元维持最低生活
电脑		24 000			1 台 8 000 元
办公家具		2 000			办公桌椅
办公费用		10 000			差旅费、调研费
宣传营销费用		30 000			
没有解决方案前		300 000	−200 000	资金缺口	
提交解决方案后	368 000	300 000	68 000	资金余额	

专栏 10-1　100 位成功创业者筹启动资金 5 种惯用方法

创业是一种资本家游戏。与那些不那么幸运的人相比，有钱的人集资并且创办企业更容易。而在寻找投资的过程中，那些麻烦的投资人，成为很多创业者放弃他们梦想的最后一个借口。

在我的书，即《我们是如何做的：100 位企业家分享他们的奋斗故事和生活经验》这本书中的大多数企业家，都是筹集足够的资金来启动创业梦想的普通人。

下面是他们共享的五个筹集启动资金的建议：

（1）认识很多人。很多人都是从家人和朋友那里得到创业第一笔资金，但是在大多数情况下那还不够。总部设在丹佛的 UrgentRx 公司创始人和首席执行官乔丹•艾森伯格（Jordan Eisenberg）警告说，在你找到足够相信你的公司的人为你的创业企业融资之前，你将需要"亲吻许多青蛙"。

乔丹•艾森伯格恪守一个习惯，一个星期至少 6 天，每天认识至少一个新人。这些人中的大多数没有资格为企业提供资金，但是乔丹•艾森伯格每遇到一个人，都会要求他们将他引荐给更有价值的某些人。艾森伯格说，他最大的投资人都是他通过这个"蜘蛛网"找到的。

（2）把你自己的钱都花在你的梦想上。把你的个人储蓄都兑成现金是可怕的，但是这是许多创业者坚持实现梦想的唯一途径。

当莫妮克•塔特姆（Monique Tatum）开创了她的公共关系咨询公司时，按照老牌企业的惯例，客户不愿意预先支付聘用费。她把自己的 40.1 万美元积蓄都兑成现金，解开了这个鸡和蛋的难题。事实证明这是个不错的做法，现在，在纽约，她的"Beautiful Planning"是增长最快的公关公司。如果她没有投入她的 40.1 万美元，她也许已经退出了商业领域。

另一个利用自己的个人储蓄来为他的企业提供资金的企业家是 Bakers' Edge 公司的创始人马修•格里芬（Matthew Griffin）。"当你表示不再需要他们时，外部投资者才会对你感兴趣。"他说。

"我们的创业资金主要来自个人储蓄，以及用我们的房子和汽车作为抵押借来的本地银行的企业贷款。"马修•格里芬说，"我们的经验是，只有在你有相当大的吸引力的时候，外部投资人才会注意你。具有讽刺意味的是，我们只有在已经不需要创业资金的时候，才拥有对外部投资的吸引力。"

（3）对产品设置预先订购。当你所拥有的还只是一种产品概念，或者产品原型时，外部投资者不会为你的企业投资。在这样的情况下，当需要测试和验证你的想法是否具备可销售性时，开展预先订购是从投资人那里得到必要的资金的一个很好的方式。

如果你的预先订购不能支持你获得投资，不必灰心。以色列创业企业 Pixdo 的创始人伊芙塔•奥尔（Iftach Orr）认为，这也足以让你去构建一个高效的团队和产品了。而反过来，高效的团队和产品也可以给你足够的时间去建立你的客户基础，并且在稍后的阶段吸引更多的资本。

（4）在支付方式上提出独特的价值主张。在托管行业中的老牌公司坚持与客户订立长期的合同，所以当Rackspace公司首次推出时，他们提供了一些独特的东西。该公司提供每月支付模式，并且积极推广他们的客户服务承诺。

“每月支付方式的普及给Rackspace注入成功所需要的资本。”Rackspace的创始人，现在运营一家制造机器人为医疗保健设施进行消毒的公司——Xenex的莫里斯·米勒（Morris Miller）说。

（5）向你的投资人兜售你的发展阶段，而不是产品。“要有关于你的产品的一个清晰的愿景，以及它在未来会是什么样子。但是，也要将各个发展阶段和各个时期的进度目标呈现给投资者，而不是像大多数人一样单纯出售愿景。”PayPal首席产品官希尔·弗格森（Hill Ferguson）建议道。他是Paypal收购的移动支付系统Zong的联合创始人。

“因为你有一个愿景和执行路径，这不仅会给予投资人更多的信心，而且它也将有助于让你自己富有责任感。”希尔·弗格森说。

你拿到的启动资金其实总是会比你认为所需要的少。但你必须努力独力发展你的企业，直到你能获利或者成功地获得第二轮资金。

资料来源：阿南德·斯林尼瓦森（Anand Srinivasan），（Via:Entrepreneur，创业邦编译；Entrepreneur内容授权创业邦独家合作，原文链接：http://www.cyzone.cn/a/20140718/260634.html）.

第二节　创业融资渠道和过程

一、创业融资渠道

对于面临融资需求的创业者而言，必须把握一切融资途径。无论是私人关系，还是天使投资人、金融机构和政府等，都是创业者寻求融资渠道的备选项。所以，创业者有必要逐一了解这些融资渠道的特点和优劣。

现有的融资渠道包括自融资、天使投资、众筹、VC、PE、上市、兼并收购等。主要可以分为三类：第一类是私人资本融资，即来自自我、亲朋好友、天使投资人的投资。近年还出现了很多众筹平台，聚集了大量天使投资人和来自金融机构背景的投资人。众筹实际上也是个人投资的一种。第二类是机构融资，主要包括银行贷款、创业投资、企业间互投、发行股票公开上市。第三类是政府的扶持资金和政策，主要包括政府专项基金、税收优惠政策、财政补贴、贷款援助等。

1. 私人资本融资

私人资本融资是到资最迅速、沟通成本最低的一种。通常来说，社会上大部分创业者的第一笔融资都是依靠自己的资金或亲朋好友的资助。

第一，自我融资。自我融资是最快、最简单的一种方式，也是创业者自身承担的风险最高的一种。当创业者将大量的自有资金投入新的企业当中，通常意味着对自己的创业项目信心十足。创业者投入自有资金实际上也是一种融资策略，因为创业者投入自己的真金白银有利于投资人相信创业者是全心全意、满怀激情地创造自己的事业。同时，当第一笔资金是来自自身的时候，有利于创业前期股权的集中，从而把企业控制权牢牢掌握在创始人手中。如果过早地稀释了过多的股份，对未来的发展可能会产生不利影响。所以，自我融资是一种自我的激励和承诺，也是创业成功后获得回报最大的一种方式。

第二，向亲朋好友融资。亲朋好友不仅是生活中的重要精神支柱，也是创业过程中重要的资金支柱来源。尤其在我国这种以家庭为中心而形成人脉资源社会网络，亲朋好友的融资对许多创业活动产生重要影响。亲朋好友因为事先了解过创业者的为人和能力，所以相较社会上的其他投资人来说，有更小的不确定性。亲朋好友的融资渠道也是资金到位非常迅速、可靠的，不需要创业者再去准备 BP（商业计划书）来说服亲友。但是，这种融资通常是非正式的，创业者必须明确这种融资是属于股权融资还是债权融资，切莫因为是熟识的缘故而忽视了用有效的法律形式来保障各方的利益，必须减少日后不必要的纠纷，避免影响创业者与亲朋好友间的感情。

第三，天使投资。天使投资是社会上的私人个体对一些有潜力、有创意的个人和项目发起的前期投资。与向金融机构融资相比，天使投资的门槛不高、阶段更早，是创业者前期可以接触的重要融资途径。随着社会的发展，天使投资在我国越来越活跃，这类投资也成为越来越重要融资渠道。

天使投资人在投资决策方面更关注创业者本人或团队，而不是创业项目。天使投资人往往根据创业者的激情、经验、可信度、经历、专业知识等做出投资判断。天使投资人一般来自成功的创业者、企业高管等有富余资金的人士。他们对创业投资感兴趣的原因不仅仅是为了投资理财、获取回报，还希望能够帮助这些有梦想、有激情、有能力的创业者，从而实现创业者和自身的价值。

第四，众筹。众筹是指项目发起人通过专门的众筹网络平台或基于 SNS 社交媒体向公众募集资金的行为。简单讲就是向大众筹集资金。从实质上讲，P2P（个人对个人）网贷本身也是一种众筹，其筹集的也是资金，但回报方式为固定的本金 + 利益收益。因此，其属于典型的债权众筹。它与其他众筹模式唯一的不同点在于给予投资者的回报不同。

现在社会上已经出现了不少聚集一批天使投资人的众筹平台，创业者可以方便地在平台上发表自己的项目、与天使投资人接触。

专栏 10-2 天使投资的“3F 法则”

“天使”这个名词，是新罕布什尔大学商学院教授、美国风险投资研究所的创始人 W. 韦策尔（W. Wetzel）在 1978 年首先开始使用的。天使投资是指具有一定净财富的个人或机构，对新兴的、有巨大发展潜力的种子期企业或初创期企业进行的权益资本投资，以期分享企业高成长带来的长期资本增值，是企业的第一批投资。

与“天使”一词自带的为他人带来重要帮助的属性相对应，天使投资人是指能够为创业者带来资金或其他服务的投资人。他们独具慧眼，能够挖掘到最有潜力的创业者，并帮助他们渡过创业的艰难岁月，甚至最后推动其登陆资本市场或进行资本运作，成为下一个耀眼的明日之星。

天使投资目前基本集中在种子期和初创期两个阶段。种子期更多的是创业者有好的想法和点子，公司可能还没有成立，或刚创立。初创期指这家公司的产品已经出来了，产品的开发和初期的市场运作都已经开始。

天使投资的3F法则，是针对创业者在寻找天使投资时候的资金来源衍生出来的概念。3F即family、friends、fools，也就是说，创业者创业初期的天使资金主要来自家人、好友、傻瓜，在中国，一般首先是来自家人和好友。

family指家人，想获得投资最好先从家庭着手，即寻求父母、兄弟姐妹等家人的帮助。

friends指朋友，朋友彼此之间互相熟悉，也容易取得信任，提供帮助。

fools指傻瓜，指那些默默支持你，给予你温暖和帮助的人，也就是大家经常说的“贵人”。可以说，真正的天使投资都是傻瓜！

从2013年开始，我国逐渐开始出现了上述3F中的第三类人fools，中国天使从此走上高速成长的快车道。

2. 机构融资

机构投资是创业者可以融通资金的重要渠道，这些机构包括以下几种。

第一，商业银行贷款。向银行贷款是企业最常见的一种债权融资方式，创业者也可以通过银行贷款补充创业资金的不足。目前，我国的商业银行推出的个人经营类贷款对创业者而言是一个好消息。个人经营类贷款包括个人生产经营贷款、个人创业贷款、个人助业贷款、个人小型设备贷款、个人周转性流动资金贷款、下岗失业人员小额担保贷款和个人临时贷款等类型。但由于创业企业的经营风险较高，可抵押的资产少，价值评估难，银行一般不大愿意冒太大的风险向创业企业提供贷款。这类贷款发放时往往要求创业者提供担保，包括抵押、质押、第三人保证等。

近年来，为了缓解中小企业融资困难，我国金融机构推出了许多新的金融产品，这些产品均有自己的业务范围和适用群体。创业者应密切关注银行贷款产品和政策的变化，以选择最适合自身情况的银行贷款。

第二，中小企业间的互助机构贷款。中小企业间的互助机构是指中小企业在向银行融通资金过程中，根据合同约定，由依法设立的担保机构以保证的方式为债务人提供担保，在债务人不能依约履行债务时，由担保机构承担合同约定的偿还责任，从而保障银行债务实现的一种金融支持制度。从国外实践和我国实际情况看，信用担保可以为中小企业创业和经营融资提供便利，分散金融机构信贷风险，推进银企合作，这是解决中小企业融资难的突破口之一。

从20世纪20年代起，许多国家为了支持本国中小企业的发展，先后成立了为中小企业提供融资担保的信用机构。中小企业信用担保体系成为各国或地方政府重塑银企关系、强化信用观念、化解金融风险和改善中小企业融资环境等的重要手段。

例如，美国专门成立了中小企业管理局（SBA），通过协调贷款、担保贷款等形式，帮组解决中小企业发展资金不足的问题。日本在第二次世界大战后相继成立了中小企业金融公库、国民金融公库和工商组合中央公库，专门向中小企业提供低息融资。我国的台湾地区，在1974年就设立了中小企业信用保证基金。

构建并逐步规范、完善我国中小企业信用担保体系，是促进我国创业活动、激发并保持经济活力的重要环节，成为近年来我国政府在解决中小企业融资难问题上的主要着力点。从1999年试点到现在，我国已经形成了以中小企业信用担保为主体的担保业和多层次中小企业信用担保体系，经过几年的探索和规范，特别是在国家税收优惠等政策推动下，各类担保机构资本金稳步增加。

专栏 10-3 中小企业信用担保资金管理办法

第二章 支持方式及额度

第六条 担保资金采取以下几种支持方式：

（一）业务补助。鼓励担保机构和再担保机构为中小企业特别是小型微型企业提供担保（再担保）服务。对符合本办法条件的担保机构开展的中型、小型、微型企业担保业务，分别按照不超过年平均在保余额的1%、2%、3%给予补助。对符合本办法条件的再担保机构开展的中型和小型微型企业再担保业务，分别按照不超过年平均在保余额的0.5%和1%给予补助。

（二）保费补助。鼓励担保机构为中小企业提供低费率担保服务。在不提高其他费用标准的前提下，对担保机构开展的担保费率低于银行同期贷款基准利率50%的中小企业担保业务给予补助，补助比例不超过银行同期贷款基准利率50%与实际担保费率之差，并重点补助小型微型企业低费率担保业务。

（三）资本金投入。鼓励担保机构扩大资本规模，提高信用水平，增强业务能力。特殊情况下，对符合本办法条件的担保机构、再担保机构，按照不超过新增出资额的30%给予注资支持。

（四）其他。用于鼓励和引导担保机构、再担保机构开展中小企业信用担保（再担保）业务的其他支持方式。

第七条 符合本办法条件的担保机构、再担保机构可以同时申请以上不限于一项支持方式的资助，但单个担保机构当年获得担保资金的资助额最多不超过2 000万元，单个再担保机构当年获得担保资金的资助额最多不超过3 000万元。（资本金投入方式除外）

资料来源：《中小企业信用担保资金管理办法》（财政部、工业和信息化部2012年5月25日发布）。

第三，创业投资基金（机构）。创业投资（venture capital，VC）是一种用来支持创业活动的投资制度安排。其起源最早可以追溯到15世纪英国、葡萄牙、西班牙等西欧岛国创建远洋贸易企业时期。到19世纪美国西部创业潮时期，“创业投资”一词在美国开始流行。1946年，世界上第一家风险投资公司美国研究与发展公司（ARD）在美国成立，20世纪70年代，伴随高新技术的发展，创业投资步入高速成长时期，培育出一大批世界级的著名企业，如微软公司、苹果公司、惠普公司、英特尔公司、思科公司、雅虎公司、谷歌公司等。

中国的创业投资业从 20 世纪 80 年代起步，经历了 90 年代末的互联网热及泡沫破灭，再随着 2003 年前后新一波企业创业浪潮的兴起，中国已经成为全球创业投资的中心之一。

创业投资指由专业机构提供的投资于极具增长潜力的创业企业并参与其管理的权益资本。创业投资的本质内涵体现在三个方面：①以股权方式投资于具有高增长潜力的未上市创业企业，从而建立起适应创业内在需要的“共担风险、共享收益”机制，因此创业投资并不过分强调投资对象当前的盈亏状况，更看中投资对象发展前景和投资增值状况，以便在未来通过上市或出售取得高额回报。②由于创业投资属于权益性投资，持有企业的股份，往往拥有企业的部分控制权。为了降低投资风险，创业投资人一般会积极参与所投资企业的创业过程，为创业企业提供增值服务，一方面弥补所投资企业在创业管理经验上的不足，另一方面主动控制创业投资的高风险。③创业投资的目的不是经营具体的产品，而是以整个创业企业作为经营对象，即通过支持“创建企业”并在适当时机转让所持股权，来获得资本增值收益。

专栏 10-4

扫描二维码，阅读《第一财经周刊》发布的《“2016 年度最佳 VC 排行榜”榜单》。

第四，公司。很多企业对新企业进行战略投资。公司投资者能够为新企业提供营销和生产支持，并提供优惠的财务条款，但必须提防侵吞新企业的知识产权。

第五，创业板或新三板上市融资。企业可以通过首次公开募股（initial public offerings，IPO）的方式筹集资金，即企业第一次将它的股份向公众出售的方式融资。但是，主板上市的条件比较苛刻，创业企业往往难以满足上市要求。为此，世界各个国家在多层次资本市场建设中，都设有创业板或中小板，满足中小企业和创业企业融资需求与创业投资退出需求，如美国的纳斯达克市场、我国深圳交易所创业板等。

创业板以成长型尤其是具有主创新能力的创业企业为服务对象，能为处于初创成长期饱受资金缺乏困扰的中小企业提供融资的渠道。

当然，创业板上市也有一定的要求，而且为了保护投资者的利益，监管部门对创业板市场制定了更为严格的业务要求、信息披露要求、限售规定规则及退市制度，企业一旦成为上市公司，在信息披露、财务规范、治理结构方面必须遵循市场要求，这对较多依赖创业者个人、决策随意的创业企业来说，意味着管理模式的全面转型。另外，由于股本规模小及股份全流通，创业板上市企业很有可能成为其他企业的收购对象，对于看好企业发展的创业者或创业团队将形成被收购风险，减弱至甚至丧失在企业中的话语权。

近年来，我国新三板市场发展迅速。“新三板”市场原指中关村科技园区非上市股份有限公司进入代办股份系统进行转让试点，但是2013年12月31日起股转系统面向全国接收企业挂牌申请。新三板成为全国性的非上市股份有限公司股权交易平台，主要针对的是中小微型企业。

专栏 10-5 首次公开发行股票并在创业板上市管理办法

第二章 发行条件

第十一条 发行人申请首次公开发行股票应当符合下列条件：

（一）发行人是依法设立且持续经营三年以上的股份有限公司。有限责任公司按原账面净资产值折股整体变更为股份有限公司的，持续经营时间可以从有限责任公司成立之日起计算；

（二）最近两年连续盈利，最近两年净利润累计不少于一千万元；或者最近一年盈利，最近一年营业收入不少于五千万元。净利润以扣除非经常性损益前后孰低者为计算依据；

（三）最近一期末净资产不少于二千万元，且不存在未弥补亏损；

（四）发行后股本总额不少于三千万元。

第十二条 发行人的注册资本已足额缴纳，发起人或者股东用作出资的资产的财产权转移手续已办理完毕。发行人的主要资产不存在重大权属纠纷。

第十三条 发行人应当主要经营一种业务，其生产经营活动符合法律、行政法规和公司章程的规定，符合国家产业政策及环境保护政策。

第十四条 发行人最近两年内主营业务和董事、高级管理人员均没有发生重大变化，实际控制人没有发生变更。

第十五条 发行人的股权清晰，控股股东和受控股股东、实际控制人支配的股东所持发行人的股份不存在重大权属纠纷。

第十六条 发行人资产完整，业务及人员、财务、机构独立，具有完整的业务体系和直接面向市场独立经营的能力。与控股股东、实际控制人及其控制的其他企业间不存在同业竞争，以及严重影响公司独立性或者显失公允的关联交易。

第十七条 发行人具有完善的公司治理结构，依法建立健全股东大会、董事会、监事会以及独立董事、董事会秘书、审计委员会制度，相关机构和人员能够依法履行职责。

发行人应当建立健全股东投票计票制度，建立发行人与股东之间的多元化纠纷解决机制，切实保障投资者依法行使收益权、知情权、参与权、监督权、求偿权等股东权利。

第十八条 发行人会计基础工作规范，财务报表的编制和披露符合企业会计准则和相关信息披露规则的规定，在所有重大方面公允地反映了发行人的财务状况、经营成果和现金流量，并由注册会计师出具无保留意见的审计报告。

第十九条 发行人内部控制制度健全且被有效执行，能够合理保证公司运行效率、合法合规和财务报告的可靠性，并由注册会计师出具无保留结论的内部控制鉴证报告。

第二十条 发行人的董事、监事和高级管理人员应当忠实、勤勉，具备法律、行政法规和规章规定的资格，且不存在下列情形：

（一）被中国证监会采取证券市场禁入措施尚在禁入期的；

（二）最近三年内受到中国证监会行政处罚，或者最近一年内受到证券交易所公开谴责的；

（三）因涉嫌犯罪被司法机关立案侦查或者涉嫌违法违规被中国证监会立案调查，尚未有明确结论意见的。

第二十一条 发行人及其控股股东、实际控制人最近三年内不存在损害投资者合法权益和社会公共利益的重大违法行为。

发行人及其控股股东、实际控制人最近三年内不存在未经法定机关核准，擅自公开或者变相公开发行证券，或者有关违法行为虽然发生在三年前，但目前仍处于持续状态的情形。

第二十二条 发行人募集资金应当用于主营业务，并有明确的用途。募集资金数额和投资方向应当与发行人现有生产经营规模、财务状况、技术水平、管理能力及未来资本支出规划等相适应。

资料来源：《首次公开发行股票并在创业板上市管理办法》（2014 年 5 月 14 日中国证券监督管理委员会令第 99 号公布）。

3. 政府背景融资

近年来，各级政府充分意识到创业活动对经济发展的推动作用，尤其是科技含量高的产业或当地优势产业对增强地区竞争力、解决就业问题有重要意义。为此，政府越来越关注新创业企业的发展，政府为很多新企业提供融资项目。虽然各地政府推出的创业支持政策方面不尽相同，但常见的政府背景融资主要有科技部科技创新基金、针对某个特定群体的创业基金、地方性优惠政策等。

第一，科技创新基金。科技型中小企业技术创新基金是经国务院批准设立，用于支持科技型中小企业技术创新的政府专项基金。通过拨款资助、贷款贴息和资本投入等方式，扶持和引导科技型中小企业的技术创新活动。根据中小企业项目的不同特点，创新基金支持方式主要有：①贷款贴息，对已具有一定水平、规模和效益的创新项目，原则上采取贴息方式支持其使用银行贷款，以扩大生产规模。②无偿资助，主要用于产品研究、开发及中试阶段的必要补助、科研人员携带科技成果创办企业进行成果转化的补助，资助额一般不超过 100 万元。③资金投入，对少数起点高，具有较广创新内涵，较高创新水平并有后续创新潜力，预计投产后有较大市场，有望形成新兴产业的项目，采取了直接资金投入方式。

第二，针对某个特定群体的创业基金。目前，政府特别是地方政府根据各地实际情况针对特定群体推出了诸多旨在鼓励创业的支持基金。这些群体大都具有强烈创业愿望，如高校毕业生、妇女创业基金等。例如，大学生创业贷款是银行等资金发放机构对各高校学生（大专生、本科生、研究生、博士生等）发放的无抵押无担保的大学生信用贷款。为支持大学生创业，国家和各级政府出台了许多优惠政策，涉及融资、开业、税收、创业培训、创业指导等诸多方面。由于各地区大学生创业贷款相关政策的不同，申请条件也会有所差异，创业者所以可以登录当地相关网站了解具体信息。

第三，地方性优惠政策。各地政府在支持创业发展方面，纷纷推出诸如税收优惠、小额贷款、中小企业信用担保、创业基地建设等优惠政策。如上海针对注册开业3年以内的创业企业推出小额贷款担保政策，担保金额高达100万元，其中，10万元以下的贷款项目可免予个人担保。在全国许多地区都有类似的创业优惠和扶持政策，创业者应关注并熟悉这些渠道。

除了前面介绍的这些融资方式外，还有典当融资、设备融资租赁、孵化器融资、供应链融资等。创业者本身就是创新者，他们发现了别人没发现的机会、采用了与众不同的经营方式。同样，在融资方面，他们也没有理由发现不了创新性的融资渠道。

总之，创业融资的渠道很多，这些融资方式有两种基本的类型：债务融资和股权融资。新创企业很少能够获得债务融资，股权融资的方式更为普遍。

债务融资是归还所提供资金和预定利息的一种财务责任。新企业的债务融资通常有3种情形：第一，以创业者的个人资产或赚钱能力作为抵押担保的债务融资，如创业者用信用卡或房屋净值贷款。第二，资产抵押融资，这是一种以使用该融资所购买的设备作为抵押保证的债务融资，如卡车、计算机、复印机等。第三，供应商信贷，供应商向创业者提供信贷以购买存货和设备。比如，供应商向餐厅创业者提供信贷购买其厨房设备。

股权融资指因提供资金而获得企业的部分所有权。新企业更倾向于股权融资，在新企业获得正的现金流之前，无法支付预定的固定利息，而股权融资不需要固定偿付利息。

债权融资和股权融资各有优缺点。债权融资需要支付本金和利息，但创业者可以保持对企业的有效控制权，并且独享未来可能带来的高额回报率。这种融资方式要求创业者按照期限还款，如果企业经营不如预期而导致无法获得高于资金成本的收益，那么企业的资金链将会非常紧张。

股权融资的优点是创业者通过股权融资不仅得到不用偿还的资金，而且会得到投资者的增值服务，如关系网络、人力资源、技术支持等。但股权融资会稀释控制权，甚至失去企业的控制权，对创业企业的发展和创业者的利益造成损失。

二、创业融资的过程

1. 股权融资的过程

第一步，向投资者投递创业计划书。正如第九章所言，创业计划书是融资的重要工具，一份有说服力的优秀计划书是能成功吸引投资人的第一步。创业者要想尽办法把自己的创业计划书或PPT投递给投资人。虽然天使投资者和创业投资家每年都会接受成百上千份商业计划书，但是大多数都被他们忽略了。

第二步，接受投资者最初筛选。投资者会浏览十分诱人的项目，或者是由他们认识并信任的人推荐的项目，然后通过这种快速浏览淘汰95%的所收到的商业计划书。

第三步，接受投资者深度调查。投资人会对剩下的5%左右的比较有兴趣的计划书进行正式调查，寻找值得投资的要素。投资者寻找两个关键要素：一是优秀的创业团队；二是好的商业机会。在创业团队方面，投资者希望看到创业者诚实可信、不断进取和对企业充满激情的证据。当然，大多数创业者都具有这种特征，因此投资者偏爱那些曾经创办过和经营过企业的人，以及那些对要进入的产业有丰富从业经验的人。在商业机会方面，投资者寻找能够证明机会的价值和创业者具有获取这种价值的能力的证据。

第四步，接受投资者尽职审查。一旦投资者对创业项目有投资意向，将会进行尽职审查（due diligence，DD）。尽职审查是通过企业内部和外部等多种途径收集信息，验证商业计划书的真实性和可行性，以全面、客观、准确而深入地了解拟投资项目。创业者要对商业计划的保密性很敏感，在尽职审查前可以要求投资者签署具有法律效力的保密协议。

第五步，投资者和创业者就投资条款谈判。创业者和投资人最后要对具体签署的投资协议进行谈判，谈判的焦点包括企业估值、投资金额、控制权等方面。这个阶段的股权融资可以求助于专业的律师介入。

2. 债权融资的过程

债权融资是指企业通过借钱的方式进行融资，债权融资所获得的资金，企业首先要承担资金的利息，另外在借款到期后要向债权人偿还资金的本金。债券融资主要有银行贷款、发行债券等方式。由于新创企业很少能够获得债务融资，本部分不详细介绍债权融资的过程。

三、创业企业的估值问题

每个公司都有其自身价值，价值评估是资本市场参与者对一个公司在特定阶段价值的判断。非上市公司，尤其是初创公司的估值是一个独特的、有挑战性的工作，其过程和方法通常是科学性和灵活性相结合。初创企业估值问题不但牵涉创始人自己对于项目的评估，更重要的是在于，企业估值决定了投资人对初创项目进行股权投资时会占据多少股份。所以，能够为初创企业提供一个合理的估值，无论是对创业者还是对投资方来说，都是一门艺术。

下面我们分别从影响创业企业估值的因素、创业企业估值方法和创业企业估值评估的动态调整策略三个方面进行分析。

1. 影响创业企业估值的因素

（1） 宏观因素。

第一，外部宏观经济形势，包括国际宏观经济形势和中国国内经济形势，尤其是后者。如果外部宏观经济形势好，经济增长预期高，创业企业就有可能得到更高的估值。

第二，一个国家和地区创业的活跃程度、创业企业发展的态势，以及相应创业企业对创业资本的需求程度。

第三，创业资本的供给。创业资本的供给越多，投资机构和投资基金越多，创业企业的估值就相对比较高；反之，则相反。国内外投资机构的数量、机构募集的基金数量、机构手头的资金充裕程度，都会对创业资本的供给产生影响。创业资本的供给还会受到近期创业投资成功案例的影响，如果近期有较多的创业成功上市或者兼并收购，创业投资商获得了高额回报，必然会大大刺激投资者的投资意愿。

第四，创业企业所在国家和地区的商业“基础设施”的完善程度，如法律、信用体系等，这是决定创业切投资系统风险的关键因素。

（2）微观因素。

第一，创业企业对资本需求的迫切程度会对企业价值评估有很大影响。创业企业在不同的发展阶段对资金的需求不同，企业迫切需要资金的时候，甚至出现现金流枯竭的时候，企业可能会“贱卖”，估值偏低。

第二，创业投资商的声誉及其增值服务也会影响投资者的谈判力量，对创业企业最终的投资的股权分配产生重大影响。

第三，管理团队的经验和能力。创业企业管理团队的经验越丰富，能力越强，则创业企业成功的概率越大，投资者的投资风险越小，企业的估价就越高。

第四，所在行业潜在市场大小。潜在的市场越大，则企业的发展空间越大，企业的估值越高。

第五，创业企业的发展阶段及其风险。企业有不同的孕育成长阶段，不同阶段的风险不同，企业估值也不同。比如，处于创业早期的种子阶段，由于不确定性最大，风险最高，估值一般也不高。随着企业的发展，风险降低，估值逐渐变高。

2. 创业企业估值方法

（1）现金流折现法。现金流折现法是一种较为成熟的估值方法，通过预测公司未来自由现金流和资本成本，然后对公司未来自由现金流进行贴现，公司价值即为未来现金流的现值。计算公式如下：

$$PV=\sum_{t=1}^{n}\frac{CF_t}{(1+r)^t}$$

式中，PV 为现值；CF_t 为每年的预测自由现金流；r 为贴现率或资本成本。

对现金流进行贴现是处理预测风险最有效的方法之一，然而，因为初创公司的预测现金流有很大的不确定性，其贴现率比成熟公司的贴现率要高得多。寻求种子资金的初创公司的资本成本也许在 50% ～ 100%，早期的创业公司的资本成本为 40% ～ 60%，晚期的创业公司的资本成本为 30% ～ 50%。一般情况下，已进入成熟期的公司的资本成本在 10% ～ 25%。

现金流折现法适用于较为成熟、创业后期的私有公司或上市公司，比如凯雷收购徐工集团采用的就是这种估值方法。

（2）市盈率法。首先要挑选与非上市公司同行业可比或可参照的上市公司，以同类公司的股价与财务数据为依据，计算出主要财务比率，然后用这些比率作为市场价格乘数来推断目标公司的价值，常见的有 P/E 法（市盈率，价格 / 利润）和 P/S 法（价格 / 销售额）。

目前在国内的创业投资市场，P/E 法是比较常见的估值方法。通常我们所说的上市公司市盈率有两种：

第一种是历史市盈率（trailing P/E），即当前市值 / 公司上一个财务年度的利润（或前 12 个月的利润）。

第二种预测市盈率（forward P/E），即当前市值 / 公司当前财务年度的利润（或未来 12 个月的利润）。

投资方投资的是一个公司的未来，是对公司未来的经营能力给出目前的价格，所以创业投资公司一般用预测市盈率估值：

公司未来的总价值价值 = 预测市盈率 × 公司在未来一定年限后的税后净收入

公司未来的利润可以通过公司的财务预测进行估算，那么估值的最大问题在于如何确定预测市盈率了。一般说来，预测市盈率是历史市盈率的一个百分比。例如，如果 NASDAQ 某个行业的平均历史市盈率是 40，那么预测市盈率大约在 30，而对于同行业、同等规模的非上市公司，参考的预测市盈率需要减值，我们将这个值假设为 15 ～ 20，如果这个企业是同行业且规模较小的初创企业，参考的预测市盈率需要再一次减值，那么最后的市盈率有可能是 7 ～ 10。在这样的预测市盈率下，如果某公司预测融资后下一年度的利润是 100 万美元，公司的估值就是 700 万～ 1 000 万美元，如果投资人投资 200 万美元，公司出让的股份是 20% ～ 35%。

但是，对于有收入却没有利润的公司，P/E 就没有意义，很多初创公司很多年也不能实现正的预测利润，在这种情况，投资机构和创业者可以用 P/S 法来进行估值，其方法跟 P/E 法一样，但是将税后净利润改为销售收入。

（3）比较法。在用比较法进行估值时，创业者可以挑选与初创公司同行业、在估值前一段合适时期被投资、并购的公司，基于融资或并购交易的定价依据作为参考，从中获取有用的财务或非财务数据，求出一些相应的融资价格乘数，据此评估目标公司。

例如，A 公司在近期刚刚获得融资，而 B 公司在业务领域跟 A 公司相同，经营规模上（比如收入）比 A 公司大一倍，那么投资人对 B 公司的估值应该是 A 公司估值的一倍左右。再如，分众传媒 2005 年 10 月并购了框架传媒，不久之后的 12 月宣布并购聚众传媒，分众在对聚众传媒进行估值时，以框架传媒的并购金额为基础进行调整，计算聚众的价值。

比较法不对市场价值进行分析，而只是统计同类公司融资并购价格的平均溢价水平，再用这个溢价水平计算出目标公司的价值。

公司估值是投资人和创业者谈判协商的结果，并没有确定的公允值，公司的估值受到众多因素的影响。创业者在对项目进行估值时还要考虑到投资人的增值服务能力和投资协议中的其他非价格条款。关键在于，时间和市场不等人，不要因为双方估值分歧而错过投资和被投资机会。

3. 估值评估的动态调整策略

创业企业的价值评估和相应的谈判是创业投资中非常重要和敏感的环节，因为这关系到投资后双方在企业中的股份。但是，由于创业企业发展历史很短，具有高成长潜力和高不确定性，因此，对创业企业价值的评估实际上是一个非常困难的问题，甚至可以说很难准确定价。在现实中，经常出现创业者和投资者对企业的价值评估相差很大，双方在股权谈判中难以达成协议，导致合作破裂。有时，即使勉强达成协议，但这种勉强可能会影响到后期的合作与信任。

在这种情况下，可以采用价值评估的动态调整策略，这种策略事实上有点类似金融产品中的对赌协议。简单来说，就是在合同中加一个条款，即双方约定在未来一定时期内创业企业的实际绩效与创业者在商业计划书中的发展目标对比，如果目标按时实现或超额实现，则创业者获得相应比例的股份，反之则减少相应股份。举个简单的例子，如果投资者和创业者达成协议采用 10 倍的市盈率，创始人预测利润 100 万美元，投资后估值就是 1 000 万美元。如果投资 200 万美元，那么按照创业的估值投资人拥有 20% 的股份。但是，如果一年后（或更久）实际利润只有 50 万美元，投资后估值就只有 500 万美元，相应地，投资人应该分配的股份应该 40%，创业者需要将自己 20% 的股份给投资人。这种条款常被称为“棘轮”条款（ratchet clause）。

在以上的例子中，我们采用的是“净利润”这个财务指标，但在实际操作中还可以采用销售收入、EBIT（息税前利润）、EBITDA（息税、折旧、摊销前利润）等财务指标，评估时还可以选择单个指标或多个指标的组合。

专栏 10-6

扫描二维码，阅读《投资企业的 14 种估值方法：实现现金流贴现法》。

专栏 10-7

扫描二维码，阅读《创业者如何给自己的公司估值》。

第三节　创业融资策略

一、创业融资注意事项

1. 创业者在寻求投资的时候常见的“陷阱”

（1）高估价值、低估风险。创业者常常会过分高估自己项目的回报和价值，而低估项目执行的风险。在这样的情况下，很难得到投资人的青睐，导致难以实现融资。

（2）急于大笔融资。有些创业者希望在初期的时候有很高的估值并拿到大额的融资。但实际上这会导致创业者期望过高而导致融资太难。即使成功，对下一轮的融资也人为地造成了很多阻碍。

（3）融资的时候没有方向。不同的投资机构有不同的分工，但很多没有融资经验的创业者会盲目地找很多外部投资者。在不了解这些投资机构的投资逻辑、投资领域、性格、投资额度、能带来什么额外支持的情况下，这会造成很多的精力浪费。

（4）只寻找一个投资者。有些创业者在创业的过程中，从头到尾只与一个投资者沟通。这样也许会造成因为不知道企业真正的价值而失去更好的融资机会，也可能会失去更多潜在的资源支持者。另外，如果这个投资者决定不投资，那么创业者将会非常被动。

（5）股权被过早地稀释。有不少优秀的创业企业因为股权被过早地稀释而造成了严重的公司治理问题。如果创始人失去对公司的控制权，那么一个没有核心领导者的初创企业是很难获得突破性成功的。

2. 如何找到合适自己的投资人

（1）公开的联系方式。在互联网时代，很多优秀的投资机构和个人投资者都会把自己的联系方式在网络上公开，并接受邮寄、邮件等方式投递的创业计划书，甚至可以预约面谈或者电话联系。

（2）熟人引荐。一般来说，熟人引荐的情况下，更容易得到投资人的回应。投资者的精力有限，如果有熟人的关系做背书，那么接触得到投资人的概率会更大。

（3）律师。创业投资过程中的谈判和协议签署需要专业的律师机构参与，因此律师熟悉较多的创业投资机构，创业者可以通过他们找到投资人。

（4）创业比赛。近年来政府机构、大学、科技园等各个机构纷纷组织了众多的创业计划竞赛，这些竞赛通常会邀请许多投资人作为评委。只要你的项目足够优秀，一定能让投资人看见，就有可能得到融资。

（5）被投资人投资过的公司。创业者可以琢磨投资人投资过的公司，分析投资人的投资逻辑、投资偏好、额度等情况。并且通过跟这些公司的创始人会谈，学习创业经验并获得引荐到投资人的机会。

3. 了解投资机构

（1）了解投资人专注投资的领域。如果投资人是专注于医疗健康领域的，而创业者是媒体领域的，创业者显然找错投资人了。

（2）了解投资人投资的阶段。有的投资人喜欢投早期项目，有的投资人喜欢投中后期。要根据自己的情况，寻找合适的投资人。

（3）了解投资机构的专业能力，是否能了解你的战略主张并提出有价值的建议？

（4）了解投资机构是否已经投资过你的潜在竞争对手？千万不要让自己浪费时间制造潜在的冲突。

（5）了解投资机构的声誉，他们是否给被投企业足够的帮助和附加价值，是否会和你共患难？是否会给你带来资源、管理经验、技术、人脉？

（6）了解投资者是否能帮助企业获得下一轮融资？一些能力不足的投资机构可能没有能力凭借自己的声誉和关系帮助企业获得新的投资，这会让企业在后面的发展举步维艰。

二、创业融资的策略

1. 重增值性策略

创业投资制度的发明不仅仅是为了解决创业者的资金问题，重增值性是创业投资的重要特征之一。因此，创业融资的一个重要策略是不仅可以获得一笔资金，而且投资人能给创业企业带来一系列的创业增值服务。

投资人可以给创业企业带来的增值服务很多，包括诊断商业模式、改进产品或服务、加强技术与研发、提升管理水平、战略管理和资源整合、引入重要战略合作伙伴、改善公共关系等。因此，创业者在融资时要仔细分析投资人能否给创业企业带来有价值的增值服务。

2. 分阶段融资策略

创业融资策略中，创业者应该担心和谋划的是恰当时候获得恰当数量的外部资金。因此，新企业通常从投资者那里分阶段地筹措资金，而不是一次筹措全部资金。这意味着投资者提供少量的资金以产生一个选择权，在恰当时间再决定是否进行追加投资。为什么要这么做呢？因为投资新企业对于投资者来说是高风险的，为了使风险最小化，投资者投入一小笔资金并观察最初的投资会发生什么样的变化。如果创业者使用最初投资达不到预定的目标，就没有继续投资的必要。投资者这样做，最多只会损失少量的最初投资。总之，分阶段投资可以减少投资者的不确定性和风险。因为商机开发的过程十分复杂，不确定性因素很多，只有随着时间的推移，关于产品、创业者的管理能力和风格、公司战略等信息才会越来越清晰。

对于创业者来说，分阶段筹集资金也是一种策略。我们在前面讲估值的时候讲过，不同阶段企业估值是不一样的，企业发展越早期，企业估值越低。因此，对于创业者而言，在“读幼儿园”的时候，就把“读大学”的钱筹集好，是一件不划算的事情。另外，分阶段筹资还可以避免创始人的股权不会被过度稀释。当然，分阶段融资也有一些弊端。例如，多次融资耗费的精力比较大，资金储备不多，容易发生资金链断裂或者运作困难。

所以，创业者在完成分阶段筹资时，一定要注意把握融资节奏。表 10-3 是对初创企业融资节奏的一些建议。

表 10-3　创业企业的分阶段融资

企业成长阶段	主要融资途径
种子期	· 自融资：创始人、亲朋好友等 · 天使投资 · 创业融资（一些有种子期投资方向的机构）

（续表）

企业成长阶段	主要融资途径
初创期	• 天使投资 • 创业投资（一些有早期投资方向的机构） • 政府所支持的小企业投资 • 大公司的投资
成长期	• 创业投资（一些注重成长期投资方向的机构） • 大公司的投资
扩张期	• 创业投资（一些有中后期投资能力的机构） • 大公司的收购 • 上市
成熟期	• 上市

3. 关系融资策略

我们在第九章学习过，创业者在展示创业计划的时候常常需要有人推荐给投资人。创业者从认识的人手中或者通过认识的人更容易筹集资金，因此，运用社会关系获得向投资者推荐的机会，是创业者常常利用的融资策略。创业者的社会网络和关系为投资者提供了更全面可靠的信息，减少了信息不对称，从而更容易获得投资人的信任。

创业者在利用社会关系融资时，往往会运用印象管理策略来鼓动投资者支持他们。印象管理是指人们试图管理和控制他人对自己所形成的印象的过程。恰当的印象管理是人际交往的润滑剂，可以使交往更加顺畅。创业者可以通过保持形象的一致性、自我美化、讨好等方式接近投资人，通过讲述一个关于新企业的动人故事，并利用有效的口头或非口头方式沟通，来消除投资人的疑虑。创业者还可以通过创造一种紧迫感的方式鼓动投资者支持创业者。

4. 其他策略

第一，创业者也投入自有资金，即自我融资。道理很简单，一方面，投资者通过让创业者和他们一起投入自有资金，使创业者有动力谨慎使用新企业的资金。另一方面也让投资者间接明白这是一个好的商业机会，因为创业者都宁愿冒损失自有资金的风险来开发这个机会。当然，多数的创业者都没有多少自有资金，但重要的是投放在新企业中的资金在创业者的实际财产中占多大比例。

第二，寻找专业化投资机构。投资机构在专业领域、投资阶段等方面有专业化分工，如有的投资者专门投资于软件业，有的投资者专门在新企业的早期阶段进行小额投资，而有的集中于后期阶段较大的投资。创业者融资时要找对方向和专业。

第三，利用投资联盟融资。很多创业投资者和天使投资者组成投资联盟或在投资时邀请其他投资者加入。这样做可以分散投资者的投资风险，而且投资者能够从许多具有不同经验和背景的人那里收集信息，并核查自己和其他人的决策。因此，创业者可以利用这类的联盟找到投资人。

三、保护创业者利益

创业项目获得投资意向后，创业者还需要在投资合同谈判签署过程中，保护好自己的利益。

1. 利用投资协议保护利益

创业融资过程中，当投资者确定投资意向时，首先需要签署一份投资意向书（term sheet）。投资意向书不涉及投资的具体条款，只是双方投融资的基础，并没有实际约束效力。当投资人和创业者把估值和交易结构这两方面达成共识后，就需要为签署一份正式的投资协议而逐条谈判了。最后达成的投资协议才是真正能够约束双方一系列投融资行为的法律文件。在投资协议中，创业者需要注意以下方面。

第一，管理层与股权结构变化。早期投资人入股进来，一般来说都会密切关注企业的发展或者直接拥有部分的管理权。这样就会涉及公司管理层结构的变化，在这些方面的变动需要特别注意，一定要在职权方面有明确的约定。否则一旦出现意见相左的情况，就可能会因权限不明而造成纠纷。

第二，是否存在对赌协议。对赌协议（valuation adjustment mechanism，VAM），其直译意思是“估值调整机制”。对赌协议就是收购方（包括投资方）与出让方（包括融资方）在达成并购（或者融资）协议时，对于未来不确定的情况进行一种约定。如果约定的条件出现，投资方可以行使一种权利；如果约定的条件不出现，融资方则行使一种权利。所以，对赌协议实际上就是期权的一种形式。例如，公司经营达到某种业绩标准，创业团队可以行使某种权利，而达不到这种业绩标准，投资人便可以行使另一种权利。在谈判设计这样的条款时，创业者需要慎重考虑，虽然现在的创业公司发展迅猛，但需要从实际情况综合考评是否能够达到协议要求。一旦对赌协议失败，就只能执行对赌失败的约定。

第三，期权池的设立。期权池是指公司将来为了激励员工、留住人才时实施股权期权激励方案而事先预留出来的部分。有些投资者在投钱之前会要求创业公司设立期权池。对于投资者而言，先设立期权池再投钱，有利于投资后其股权不容易被稀释。对于创业者而言，如果没有在公司成立之初就设立期权池，那么在融资时被要求设立，可以设立一个相对小的期权池，并且可以和天使投资人约定：新一轮的融资进来，可以把期权池扩大，扩大时双方股权同比稀释。

第四，退出机制。投资退出是投资者实现收益的重要策略，因此投资人会重视有关退出的条款。IPO及破产清算在投资协议中并不需要做特别约定，只要根据《中华人民共和国公司法》规定的内容约定即可，创业者要针对的是在并购、收购以及公司回购这些情形下和投资人商议明确具体的退出方式。并且，创业者可以在投资协议中设置相应的违约条款，防止投资人中途撤资。

2. 慎重设计交易结构

确定好公司估值后，双方就要对投资过程中的交易结构进行逐条设计。所谓交易结构，就是协议双方在实现最终利益归属时的一系列安排。

股权融资交易结构的设计会影响到公司股权结构的变化。尤其是当投资人在设计交易结构时会使用的可转换优先股、可转换债券等条款。这些条款，通常来说是为了保护投资人利益而设置的。创业者在谈判这些条款的时候，一定要弄清楚每个条款背后的意义和可能涉及的最坏的结果并评估。避免因为公司的发展轨道不如预期或者后期融资时遇到的问题而影响公司未来的股权结构，甚至导致创始人丧失对公司的控制力，乃至于创始人的利益受到严重损害等。

第四节　财务回报预测

一、财务报表的概念和重要性

会计语言是国际标准的商业语言，创业者必须了解最基本的财务要素，才能正确表达、传递创业融资信息和需求，并及时寻找到合适的投资人。

编制财务报表对于创业者意义重大。在前面的章节中介绍了各种企业估值方法，其中包括现金流折现法，而现金流的折现则依赖于现金流量表；再如，净利润是新创企业的常用财务指标，严谨的利润表则是可靠的净利润指标的重要基础。总而言之，财务报表是创业融资估算和评估的基石。

财务报表是对企业财务状况、经营成果和现金流量的结构性表述。财务报表至少应当包括下列组成部分：资产负债表、利润表和现金流量表。创业者在编制财务报表时，应根据重要性原则，只将项目的主要收入和主要成本纳入财务报表的范围，而对于偶然性的经营利得和损失则应忽略不计。

在编制财务报表要注意以下两个方面。

第一，在利润表中列示的盈亏账目极大地依赖于创业者对销量的估计。因此，准确的财务报表主要取决于准确的市场估计（财务假设）。为了能预估到最坏的情况，创业者通常应进行敏感性分析，即将预估的销量减少 10% ～ 20% 得出的利润和正常情况下的利润进行比较分析。

第二，在损益表中的盈亏账目也极大地依赖于准确的成本估计。由于人们天生倾向于低估成本，所以大多数创业者在此陷入困境。一定要记住，销售量通过产生成本的活动，如广告或雇用人员等来实现。因此，在财务报表中所预计的销售量的任何增长都将伴随成本的上升。此外，处于特定行业的企业在成本和销量之间往往有着非常相似的联系。因此，编制新企业的财务报表时，应该将财务报表和同行业的其他企业进行仔细的比对。

二、财务报表的编制

1. 利润表

利润表是反映企业在一定会计期间经营成果的报表。利润分配表是反映企业一定会计期间对实现净利润以及以前年度未分配利润的分配或者亏损弥补的报表。创业企业一般情况下要预编5年的利润计划，本书以家式鲜啤坊的创业为例，编制利润表。

编制利润表的第一个重要步骤是列出资金用途清单。家式鲜啤坊是一家售卖鲜啤和DIY啤酒酿制课程的小型酒坊，创始人以现金形式投资40万元，主要用于购买设备、装修以及支付租金，其资金用途清单见表10-4。

表10-4 家式鲜啤坊资金用途清单 单位：元

项 目	资金来源（现金流入）	资金运用（现金流出）	资金余额
创始人资金	400 000		
租金		72 000	
人工成本		192 000 （创业者第一年不需要工资）	
管理费用（水电费）		24 000	
销售费用		20 000	
设备（折旧期5年）		150 000	
装修费用（摊销期5年）		150 000	
合计	400 000	608 000	-208 000

编制利润表的第二个重要步骤是制订销售计划和成本计划，假设每个月销售500ml的鲜啤酒1 000杯，根据市场调查价格定位25元/杯，因为鲜啤保质期很短，几乎是现场消费，是有能力进行低存货生产的，为了方便预测，假设零存货。在企业规模报酬不变的前提下，假设公司销售收入和销售成本每年都增长10%。同样的假设适用于DIY娱乐场所。事实上DIY在周末人流量会较多，而工作日人较少，为了方便预测，我们假设平均每天20人，课程是3个小时制的，每人50元，销售收入和成本也是呈10%的增长。销售计划和成本计划见表10-5、表10-6。

表10-5 销售计划 单位：元

	第一年	第二年	第三年	第四年	第五年
鲜啤酒	300 000	330 000	363 000	399 300	439 230
DIY课程	360 000	396 000	435 600	479 160	527 076
合计	660 000	726 000	798 600	878 460	966 306

表10-6 成本计划 单位：元

	第一年	第二年	第三年	第四年	第五年
原材料（大麦等）	36 000	39 600	43 560	47 916	52 707.6
人工费用	192 000	342 000	392 000	442 000	492 000
折旧	30 000	30 000	30 000	30 000	30 000
管理费用（水电费）	24 000	26 400	29 040	31 944	35 138.4
宣传费用	20 000	20 000	20 000	20 000	20 000
租金	72 000	72 000	72 000	72 000	72 000
长期待摊费用	30 000	30 000	30 000	30 000	30 000
合计	404 000	560 000	616 600	673 860	731 846

根据销售计划和成本计划，即可编制未来 5 年的利润表，见表 10-7。

表 10-7 利 润 表　　单位：元

项　目	第一年	第二年	第三年	第四年	第五年
一、营业收入	660 000	726 000	798 600	878 460	966 306
减：营业成本	258 000	411 600	465 560	519 916	574 707.6
减：管理费用	24 000	26 400	29 040	31 944	35 138.4
减：销售费用	122 000	122 000	122 000	122 000	122 000
二、营业利润	256 000	166 000	182 000	204 600	234 460
减：所得税费用（25%）	64 000	41 500	45 500	51 150	58 615
三、净利润	192 000	124 500	136 500	153 450	175 845

2. 现金流量表

对创业企业来说，现金非常重要。现金流量表是指反映企业在一定会计期间现金和现金等价物流入和流出的报表。利润表不能衡量一个企业的现金数量，所以对于现金流量的管理很困难。如果没有合理安排现金流量，创业企业可能在保持盈利的情况下却没有偿付能力。在利润表中很多支出如折旧影响企业的盈余但不涉及真正的现金流。企业通过折旧能够有盈余或亏损，但没有在真正的现金流中反映出来。此外现金的流入和流出，比如收入和支出，并不总是在同一时间发生，常常是销售发生很久之后消费者才支付这些费用。

本书假设销售收入中的 10% 是消费者通过信用方式购买的，在下一年得到偿付，同时营业成本中的 10% 形成啤酒坊的应付账款。其现金流量表见表 10-8。

表 10-8 现金流量表　　单位：元

项　目	第一年	第二年	第三年	第四年	第五年
净利润	192 000	124 500	136 500	153 450	175 845
折旧	30 000	30 000	30 000	30 000	30 000
装修费和租金的摊销	102 000	102 000	102 000	102 000	102 000
应收账款	66 000	72 600	79 860	87 846	96 630.60
应付账款	25 800	41 160	46 556	51 991.60	57 470.76
净现金流量	283 800	265 260	266 636	282 899.60	304 539.56

其中，净现金流量 = 净利润 + 折旧与摊销 − 本年应收账款 + 去年应收账款 − 去年应付账款 + 本年应付账款。

创业者筹资的最大问题不在于获得足够的资金以启动新企业，而是能够在新企业早期阶段的恰当时候获得足够的资金，并要管理好现金流量，确保新企业没有将现金耗尽。尤其在新企业的早期阶段，所创造的现金量少于所使用的现金量，即出现负现金流。因此，创业者要能确保在企业新创阶段不断地及时获得追加投资。

3. 资产负债表

资产负债表是反映企业在某一特定日期财务状况的报表，用于如实反映企业的资产、负债和所有者权益金额及其结构情况，从而有助于创业者评价企业资产的结构、质量、偿债能力、利润分配能力等，编制时要遵循一个重要原则，即资产等于负债与所有者权益之和。

如，本书案例企业家式鲜啤坊第一年的资产负债表见表 10-9。

表 10-9　第一年资产负债表　　单位：元

资　　产	年初数	期末数	负债和所有者权益	年初数	期末数
流动资产：	100 000	377 800	流动负债：	0	25 800
货币资金	28 000	311 800	应付账款	0	25 800
待摊费用	72 000	0	所有者权益：	400 000	592 000
应收账款	0	66 000			
固定资产：	150 000	120 000	实收资本	400 000	400 000
固定资产原价	150 000	150 000	未分配利润	0	192 000
减：累计折旧	0	30 000			
固定资产净值	150 000	120 000			
无形资产及其他资产：					
长期待摊费用	150 000	120 000			
资产总计	400 000	617 800	负债和所有者权益总计	400 000	617 800

其中年末的货币资金等于年初的货币资金数与现金流量表中的期末净现金流量之和。

三、财务指标计算和分析

预编财务报表对于创业者的融资以及决策分析十分重要。在企业家估算出预期的财务报表之后，可利用财务指标进行决策分析。常用的财务指标包括财务净现值、内部收益率、投资回收期、财盈亏平衡分析等。

1. 财务净现值

财务净现值（financial net present value，FNPV）是指特定项目计算期内未来现金流入的现值与未来现金流出的现值之间的差额，即财务净现值＝未来现金流入的现值－未来现金流出的现值。如果净现值大于 0，表明投资报酬率大于资本成本，该项目值得投资。

在上例中，家式鲜啤坊的净现值见表 10-10。

表 10-10　财务净现值　　单位：元

年份	第 0 年	第一年	第二年	第三年	第四年	第五年
净现金流量	−400 000	283 800	265 260	266 636	282 899.60	304 539.56
折现率	20%	20%	20%	20%	20%	20%
现值	−400 000	236 500	184 208.33	154 303.24	136 429.21	122 387.62
净现值	433 828.40					

财务净现值法具有广泛的适用性，是创业者和投资人进行决策分析最常用的方法之一。

2. 内部收益率

内含收益率（internal rate of return，IRR），又称内含报酬率、内部报酬率，是指能够使未来现金流入量现值等于未来现金流出量现值的折现率，或者说是使投资项目净现值为零的折现率。当内部收益率大于资本成本时，应采纳创业项目，否则应放弃项目。

3. 投资回收期

投资回收期是指投资引起的现金流入累计到与投资额相等所需要的时间。它代表收回投资所需要的年限。回收年限越短，方案越有利。投资回收期的计算分以下两种情况。第一种是在不考虑资金时间价值的条件下，以项目的净收益回收其全部投资所需要的时间，即回收期＝累计净现金流量开始出现正值的年份数 -1+ 上一年累计净现金流量的绝对值 / 出现正值年份的净现金流量财务净现值。

以家式鲜啤坊为例，净现金流量在第二年出现正值，所以投资回收期 =2-1+（400 000-283 800）/265 260=1.44。

第二种计算方法又被称为动态回收期法，是指在考虑资金时间价值的情况下以项目现金流量流入抵偿全部投资所需要的时间，即回收期 =（累计净现金流量现值出现正值的年数 -1）+ 上一年累计净现金流量现值的绝对值 / 出现正值年份净现金流量的现值。

同样以家式鲜啤坊为例，折现率为 20%，计算方式见表 10-11。

表 10-11　动态回收期　　单位：元

年　份	第 0 年	第一年	第二年
现金净流量	-400 000	283 800	265 260
折现率	20%	20%	20%
现金净流量现值	-400 000	236 500 （=283 800/1.2）	221 050 （$=265\ 260/1.2^2$）
累计现金净流量现值	-400 000	-163 500	57 550

根据表格所示，动态回收期 =2-1+163 500/221 050=1.74。

在进行回收期评估时，创业者倾向于选择回收期最短的项目，原因在于创业企业先生存后发展，回收期也有利于吸引投资人投资从而实现融资目的。

4. 盈亏平衡分析

创业者要考虑为了支付成本所需要的销售数量，即达到盈亏平衡点的销售数量。

盈亏平衡分析（Break-even analysis）又称保本点分析或本量利分析法，是根据产品的业务量（产量或销量）、成本、利润之间的相互制约关系的综合分析，用来预测利润、控制成本、判断经营状况的一种数学分析方法。盈亏平衡销售量的计算方法如下。

①制定每单位产品或服务的价格。

②估算每单位产品或服务的变动成本。

③从销售价格中减去每单位的变动成本来计算每单位的边际贡献。

④用销售价格除边际贡献估算边际贡献率，即边际贡献率＝边际贡献 / 销售价格。

⑤估算企业的固定成本。

⑥用边际贡献率除固定成本来计算盈亏平衡销售量，即盈亏平衡点的计算公式为：

盈亏平衡销售量 = 固定成本 /（单位价格 - 单位变动成本）= 固定成本 / 边际贡献率

其中，变动成本是指在相关范围内，其成本总额随着业务量的增减成比例增减的成本。创业公司开始运营后如外购商品、按销售业绩计算的佣金、计件工资等费用属变动成本，产品单价与变动成本之差称为单位边际贡献。创业者应该尽可能地想办法将更多的成本转变为变动成本。

固定成本是指在相关范围内，与业务量增减变化没有直接联系的费用。公司创业前期在没取得第一笔收入之前的支出都具有固定成本性质。固定运营成本太大是极其危险的，因为无论企业是否存在毛利都必须支付该费用。创业者对固定运营成本开支应该慎重。

盈亏平衡的概念，即只有当公司的贡献毛益总额能覆盖固定成本时公司才能保本维持生存。这也是企业正常经营决策的底线。但是当公司无法生存时或公司生产能力不饱满时，只要产品的单位售价高于单位变动成本时便可继续经营，因为固定成本是沉没成本，无论是否经营，经营多少，按月、年计算成本总额都会发生，增加单位边际贡献大于零的订单不是增加亏损而是减少亏损，更主要是让团队能生存下去，而生存是发展的基础。

值得注意的是，公司可能存在某种产品科技含量高、单位边际贡献高，但市场还不成熟，销售量非常有限，故对公司利润贡献额很小；而另一种产品单位边际贡献低，但市场相对成熟、销售量较大，故对公司利润贡献额较大，甚至影响公司的生存。创业企业初期要注意这两种产品的掌控，单位边际贡献高的产品是公司的中长期目标，而销售量大的产品是公司短期目标，是公司生存的保障。

专栏 10-8

扫描二维码，阅读《渔汤米粉店案例》。

本章要点

- 创业企业发展的不确定性和创业者与投资人之间的信息不对称是创业融资难的主要原因。
- 创业者需要编制资金用途清单，预测未来的资金使用数量。
- 创业融资渠道主要有三类：私人资本融资、机构融资和政府扶持资金。各类融资渠道又有各种具体的融资方式。

- 股权融资的过程包括：向投资者投递创业计划书；接受投资者最初筛选；接受投资者深度调查；接受投资者尽职审查；投资者和创业者就投资条款谈判。
- 创业企业估值主要方法包括现金流折现法、市盈率法和比较法等。
- 创业者可以利用的融资策略包括重增值性策略、分阶段融资策略、关系融资策略、创业者自我融资策略、寻找专业化投资机构、利用投资联盟融资等。
- 创业者要利用投资协议保护自己的利益，同时要慎重设计交易结构。
- 财务报表是对企业财务状况、经营成果和现金流量的结构性表述，创业者要预编三张重要的财务报表：资产负债表、利润表和现金流量表。
- 在财务报表的基础上，创业者还要计算财务指标。常用的财务指标包括财务净现值、内部收益率、投资回收期、盈亏平衡分析等。

1. 为什么融资成为创业的一大难题？
2. 创业者如何编制资金用途清单？
3. 私人资本融资的具体方式有哪些？
4. 了解你所在城市的政府创业扶持资金有哪些？
5. 创业者在股权融资过程中，应该如何接受投资者的尽职调查？
6. 创业企业估值的主要方法有哪些？比较这些方法的优劣。
7. 创业者可以利用的融资策略有哪些？
8. 在投资条款谈判中，创业者如何保护自己的利益？
9. 给创业团队提出的创业项目编制资产负债表、利润表和现金流量表。
10. 给创业团队提出的创业项目计算内部收益率、投资回收期和财务净现值三个主要财务指标。
11. 查阅投资中国网、清科集团、投资界、第一财经周刊等网络资源，了解中国最佳天使投资人、VC 排行榜。

扫描二维码，阅读本章案例故事《余长泉：父母冷暖我先知》。

第十一章　启动新事业

每个人都知道，把语言化为行动，比把行动化为语言困难得多。

——高尔基

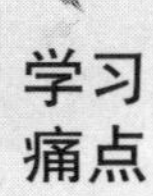

学习痛点

- 启动新事业有哪些方式？
- 创业者如何选择企业的法律组织形式？
- 如何选择公司地址？如何给公司取名？
- 股权结构怎么安排？如何进行股权激励？
- 新组织如何履行社会责任？

引例

拥有自己的公司，很重要！

厦门大学管理学院2014级本科生艾萨，一名来自新疆的小伙子。因为国家的教育政策，高中就读于浙江省温州中学，在高中期间就喜欢参观拜访温州当地的民营企业，并马上被温州这座城市的商业气息以及温州人“白天当老板、晚上睡地板”的创业精神所吸引，从此就一直对创业保持热情。并产生了大学就创业的念头。非常幸运的是，大一刚来厦大就遇见同样有创业热情的室友。几位同寝室友认识不久就开始聊起各自的家乡，聊到艾萨的家乡新疆时，大家对那里的特产很感兴趣，尤其对其市场前景和利润空间看好，而且大家聊着聊着发现在初期能依靠家里和家里人的人脉关系整合到一些资源。于是一个晚上的“卧谈会”大家就决定：一起做点事！

很快几位小伙伴就组成了一个小团队，一起出资在新疆买下来几亩枣林。并且雇用一些人负责生产，并从网上查阅一些有机红枣种植方法指导生产，保证红枣的品质。经过一年的栽培和付出，到了大二的时候，红枣终于有了收成，大家便开始忙碌着销售。

依靠着产品良好的口碑和人脉关系，一开始挂靠团队成员家里人开的企业进行销售，销售额一度达到近10万元，并且没有任何剩余库存。更加令大家惊喜的是，红枣的口碑甚至传到了香港和新加坡，这些地方的几个养生食品超市向他们抛下订单。然而，也就是在这个时候，大家伙突然面临一个非常严重的问题：出口对公司要求更严格，因为种种问题不能再继续挂靠家里人开的企业，而在这个时候自己成立一家公司已经很晚了！到此时还没成立一家正规的公司，连发票和签合同的章都没有，谈何出口？

于是大家从极度兴奋跌落到极度伤心……

认识到了拥有属于自己的一家企业的重要性，他们开始办理公司注册事宜。

第一节　启动新事业的途径

无论怀着多大的梦想，唯一能让梦想落地的方式就是真正去做。而根据艾萨的故事，我们得出：启动事业的最初工作便是先拥有一个属于创业团队自己的企业主体。一般来说，启动新事业的途径有：创办新企业、特许经营、内部创业和收购企业。

一、创办一家新企业

建立一家新企业是创业者进入市场最常见的方式。创办新企业指的是在工商局注册一家之前没有注册过的企业实体。创业者可以注册个体户、个人独资企业、合伙企业、有限责任公司和股份有限公司等多种形式的企业主体。

创业者从头开办一家新企业有利有弊（表 11-1）。

优点表现为：可以从种子期起步，开办成本不高；可以自由地安排和规划自己的企业；利用某项创意开发新产品或进入新市场；可以灵活地调整企业行为和方向；一开始就采用新的企业经营方式等。

但是，注册一家新企业也有缺点：新企业需要重新建立技术、市场、管理等，面临更高的进入壁垒和合法性问题，风险较大；新企业的成长需要大量的个人和企业计划；寻找新客户并建立客户关系的难度较大；来自现有企业的竞争可能较大；企业成长中融资困难等。

表 11-1　开办一家新企业的利弊

优　　点	缺　　点
有可能开办成本较低	新成立一个企业要冒较大的风险
较大的个人自由	需要大量的个人和企业计划
能够开发新产品或进入新市场	寻找新客户并建立客户关系的难度较大
能够较快地调整企业行为和方向	来自现有企业的竞争可能较大
可以一开始就采用新的企业经营方式	难以为较长的开办期寻找资金

创办一家新企业通常需要经过选择股东、股权结构设计、租赁场地、名称核准、申请营业执照、税务申请、刻章、银行开户、税务报到、正式营业等一系列环节。

二、成为一个特许加盟商

特许经营是指特许经营权拥有者以合同约定的形式，允许被特许经营者有偿使用其名称、商标、商号、专有技术、经营诀窍、产品及运作管理经验等从事经营活动的商业经营模式。在创业者还没有合适的具体创业项目的时候，成为一个特许加盟商是创业者启动新事业的另一种常见方式。特许经营的种类很多，但各种类型的特许经营有以下特点。

第一，特许经营是特许人（特许授权商）和受许人（特许加盟商）之间的一种合作合约关系。

第二，特许人拥有商标、服务标志、独特概念、专利、商业秘密、经营诀窍等有形与无形资产的产权，并将部分产权（如使用权）转让给受许人以换取一定收入。

第三，在特许经营权的存续时期中，特许人在组织、训练、销售、管理等方面协助与辅导受许人。

第四，受许人要根据特许协议支付加盟费等各种费用给特许人。

创业者通过特许经营的方式启动新事业有利也有弊（表 11-2）。优点表现为：特许经营组织的声誉以及特许经营组织给予的管理服务降低了创业者的开办企业的风险和成本，产品和服务一般具有很大的知名度，很容易为消费者所接受和认可。但是，加盟特许经营也有缺点：根据特许经营合同，特许经营人的决策力受到限制，要放弃许多独立性；特许专利使用费、营销费、投资和原料费、建筑和设备费再加上特许经营费等各种经营成本高昂；许多特许经营合同限定特许经营人在指定区域销售，从而限制了企业的扩张等。

表 11-2　加盟特许经营的利弊

优　　点	缺　　点
开办风险较低	企业控制权和决策力受到限制
开办成本透明	特许费用高昂
产品或服务有较好的市场	特许人享有非常广泛的合同解除权
创业者获得品牌资源	对特许人的依赖性较强
特许人的经营诀窍和培训	行业的市场竞争通常激烈

总之，相对于独立创办一家新企业，特许经营的风险相对小，但约束也多，可成长空间有限。因此对于那些拥有某项产品的发明专利、得天独厚的资源优势、追求个人梦想的机会型创业者而言，特许经营也许并不是一种理想的创业方式。

三、成为一个内部创业者

创业者启动新事业并不一定要另立山头、自力更生，可以通过内部创业的方式，在现有企业内部产生新的想法并成功地将其转化为一个项目，从而实现自己的创业梦想，体验和完成新事业。内部创业是指在已有的组织中由一些有创业意向的员工发起，在企业的支持下承担企业内部某些业务内容或工作项目，进行创业并与企业分享成果的创业模式。这种激励方式不仅可以满足员工的创业欲望，同时也能激发企业内部活力，改善内部分配机制，是一种员工和企业双赢的管理制度。

创业者通过内部创业的方式启动新事业有利也有弊（表 11-3）。优点表现为：创业者可以依靠和利用母公司更多的资源，比如充足的现金流、精良的设备、强大的品牌、充满活力的供应链、超强的分销能力，以及熟练的销售队伍，这些资源减轻了创业者的失败压力，并且让创业者专注于产品或服务。但是，内部创业方式也有缺点：创业者依赖母公司内部的创业政策，自由度相对较小，原有文化、制度、团队、业务模式等会对新项目产生冲突，创业者可能需要将精力更集中在获得并保持母公司对它们的支持上，为获得某种权限、保护、资源与母公司的各部门进行抗争与讨价还价，并努力保持与各部门的平稳关系，这些都会对创业绩效产生不利的影响。

表 11-3　成为一个内部创业者的利弊

优　　点	缺　　点
资金、设备、人才等各方面的资源优势	依赖企业内部创业政策
创业失败的责任和压力小	创业自由度小
可以专注于产品或服务	原有文化、制度、团队的冲突可能性
企业营销网络和品牌优势	原有业务模式可能根深蒂固

专栏 11-1

扫描二维码，阅读《在大型企业内部创业是怎样一种体验？》。

四、收购一家已有企业

创业者还可以通过收购一家正在运营中的公司，以其为平台，借助其技术、市场、管理等特长，迅速进入该市场，从而实现新事业的启动。这类创业者需要具有雄厚的资金实力，比如家族财富继承者、企业成功人士、战略性投资人等。

创业者通过收购已有企业的方式启动新事业有利也有弊（表 11-4）。

收购已有企业的优点表现在：可以快速获取被收购企业在技术、市场、专利、管理上的市场经营优势，绕开行业壁垒，快速地深入行业。现存企业已有经营记录，这些信息减少了创业过程的不确定性。另外，购买企业的同时也购买了这家企业的业务关系网，而且收购本身就可能是一个精明的投资。

当然，创业者收购现存企业也面临以下风险：收购过程存在体制风险和法律风险，关于被收购企业的资产结构、股权配置、资产担保、不良资产等信息不对称也会加大收购风险。而且，收购行为需要大量的资金支持，绝大多数创业者只能望洋兴叹。

表 11-4　收购一家已有企业的利弊

优　点	缺　点
快速获取被收购企业的市场经营优势	收购过程面临体制风险和法律风险
可以减少创业不确定和未知因素	信息不对称增大了收购风险
获得被收购企业的银企关系、供应商关系、客户关系等业务关系网	收购行为需要大量的资金支持
通过讨价还价购买一个企业可能是一项英明的投资	并购后存在经营和整合风险

第二节　选择企业法律组织形式

上一节我们已经说过，建立一家新企业是创业者启动新事业的最常见方式。从法律组织形式来讲，创业者可以登记注册的经营主体类型有个体工商户、个人独资企业、合伙企业、有限责任公司等。选择企业的组织形式不仅关系到企业注册流程、企业纳税的多少、创业者个人须承担的责任、创业者的融资行为等，也在一定程度上决定了企业未来的走向。

在了解企业法律组织形式之前，有必要理解几个法律概念：自然人、法人、有限责任、无限责任。

一、企业组织形式的法律概念

1. 自然人和法人

自然人，顾名思义，就是指在自然条件下诞生的人，是在自然状态之下而作为民事主体存在的人，代表着人格，代表其有权参加民事活动，享有权利并承担义务。所有的公民都是自然人，但并不是所有的自然人都是某一特定国家的公民。公民属于政治学或公法上的概念，具有某一特定国家国籍的自然人叫作公民。例如，我们通常说的 14 亿中国人口，这 14 亿人都是相互独立的自然人。

法人并不是“人”而是组织。法人是具有民事权利能力和民事行为能力，依法独立享有民事权利和承担民事义务的组织。法人具有以下特征：

第一，法人不是人，是一种社会组织，是一种集合体，是由法律赋予法律人格的组织集合体。这是法人与自然人的根本区别。它可以是个人的集合体，也可以是财产的集合体。不以组织集合体名义出现在民事主体的，不能为法人。

第二，依法独立享受民事权利和承担民事义务。它有自己独立的权益，可以自己的名义独立享受权利和承担义务。

第三，独立承担民事责任。可否独立承担民事责任，是区别法人组织和其他组织的重要标志。法人有自己独立支配的财产，它可以以自己的名义，用自己的财产独立承担民事责任。

在中国将法人分为企业法人、机关法人、社会团体法人、事业单位法人；创业者成立的新企业就是上述法人类型中的企业法人（部分公益创业者会成为社会团体或事业单位法人）。

2. 有限责任和无限责任

有限责任指股东仅以自己投入企业的资本对企业债务承担清偿责任，资不抵债的，其多余部分自然免除的责任形式。有限责任制度是社会经济发展的产物，对于近现代公司的发展起着重要的作用，它克服了无限公司股东负担的因公司破产而导致个人破产的风险，便于人们投资入股，是广泛募集社会大量资金、兴办大型企业最有效的手段。

公司作为法人，应当以其全部资产承担清偿债务的责任，债权人也有权就公司的全部财产要求清偿债务，在公司的资产不足以清偿全部债务时，公司的债权人不得请求公司的股东承担超过其出资义务的责任，更不得将其债务转换到其他股东身上。

在民法上，任何民事主体（法人与自然人）均应以其全部资产承担清偿债务的责任。公司相对于自然人而言，具有自己的独立财产，并且此种财产与公司成员及创立人（股东）的财产是分开的，所以公司作为独立的民事主体应以自己的独立的全部财产承担清偿债务责任。股东的有限责任就是在这种条件下产生的。

无限责任与有限责任恰恰相反，在无限责任公司中，公司财产与公司成员及创立人（股东）的财产是捆绑在一起的。即当企业的全部财产不足以清偿到期债务时，投资人应以个人的全部财产用于清偿，实际上就是将企业的责任与投资人的责任连为一体。

专栏 11-2 假如你拥有海景别墅与法拉利跑车

假如你是一家有 10 年发展历史的公司股东，在过去 10 年公司经营良好，每年都盈利并给股东分红。于是你在过去 10 年中，税后的个人财产剧增，其间你购买海景别墅两套，法拉利跑车一部，假设目前的个人财产总估值为 10 亿元。然而就在今年，因为市场突变，公司一度陷入困境，并出现最不理想的情况——资不抵债，即将进入破产清算。

在这种情况下，如果你的公司是有限责任制公司，当公司破产清算后仍然不足以偿还债务，那么对债权人来讲，不能收回来的部分就是一笔坏账。而对于你来讲，公司总资产不足以偿还的债务不需要你用个人财产来偿还，即债权人不能要求你用已经属于个人财产的两套别墅和法拉利跑车、个人储蓄存款来偿还债务。

如果你的公司是无限责任制公司，当公司破产清算后仍然不足以偿还债务时，就需要用个人财产（个人存款、别墅、法拉利跑车）偿还公司债务，一直到还清债务或者你个人财产也不足以偿清所有的债务（即个人也破产）为止。

从此可以明显看出大型公司一般不会是无限责任制企业，因为这对股东个人财产来说不确定性太大，存在“家破人亡”的风险。

二、企业法律组织形式分类

从法律组织形式来讲，创业者可以登记注册的经营主体类型有个体工商户、个人独资企业、合伙企业、有限责任公司等。

1. 个体工商户

根据《个体工商户条例》，个体工商户是指有经营能力并依照《个体工商户条例》的规定经工商行政管理部门登记，从事工商业经营的公民。个体工商户可以个人经营，也可以家庭经营。

根据《个体工商户登记程序办法》，个体工商户的登记事项包括：经营者姓名和住所（指申请登记为个体工商户的公民姓名及其户籍所在地的详细住址）；组成形式（包括个人经营和家庭经营。家庭经营的，参加经营的家庭成员姓名应当同时备案）；经营范围（指个体工商户开展经营活动所属的行业类别）；经营场所（指个体工商户营业所在地的详细地址）；个体工商户使用名称的，名称作为登记事项。

个体工商户组织形式的优点：无须章程、设立灵活、登记手续简单；从事临时经营、季节性经营、流动经营和没有固定门面的摆摊经营，都可以登记为个体工商户；一般是税务机关定税，经营所得只缴个人所得税，不缴企业所得税；不需要会计做账，等等。

个体工商户组织形式的缺点：以个人的所有财产承担无限责任；信用度及知名度比公司低；无法以个体户营业执照的名义对外签合同；不可以做进出口业务；不可以转让、融资、上市和开分支机构；不享受税收优惠政策，等等。

2. 独资企业

根据《中华人民共和国个人独资企业法》，个人独资企业是指依照本法在中国境内设立，由一个自然人投资，财产为投资人个人所有，投资人以其个人财产对企业债务承担无限责任的经营实体。这是一种最古老、最简单的企业组织形式。

个人独资企业的设立条件包括：投资人为一个自然人；有合法的企业名称；有投资人申报的出资；有固定的生产经营场所和必要的生产经营条件；有必要的从业人员。

个人独资企业组织形式的优点：企业的建立与解散程序简单；所有者拥有企业控制权，经营管理灵活自由，可以完全根据个人的意志确定经营策略；企业业主自负盈亏和对企业的债务负无限责任成为强硬的预算约束；只需交纳个人所得税，无须双重课税；技术和经营易于保密，等等。

但是，个人独资企业组织形式也有很多缺点：难以筹集大量资金，限制了企业的扩展和大规模经营；创业者对企业负无限责任，风险过大；企业是自然人的企业，企业随创业者退出而消亡，企业连续性差；企业依赖于个人能力；创业者投资的流动性低，等等。

3. 合伙企业

根据《中华人民共和国合伙企业法》，合伙企业是指依法在中国境内设立的由合伙人订立合伙协议，共同出资，合伙经营，共享收益，共担风险，并对合伙企业债务承担无限连带责任的营利性组织。

合伙企业分为两种：普通合伙企业和有限合伙企业。普通合伙企业由普通合伙人组成，合伙人对合伙企业债务承担无限连带责任。有限合伙企业由普通合伙人（GP）和有限合伙人（LP）组成，普通合伙人对合伙企业债务承担无限连带责任，有限合伙人以其认缴的出资额为限对合伙企业债务承担责任。有限合伙企业主要用于风险投资机构，其中由LP出资，由GP负责管理资金。

如果是两个或两个以上的人共同创业，并且想从事如律师事务所、会计事务所、专利事务所等需要技能和资质的创业项目，可以选择合伙制作为新企业的企业法律形式。

设立普通合伙企业的条件包括：有两个以上合伙人，合伙人为自然人的，应当具有完全民事行为能力；有书面合伙协议；有合伙人认缴或者实际缴付的出资；有合伙企业的名称和生产经营场所；法律、行政法规规定的其他条件。

合伙企业组织形式的优点：合伙企业比较容易设立和解散；主要靠合伙协议，经营较灵活；多人合伙筹集资本，共同偿还债务，企业筹资能力有所提高；可以发挥合伙人在技术、知识产权、技能、土地和资本等方面优势互补的合作，共同出力谋划，集思广益，可提升企业综合竞争力；合伙企业只缴纳个税而不用缴纳企业所得税，等等。

合伙企业组织形式的缺点：普通合伙人承担无限连带责任，增加了风险，限制了企业规模的扩大；合伙人共担责任、风险和收益，增加了搭便车的可能性；合伙人之间较易发生纠纷；企业绩效依赖合伙人的能力；合伙人的投资流动性低，产权转让困难，等等。

4. 有限责任公司

根据《中华人民共和国公司法》（以下简称《公司法》），公司是企业法人，有独立的法人财产，享有法人财产权，以其全部财产对公司的债务承担责任。公司包括有限责任公司和股份有限公司。

设立有限责任公司，应当具备下列条件：股东符合法定人数，即由 50 个以下股东出资设立；有符合公司章程规定的全体股东认缴的出资额；股东共同制定公司章程；有公司名称，建立符合有限责任公司要求的组织机构；有公司住所。

《中华人民共和国公司法》第二章第三节还做了一人有限责任公司的特别规定。一人有限责任公司，是指只有一个自然人股东或者一个法人股东的有限责任公司。一人有限责任公司与个人独资企业最大的差别是它是独立法人实体，因此享有法人实体的全部权利，同时承担法人实体的全部义务，例如交纳企业所得税等。

有限责任公司组织形式的优点：创业股东只承担有限责任，风险小；设立条件低，设立程序简便；股东人数少（50 人以下），股权集中，股东凝聚力和责任感强；公司运营成本低，机构精干，经营效率高；公司业务和财务状况无须公开，商业秘密不易泄露；对公司治理结构强制性规定少，章程可以灵活约定事项；公司具有独立寿命，易于存续，等等。

有限责任公司的缺陷主要在于：只有发起人集资方式筹集资金，且人数有限，筹集资金受限，公司发展规模容易受到限制；股东股权的转让受到严格的限制，资本流动性差，不利于用股权转让的方式规避风险；存在双重纳税问题，税收负担较重，等等。

5. 股份有限公司

根据《中华人民共和国公司法》，公司包括有限责任公司和股份有限公司。股份有限公司的股东以其认购的股份为限对公司承担责任。

设立股份有限公司，应当具备下列条件：发起人符合法定人数，应当有 2 人以上 200 人以下为发起人，其中须有半数以上的发起人在中国境内有住所；有符合公司章程规定的全体发起人认购的股本总额或者募集的实收股本总额；股份发行、筹办事项符合法律规定；发起人制定公司章程，采用募集方式设立的经创立大会通过；有公司名称，建立符合股份有限公司要求的组织机构；有公司住所。

股份有限公司的设立，可以采取发起设立或者募集设立的方式。发起设立是指由发起人认购公司应发行的全部股份而设立公司。募集设立是指由发起人认购公司应发行股份的一部分，其余股份向社会公开募集或者向特定对象募集而设立公司。

股份有限公司组织形式的优点：创业股东只承担有限责任，风险小；通过发行股票方法向社会公众募集资本，筹资能力强，有利于公司快速成长壮大；健全和规范财务制度，有相对完善的公司治理结构，有利于分散投资者的风险；需要披露信息，有利于接受社会监督；股份转让自由，资本流动性强，便于引进战略投资者，实现资源整合；公司具有独立寿命，易于存续，等等。

股份有限公司组织形式的缺点：股份公司的设立条件、设立程序、方式、管理结构和原则、监督体制和财务处理等设立和运行机制比较严格复杂，创立费用高；股份分散、转让自由，中小股东缺乏凝聚力和责任感；大股东持有较多股权，对小股东的保护比较薄弱；公司规模庞大，灵活性差，效率降低；存在双重纳税问题，税收负担较重，等等。

总之，不同的企业法律组织形式各有利弊（表 11-5）。

表 11-5 五种企业法律组织形式优缺点比较

企业组织形式	优 势	劣 势
个体工商户	设立灵活、登记手续简单； 不需要固定场所； 不缴企业所得税； 不需要会计做账等	承担无限责任； 信用度及知名度比公司低； 不可以做进出口业务； 不可以转让、融资、上市和开分支机构； 不享受税收优惠政策等
个人独资企业	企业的建立与解散程序简单； 经营管理灵活自由； 负无限责任成为强硬的预算约束； 无须双重课税； 技术和经营易于保密等	难以筹集大量资金； 创业者对企业负无限责任； 企业连续性差； 企业依赖于个人能力； 创业者投资的流动性低等
合伙企业	合伙企业比较容易设立和解散； 经营较灵活； 企业筹资能力有所提高； 合伙人优势互补； 只缴纳个税而不缴纳企业所得税等	普通合伙人承担无限连带责任； 合伙人有搭便车的可能性； 合伙人之间较易发生纠纷； 企业绩效依赖合伙人的能力； 合伙人的投资流动性低等
有限责任公司	创业股东只承担有限责任； 设立条件低，设立程序简便； 股东凝聚力和责任感强； 公司机构精干，经营效率高； 公司商业秘密不易泄露； 公司治理比较灵活； 公司具有独立寿命，易于存续等	筹集资金受限； 资本流动性差； 存在双重纳税问题等
股份有限公司	创业股东只承担有限责任； 筹资能力强； 有相对完善的公司治理结构； 有利于接受社会监督； 股份转让自由，资本流动性强； 公司具有独立寿命，易于存续等	设立和运行机制比较严格复杂； 中小股东缺乏凝聚力和责任感； 对小股东的保护比较薄弱； 公司规模庞大，效率降低； 存在双重纳税问题，税收负担较重等

三、创业者如何选择企业组织形式？

由于每种企业组织形式都有自身的优点和缺点，因此创业者必须考虑企业组织形式的法律规定及相互之间的对比，在此基础上甄选出最合适的企业组织形式。

通常来说，选择组织形式需要考虑以下因素：

（1）行业特点。对于一些特殊的行业，法律规定只能采用特殊的组织形式，如律师事务所只能采用合伙形式而不能采用公司形式。对于银行、保险等行业只能采用公司制。因此，创业者在选择企业的组织形式时首先要考虑行业特点。

（2）创业者的风险承担能力。创业者自身的风险承担能力是创业者必须考虑的因素之一，因为企业组织形式与创业者日后承担的风险息息相关。例如，公司制企业股东仅以出资额为限承担责任，普通合伙制企业、个人独资企业创业者都要承担无限责任。选择后两种企业组织形式，创业者要承担较大风险。

（3）税务因素。由于不同的企业组织形式所缴纳的税不同，因此选择企业组织形式必须考虑税负问题。根据我国税法规定，个人独资企业和合伙企业的生产经营所得计征个人所得税，公司制企业既要缴纳企业所得税，又要在向股东分配利润时为股东代扣代缴个人所得税。因此从税负筹划的角度，选择个人独资企业和合伙企业税负更低。例如，近来非常热门的私募股权基金，由于公司制形式存在双重征税等问题，越来越多的私募股权基金选择了有限合伙制的组织形式。

（4）未来融资需要。如果创业者资金充足，拟从事的事业所需资金需求也不大，则采用合伙制和有限责任公司制均可；如果日后发展业务所需资金规模非常大，建议采取股份有限公司组织形式。

（5）关于经营期限的考量。对于个人独资企业，一旦投资人死亡且无继承人或者继承人决定放弃继承，则企业必须解散；合伙企业由合伙人组成，一旦合伙人死亡，除非不断吸收新的合伙人，否则合伙企业寿命也是有限的。因此，合伙企业和个人独资企业经营期限都不会很长，很难持续发展下去。但公司制企业则不同，除出现法定解散事由或股东决议解散外，原则上公司制企业可以永远存在。

一般来说，对于大多数初创企业，由于个人独资企业和合伙企业风险太大，股份有限公司的门槛要求太高，普遍适合的组织形式是有限公司。当然，各种企业组织形式所需要承担的义务、税收以及对企业控制权是不同的，而且对于创业者来说都是各有利弊，企业组织形式没有最好的，创业者只有对自己的实际需要有充分的了解，才能选择出最合适的企业组织形式。

专栏 11-3

扫描二维码，阅读《创业者必须了解的企业组织类型》。

第三节　新企业选址、取名和注册

创业者无论选择哪种企业组织形式，都面临新企业选址和取名的问题。古人喜欢看风水，通过风水学来测算地址对于财富的影响，而对于现代企业来说地址则更多依据科学数据来决定，从资源、市场、人才、物流等方面来综合测定地址的优劣。然后，创业者要登记注册一个公司开始其创业历程。

一、新企业选址

1. 企业选址的重要性

企业选址是关系到小企业成败的至关重要的因素，也是创业初期便涉及的几个问题之一。多数情况下，创业者都是就近寻找空闲的地方作为企业地点。从世界各地新创企业成功和失败的经验来看，选址的重要性不言而喻。一个好的地理位置虽然只可以使一个普通的企业生存下去，但一个糟糕的地理位置却可以使一个优秀的企业失败。

本书在前面的章节，介绍过创业选择首先要注意选择一个具有良好创业环境的区域或城市。据香港工业总会和香港总商会的统计，在众多开业不到两年就关门的企业中，由于选址不当所导致的企业失败数量占了总量的50%以上。这是因为，企业竞争力的内容具有复杂性和多层次性，一家新创企业的持续竞争力必然受到该地区商业环境质量的强烈影响。

可以想象，倘若没有高质量的交通运基础设施，新创企业就无法高效地运用先进的物流技术；如果没有高素质的员工，新创企业就无法在质量和服务方面进行有效竞争；如果机构烦琐的官僚习气使得办事效率极差，或者当地的司法系统不能公平迅速地解决争端，新创企业就难以有效和正常地运作。另外，社会治安、优惠政策、社区文化等商务环境因素也会深刻地影响着新创企业。

从深层次上看，选址对于创业成功的重要性还在于区域竞争优势的独特性和集聚等效应。哈佛大学知名教授迈克尔·波特认为，各个地域中存在的“知识”“关系”以及“动机”通常具有难以被其他地域对手所模仿和取代的特性。

2. 影响企业选址的因素

企业选址要解决两个基本问题：首先，选择一个独特的地区，如国家或区域；然后，在该地区内选择一个独特的地点，如具体的城市或城市中的某个具体位置。这两种位置的选择都会受到一些因素的影响。

第一，经济因素。从宏观看，一个国家或地区的GDP水平、经济发展速度、发展模式、居民收入、投资、出口、汇率等经济因素，会影响创业选址。一般来说，经济越发达、经济增长速度越快、居民收入越高、出口和投资越活跃的国家或地区，越适合做创业者的选址地方。从中观看，一个国家或地区的行业结构、产业链、竞争状况、交通、人口结构等经济因素会影响创业选址。从具体来说，选择接近原料供应或能源动力供应充足地区的新企业具有相对成本优势；选择接近产品消费市场的地区具有客户优势；选择劳动力充足、人工费用低且劳动生产率高的地区具有人力优势。

第二，技术因素。新技术对高科技创业企业的成功作用是明显的，但技术本身的进步却更加难以预测，从某种意义上说技术市场的变化是最具不确定性的因素。因此，为了能够了解和把握技术变化的趋势，许多企业在创业选址时常常考虑将企业建在技术研发中心附近，或建在新技术信息传递比较迅速、频繁的地区。例如，美国加州的硅谷在 20 世纪 50 年代以后逐渐成为美国电子工业基地，硅谷不仅是高科技创业企业的摇篮，而且，以电子工业为基础所形成的高科技风险企业团簇被认为是“20 世纪产业集群的典范”。

第三，政治因素。政府政策、法律、规制等政治因素也是创业者应该重视的一个方面，创业者应评价现在已经存在的及将来有可能出现的影响产业或服务、分销渠道、价格以及促销策略等的法律和法规问题，将企业建在政府支持该产业的地区。当创业者到国外去设厂时，更应该考虑不同国家的政治环境，如国家政策是否稳定、有无歧视政策等。

第四，社会和文化因素。人口变化、消费时尚、价值观等社会和文化因素会影响创业者选址。例如，由于人们对安全、健康、营养及环境的关心程度不同，这些都会影响创业者所生产产品的市场需求。特别是当创业者准备生产的产品与健康或环境质量等有密切关系时更是如此，此时应优先考虑把企业建在其企业文化与所生产产品得到较大认同的地区。

第五，投资和人才因素。大部分的创业企业都需要融资、引进人才等，所以不同地方的融资环境和人才环境成为创业选址的重要因素之一。例如，在厦门和北京的同样竞争力的两家企业，可能融资的估值和金额会有 10 倍的差距。另外能否引进高层次人才也是选择具体创业城市的重要因素，把 BAT 的人才从北京引导至厦门是非常困难的事情，即使可以也需要付出非常大的代价，而反过来却容易得多。

第六，自然因素。选址也要考虑地质状况、水资源的可利用性、气候的变化等自然因素。有不良地质结构的地区，会对企业安全生产产生影响；水资源缺乏的地区对于用水量大的企业来说，会对正常生产产生不利影响。

上述各种因素对不同的行业企业来说有不同的考虑侧重点，比如制造业的选址和服务业的侧重点就不同。制造业侧重考虑生产成本、环境、物流、政府税收政策等因素，如原料与劳动力；而服务业侧重于考虑市场因素，比如顾客消费水平、产品与目标市场匹配关系、市场竞争状况等。服务业内部不同类型的企业对位置的考虑也不同，如律师事务所、会计事务所、批发企业等，地理位置并没有那么重要，因为消费者愿意花费时间去寻找这些企业的产品和服务。但是餐饮店、服装店、干洗店、零售店等都要靠一定量的客流来生存，这类企业要想成功必须注意街道客流、停车是否便利和道路交通情况等。

专栏 11-4

扫描二维码，阅读《肯德基与麦当劳的选址标准及策略》。

3. 选址的步骤

第一，市场信息的收集和研究。

首先，创业者应该考虑从二手资料中收集信息，因为对创业者而言，最主要的信息来源是已有数据或二手资料。这些信息可以来自商贸杂志、图书馆、政府机构、大学或专门的咨询机构。在图书馆可以查到已经发表的行业、竞争者、顾客偏好的趋向、产品创新等信息，甚至也可以获得有关竞争者在市场上所采取的战略方面的信息；互联网也可以提供有关竞争者和行业的深层信息，甚至可以通过直接接触潜在消费者而获得必要的客户信息。

其次，创业者还应亲自收集新的信息，获取第一手资料。获得第一手资料的过程其实就是一个数据收集的过程，可使用多种方法，包括：观察、上网、访谈、聚点小组、试验及问卷调查等。

最后，要对收集到的各方面的信息进行汇总、整理。一般地，单纯对问题答案的总结可以给出一些初步的印象，接着对这些数据进行交叉指标分析可以获得更加有意义的结果。

第二，多个地点的评价。

通过对市场上各种信息进行收集、汇总、整理以及初步、简单的定性分析后，创业者应该已经得到了若干个新企业地址的候选地，这时变可以借助科学的定量方法进行评价。目前最常用的有关选址的评价方法有量本利分析法、综合评价法、运输模型法、重心法和盈利模型法等。

量本利分析法只是从经济角度进行选址的评价。实际上影响选址的因素是多方面的，而且各种因素也不一定完全能用经济利益衡量，因此采用多因素的综合评价方法是选址评价中常用的一个。多因素评价就是先给不同的因素不同的权重，再依次给不同选择下的各个因素打分，最后求出每个方案的加权平均值，哪个方案的加权平均值最高，哪个就是最佳方案。

当选址对象的输入与输出成本是决策的主要变量时，运输模型是一个很好的决策方法，运输模型的基本思想是：通过建立一个物流运输系统，选择一个能够使整个物流运输系统的运输成本最小的生产或服务地址。此模型尤其适合于输入与输出成本对企业利润影响巨大的情况。在服务业选址中，市场因素是主要的选址决策变量。

第三，确定最终地点。

创业者依据已经汇总整理的市场信息，根据其所要进入的行业的特点及自己企业的特征借助以上的一种或几种方法进行评估，最终完成选址决策，从而迈出创业至关重要的第一步。

二、新企业取名

创业者在创办一个企业时，除了要选择企业的组织形式和选址之外，还需要给企业取名。公司名称对一个企业将来的发展而言，是至关重要的，因为公司名称不仅关系到企业在行业内的影响力，还关系到企业所经营的产品投放市场后，消费者对该企业的认可度。

公司名称一般由四部分组成：行政区划 + 字号 + 行业特点 + 组织形式。例如：厦门（行政区划）+ 美图网（字号）+ 科技（行业特点）+ 有限公司（组织形式）。

行政区划表示创业者所在的省份、城市、县、镇、乡。

字号由 2 个或以上的汉字组成，可以根据创始人名字、行业特点、经营范围等命名。

行业特点包括产品名称、行业名称或产业名称，如贸易、信息科技、广告等。

组织形式指的个体工商户、个人独资企业、合伙企业、有限公司、股份有限公司、集团有限公司等。

公司取名可以参考以下 9 条规则。

①避免存在误导意义的名称；

②拒绝具有消极意义的名称；

③部分的字词应易读易写，便于记忆；

④字号应该适合消费者的口味；

⑤名称中不应包含另一个公司或者企业名称；

⑥公司名称不得侵害其他公司的名称权；

⑦不得含有法律法规明文禁止的内容；

⑧不要使用已吊销或者注销不到 3 年的公司名称；

⑨不得使用与其他企业变更名称未满 1 年的原名称相同的名称。

公司名称不得含有下列内容的文字。

①有损于国家、社会公共利益的；

②可能对公众造成欺骗或者误解的；

③外国国家（地区）名称、国际组织名称；

④政党名称、党政军机关名称、群众组织名称、社会团体名称及部队番号；

⑤外国文字、汉语拼音字母、阿拉伯数字；

⑥其他法律、行政法规规定禁止的。

创业者在给公司取好名字后，还需要到工商局内部网检索是否有重名，如果没有重名，就可以使用这个名称。

专栏 11-5

扫描二维码，阅读《企业名称相同相近比对规则》与《企业名称禁限用规则》。

三、新企业登记注册

企业的组织形式不同，登记注册所需要的材料、流程和费用也有差异。创业者在登记注册一个新企业时，需要注意以下几个方面。

1. 注册公司需要的准备工作

第一，明确经营主体的类型和名称。不同类型的经营主体有不同的法律形式和责任，企业名称也需要符合国家的规定，这部分已经在上文陈述。

第二，确定好股东和股份比例。团队创业一开始就要明确哪些人具有股东身份，持股比例如何，企业登记注册时要提供全体股东、法人及监事的身份证复印件。

第三，确定经营范围。初创企业的经营业务可能很单一，但由于业务不定型，未来不确定性大，所以企业登记时可以在法规允许范围内确立多种经营范围。

第四，考虑好是否设立董事会，如果不设立，可以先简单设立一个执行董事和监事就行。

第五，考虑好注册地址。工商部门对企业的登记注册地址有具体要求，创业者需要了解不同地区的相关规定。

第六，注册资金。2014 年 3 月 1 日起施行的《中华人民共和国公司登记管理条例》取消了公司注册资金要求，可实行认缴注册。公司登记注册不需要验资和前期出资了，特殊行业除外，注册资金的多少可以根据企业的经营情况自行来定。

2. 注册公司需要的流程

第一，核名。到工商局去领取“企业（字号）名称预先核准申请表”，填写完到工商局上网检索是否有重名。创业者最好准备 3 ～ 4 个企业名称，工商局一次可审批 4 个名称。如果没有重名，就可以使用这个名称，就会核发一张“企业（字号）名称预先核准通知书”。核名通过后，打印名称预先核准通知书。

第二，提交办公场所合法使用证明即可提交工商设立登记，一般 2 ～ 3 个工作日会审批。

第三，编写“公司章程”。可以根据需要自己起草编写，也可以在工商局网站下载“公司章程”模板，然后根据需要修改。章程的最后由所有股东签名。

第四，到工商局现场办理营业执照（营业执照、组织机构代码证、税务登记证三证合一之后，就不需要再去办理剩下两证了）。办理营业执照需要以下资料：①公司登记（备案）

申请书（可以在当地工商局网站下载）；②全体股东签署的公司章程；③董事、监事和经理的任职文件（股东会决议或股东决定由股东签署，董事会决议由公司董事签字）；④法定代表人任职文件（股东会决议或股东决定由股东签署，董事会决议由公司董事签字）；⑤全体股东的主体资格证明或者自然人身份证件复印件；⑥名称预先核准通知书；⑦住所使用权证明文件，经营场所使用权证明文件及承诺书（备案经营场所的提交）；⑧涉及地方政府公布的《商事登记保留前置行政许可审批事项目录》的，提交批准文件或者许可证书复印件；⑨设立登记时申请实收资本备案的，提交依法设立的验资机构出具的验资证明。

第五，凭营业执照副本原件、复印件、法人身份证原件及复印件、公安局刻章申请表到公安局刻制公章、财务章、发票章、法人印章等。公章主要用于工商、税务、银行等外部事务处理；财务专用章用于公司票据的出具，一般盖在支票上，通常称为银行大印鉴；发票专用章是在公司开具发票时要盖的章；法定代表人章，一般是有特殊用途，公司出具票据时也要加盖此章，也被叫作银行小印鉴。

第六，凭营业执照正副本原件、公司章程、股东身份证复印件、公章、财务章、法人印章、法人身份证原件去银行开立公司基本存款账户。

3. 注册公司需要的费用

创业者在登记注册一个公司时，需要以下费用（表 11-6）。

表 11-6　注册公司需要的费用（以厦门为例）

项　目	行政费用
名称预先核准	免费
工商营业执照	免费
公安局刻章	500 ～ 900 元（不同材质收费不同）
银行开基本户	600 ～ 800 元（不同银行收费不同）
注册地址（商务挂靠地址）	1 000 ～ 1 500 元 / 年 （自有地址则不需要商务挂靠地址）

专栏 11-6

扫描二维码，阅读《注册公司常常碰到的问题（以厦门为例）》。

专栏 11-7　众创空间

根据工商局的规定，成立企业必须具备企业住所，因此创业者在初期阶段资金有限的情况下通常有三种选择：①自己所居住的住所，②租办公室，③众创空间。

可以说众创空间是目前对创业者来讲最好的办公场所获取方式之一，因为通常每个城市以及每个高校都会有创业园、孵化园。而这些创业园都会对创业者提供众创空间、联合办公室等，一般第一年的水电租金都免交。除此之外，这些创业园能够对创业者提供培训、融资等服务。

“众创空间”是科技部在调研北京、深圳等地的创客空间、孵化器基地等新型创业服务机构的基础上，总结各地为创业者服务的新经验之后提炼出来的一个新词。2015年3月，在国务院办公厅印发“众创空间”的纲领性文件——《关于发展众创空间推进大众创新创业的指导意见》中首次对众创空间进行定义，定义其是顺应网络时代创新创业特点和需求，通过市场化机制、专业化服务和资本化途径构建的低成本、便利化、全要素、开放式的新型创业服务平台的统称。科技部提出众创空间具有“四化”（即市场化、专业化、集成化、网络化）、“三结合”（即创新与创业结合、线上与线下结合、孵化与投资结合）、“四空间”（即工作空间、网络空间、社交空间、资源共享空间）的特征。

从字面含义分析，“众创空间”包含了服务主体、内容、载体等三方面要素。

“众”是主体：面向一切创新创业团队、个人提供服务，推动创新创业由精英走向大众，促进各类创新创业主体共同参与、互帮互助，通过各类主体、资源的“聚合”产生“聚变”效应。

“创”是内容：为一切创新创业活动提供服务支撑，既服务创业，也服务创新，努力形成以创新带动创业、以创业引领创新的良性互动，推动创新创业协同发展。

“空间”是载体：既包括工作场所、经营场地等物理空间，也包括基于互联网的资源对接平台、学习交流平台、协同工作平台、网络社区等虚拟空间。虚拟空间是物理空间的延伸，某种意义上比物理空间更为重要。

众创空间是顺应创新2.0时代用户创新、开放创新、协同创新、大众创新趋势，把握全球创客浪潮兴起的机遇，根据互联网及其应用深入发展、知识社会创新2.0环境下的创新创业特点和需求，通过市场化机制、专业化服务和资本化途径构建的低成本、便利化、全要素、开放式的新型创业服务平台的统称。

进驻这些创业园通常需要填入驻申请书，递交商业计划书。因此，建议创业者首先考虑校内创业园，因为这对办公、报税等带来很多便利。

专栏 11-8

扫描二维码，阅读《创业股东协议示范本》。

第四节　股权结构设计

一、股权结构的含义及重要性

创业者在启动新事业时，需要严肃认真设计好股权结构。股权结构或股权架构，就是指公司总股本中，不同性质股权的构成、所占比例及其相互关系。股权是一种股东基于其身份享有的权利与义务的集合体，股权架构设计就是为满足创业创新企业发展的特点，对这一系列的权利义务进行设计安排。对创业者而言，股权结构设计说白了就是如何在创业团队中分配利益和承担责任，直接涉及了公司重大事项的表决和决定权。

股权结构是公司治理结构的基础，创业团队要高度重视公司股权架构设计，处理好创始人、合伙人、骨干员工及投资人之间的权利与义务关系，因为它贯穿了创业企业发展的不同阶段。例如，公司开始合伙创业，首先面临合伙人之间的股权设计。公司引入天使轮、A 轮、B 轮、C 轮投资人等股权融资时，也会面临股权架构设计问题。公司进入成长阶段后，为了激励中层管理与重要技术人员，还会面临员工股权激励。

创始人单干制已经越来越不适应新时代创业要求，在合伙创业时代，股权结构对企业的生存和发展至关重要，它关系到公司的团队搭建、利益分配与公司治理，是一个公司发展的地基，股权结构不健康，也就意味着地基没有打好，未来的调整成本巨大，所以需要创业团队尽早重视。

专栏 11-9　创业公司股权常见名词解释

1. 技术股是什么？

所谓技术股在法律理论上的概念是股东用专利技术、非专利技术等作价出资入股而形成的股份。中国《公司法》规定，有限责任公司的股东以工业产权、非专利技术作价出资入股的金额不得超过公司注册资本的 20%，政府对采用高新技术成果有特别规定的除外；股份有限公司的发起人以工业产权、非专利技术作价出资入股的金额不得超过注册资本的 25%。

在创业企业中，关于技术入股我们特别提示以下注意事项：

判断目标技术是否属于企业长期发展所需要的核心技术，如果只是在创业初期所需技术，建议一次性买断。

对于技术过硬，但不全职参与创业的兼职人员，建议按照公司外部顾问标准发放少量股权（股权来源于期权池），而不是按照合伙人的标准配备大量股权。

有可能的情况下，就算以技术入股的股东，也要现金出资，这才能最大限度调动合伙人的参与性。

明确技术出资的标的。按照《公司法》和其他有关技术入股的法律规定，技术方可以用专利权、商标权、非专利技术以及计算机软件著作权作为出资标的。

判断技术出资人是否有技术的处分权？对于利用原单位或其他组织的物质技术条件制作的，并由法人或其他组织承担责任的工程设计图、产品设计图、地图、计算机软件等特殊职务作品，技术的发明人只享有署名权和受奖励的权利，著作权人的其他权利由发明人的单位享有。所以，在与技术人员个人接洽技术入股时，一定要注意审查对方的技术权属是否清晰，盲目与其签约允诺入股不仅会影响公司的股权，还会让创业公司一起承担侵权赔偿的连带责任。

约定技术出资的验收条件。技术出资不同于货币出资把钱直接汇入公司账号就行，技术出资人究竟要做哪些事情才算履行了出资义务，需要由双方当事人在合同中明确约定。一般来说包括办理权利转移手续，提供有关的技术资料并进行技术指导等。

对技术的价值变动做出预估，并约定对应的利益调整。创业者往往将注意力集中在技术出资之前，却很少考虑到一旦技术入股后，其价值因生产、市场包括技术发展等因素发生变化怎么办？已申请的专利到期之后进入公共领域怎么办？这些都需要把“丑话”说在前面，提前约定好。

2. 什么叫干股？

很多人把技术出资和干股混为一谈，但二者其实是完全按不同的两种概念。干股是指未出资而获得的股份，实质上并不是真正的股份。我国《公司法》规定：股东应当足额缴纳公司章程中规定的各自所认缴的出资额，股东不按照前款规定缴纳所认缴的出资，应当向已足额缴纳出资的股东承担违约责任。因此，中国不存在所谓的“干股”。

3. 什么叫期权？

期权本是一种衍生性金融工具，经常在期货交易市场出现，创业公司经常将期权作为激励员工、吸纳人才的手段。

如果说股份是对公司的部分所有权，期权则是一种合同，是激励员工的合同。该合同下，公司承诺分期按照一定价格将股份卖给某人。

二、股权结构设计的原则和方法

股权设计就是公司组织的顶层设计，如果说战略和商业模式解决做什么、怎么做，则股权设计解决的是谁投资、谁来做、谁收益的问题。创业团队在设计和调整股权结构时，要遵循以下基本原则。

第一，明确责任，保证效率。股权结构设计要便于公司治理，明晰合伙人的权、责、利，能够在议事规则下迅速做出比较高效、正确的判断。为此，股权结构设计要有主有次，避免均等。比如，股权结构设计时要避免 50%∶50%，或者 33.3%∶33.3%∶33.3%，五五开之类的，这种均等结构看似很民主制衡，但到了一定时期，比如重大变革、单个股东道德危机、接班人危机等利益关头，表面的和平、平衡非常容易被“瓦解”而“灰飞烟灭”。因此，合理的股权结构需要在创始合伙人之间有一个核心股东，拥有相对集中的股权和决策权力。

第二，简单明晰，公平互补。在创始的阶段，创业公司一般合伙人不宜特别多，比较合理的架构是三个人。股东之间在资金、专利、创意、技术、运营、个人品牌等各方面的资源互补，尽量不要重叠，而且能各自独当一面，彼此信任合作。股权分配时要使贡献和股比成正相关，根据每个人的重要性与贡献度拥有相应的股权。

第三，有助于公司的稳定和控制。公司需要存在一个核心股东——创始人，维护创始人的控制权，有利于树立创始人在团队内部的影响力和话语权，更好地发挥企业家精神，彰显创业者快速捕捉商业机会、敢于创新、冒险的特质。如果创始人过早稀释大量股权，会导致失去对公司的控制权，或者创始人动力不足，经营团队心理失衡，未来团队缺少足够股权空间，导致投资机构慎重进入。

第四，有利于资本运作。股东数量和股比、代持人、期权池等股权结构要清晰合理，不能对后续的融资和挂牌 IPO 造成障碍。例如，《首次公开发行股票并上市管理办法》和《全国中小企业股份转让系统股票挂牌条件适用基本标准指引》中对"股权明晰"方面都有详细的规定，这就要求企业在设计股权架构时，要考虑合法合规性，如股东人数的限制、股东类型、是否存在股权代持、股东协议等。

第五，先预留后分配。设计股权结构时要考虑企业未来发展的道路，根据需要为引入的合伙人、核心骨干、高管、战略投资者等预留好期权池，而后再考虑现有股东的分配，避免"走一步看一步"的股权结构模式。

第六，设定退出机制。合伙人、核心员工甚至是创始人在持有公司股份后都有可能中途退出，如果不设定退出机制，会对公司的资金或项目的运行产生不良影响。

专栏 11-10

扫描二维码，阅读《股权架构失败案例》。

专栏 11-11

扫描二维码，阅读《股权平均分配带来的大麻烦》。

专栏 11-12

扫描二维码，阅读《新浪创业训练营干货：创业股权究竟如何分配》。

专栏 11-13

描二维码，阅读《关于创业公司股权分配的两个真理》

三、股权激励

1. 股权激励的概念和类型

股权激励是企业为了激励和留住核心人才，通过有条件地给予激励对象部分股东权益，使其与企业结成利益共同体，从而实现企业目标的激励方法。

股权激励模式有很多，以下是几种常见的股权激励模式。

第一种：股票期权。股票期权模式指公司赋予激励对象购买本公司股票的选择权。具有这种选择权的人，可以在规定的时期内以事先确定的价格（行权价）购买公司一定数量的股票（此过程称为行权）。在股票期权激励模式中，创业者事先授予激励对象的是股票期权，事先设定了激励对象可以购买本公司股票的条件（通常称为行权条件），只有行权条件成就时激励对象才有权购买本公司股票，把期权变为实在的股权。这种模式可以将激励对象的报酬和公司的长期利益捆绑在一起，实现了公司利益和个人利益的高度统一。

第二种：限制性股票奖励。限制性股票奖励是指激励对象达到设定的业绩目标后获得股票奖励（无偿赠与或低价售与），但持有股票的权利受到一定的限制并且存在丧失的风险。比如说，股票权利受到禁售期的限制，在禁售期内激励对象不能将股票进行抵押、出售或者转移。如果在这个限制期内他们辞职或被开除了，股票就会因此而被没收。

第三种：股票增值权。股票增值权是指公司授予激励对象一种权利，如果激励对象努力经营企业，在规定的期限内，设定一个股票基准价，公司股票价格上升或公司业绩上升，激励对象就可以按一定比例获得这种由股价上扬或业绩提升所带来的收益。如果执行日股票价格低于基准价，则要受到惩罚，如从激励对象的工资中分期扣除价差。这种模式的特点是不必购买或者增发股票，操作和审批程序简单。

第四种：虚拟股票（干股）。虚拟股票指未出资而获得的股份，公司授予激励对象的是一种股票的收益权，而非真实的股票。拥有干股的激励对象只是假设这个人拥有这么多的股份，并按照相应比例分取红利。激励对象没有所有权、表决权，不能出售股票，离开公司自动失效。

第五种：业绩股票。业绩股票指在年初确定一个较为合理的业绩目标，如果激励对象到年末时达到预定的目标，则公司授予其一定数量的股票或提取一定的奖励基金购买公司股票。业绩股票的流通变现通常有时间和数量限制。激励对象在以后的若干年内经业绩考核通过后可以获准兑现规定比例的业绩股票，如果未能通过业绩考核或出现有损公司的行为、非正常离任等情况，则其未兑现部分的业绩股票将被取消。

第六种：延期支付。延期支付是指公司将激励对象的部分薪酬，特别是年度奖金、股权激励收入等按当日公司股票市场价格折算成股票数量，存入公司为激励对象单独设立的延期支付账户。在既定的期限后或在该高级管理人员退休以后，再以公司的股票形式或根据期满时的股票市场价格以现金方式支付给激励对象。

第七种：员工持股计划。员工持股计划指通过让员工持有本公司股票和期权而使其获得激励的一种长期绩效奖励计划。在实践中，员工持股计划往往是由企业内部员工出资认购本公司的部分股权，并委托员工持股会管理运作，员工持股会代表持股员工进入董事会参与表决和分红。

专栏 11-14

扫描二维码，阅读《关于股权激励，投资人不会告诉你的事儿》。

2. 创业企业股权激励方案设计

创业企业在设计科学的股权激励方案时，要考虑多方面的因素。例如，由于股权来源、流动性等方面的差异，有的股权激励模式只适合成熟企业甚至上市公司，而创业企业往往处于初创期或发展期，股权激励模式的选择要考虑到企业发展阶段的特征。另外，设计股权设计方案时要在统筹考虑分配公平、行为约束和操作规范的基础上，选择能充分激励员工奋斗的可实施性方案。一般来说，创业者在设计方案过程中，要把握“定人、定量、定价、定条件、定时间、定来源”这六大关键要素。

第一，定人。“定人”指的是在股权激励方案设计中确定将哪些人作为激励对象，以此确定激励对象的标准。在创业企业中，有公司创始合伙人、老员工、关键员工、外部顾问、资源提供者等各种不同类型的激励对象。而且这些激励对象随着公司的发展，处在动态变化调整过程中。创业者在股权激励方案设计中，要选择哪一类对象更为合适，需要依据企业自身的具体特点来定。

第二，定量。“定量”指在股权激励方案设计中确定用于激励的股份总量及个量。创业者在确定激励的总量时，得考虑企业大股东控制权、企业规模、股权集中程度、公司发展阶段、人才需求、行业变化等因素，合理确定股权激励总量。个量的确定由企业根据自身现状和激励对象人数做具体的配比，需要标明个量授予采取的动态方式，规划明确授予时间及节奏，在持续授予激励的同时，做好风险控制。

第三，定价。“定价”指在股权激励方案设计中确定授予激励对象股票的每股价格。创业者在确定每股价格时，首先得通过企业估值，然后确定每股定价，最后要标明购买付款方式。本书在前面已经讲过企业估值，可采用账面价值法、资产评估法估值，也可以用现金流折现法、PE 法估值等。总之，需要全盘考虑企业特点或者企业投资收益来确定授予价格。付款方式方面，可以借鉴实缴出资、分期付款等方式，具体的方式选择需要与企业整体特点做具体匹配确定。

第四，定条件。“定条件”指在股权激励方案设计中确定激励对象的考核条件和退出条件。从企业层面考虑，如果企业整体业绩条件未达标，则所有激励对象不得行权或解锁获益；如果公司业绩达标，则所有激励对象满足了行权或解锁的条件之一者，再具体根据个人业绩条件确定是否满足考核要求。于激励对象个人而言，具体授予比例与个人业绩考核结果挂钩。方案设计阶段确切地标明条件，将会避免很多在方案执行过程中可能遇到的阻力与困惑。

第五，定时间。“定时间”指在股权激励方案设计中确定个量动态授予股份的具体时间及节奏。创业者在股权激励方案设计时要重点把握以下几个时间点：确定以每年或者若干年授予日期；确定每年分红的时间；如果是期权需要确定什么时候行权；根据相关权利义务确定股票需要多长时间才能解锁兑现；确定企业股票在什么时间可以兑现。除此而外，如果企业有上市计划，还需注意考核期限的设置不要与上市计划有冲突，在上市前要结束期权计划。

第六，定来源。“定来源”指确定用于股权激励的股份的来源和资金的来源。股权激励是以股权授予激励对象以起到奖励历史贡献者、留住核心骨干、吸引优秀人才的作用，最终形成企业具有竞争力的人才激励机制。那么，股权哪里来？创业者可以选择的股份来源主要有三种：其一，向激励对象发行股份（增资扩股），总股本增加；其二，股权转让，原有股东向股权激励对象转让一部分股权；其三，回购员工退出股份，部分员工因为离职等原因退出，退出部分可重新授予其他员工。三种方式各有利弊，企业在定来源时如何组合这三种方式以便趋利避害，需要其根据自身的具体情况做周详规划。

以上关于股权激励方案设计中要考虑的“6 定”问题，“定人”和“定量”是股权激励方案设计及实施的两大核心命题，“怎么给？”则是具体操作执行层面的问题。创业者掌握了“定人、定量、定价、定条件、定时间、定来源”这六大关键要素，能在一定程度上设计出具有可行性的股权激励方案。

专栏 11-15

扫描二维码，阅读《创业公司进行股权激励要注意的四大问题》。

专栏 11-16

扫描二维码，阅读《一文看懂创业公司该如何做好股权激励》。

专栏 11-17

关注股权律师耿小武微博 http://weibo.com/gengxiaowu？ is_hot=1，学习相关创业公司股权设计文章。

第五节　新企业的社会责任

我们经常听到企业有“原罪”，这是指有的创业者在创办企业初期，为了能“活着”不顾国家和社会大众的利益，做出了违反法律和道德标准的行为，如偷税漏税、权钱交易、假冒伪劣、以次充好、污染环境、侵犯劳工权益等。在我国，企业“原罪”问题在20世纪八九十年代比较突出，随着社会转型过程中法律逐步完善、执法越来越严厉、创业家的素质越来越高，企业“原罪”问题逐步减少。

但是，在创业实践中，仍有不少创业者因为无视法律和道德的力量，缺失社会责任而导致最终麻烦缠身，例如大家都知道的快播案，即使法律上它没有违反，但是它一旦被贴上灰色的标签，就很难摆脱各种舆论的指责，这也是非常多的社交软件不敢放开去做陌生交友的原因。因此，我们认为，创业者在启动新事业时，必须建立起社会责任的理念，让自己创办的组织成为履行社会责任的经营主体。

一、企业社会责任的概念

企业社会责任（corporate social responsibility，CSR）指创业者不仅要做出有利于组织的选择和行动，而且还有做出对全社会的利益有好处的选择和行动的义务。也就是说，企业除了创造利润、对股东应尽经济义务以及法律规定的社会义务外，还要履行保护和改善社会的义务，承担起对企业利益相关者的责任。

20世纪50年代和60年代，企业社会责任观念普遍被欧美工商界所接受。20世纪80—90年代，公司社会责任已在欧美发达国家成为一种社会运动，这次运动的核心是环保、劳工和人权等方面的内容。进入21世纪以后，企业承担社会责任已经从当初以处理劳工冲突和环保问题为主要追求，上升到实施企业社会责任战略以提升企业国际竞争力的阶段。因此，创业者在创建新企业伊始就应该清楚地认识到推行企业社会责任是人类文明进步的标志。

二、企业社会责任的内容

美国学者阿尔奇·卡罗尔（Archie B.Carroll）认为完整企业的社会责任应该包括四个方面：经济责任、法律责任、伦理责任、自主抉择责任（慈善责任）。

（1）经济责任（economic responsibility），指企业的基本责任是提供社会需要的产品和服务，并使其股东和所有者的利益最大化。极端说，就是利润最大化。现在许多国家都不再把纯粹的利润最大化作为组织社会责任充分的绩效标准。

（2）法律责任（legal responsibility），指企业必须遵守法律法规，在法律框架内实现经济目标。

企业承担经济责任和法律责任是其最基本的社会义务，是基于企业社会责任的古典观点的，即企业认为自己唯一的社会责任就是对股东的责任。

（3）伦理责任（ethical responsibility），指企业行为必须符合道德准则。道德规范虽然没有明文规定，但违反道德规范的组织行为对社会和他人会造成伤害，最终对组织也不利。伦理责任要求企业明辨是非，决策合乎道德标准，经营活动合乎道德规范。

伦理责任表明了企业对社会压力做出反应，并用社会准则作为活动指导，体现了一种社会响应，比只承担社会义务又推进了一步。

（4）自主抉择责任（discretionary responsibility），又叫慈善责任，指组织纯粹自愿的、由对社会做贡献的愿望所支配的行为。这种行为并不是受到经济的、法律的或者是道德的约束，而是一种自主的抉择活动，包括慷慨的慈善捐赠等。巴菲特把 370 亿美元捐献给了慈善机构。

自主抉择的责任体现了企业愿意承担社会责任，探索基本的道德真理，企业承担社会活动的程度最高。伦理责任和自主抉择责任超越了企业只做法律要求必须做的或经济上有利的事情，而做有助于改善社会的事情，从事使社会变得更美好的事情。

三、创业者如何承担社会责任

创业者要承担的社会责任清单越来越长，这里重点介绍对环境、员工、顾客、竞争者等重要的利益相关方承担的责任。

1. 创业企业对环境的责任

企业既受环境的影响又影响着环境。从自身的生存和发展角度看，企业有承担保护环境的责任。企业对环境的责任主要体现在以下方面。

第一，企业要在保护环境方面发挥主导作用。创业者应该具有强烈的环境保护意识，能积极采用生态生产技术，使整个生产过程保持高度的生态效率和环境的零污染，从而造福于人类。

第二，企业要以“绿色产品”为研究和开发的主要对象。创业者应该积极研制并生产绿色产品，推动了“绿色市场”的发育。

第三，企业要治理环境。污染环境的企业要采取切实有效的措施来治理环境，要做到谁污染谁治理，不能推诿，更不能采取转嫁生态危机的不道德行为。

第四，企业战略中强调环境主义。到了今天，环境主义已经成为企业战略不可分割的一部分。

2. 创业企业对员工的责任

员工是企业最宝贵的财富。企业对员工的责任主要体现在以下几方面。

第一，不歧视员工。现代企业的一个显著特征是员工队伍的多元化，创业者应避免招聘选拔中的歧视，如性别歧视、年龄歧视、健康歧视和户籍歧视等。

第二，培训员工。承担社会责任的企业不仅会根据员工的综合素质，将其安排在合适的工作岗位上，做到人尽其才，才尽其用，而且在工作过程中也会依据实际情况的需要，对员工进行培训。

第三，营造一个良好的工作环境。创业者不仅要为员工营造一个安全、关系融洽、压力适中的工作环境，而且要根据本单位的实际情况为员工配备必要的设施。

3. 创业企业对顾客的责任

“顾客是上帝”，忠诚顾客的数量以及顾客的忠诚程度往往决定着企业的成败得失。

企业对顾客的责任主要体现在以下几方面。

第一，提供安全的产品。安全的权利是顾客的一项基本权利，创业者不仅要让顾客得到所需的产品，还要让顾客得到可以放心使用的安全产品。

第二，提供正确的产品信息。创业者要想赢得顾客的信赖，就必须提供正确、真实的产品信息，而不应该弄虚作假、欺骗顾客。

4. 企业对竞争对手的责任

在市场经济下，公平的经济竞争是创造价值的基本条件之一。因此企业的责任应是促进有利于社会与环境的竞争行为，提倡竞争者之间的相互尊重；制止任何为保持竞争优势而采取的恶意竞争行为。企业要处理好与竞争对手的关系，在竞争中合作，在合作中竞争。

5. 创业企业对投资者的责任

企业首先要为投资者提供公正而又具有竞争性质的投资报酬；其次，要保持、保护业主和投资者的资产，并使之增值；最后，信任、尊重投资者，提供及时、准确的财务信息，正确回应投资者的请求、建议和正式的解决方案。

6. 创业企业对所在社区的责任

企业不仅要为所在社区提供就业机会，而且要与社区一起建立和谐、健康和富足的社区经济共同体，并且积极寻求参与各种社会行动，通过此类活动，不仅可以回报社区和社会，还可为企业树立良好的公众形象，实现企业多样化的社会融合。

专栏 11-18

扫描二维码，阅读《“80后”大学生毕业艰难创业 漠视法律违法制假陷囹圄》。

专栏 11-19

扫描二维码，阅读《曹德旺：再创业只为社会责任》。

专栏 11-20

扫描二维码，阅读《社会责任：创业的下一个“风口”》。

本章要点

- 一般来说，启动新事业的途径有：创办新企业、特许经营、公司创业和收购企业。
- 从法律组织形式来讲，创业者可以登记注册的经营主体类型有个体工商户、个人独资企业、合伙企业、有限责任公司等。不同的企业法律组织形式各有利弊。
- 创业者选择企业组织形式需要考虑以下因素：行业特点；创业者的风险承担能力；税务因素；未来融资需要；经营期限等。
- 企业选址是关系到小企业成败的至关重要的因素。影响创业选址的因素有经济因素、技术因素、政治因素、社会和文化因素、投资和人才因素、自然因素等。
- 创业者在创办一个企业时，还需要给企业取名。公司名称一般由四部分组成：行政区划＋字号＋行业特点＋组织形式。
- 企业的组织形式不同，登记注册所需要的材料、流程和费用也有差异。
- 创业者在启动新事业时，需要严肃认真设计好股权结构。
- 股权激励是股权结构设计的重要内容，创业者在初创企业经营管理中，要充分利用股权激励手段。
- 常见的股权激励模式：股票期权、限制性股票奖励、股票增值权、虚拟股票（干股）、业绩股票、延期支付、员工持股计划。
- 创业者在设计方案过程中，要把握“定人、定量、定价、定条件、定时间、定来源”这六大关键要素。
- 创业者在启动新事业时，必须建立起社会责任的理念，让自己创办的组织成为履行社会责任的经营主体。

思考题

1. 启动新事业的途径有哪些？请分析比较这些途径，并指出利弊。
2. 比较各种企业组织形式的优缺点。
3. 比较个体工商户和个人独资企业异同。
4. 如果你打算与你女朋友（男朋友）一起开家冰激凌店，你将选择何种组织形式？为什么？

5. 举例说明创业选址对哪些行业具有重要意义。

6. 联系 3 个以上创业者，看看公司注册时他们考虑的元素有哪些？

7. 参观当地行政服务中心或工商注册大厅，了解各种类型经营主体登记注册需要的材料、流程和费用。

8. 走访 3 个以上当地创业园区和众创空间，评估该地址对于创业者的优劣势。

9. 创业者在股权结构设计时需要考虑哪些原则和要素？

10. 举例说明不同类型股权激励模式的优缺点。

11. 创业者如何让自己创办的组织成为履行社会责任的经营主体？

扫描二维码，阅读本章案例故事《郭奇：寻找盏灯》。

第十二章　管理新企业

你希望自己能在力所能及的事情上做到尽善尽美，那么就找出其中的每一个问题并逐一解决。

——埃隆·马斯克

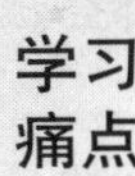

学习痛点

- 初创企业如何把新产品或服务成功地推向市场？
- 初创企业如何吸引和留住高绩效员工？
- 创业者要重点关注哪些法律问题？
- 创业企业碰到生存危机怎么办？
- 新企业需要战略吗？如何制定创业战略？

引例

95% 的“90 后”创业，掉进了这 5 个大坑

这是一个很好的创业时代：“互联网 +”强势来袭，风投公司遍地开花，校创大赛如火如荼，社会、政府、学校三方积极鼓励“90 后”创业。

而“90 后”，被这股狂流裹挟，满腔热血以为自己即将乘风破浪，殊不知自己不仅仅是下海，也是滚落到坑里。为什么“90 后”创业几乎是天时地利人和，大部分却失败了？因为有绕不过的 5 个大坑——

1. 潮　流　坑

环顾一圈，惊觉身边的小伙伴们都在创业的路上大展身手，自己也不免蠢蠢欲动、技痒难耐，不假思索地遵从“一个机会也不能落下”的原则，追随创业大军而去。

意气风发的“90 后”不知道哪来的自信，认为谁都可以凭借想法成为企业家。然而，真正的企业家需要有两个矛盾的特性。一是赌博心理：有冒险的勇气、夺金的欲望与破坏式的创新；二是精算师性格：谨慎的态度、分析的头脑与对数据的敏感。

一个缺少赌徒心理与精算师性格的人，冒冒失失地创业，注定要输得丢盔弃甲。

2. 心　理　坑

如果你以为潮流坑是创业的唯一大坑，那你一定会毫无防范地跳进其他坑，比如需要分析创业动机才能明确的心理坑。“90 后”创业者若和“60 后”创业者一般，只是想摆脱眼前贫穷，追求吃饱穿暖，那么创业公司也会变得鼠目寸光，停滞不前。根据马斯洛需求层次，确定更好的目标，才能在竞争激烈且趋向饱和的市场中拼杀出一条生路。

想要避免掉进心理坑，有两点秘诀：一是要无比热爱创业本身，并在其中不断地追求自我价值的实现，从而得到满足；二是推出的产品恰好能满足某一专业领域的特定需求，让人欲罢不能。

3. 掌　声　坑

掌声坑就像糖衣炮弹，极具诱惑的外表，却也能毫不留情地给人打击。年轻人希望出名趁早，而这个喧嚣的世界也如其所愿——一个年轻的“90 后”创业者努力了一两年，就站在镁光灯下夸夸其谈，而老一辈创业者奋斗 20 年，也许依然默默无闻地坐在观众席上。

而当下社会就是一个记录社会。任何因为荷尔蒙冲动而来的夸夸其谈，都会被人铭记，而逃不过诚信的责问。

太快到来的胜利，往往滋长盲目自大的情绪，而被忽视的问题就像是埋下的一颗颗定时炸弹，将会让人猝不及防。所以听到掌声、接受鲜花的时候，“90 后”创业者

一定要清醒地意识这其中的巨大陷阱。

4.资　本　坑

目前，中国有2.6万家风投公司愿意投入雄厚资金支持中国的年轻人创业。一方面，资本提供了放大能力和获得市场的机会；而另一方面，资本的鞭子又容易驱赶着创业者一味快跑，失去理智。

当风险投资人把钱给创业者的时候，他们可不是什么傻乎乎的"散财童子"。他们最希望看到项目迅速成长，立刻套现去进行下一轮投资。因此风险投资的迫切心理，往往会缩短一个项目从婴儿期、幼儿期、少年期发展到青年期的历程，而揠苗助长的结果也是显而易见的。

所以，创业者一定要告诉自己，也要告诉投资人创业的初心。即使无法一步一步地走向最终的成功，也不能迅速地奔向陨落。

5.意　志　坑

彼得·德鲁克曾经研究过上千家企业，发现成功的企业往往不是大起大落的企业，而是那些平平稳稳的企业。创业是一件特别长期而寂寞的事情。创业不仅是一个对自我能力和素质不断提升的过程，更是一个锻炼意志的过程。

年轻的"90后"一代善于发现与把握机会，喜欢新鲜事物。他们出于兴趣创业，当一个项目进入瓶颈期，他们可能就转身至下一个兴趣点。马上着手，马上放弃，如此循环往复，让人看不到他们的执着。另外，"90后"多数生活在一个物质相对丰富的家庭，抵抗挫折的心理与能力还不够成熟。

创业中会不可避免地遇到"拦路虎"。种种关卡，需要一次次咬牙坚持，一次一次自我拆除与重建才能度过。"90后"的创业历程，在某种意义上，也是一场意志力的比拼与修炼。

坑洞遍布，前车之辙仍在，后继之人不绝。这场艰苦卓绝且包罗万象的创业战争，玩的不仅是技术实力与资金储备，也较量着创业者的意志与心理素质。年轻的"90后"头顶灿烂星空，却也不能忘记脚下"一坑放过一坑掉落"的大地。

资料来源：微信公众号：吴晓波频道，2015年11月05日刊。

第一节　创业营销

任何企业的生存和发展，都建立在必须把它提供的产品或服务能卖出去。多数情况下，影响创业成败的往往非技术，而是营销。对于创业者来说，把创意变成产品或服务后，如何把新产品或服务成功推向市场就成了一个至关重要的问题。

一、创业营销概念和特点

结合美国营销协会（AMA）和相关学者的研究，创业营销可定义为：创业者为突破资源束缚，通过创新、风险承担和超前行为，主动识别、评价和利用机会，以获取可保留的有价值客户的组织职能或过程。

从本质上看，创业营销并不排斥传统营销的基本原理及手段。但是，创业企业通常资源稀缺、资金有限、营销费用预算少，在这种情况下，创业者必须采用更有针对性、更有效的特殊营销手段，接触潜在客户并了解他们的需求。所以，创业营销与传统营销所采用的许多营销手段是相同的，但传统营销与创业营销又有一定的区别（表 12-1）。

表 12-1　传统营销与创业营销的区别

项　目	传统营销	创业营销
基本假设	市场控制与交易简单可行	通过价值创造获得持续竞争优势
目标	维持发展	生存营销，促进高增长
导向	是一门客观、中性的科学	激情、热忱、持久和创造力发挥主导作用
背景	相对稳定的确定市场	设想中的新兴的、经过细分的市场，带有高度不确定性
营销者角色	营销组合的协调者；品牌建造者；通过低程度的创新被动适应市场	内、外部变化的媒介；新品类的创立者
营销手段	通过调研识别并清楚说明顾客需求最小化营销活动风险	积极主动地通过动态创新激发顾客需求
顾客需求	有效利用现有的物质资源和匮乏的智力资源	通过发展领先用户，识别顾客需求
风险视角	最小化营销活动风险	风险评估，强调减少、利用或分散风险
资源管理	有效利用现有物质资源和匮乏的智力资源	创造性地使用他人资源；以较少的投入获取较多的产出；活动不受当前资源限制
新产品 / 服务开发	有研发部门和其他技术部门支持新产品 / 新服务开发	营销是创新的主体；顾客是积极的共同创造者
客户角色	提供知识及反馈的外在资源	是企业营销过程的积极参与者，共同议定产品、价格、分销和传播策略

与传统营销相比，创业营销具有以下主要特点。

（1）创业营销的最重要目标是要解决创业企业的生存问题。相对于传统的产品营销是为了企业的维持和发展，初创企业的营销行动，则是初创企业能否度过生存期的重要考验之一。新创企业在市场中是未知机构，缺乏必要的可信任度，也就很难获得客户。由于缺乏稳定的经营记录和充分的市场认可度，新创企业与市场中的其他组织如供应商、渠道商等各种机构群体也难以建立稳定的联系。总之，初创企业在市场准入方面面临很多障碍。因此，如何通过有效的创业营销获得市场各种机构群体的认同和信任是关系到创业企业生存的重要问题。如 TCL 集团在 1992 年进军彩电市场时，根本没有自己的彩电基地，他们倡导“有计划的市场推广”观念，大力筹建自己在全国的营销网络，在各地进行强有力的市场营销推广，奇迹般地在5年内跻身于中国彩电业三强之列，成为创业营销“先有市场，再有工厂”的模式典范。

（2）新创企业的营销面临严重的资源限制。营销推广往往要砸重金，大型企业动辄一掷千金用于品牌推广活动。而初创企业缺乏资金、人力、物质、技能等各种资源，这就限制了新企业能够应用的营销策略。另外，创业活动所面向的市场往往伴随着高度的不确定性和动态性。在这种市场环境中，创业者所搜集的市场信息会很快失效，市场瞬息万变，也许会有实力更强大的竞争对手突然进入，导致创业营销的推广难度增大。总之，由于新企业的资源限制，创业企业基本上不可能实施大型企业完全一致的传统营销手段。

（3）创业营销的重点不仅是产品或者服务，创业者（团队）自我营销、创业项目或者创业企业的推广是创业营销的重要内容。创业营销的营销者往往是创业者，他们经常登上路演平台，参加创业圈子活动，或作自我营销，或是推介项目，以说服人才（智力资本拥有者）加入创业团队，或者说服投资者（物力资本拥有者）投入资金等。这些行为其实是创业者（或称创业企业）开展的另类创业营销活动。因此，创业成功的关键之一是创业者不仅要具有创业精神或掌握某种新技术、新产品，而且还需要具备优秀的营销才能。

可见，创业营销与传统大型企业的营销活动有很大差异，创业者必须立足于创业企业的特点，选择和施展合适的营销策略。在创业营销中，创业者重点要管理市场进入方式和市场营销策略。

专栏 12-1　三大经典营销策略组合理论

1. 4P

4P 即产品（product）、价格（price）、促销（promotion）、渠道（place）。它的主导是以满足市场需求为目标。

2. 4C

4C 即消费者（consumer）、成本（cost）、便利（convenience）、沟通（communication）。它的主导是以追求顾客满意为目标。

3. 4R

4R 即关联（relativity）、反应（reaction）、关系（relation）、回报（retribution）。它的主导是以顾客忠诚为目标。

这三大经典营销策略组合理论有一个逐渐发展的过程：4P—4C—4R，它们之间的区别从字面上就可以理解了，所追求的目标是不同的。4P 为企业营销策划提供了一个有用的框架，不过 4P 是站在企业立场上的；而 4C 从顾客需求角度思考如何设计和研发产品，从顾客成本角度考虑如何制定最合理的价格；4R 营销理论以关系营销为核心，注重企业和客户关系的长期互动，重在建立顾客忠诚，它既从企业利益出发又兼顾消费者的需求，更为实际和有效。

专栏 12-2

扫描二维码，阅读《创业者的第一堂必修课：销售》。

二、市场进入方式

在创业活动中，市场进入通常有两种含义：其一是创业者要进入的目标市场界定；其二是创业者的进入时机。

1. 目标市场界定

创业者常常试图获得更多的潜在用户，并且提供更多的产品，但是这样常常导致新企业的市场力量被分散，难以集中力量精准销售。因此，创业者要牢记所识别的创业机会不可能取悦所有人，创业营销中首先要确定哪些人是潜在的顾客。

创业者可以利用 STP 理论确定目标消费者或客户，STP 理论中的 S、T、P 分别是 segmenting、targeting、positioning 三个英文单词的首字母，即市场细分、目标市场和市场定位。

第一，市场细分（market segmentation）。创业者可以根据地理、人口、心理、行为等方面的差异，把某一产品的市场整体划分为若干消费者群体。市场细分可以将巨大、非均匀的市场划分为较小的细分市场，这样就可以用和它们独特需求相匹配的产品更加高效地实现营销。

地理细分需要依据国家、地区、省、市、县、城镇，甚至居民区等不同地域间隔来细分市场。一家公司可以在一个或几个地理区域开展业务，或者在全部地理区域开展业务，但是需要注意需求和偏好方面的地理差异。

人口统计细分依据年龄、性别、家庭人口、家庭生命周期阶段、收入、职业、受教育程度、宗教、种族、年代和国籍将市场进行细分。人口统计因素是最常用的消费者细分基础。一个原因是消费者的需求、偏好和使用率的不同与人口统计变量密切相关。另一个原因是，人口统计变量比其他大部分的变量更容易计算。

心理细分依据社会阶层、生活方式或个性特征将消费者划分为不同的消费群体。

行为细分依据消费者的知识、态度、产品使用率或对产品的反应把市场分为不同的细分部分。

第二，选择目标市场（market targeting）。创业者要从细分后的市场中选择出最合适的细分市场作为公司的目标市场，一个目标市场包括一系列拥有共同需求和特性并且公司决定为之服务的顾客。目标市场可以根据其范围分为四个层次：大众市场、细分市场、利基市场、本地或个性化市场（图 12-1）。

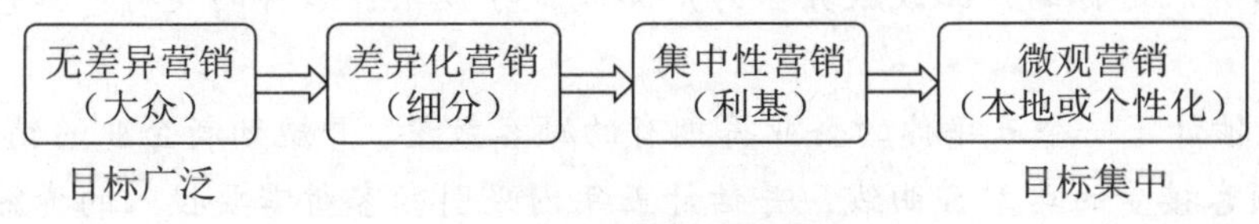

图 12-1　目标市场的范围

大众市场的目标广泛，范围宽广，企业若将一个产品或服务定位于整个市场，则可以采用无差异营销。本地或个性化市场的目标集中，市场范围非常细小，此时企业可将产品或服务定位于每个特定消费者和地区的品位，因而可以采用本地化和个性化的微观营销。细分市场和利基市场的目标范围介于大众市场和本地市场之间，此时企业将产品或服务定位于一些细分市场，采用差异化营销或者集中性营销。

创业者由于面临很大的不确定性和缺乏市场知识，常常很难清晰地界定目标市场的边界。但是一般来说，创业者要进入的目标市场应当尽可能狭小，这样才有可能集中力量打开市场获得利润。利基市场和本地或个性化市场使得较小的公司能够将有限的资源用于服务特定的顾客群，而这些可能对较大的竞争者并不重要甚至忽视。许多公司都是从利基市场开始，在规模大、资源丰富的竞争者面前获得了自己的立足点，然后再逐步发展成更强大的竞争者。例如，西南航空开始时只服务于那些得克萨斯州内的、不要求额外服务的顾客，而现在已成为全美最大的航空公司。

第三，建立独特定位（market positioning）。将创业产品或服务定位在目标消费者所偏好的位置上，并通过一系列营销活动向目标消费者传达这一定位信息，求得顾客认同。在决定进入哪个细分市场后，创业者需要决定一个价值主张——如何为细分市场创造差异化的价值以及公司想要在细分市场中占据什么位置。在购买决策中，消费者都会对产品、服务和公司在心目中进行分类与定位。产品定位是相对于竞争产品而言的，指消费者对该产品的一套复杂的感知、印象和感觉。市场定位的实质是使本企业与其他企业严格区分开来，使顾客明显感觉和认识这种差异，从而在顾客心目中占有特殊位置。

专栏 12-3　制订营销计划

创业者需要制订计划以评估市场规模并使潜在的顾客接受他们的新产品或服务。为了帮助你制订新产品的营销计划，请按照以下步骤进行练习。

第一步：收集过去五年里有关与你的市场相似的产品或服务的销售数据。将这些数据按照时间绘制成图，描述这一时间内市场需求的增长情况。根据这些信息预计下一个五年需求，评估下一个五年里这个市场的规模。

第二步：识别你将聚焦的细分市场，并解释将如何选择你的顾客。一定要解释顾客为什么有一个不可抗拒的理由来购买你的产品。

第三步：识别谁将是你的产品或服务的早期接受者，并解释为什么这一部分顾客会接受你的产品。你的解释要使人相信你的产品特征与早期接受者的需求一致，同时包括顾客所反馈的能够说明产品或服务特征导致顾客接受的信息。

第四步：解释你的新企业如何过渡到主流顾客，以及需要做什么才能吸引主流顾客。将如何做广告并改进你的产品或服务？为产品或服务提供什么样的支持？如何获得市场的领导权？

第五步：估计下一个五年你的企业将拥有的顾客数量，并规划新企业的销售增长情况。记住要思考顾客接受的典型 S 曲线，并估计五年内吸引顾客所需要投入的资源数量。

第六步：收集有关前三位竞争者的市场份额信息，并利用这些信息计算出五年里你所期望的市场份额。

资料来源：罗伯特·A. 巴隆，斯科特·A. 谢恩 . 创业管理：基于过程的观点 [M]. 张玉利，等译 . 北京：机械工业出版社，2005：187.

2. 进入时机选择

通常认为率先进入市场将会拥有先入优势，企业可以领先于其他竞争者建立其市场的认可度，由于没有其他的竞争者，企业的推广成本也能够限定在一定范围之内。但是，先入者的风险也会很高，因为市场可能还没有培育成熟，人们的消费习惯难以转变，市场预期的成长性不好，也可能遭遇后进入者的强力竞争，等等。因此，在创业营销中创业者选择适当的进入时机是必要的。

三、创业营销策略

创业者在选择营销策略或措施时要考虑多方面的因素，如初创企业的资源状况，在位者的可能反应，产品或者服务的特性，等等。创业者可以选择的营销策略有以下几种。

（1）网络营销：就是以国际互联网络为基础，利用数字化的信息和网络媒体的交互性来实现营销目标的一种新型的市场营销方式。随着互联网技术和应用的发展，创业者可以利用的网络营销手段和渠道也日新月异。当前可以利用的网络营销渠道包括企业网站、搜索引擎、SNS 社交网站、微信（公众号、微信群）、微博、邮件营销、论坛等，以及如知乎、豆瓣、百度贴吧等人群比较聚集的社区平台，或者如今日头条、一点资讯、界面以及各类新闻门户平台（搜狐、网易等）。网络营销方法包括软文营销（常用在微信、微博、论坛等渠道里）、网络广告（比如网站中的横幅广告、文本链接广告、视频广告等）、新闻营销（制造具有新闻价值的事件）、活动营销（策划具有社会影响的人物或事件）、口碑营销、病毒式营销（让大家告诉大家）、饥饿营销、借力营销（傍大品牌、跟随用户、借渠道等）、网络危机公关等。

（2）模仿策略：这是针对市场中的追随者而言，创业者可以通过模仿竞争对手的产品属性，降低研发费用；创业者也可以选择和竞争对手证明有效的类似的广告和推销方式。通过积极模仿早期的进入者，新创企业可以降低与产品和销售有关的成本。

利用联系和合作进行市场推广：创业者要积极和充分利用个人社会关系和网络资源，寻求与各种机构的联系和合作，提高产品或服务的市场认可度，实现产品或服务以及初创企业的市场推广。

（3）游击营销：创业者没有资源在一个更大范围内打大战役，而是要利用微博的营销预算或零预算“以小博大”，集中力量攻下几个山头。因此，创业者可以先选择一个较狭小的市场进行营销推广，在成本可控的情况下获得一定的现金流，而后用赚取的利润投入进一步的营销活动，这样一步一步地扩大营销活动的范围和力度。

（4）创业者自我营销：在塑造创业者个人品牌的基础上，建立创始人与企业、品牌一对一的联想，从而深化并优化公众对企业、品牌的认知。创业者的个人品牌是企业形象和品牌形象的感性体现，个人品牌的塑造不仅仅是为了满足个人职业生涯的需要，更重要的是个性形象与企业形象、品牌形象形成合力，以争取公众的认同与理解。创业者自我营销的方式包括参加创业竞赛、项目路演、演讲、出席会议、写文章、做评委、出版图书、做嘉宾、开博客等，通过多出镜、多互动、多参与来提升自我形象。

专栏 12-4

扫描二维码，阅读《早期创业公司如何做营销？》

专栏 12-5

扫描二维码，阅读《早期创业公司的十节营销课》。

专栏 12-6

扫描二维码，阅读《8 句话让你彻底明白什么是大数据营销》。

第二节　人力资源管理

新创企业一旦取得了成功并迅速发展，就意味着企业需要大量的人力资源。除创业团队外，核心员工、董事会、外部顾问等都是创业企业重要的人力资源。创业者要从做出所有决策并主持所有经营工作，变为激励合伙人和初期员工小群体的一个团队领导者，再变为多个团队的领导者，建立起由员工组成的一流团队，将许多关键任务授权给团队。为此，创业者要开展好人力资源管理工作。①

一、初创企业人力资源管理特点

组织生命周期理论认为，企业组织同人一样具有生命周期，有它的童年、青年、壮年和老年阶段。关于企业生命周期阶段，不同的学者有不同的划分方式。比如，美国著名管理学家伊查克•爱迪斯在《企业生命周期》一书中把企业生命周期分为10个阶段，即孕育期、婴儿期、学步期、青春期、壮年期、稳定期、贵族期、官僚化早期、官僚期、死亡期。

无论企业处在哪一个发展阶段，人力资源都是企业的重要资源，创业者应当重视对人力资源的管理。但是，人力资源的管理又必须适应企业发展的需要。企业发展阶段不同，其规模、产品、市场都有很大的不同，面临的人力资源管理问题也不同，因而对人力资源管理策略具有不同的要求。本书关注初创企业的人力资源管理特点，因此把初创企业的生命周期阶段划分为种子期、起步期和成长成熟期，不同时期人力资源管理的特点和要求不同（表 12-2）。

表 12-2　新创企业在不同成长阶段的人力资源管理

企业生命周期阶段	人力资源管理特点	人力资源管理要求
种子期	不存在完全企业意义上的人力资源管理工作； 所有人力资源管理工作都围绕创业者个人的能力与素质来展开	企业要侧重于吸纳合适的合作伙伴，要积极聘用技术专家对企业的生产技术和工艺进行指导
起步期	企业规模较小、正规化程度较低； 企业的人员数量也较少； 相应的规章制度还没有建立健全	没有必要设立正式的人力资源管理部门； 选拔和培养核心人才； “人盯人”的人力资源管理策略
成长成熟期	业务的不断增长带来企业规模的扩大和员工数量的增加； 企业内部分工开始细化，管理层次开始裂变； 资金制约转变为人力资源特别是高级管理、营销、财务、金融以及科研人才的制约	构建适应企业发展需要的组织结构； 提供丰厚的工资及待遇吸引高级人才加盟； 建立人力资源管理开发系统和规章制度； 培育和发展健康积极的企业文化； 创业者必须尽快完成从创业者到企业家的角色转变

① 罗伯特•A. 巴隆，斯科特•A. 谢恩 . 创业管理：基于过程的观点 [M]. 张玉利，等译 . 北京：机械工业出版社，2005.

当初创企业处在种子期时，严格讲，不存在完全企业意义上的人力资源管理工作，这一阶段企业的首要目标是生存。为了生存，创业者要依靠个人能力和创业激情，尽力把创意变成生意。这一阶段所有人力资源管理工作都围绕创业者或者创业团队成员的能力与素质来展开。因此，创业者要侧重于吸纳合适的合作伙伴，积极聘用技术专家对企业的生产技术和工艺进行指导。

当初创企业处在起步期时，这一阶段企业规模较小、人数不多；业务单一、组织机构简单、专业化和正规化程度较低；相应的规章制度还没有建立健全。这一阶段企业的大小事情决策权集中在企业创始人手中，没有必要设立正式的人力资源管理部门。但是，企业的起步发展需要对产品架构、技术和工艺流程等继续改进与完善，企业需要尽快开拓市场、占领市场，因此，人力资源管理的重心是从外部选拔和培养核心人才，并充分发挥这些核心人才的作用，实现企业的起步发展。这一阶段要采取“人盯人”的人力资源管理策略，依靠创始人个人的力量去安排和支配企业资源。在激励员工方面，主要要依靠良好的职业前景、工作挑战性、股份期权等手段来吸引人才。

当初创企业进入成长成熟期后，这一阶段企业业务会不断增长，范围不断拓展，带来企业规模的扩大和员工数量的增加；组织机构也会相应扩大，管理层次裂变增多，内部分工开始细化；企业经营和管理工作量增大，日趋复杂，单纯依靠创始人个人能力，通过“人治”维持企业运作已难以满足日益复杂化和专业化的管理需要。创业企业的资金制约转变为人力资源特别是高级管理、营销、财务、金融以及科研人才的制约。因此，这阶段人力资源管理的主要策略是：构建适应企业发展需要的组织结构，建立科学合理的岗位体系，建立健全包括招聘、录用、培训、分配、考核、薪酬等人力资源管理开发系统和各项规章制度，提供丰厚的工资及待遇条件吸引高级人才加盟，培育和发展健康积极的企业文化。总之，这阶段创业者必须尽快完成从创业者到企业家的角色转变。

纵观新创企业在不同成长阶段的人力资源管理特点，创业者人力资源管理的核心是要吸引和选拔高绩效员工，以及激励和留住高绩效员工。

二、招聘和选拔高绩效员工

虽然目前人才市场上求职者的绝对数量从不缺乏，但创业企业要招聘到并留得住合适的人才并非一件容易的事情。因为创业企业市场竞争力不足，招聘费用预算有限，招聘人员不够专业，对人员的要求相对比较灵活，业务也多是短平快，另外在工资待遇等方面往往不能和大中型公司相提并论，员工的归属感较差，所有这些因素都造成创业企业员工流动快的特点。面对这种情况，创业者要想招聘到能用又能留下的员工，必须首先在观念上有所突破，不能囿于传统惯性招聘思维模式。

1. 人才需求分析

创业企业讲究精打细算，在人力成本上更应该如此，而人才需求分析是控制人力成本开支的基础，是人力资源管理关键的第一步。创业者要明确合理的企业发展目标和业务计划，然后分析企业中哪些工作可以由现有团队完成，哪些岗位一定要招新人，设置多少人，进而对空缺职位进行职务分析和职位描述。

职务分析是指决定该职位在具体知识、技能和能力方面包含的要求是什么，职位描述指总体描述某个职位在职责、责任和工作条件方面包含的内容。在职务分析和职位描述的前提下，创业者最好要选择那些知识、技能和能力与工作要求最相匹配的求职者。创业者要避免选择更志趣相投或更有魅力，或者是“出众”的求职者，而不是最适合这项工作的人。

2. 选择恰当的招聘渠道

招聘渠道主要分为两种：一种是内部聘用，包括晋升选拔、工作轮换、工作调动、内部公开竞聘等。另一种是外部聘用，包括公司员工推荐、校园招聘、网络广告招聘、人才交流会、猎头公司代理、公司间交换等。创业企业员工的招聘来源很多，如创业者的社会网络，熟人或员工的推荐，在互联网发布招聘广告，拜访大学就业中心，通过职业猎头推荐，通过创业投资家推荐等。创业者要根据企业的特性，如企业地理位置、岗位层次、岗位要求、时间要求等合理利用和开发这些渠道。比如，对于基层员工的招聘，一般可以选择当地的网络和报纸招聘。往往这些员工需求人数较多，素质要求也不高，采用这些渠道影响面宽，效果会更好。对于知识型员工和中层管理人员，可以选择人才市场和网上招聘，不仅影响面广，而且人才储备量非常大。对于公司需要的高级管理和专业技术人才，可以选择一些资质和信誉较好的猎头公司。

3. 选拔高绩效员工的方法

招聘过程中，创业者要准备招聘文案，突出企业信息和岗位内容。选拔员工的具体方法很多，包括：简历筛选；推荐信；传统面试；工作面试；结构化面试；电话面试；技能笔试；性格测试；阅读个人资料；审查全部推荐材料和所有关于过去经验和培训的证明等。

在选拔员工的标准上，创业公司需要的是一专多能的多面手员工，最看重的就是员工的灵活性、创造性、学习能力等，能在创业公司复杂多变的环境中完成五花八门的工作。比如销售这个岗位，大公司的销售岗位分工、职责都很明确，而新创企业就做不到这一点，一个销售岗位需要接触所有的客户类型，甚至承担售后服务的职责。

另外，新创企业未来不确定性大，创业公司招聘时不能只考虑胜任力，而是要考察员工的价值观、热情等，考察是否认可公司的创业理念，是否具备独立负责项目完成任务的可能，是否具有同舟共济、休戚与共、一起攻坚克难的精神和信念，是否敏而好学——对知识和技术有足够的兴趣等。

专栏 12-7　初创企业招聘小技巧

1. 擒贼先擒王

在招聘的配制方面，有一个很重要的门道：擒贼先擒王——把公司里面重要的、对业务影响最大的岗位先抓住。这个人进来就会像葡萄串一样的，拎到上面，一下就可以出来一串葡萄。

2. 因人设岗

创业公司招聘，跟一般大公司招聘有一个很不同的地方——“因人设岗”。HR 的传统理论是不可以因人设岗，但对创业公司来说，因为业务理念边界比较模糊，可能性非常大。所以如果一个候选人非常有激情，且个人能力有特别之处，就可以让他进来，给一个可能做的岗。比如本来打算是 1 的岗位做 A 的范畴，2 的岗位做 B 的范畴，这个人有 1+2 的一半，那就可以把 A 和 B 都给他做。创业团队就是要大胆。

资料来源：作者：谢燕芳（冯蘅），16 年人力经验。文章来源：创业邦 http://www.cyzone.cn/a/20160427/295028.html。

三、激励和留住高绩效员工

激励是为了达到一定目标而激发、引导和维持人们行为的过程。在任何组织中，积极性是取得良好绩效的关键因素，因此，创业者必须通过有效激励方法提高或维持员工的积极性，并能留住人才，实现新企业人力资源价值的最大化。

在组织行为学中，学者们提出了很多激励手段（理论），包括马斯洛需求层次理论、双因素理论、目标设置理论、期望理论、公平理论、设计职位理论等。本书不详细介绍这些激励理论，读者有兴趣，可以去找关于管理学或组织行为学方面的书籍去学习。这里，仅介绍一些适合初创企业的员工激励手段。

第一，认同激励。认同激励指组织成员认同核心创业者的创业目标与思路，并愿意为之不懈努力，共同铸就其未来成功的激励方式。从某种程度上讲，认同激励是各种激励方式中最重要的，因为只有创业者的目标与思路具有一定的信服度，才能得到他人的认同，其创业活动才有一定的号召力和凝聚力。因此，创业者要依靠伟大愿景、崇高信念和个人魅力感动员工，得到员工的内心认可。

第二，报酬激励。报酬激励指在正确评价员工业绩的基础上，通过报酬的合理化，给员工以适当的激励。制定有效的薪酬体系对激励和留住高绩效员工很重要，薪酬体系是企业中对良好绩效进行认可和奖赏的系统。最适合新企业的薪酬体系是在人力资源管理领域中所说的绩效付酬体系，这种薪酬体系认为雇员对企业成功的贡献不同，而且他们的薪酬应该与其贡献大小相一致，换言之，这一体系尽力实现分配公正。

第三，期权激励。创业公司不可能开出高薪，但是可以画大饼。如果一个人肯为了平均水平之下的工资和期权激励就跟着你干，这说明他对公司的未来有相当程度的认可并会为之努力，这样的员工正是我们需要的。

第四，兴趣激励。所谓兴趣激励，就是创业者要为团队成员寻求工作的内在意义，让团队成员做自己感兴趣的事情。

第五，评价激励。评价激励即通过正确的评价员工的能力、努力和绩效，激发员工不甘落后努力进取的意识与行动。

第六，目标激励。设置合理的目标可以调动人们的积极性。当员工想要达到这些看似不可能的目标时，往往就会使出浑身解数，展现出一些非凡的能力。

专栏 12-8

扫描二维码，阅读《生存不易，创业公司如何有技巧的招人、留人、开人？》。

第三节 创业法律

2015 年 8 月，一则新闻被广泛传播。上海财大的三个大学生针对本校大一到大三的学生联合推出了“上海财大挂科险和高分险”。这种“挂科险”吸引人之处在于其设定了两种理赔条件，一种是针对学霸的，当所考课程的绩点达到 4.0 时会理赔 20 元，另一种是针对“学渣”的，挂科理赔 30 元。按照“挂科险”创始人的说法，只要缴纳 5 元的保费就能为拯救在期末考试中苦苦挣扎的同学，给学渣一份勉励，给学霸一份激励。

“挂科险”推出仅一天就获得了上万点击量，两天内卖出了 100 份。在同学圈子里引起了巨大的影响，也得到了上海财大校方的支持。诚然，这种“挂科险”从创业项目的角度来看是极具创新意义，但这三位同学的创业却踩在了法律的灰色地带，引起了极大的争议。

按照《中华人民共和国保险法》第一百五十九条规定，违反本法，擅自设立保险公司、保险资产管理公司或者非法经营商业保险业务的，由保险监督管理机构予以取缔，没收违法所得，并处违法所得一倍以上五倍以下的罚款；没有违法所得或者违法所得不足二十万元的，处二十万元以上一百万元以下的罚款。

上海财大三位同学的创业无疑是有法律隐患的，真的继续商业化下去，轻则罚款，重则要承担刑事或者行政责任。因此，如果这三位同学具有基本的法律知识，就应该找到一家正规的保险公司寻求合作，以避免上述风险。

可见，创业者不仅要有情商和智商，还应该具备法商[①]，即对现有法律法规的了解和遵守的意识。创业者或初创企业面临的法律问题很广泛，本书在第十一章已经介绍过创业者登记注册企业时，需要选择企业不同的法律组织形式，并在股权结构设置等方面充分考虑法律因素。本节仅介绍初创企业常见的两个法律问题：知识产权和合同与劳动法规。

---

① 法商（law quotient，LQ）即法治商数，指一个人对法的内心体认和自觉践行。

一、创业企业知识产权管理

知识产权是指人们对自己通过智力活动创造的成果所依法享有的权利，包括专利、商标、版权等，是企业重要的资产。知识产权可以通过许可证经营或出售，带来经营收入。对于创业者来说，一方面要有效保护自己的知识产权，另一方面要避免违法侵犯他人的知识产权。因此，无论是什么背景出身的创业者，都需要了解知识产权相关的法律法规。

1. 商标与商标注册

商标是商品或者服务的生产者和经营者，为了将自己的商品或服务于他人的区别开来，而使用的一种标记。任何能够将自然人、法人或者其他组织的商品或服务与他人的商品或服务区别开的可视性标志，包括文字、图形、字母、数字、三维标志和颜色组合，以及上述要素的组合，均可以作为商标申请处注册。

商标是企业的一种无形资产，保护和提高商标的价值，可以给企业带来巨大的收益。商标注册证书能有效地保护创业者的创业成果，防止文字、图形、字母、数字等等显著特征的标志被恶意侵权。商标如果没有注册保护，会给创业者带来很多风险：商标使用人对商标不享有专用权，代表你使用这个商标，别人也能使用这个商标；一旦他人将该商标抢先注册，该商标的最先使用人反而不能再使用该商标；未注册商标不能形成工业产权，因此也不能成为使用人的无形财产；未注册的商标有可能与使用在相同或类似商品上的已注册商标相同或者相近似，从而发生侵权行为；没有被注册保护的商标，产品知名度越大，反而风险越大。

因此，创业者应该尽早将自己的品牌名和LOGO等注册为商标，避免因商标注册证书的缺少而影响公司整体的进度规划。商标注册申请人，必须是依法成立的企业、事业单位、社会团体、个体工商户、个人合伙企业以及符合《中华人民共和国商标法》第九条规定的外国人或外国企业。商标共有45个大类，创业者要先确认商标类目，然后按照类别对商标申请进行保护。注册商标的有效期为10年，可以申请续展，每次续展注册的有效期也为10年。商标注册分三步。

第一步：向国家工商行政管理总局商标局申请注册。商标局收到注册申请后，会进行形式审查，来确定申请书件是否规范、齐全，审查商标图样的格式、清晰程度、分类等。形式审查通过后会下发受理通知书。

第二步：实质审查。实质审查是商标注册主管机关，对商标注册申请是否合乎商标法的规定所进行的检查。商标局进行资料检索、分析对比、调查研究后，决定通过还是驳回。

第三步：公示。实质审查通过后，商标局会对外发布公告，进入公示阶段。公示期内，没有收到异议后就会核准注册公告，颁布商标证书，商标就注册成功了。完整的注册时间为一年左右，实际完成时间需视商标局进度而定。

2. 著作权登记

著作权也称版权，是指作者对其创作的文学艺术和科学作品依法享有的权利。著作权包括发表权、署名权、修改权、保护作品完整权、复制权、发行权、出租权、展览权、表演权、放映权、广播权、信息网络传播权、摄制权、改编权、翻译权、汇编权以及应当由著作权人享有的其他权利共 17 项权利。著作权的保护期限为作者有生之年加上去世后 50 年。

我国实行作品自动保护原则和自愿登记原则，即作品一旦产生，作者便享有版权，登记与否都受法律保护，自愿登记后可以起证据作用。国家版权局中国版权保护中心为登记机构。著作权登记是指著作权有关当事人依照法律的规定，向登记机关申请，将作品及其权利刊载在登记簿上的行为。创业公司所开发的软件、手机 App、网站程序、ICON、短视频、文字作品等都可以进行著作权登记。

著作权登记后可以作为技术出资入股，也是申请科技成果、法律重点保护的依据，在很多地方也是高新技术企业认定、软件企业认定的重要凭证，获得了上述认定才能获得国家税收减免、人才优惠等政策扶持。另外，如果创业项目是移动端 App 或者游戏类项目，前期将你的 App 源代码、游戏人物形象进行著作权登记还是很有必要的。因此，著作权登记也是企业知识产权保护策略的重要组成部分。

整个著作权登记分三步：第一步是申请确认阶段，准备好相关材料，在网上提交著作权申请；第二步，下载申请表和准备登记材料，去版权中心办理登记并领取受理通知书；第三步，等待通知并前去领取著作权登记证。

3. 专利申请

专利一般是由政府机关或者代表若干国家的区域性组织根据申请而颁发的一种文件，这种文件记载了发明创造的内容，并且在一定时期内产生这样一种法律状态，即获得专利的发明创造在一般情况下他人只有经专利权人许可才能予以实施。在我国，专利分为发明、实用新型和外观设计三种类型。

发明是指对产品、方法或在原技术水平上所提出的具有实质性改进的技术方案，应当具有新颖性、创造性和实用性。

实用新型是指对产品的内部构造或者其结合所提出的适于实用的新的技术方案。关于日用品、机械、电器、化工等方面的有形产品保护，比较适用于申请实用新型专利。

外观设计是指对产品的形状、图案或者其结合，以及色彩与形状、图案的结合所做出的富有美感并适用于工业应用的新设计。

专利法可以有效地保护专利拥有者的合法权益。创业者对其个人或企业的发明创造应及时申请专利，以寻求法律保护，使自己利益不受侵犯，或者受到侵犯时，有法律依据提出诉讼，要求侵害方予以赔偿。另外，企业拥有专利是申报高新技术企业、创新基金等各类科技计划、项目的必要前提条件。

二、创业企业合同管理与劳动法规

新企业创建后，在生产经营的各个环节中，需要使用合同来规范和确认相关利益主体的权利和义务，从而保护自身的权益。《中华人民共和国合同法》分则中详细规定了 15 种合同形式，其中与创业企业经营活动关系比较密切的合同种类包括：买卖合同、租赁合同和技术合同，以及《中华人民共和国劳动法》中所规定的劳动合同。

1. 常见经营合同管理

（1）买卖合同管理。新创企业在经营活动中，作为买方常需采购原材料、设备、半成品等；作为卖方要销售产品或服务。买卖过程中签订合同时要注意法律风险，做好应对措施（表 12-3）。[①]

表 12-3　创业企业签订买卖合同需要注意以下问题

作为买方需要注意的问题	作为卖方需要注意的问题
审查卖方主体资格	审查合同主体
明确、具体约定商品名称、材质、型号、规格、尺寸等信息	明确约定商品交付的时间、地点
约定商品质量的风险承担条款	约定运输方式和费用承担
约定商品的验收方法	约定验收标准、验收方式与验收时间
约定商品的运输方式以及损失承担	约定付款方式以及付款比例
约定付款方式	
重视有关发票的约定	

（2）租赁合同。新创企业，尤其是生产型企业，在起步阶段或扩大生产阶段可采用租赁经营或租赁生产的方式，既能解决短期内的生产需要，又能减少不确定性带来的未来设备等有形资产的闲置问题。租赁合同的内容包括租赁货物的名称、数量、用途、租赁期限、租金等条款。创业企业在签订租赁合同时，要注意以下方面。

①确认租赁物的权属状态。确认出租方是否有完全产权，审查是否存在挂靠或质押等情况。

②审核出租方营业执照、管理能力、租赁资质等主体资质。

③明确租赁物的基本技术指标。

④约定租赁合同价格，明确租金计算时间和支付时间。

⑤约定租赁物的保修条款。

⑥约定合同解除与违约责任条款。

（3）技术合同。技术合同指当事人就技术开发、转让、咨询或者服务订立的确立相互之间权利和义务的合同，采用书面形式。技术合同可以细分为以下四种。

第一，技术开发合同。这是指当事人之间就新技术、新产品、新工艺或者新材料及其系统的研究开发所订立的合同。技术开发合同包括委托开发合同和合作开发合同。在签订技术合同时，当事人之间要明确约定共同开发完成的技术成果的使用权、转让权以及利益的分配办法。

第二，技术转让合同。这类合同包括专利转让、专利申请权转让、技术秘密转让、专利实施许可合同等。技术转让合同要明确约定让与人和受让人实施专利或者使用技术秘密的范围。

---

① 斯晓夫，吴晓波，陈凌，等. 创业管理——理论与实践 [M]. 杭州：浙江大学出版社，2016.

第三，技术咨询合同。这类合同包括就特定技术项目提供可行性论证、技术预测、专题技术调查、分析评价结果等。

第四，技术服务合同。技术服务合同指当事人一方以技术知识为另一方解决特定技术问题所订立的合同，不包括建设工程合同和承揽合同。技术服务合同的受托人应该按照约定完成服务项目，解决技术问题，保证工作质量，并传授解决技术问题的知识。

2. 劳动合同管理

新创企业往往容易忽略劳动合同的管理，事实上，提高劳动合同管理的能力对于新创企业控制成本和防范可能的风险具有重要的意义。劳动合同涉及的内容，包括主体条款、期限、试用期、工作内容、工作地点、劳动报酬、工时、休息、劳保、劳动条件、职业危害、社保、劳动纪律、规章制度、培训、商业秘密保护、经济补偿、赔偿责任、合同解除与变更、劳动争议等。创业者在管理劳动合同过程中，要注意以下几个方面。

第一，审查劳动合同主体资格。新创企业除了要审查应聘者的岗位胜任力、思想品德、价值观等应聘条件外，还要确认和排除录用后可能带来的竞业禁止、保密协议、双重劳动关系等风险，而且要如实告诉应聘者关于工作内容、条件、职业危害、劳动报酬等情况，避免日后员工以“未如实告知有关情况”为由引起争议。

第二，签订劳动合同。创业公司组建之初，最应该做的就是先跟公司的员工签一份劳动合同。《中华人民共和国劳动合同法》（以下简称《劳动合同法》）第八十二条规定了用人单位自用工之日起超过一个月不满一年未与劳动者订立书面劳动合同的，应当向劳动者每月支付双倍工资。劳动合同应当至少包含以下条款：约定合同期限与试用期、工作内容和工作地点、工作时间和休息休假、劳动报酬、社会保险、劳动保护、劳动条件和职业危害，以及法律、法规规定的应当纳入劳动合同的其他事项。关于试用期的长短期限和工资标准需要遵守相关的法律法规。另外，法律规定，无论职工在什么单位就职，单位都应该为其足额缴纳“五险一金”，即养老保险、医疗保险、失业保险、工伤保险和生育保险，还有住房公积金。

第三，解除和终止合同。创业企业员工人数虽然不多，但流动性比较高。在人员调整，解除和终止劳动合同时，创业企业要参照《中华人民共和国劳动合同法》中解除劳动合同、解除合同程序、人员裁减、劳动合同终止以及相关经济补偿的内容规定办理。

第四，关于竞业禁止协议的签订。竞业禁止是指根据法律规定或用人单位通过劳动合同和保密协议禁止劳动者在本单位任职期间同时兼职于与其所在单位有业务竞争的单位，或禁止他们在原单位离职后从业于与原单位有业务竞争的单位，包括创建与原单位业务范围相同的企业。竞业禁止分为法定竞业禁止和约定竞业禁止。法定竞业禁止是指新创企业的高级管理人员按照法律规定必须承担的竞业禁止义务；约定竞业禁止是指依据新创企业与员工签订禁止协议，来约定员工必须承担的义务。

竞业禁止是新创企业保护其商业秘密的重要手段之一，但是新创企业在制定竞业禁止协议时，必须符合相关法律要件：企业的目的只能是保护商业秘密；限制人员必须属于因职务关系接触或有可能接触本企业商业秘密的限制人群；限制期限恰当；必须约定一定的补偿金。

专栏 12-9

扫描二维码，阅读文章《创业者必知：你可能遇到的 16 类法律风险》。

第四节　危机管理

商海行船，不可能一帆风顺，或有惊涛骇浪，或遇暗礁险滩。对于企业来说，危机无时不在。创业企业更是如此，必须充分认识危机管理的重要性。

一、何为危机管理？

危机管理是企业为应对各种危机情境所进行的规划决策、动态调整、化解处理及员工培训等活动过程，其目的在于消除或降低危机所带来的威胁和损失。

危机本身既包含了导致失败的根源，又蕴藏着成功的种子。实际上，企业发生危机，是企业面临危险与机遇的分水岭。危机是一种挑战，是对企业管理素质的考验和挑战。出色的企业管理者可以使濒临绝境的企业转危为安，从危机中找到商机。

斯蒂文·芬克的危机生命周期理论（也称为 F 模型）认为，危机因子从出现到处理结束的过程中，有四个显著阶段：第一阶段是征兆期（prodromal），线索显示有潜在的危机可能发生；第二阶段是发作期（breakout or acute），具有伤害性的事件发生并引发危机；第三阶段是延续期（chronic），危机的影响持续，同时也是努力清除危机的过程；第四阶段是痊愈期（resolution），危机事件已经解决。

二、危机预防

俗话讲“防火胜于救火，防灾胜于救灾”。危机管理最有效的措施是危机的预防。如果危机处于征兆期就把它化解掉，企业就可以避免损失。总的来说，危机预防有以下五种方式。

1. 加强自我诊断

企业诊断是从繁杂的咨询服务中分离出来的，对企业经营活动进行全面诊断，提出改进方案。企业诊断分自我诊断和委托专家诊断，通常是两类结合起来使用。

企业进行自我诊断主要根据两点：一是看结果与年度目标的差异，不论没有完成目标还是超额完成，如果差异大，那就要进行差异分析，看是什么原因造成的，从而采取相应措施。二是针对不在计划之内的突发的事件、问题，主要采取“5W1H”（who，where，when，what，why，how）模式来探讨和分析情况，并着手解决。

但很多时候，企业自己既是病人又充当医生，容易产生“误诊”。所以当企业觉得“身体不适”时，尤其是情况较为严重时应当聘请外部的诊断机构咨询机构来为己做诊断。通常包括三个阶段：一是对企业经营状况进行调查研究；二是提出改善企业经营的具体方案；三是指导企业实施诊断方案。创业企业常常没有资金聘请外部专业机构来做诊断，主要依靠创业团队的自我摸索和诊断。当创业企业引入天使投资人或者 VC（创业资本）机构后，可以免费获得这些经验丰富的投资人的诊断和建议。

2. 建立危机预警系统

市场是变化的，但也是有规律的。一切事物在变化之前肯定有前兆，创业者要学会细致、敏锐和持之以恒地观察和发现异常，并由此捕捉危机事件的征兆，并对这些征兆信号进行分析和判断，及时进行必要的防范，确保企业的某些薄弱环节不至于转变为危机。这一阶段的危机管理工作最突出的就是信息管理。企业危机信息系统就是要求企业在历史数据及对市场客观判断的基础上，对未来市场做出预测和分析。

为了使企业决策层和大多数员工在危机始发时能更快、更准确地做出反应，企业必须建立一套预警系统来帮助创业团队和员工应急准备，以应付危机的发生，防患于未然。

3. 凝聚人心的企业文化

同样的危机，有的公司是同仇敌忾，而有的公司却是树倒猢狲散，这就是企业文化在危机管理中的体现。尤其是创业企业，未来不确定性大，面临危机和困难的可能性大，需要所有团队成员和员工齐心协力、同舟共济。如果在企业文化中没有凝聚人心的文化导向，一旦发生危机，并不是危机使企业倒下，而是企业自己让自己倒下了。

4. 加强内部控制

控制就是检查企业日常工作是否按既定的计划标准和方法进行，发现偏差，分析原因，进行纠正，以确保组织目标的实现。对于新创企业，要特别注意对以下三方面的内部控制：成本控制、业务流程控制和风险控制。

5. 变革管理

企业发展永远处在多变的环境当中，科技日新月异、全球化、信息化等因素时时都在驱动企业进行变革。企业通过变革管理，成功地让公司脱胎换骨，以主动应战来规避危机，这是常见的手段。

三、危机处理

危机事件往往时间紧，影响面大，处理难度高。因此，危机处理过程中要注意以下事项。

（1）沉着镇静。危机发生后，当事人要保持镇静，采取有效的措施隔离危机，不让事态继续蔓延，并迅速找出危机发生的原因。

（2）策略得当。即选择适当的危机处理策略。危机处理主要策略包括：[①]

①危机中止策略。企业要根据危机发展的趋势，审时度势，主动中止承担某种危机损失。例如：关闭亏损工厂、部门，停止生产滞销产品。

②危机隔离策略。由于危机发生往往具有关联效应，一种危机处理不当，就会引发另一种危机。因此，当某一危机产生之后，企业应迅速采取措施，切断危机同企业其他经营领域的联系，及时将爆发的危机予以隔离，以防扩散。

③危机利用策略。即在综合考虑危机的危害程度之后，造成有利于企业某方面利益的结果。例如：在市场疲软的情况下，有些企业不是忙着推销、降价，而是眼睛向内，利用危机造成的危机感，发动职工提合理化建议，搞技术革新，降低生产成本，开发新产品。

④危机排除策略。即采取措施，消除危机。消除危机的措施按其性质分有工程物理法和员工行为法。工程物理法以物质措施排除危机，如投资建新工厂，购置新设备，来改变生产经营方向，提高生产效益。员工行为法是通过公司文化、行为规范来提高士气，激发员工创造性。

⑤危机分担策略。即将危机承受主体由企业单一承受变为由多个主体共同承受。如采用合资经营、合作经营、发行股票等办法，由合作者和股东来分担企业危机。

⑥避强就弱策略。由于危机损害程度强弱有别，在危机一时不能根除的情况下，要选择危机损害小的策略。

（3）应变迅速。以最快的速度启动危机应变计划。应刻不容缓，果断行动，力求在危机损害扩大之前控制住危机。如果初期反应滞后，就会造成危机蔓延和扩大。

（4）着眼长远。危机处理中，应更多地关注公众和消费者的利益，关注公司的长远利益，而不仅仅是短期利益。应设身处地的、尽量为受到危机影响的公众减少或弥补损失，维护企业良好的公众形象。

（5）信息通畅。建立有效的信息传播系统，做好危机发生后的传播沟通工作，争取新闻界的理解与合作。这也是妥善处理危机的关键环节，主要应做好以下工作：一是掌握宣传报道的主动权，通过召开新闻发布会以及使用互联网、电话传真等多种媒介，向社会公众和其他利益相关人及时、具体、准确地告知危机发生的时间、地点、原因、现状，公司的应对措施等相关的和可以公开的信息，以避免小道消息满天飞和谣言四起而引起误导与恐慌。二是统一信息传播的口径，对技术性、专业性较强的问题，在传播中尽量使用清晰和不产生歧义的语言，以避免出现猜忌和流言。三是设立 24 小时开通的危机处理信息中心，随时接受媒体和公众访问。四是要慎重选择新闻发言人。正式发言人一般可以安排主要负责人担任，因为他们能够准确回答有关企业危机的各方面情况。如果危机涉及技术

---

① 吴厚庆 . 现代企业管理研究 [M]. 北京：研究出版社，2008.

问题，就应当由分管技术的负责人来回答。如果涉及法律，那么，企业法律顾问可能就是最好的发言人。新闻发言人应遵循公开、坦诚、负责的原则，以低姿态、富有同情心和亲和力的态度来表达歉意，表明立场，说明公司的应对措施。对不清楚的问题，应主动表示会尽早提供答案。对无法提供的信息，应礼貌地表示无法告之并说明原因。

（6）要善于利用权威机构在公众心目中的良好形象。为增强公众对企业的信赖感，可邀请权威机构（如政府主管部门、质检部门、公关公司）和新闻媒体参与调查和处理危机。

（7）危机的善后总结。危机总结是整个危机管理的最后环节。危机所造成的巨大损失会给企业带来必要的教训，所以，对危机管理进行认真系统的总结十分必要。危机总结可分为三个步骤：第一，调查。指对危机发生原因和相关预防处理的全部措施进行系统调查。第二，评价。指对危机管理工作进行全面的评价，包括对预警系统的组织和工作内容，危机应变计划，危机决策和处理等各方面的评价，要详尽地列出危机管理工作中存在的各种问题。第三，整改。指对危机管理中存在的各种问题综合归类，分别提出整改措施，并责成有关部门逐项落实，以免重蹈覆辙。第四，危机恢复管理。针对危机处理过程中发现的问题，开展一系列的企业形象恢复管理活动，改变公众对企业的印象并增加其对企业未来的信心。

四、初创企业的危机管理

在企业不同的成长阶段，所面对的外部环境和内部条件不同，企业可能遭遇的危机是不同的。处在初创期的企业，犹如一个婴儿，生命还很脆弱，会面临各种足以让企业夭折的危机。

1. 初创企业面对的危机

初创企业面临的危机总体上讲，主要表现为生存危机。此时，如果对市场的潜在需求判断失误，就可能造成战略制定不当，导致战略危机；如果产品缺乏有效的市场基础还可能引发技术创新危机；一旦融资出现困难，很可能导致财务危机；而如果团队成员之间产生分歧，可能导致团队和人才危机等。

总之，企业初创期的关键是生存，而生存的关键是吸纳顾客、开发市场。初创企业必须在某一个细分市场中有所建树，把产品或服务卖出去，或者获得大量的用户。从这个意义上说，市场拓展危机是初创期企业面临的最大危机。

2. 初创企业的生存危机管理

理想很丰满，现实很骨感。创业者在设计商业模式、描绘事业前景、预测市场销售的时候，都会过于乐观。由于新企业所提供的产品或服务，对市场而言是陌生的，消费者能否接受新产品或服务具有极大的不确定性。如果创业者调动了各种资源，采取了各类销售攻势，但是新创企业的销售业绩仍达不到目标，甚至无法支持企业维持最低运转水平的现金流，那么此时初创企业可能就面临市场危机了。化解危机的办法如下。

第一，用创业激情点燃美好愿景。创业企业面临很多不确定性，创业道路充满荆棘，可能遭遇的危机一坎又一坎，需要创业者把明确的价值观、美好的愿景，用热力四射的激情描绘出来，用百倍的精神力量感染团队和员工为企业愿景持之以恒地坚持和努力工作。而且创业者面临的市场危机可能是因为消费者对新产品或服务有一个接受过程，市场还没有培育成熟，需要冷静地观察等待。“大浪淘沙，剩者为王”，创业者要凭借不朽的信念坚持到最后，足智远谋，不在乎一时一事的得失，用激情最终点燃美好愿景。

第二，建立市场监测及策略调整机制。在积累了市场开拓的经验后，新创企业的创业团队必定会随着外部环境和内部资源条件的变化修正最初的设想，创业企业刚性的市场营销系统必然会受到内外部环境负面的反馈。因此，为了避免市场拓展危机，创业者需要建立市场监测及策略调整机制，即在企业运营过程中定期重复分析市场，保持对关键市场信号的敏感度，结合产品试销推广阶段反馈，不断试错，不断调整先期制定的市场策略。

第三，放弃及等待策略。“有所为有所不为”这句话不仅大公司在进行多元化战略时需要时刻牢记，新创企业在选择业务内容时也可以作为参考。如果新创企业清楚自己提供的产品或服务不仅与短期市场需求不符，而且与三五年内的市场需求也不可能接轨，那么就有必要终止对现有产品或服务的人力、物力和财力的投入；如果新创企业能够确定现有产品短期内不符合市场需求，但不能判断出三五年是否能适应市场的变化，那么暂时停止或大幅减少对现有产品或服务的投入，等待市场趋势的明朗不失为一种理性的选择。

第四，与强者联合规避市场风险。新创企业在创业实践过程中还会遇到一种情况，那就是虽然短期内市场对它们提供的产品或服务的需求不够明显，但是经过一定时间的投入和培育，消费者的需求就会被唤起。当然，需求被唤起之后，企业的经营业绩取决于当时的经营实力和资源情况。在这种背景下，借助行业中强势企业的力量，借船出海，是最为有效、便捷的方法之一。

专栏 12-10

扫描二维码，阅读《马云创业过程中的十大失败经历》。

专栏 12-11

扫描二维码，阅读《三只松鼠“玩命卖萌”背后危机：过于年轻的管理层》。

专栏 12-12

扫描二维码，阅读《2016 年创业公司死了一大半 你知道为什么吗？》。

第五节 创业战略

哈佛商学院著名教授迈克尔·波特说过：“我经常听说大公司、大型集团需要考虑它们的商业战略。相反，小公司、创业型企业，不需要战略，它们能通过其他途径取得成功。在我看来，这是完全落后的想法。”创业是一个充满不确定性的过程，它不仅需要梦想、自信、胆识、眼光、忍耐、奋斗、创新等创业精神和能力，更需要一套完整的方法来整合创业实践和经验，增强创业过程中的战略管理能力，降低不确定性，提高企业成功的概率。

一、创业战略的重要性

1. 战略的定义

战略一词最早是军事方面的概念。春秋时期，著名军事家孙武总结战争经验写成的《孙子兵法》，就蕴含着丰富的战略管理思想，至今仍广为流传。在西方，战略（strategy）一词来源于希腊语“strategos”，原意为“将军指挥军队的艺术”。近代以来，战略从军事领域延伸到政治、经济、科技与社会领域。商场如战场，将战略思想运用于企业经营管理之中，就产生了企业战略这一概念。

一般而言，战略是泛指重大的、带全局性的、规律性的或决定全局的谋划。但是，不同年代的管理学家或战略实践者，对企业战略给予了不同的定义。1965 年，美国经济学家安索夫（H.I.Ansoff）所著的《企业战略论》一书问世后，战略这一概念开始被广泛应用。美国哈佛大学教授迈克尔·波特（Michael Porter）提出“战略是公司为之奋斗的一些终点与公司为达到它们而寻求的途径的结合物”。这一定义强调了企业战略的计划性、全局性和整体性方面的属性。

近年来，由于企业内外环境的快速多变，许多成功的企业战略是在事先没有明确计划的情况下产生的。明茨伯格（H.Mintzberg）将战略定义为“一系列或整套的决策或行动方式”，这套方式包括刻意安排的（或计划性）战略和任何临时出现的（或非计划性）战略。这一定义强调了企业大部分战略是事先的计划和突发应变的组合，即企业战略的另一方面属性——应变性、竞争性和风险性。

2. 战略对创业企业的价值

创业战略是创业者根据市场的变化因素、自身的条件和潜能，寻找和制定出新企业可以生存和快速成长模式的一种谋划，并根据这个谋划来调配自身实力，调度、运用和整合各种资源使创业企业快速崛起的一种战略。制定出科学、合理的创业战略对创业企业的发展有着重要意义。

第一，保证创业企业始终保持明确的前进方向。创业战略具有很强的指导功能，它可以使创业企业决策者在复杂多变的市场竞争中始终保持清醒的头脑，按照既定的目标前进，或者必要时进行战略性的方向调整，不至于在变幻莫测的市场竞争中迷失方向和延误时机。

第二，对具体策略进行指导、评估和监控。创业企业任何具体的策略的制定都是在创业战略总体规划的指导下进行的，创业战略规划可以对具体的策略及其实施结果进行评估，帮助企业决策者对策略进行择优选用。创业战略规划还可以对策略实施的具体情况进行监控，校正那些偏离创业战略目标的策略，保证企业按照既定目标运行。

第三，对创业企业资源进行有效的整合和部署。新创企业资源匮乏，更需要明确的方向和清晰的目标。创业战略制定的过程，也是对创业企业资源进行有效整合和部署的过程。创业企业内外的各种资源原本是离散状态的，经过创业战略规划的实施，可以吸引潜在的投资人、供应商、合作伙伴等各种外部资源，进而提高企业的综合优势和竞争实力。

第四，提高创业企业参与市场竞争的自觉性。科学的创业战略是对创业企业自身实力和市场情况的正确反映，是对创业企业经营与运行状态客观规律的科学反映。因此，创业战略在指导创业企业运作和发展的同时，可以提高创业团队和员工的自觉性，克服盲目性，使创业者能够按照事物的发展规律和具体情况进行部署、规划，制定适宜的策略去开展各种经营活动。

3. 创业企业战略的特征

新创企业的战略在制定过程、表达形式、传递方式等方面与成熟企业有着很大差别，新创企业的战略在许多方面都表现出自己更为本质的特征。

第一，战略选择更依赖于创业团队的能力与资源禀赋。新创企业的战略选择更加依赖于创业团队的技术能力与资源禀赋，而成熟企业的战略选择空间受到领导者的个人能力影响却相对较小。例如郭士纳可以不懂计算机却为 IBM 制定了成功的转型战略，但外行领导内行的局面在新创企业里面很难维持。创业者的能力、资源禀赋，甚至是性格特征都会对初创企业的战略选择带来巨大的影响，不论是有意还是无意，企业家都会使他的公司打上自我的烙印。这一明显特征对于创业团队的组建与团队的工作方式有着重大的影响。

第二，战略调整更具有柔性。用“小就是美”这句话来形容创业企业在战略调整方面的相对优势再恰当不过了。船小好掉头，新创企业在战略选择上虽然缺少更多的空间，但在战略调整方面却享受更多的自由。新创企业与大企业相比，它的优势就在于高层管理者更贴近客户，更容易感受到市场上发生的变化。而且比大企业能够做出更为迅速的反应，能够用小企业的反应速度来抗击大企业的经济规模。

第三，战略沟通更具有投资导向性。大企业的战略沟通是普遍难题。高层管理者的战略意图很难落实到执行层，决策层与执行层往往形成博弈局面。由于新创企业管理层级少，结构简单，所以公司战略比较容易通过各种正式和非正式的渠道被员工了解，与员工的整个战略沟通相对简单。相反，新创企业的战略在与外部投资人进行沟通时往往会遇到比较大的阻力，这种战略沟通上的障碍时常会影响投资人与创业者之间的信任关系。

二、创业企业战略管理过程

大前研一在《企业家的战略性头脑》一书中介绍了企业家如何进行战略方面的思考，能够帮助创业者建立战略思维①。

1. 创业者如何思考战略问题

第一，价值链。价值链指的是企业构造价值过程的各个环节，一个新的主意、一个新的产品或者一个新的商业模式，最终能否转化成一个持续发展的企业，关键在于这项新的产品与服务能否使得企业在整个价值链的环节中获得更为有利的竞争地位。初创企业必须审视战略方向，考虑企业到底要在整个价值链环节中获得什么样的地位？是依靠企业的技术优势成为整条价值链的创新源泉，还是依靠企业的渠道优势成为整条价值链规模经济的来源？总之，初创企业必须为获得价值链中的位置而努力，无论这种位置是主导地位还是附属地位。

第二，时间与空间。时间与空间是战略决策中两个重要的变量，任何一家企业在进行战略决策时，都是在特定的时间与空间中思考机会与资源的匹配问题。由于与成熟企业相比，初创企业无论是在资源禀赋还是抵抗风险方面都存在明显的劣势，所以初创企业在进行战略部署的时候更应该注重对时间与空间概念的应用。

对于技术驱动型的初创企业而言，战略决策中市场切入时间点非常重要，因为某个创意能够获得技术上的突破，但往往市场的发育形成速度滞后，第一个发现机会的企业可能在没有迎来产业的黄金时期就因现金问题而胎死腹中，成熟企业则利用优势资源篡夺了这个新兴市场。中国产业界流行的“只能做先驱，不能做先烈”的说法深刻地揭示了时间与战略选择之间的关系。

对于销售驱动型的初创企业而言，通常都会依赖创始人对某特定区域市场的资源与理解，迅速成为区域市场的领导者，再利用区域市场成功的经验、资源与品牌向其他市场扩张，最终获得全国乃至更大市场，有的成功了，有的则连根据地都丧失了。影响这些企业获得不同结果的一个重要因素就是空间在战略扩张中的应用手法不同。

第三，竞争与合作。竞合的概念最早是由耶鲁管理学院拜瑞·J. 内勒巴夫（Barry J. Nalebuff）和哈佛商学院亚当·M. 布兰登勃格（Adam M.Brandenburger）于 20 世纪 90 年代中期提出的。竞合就是竞争中求合作，合作中有竞争，是在新的商业环境下出现的新的商业规则，是一种新的竞争观念和范式。在这种商业规则下，许多企业都开始用合作来考

---

① 大前研一. 企业家的战略头脑 [M]. 杨沐，等译 . 北京：三联书店，1986.

虑自己与竞争对手、与供应商以及消费者之间的关系。创业者要善于嫁接外部的资源，要学会在合作中竞争、在竞争中合作的战略思想，最终实现四两拨千斤的效果。

第四，经验曲线。这是20世纪60年代波士顿咨询公司提出的一个重要战略概念。在大多数情况下，竞争者的累积经验之比与市场份额之比十分接近。如果总的增值成本随累积经验的增加而有规律地下降，那么竞争者就会出现与市场份额成比例的系统成本差异。经验曲线的概念对理解企业之间的竞争有着重要的意义。它说明，竞争优势非常重要，而通过精心管理，企业是能够取得和掌握竞争优势的。它还说明，市场份额是一项特别有价值的资产，不应该轻易转让。这个概念有利于理解定价和生产能力之间的决策。定价要能弥补产品开发成本；在成长性行业中，要用足生产能力。先发制人地降价，率先扩充生产能力则能“买到”市场份额，降低相对成本，并使竞争者对这一行业兴趣大减。

第五，增长方式。通常认为企业有两种增长模式：一是通过内延式的业务积累战略实现扩张；二是通过收购、兼并、重组等外延式的手段获得高成长。在传统经济环境里，外延式的扩张通常是成熟企业进入新的产业和新的市场采取的增长手段；而新创企业由于资源所限，内延式扩张是其主要的发展手段。但在新经济的产业环境里，资本市场对产业发展的影响越来越大，企业积累财富的速度也越来越快，初创企业也可以通过资本力量在寻找增长方式方面逐渐地采用外延式的手段。

2. 创业者战略制定方法

成熟企业在制定战略时，通常要用到一些战略管理工具，比如SWOT分析法、BCG矩阵、五力模型、价值链模型、战略钟模型、战略地图、核心竞争力模型、蓝海战略理论等，这些战略管理工具在解决问题时，提供一种有用的思路和方法。这里，我们选取了适合创业战略制定的两种方法，创业战略矩阵和战略钟模型。

第一，创业战略矩阵。麦修·萨菲尔（Mattew C.Sonfield）与罗伯特·鲁瑟尔（Robert N.Lussier）开发了创业战略矩阵，用以测量风险与创新。纵轴代表创新（I），横轴代表风险（R），用I和R表示高水平，i和r代表低水平（图12-2所示）。根据创新和风险高低，可以把创业战略分为四个象限：高创新 / 低风险（I-r）；低创新 / 低风险（i-r）；高创新 / 高风险（I-R）；低创新 / 高风险（i-R）。从图中很容易看出创业战略处于哪个象限更有优势。人们更希望企业属于高创新 / 低风险，而不是低创新 / 高风险。

创新 \ 风险	低	高
高	I-r 高创新 低风险	I-R 高创新 高风险
低	i-r 低创新 低风险	i-R 低创新 高风险

图 12-2　创业战略矩阵

资料来源：Matthew C.Sonfield，Robert N.Lussier.The Entrepreneurial Strategy Matrix:A Model for New and Ongoing Ventures.[J].Business Horizons 40.3（May/Jun 1997）:73-77.

矩阵中的战略有两层含义：一是创业者可以通过对比优势，采取相应措施，向更优的方格转化。二是当转化不可行时，可在所处方格领域进行调整，如降低风险及增强创新。

第二，战略钟模型。战略钟模型（strategic clock model）由克利夫·鲍曼（Cliff Bowman）提出，这种模型为企业的管理人员和咨询顾问提供了思考竞争战略和取得竞争优势的方法（图 12-3）。战略钟模型假设不同企业的产品或服务的适用性基本类似，那么，顾客购买时选择其中一家而不是其他企业可能有以下原因：一是这家企业的产品和服务的价格比其他公司低；二是顾客认为这家企业的产品和服务具有更高的附加值。

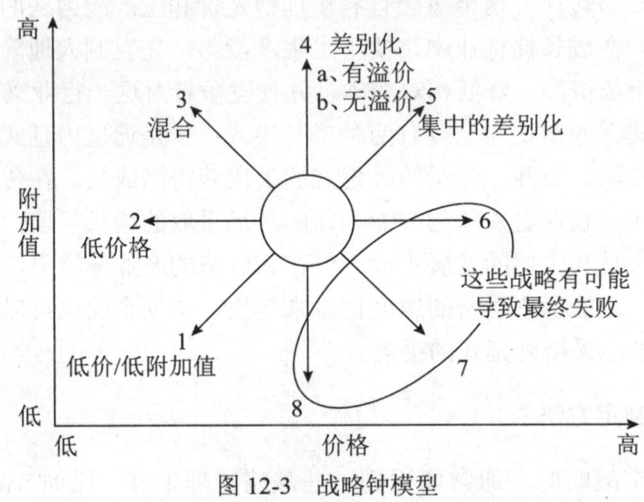

图 12-3　战略钟模型

因此，战略钟模型将产品 / 服务价格和附加值综合在一起考虑，企业实际上沿着以下 6 种途径中的一种来完成企业经营行为。

（1）低价低值战略。采用这种途径的企业关注的是对价格非常敏感的细分市场的情况。企业采用这种战略是在降低产品或服务的附加值的同时降低产品或服务的价格。

（2）低价战略。采用这种途径的企业是建立企业竞争优势的典型途径，即在降低产品或服务的价格的同时，保证包装产品或服务的质量。但是这种竞争策略容易被竞争对手模仿，如果一个企业不能将价格降低到竞争对手的价格以下，或者顾客由于低价格难以对产品或服务的质量水平做出准确的判断，那么采用低价策略可能是得不偿失的。要想通过这一途径获得成功，企业必须取得成本领先地位。因此，这个途径实质上是成本领先战略。

（3）混合战略。采用这种途径的企业在为顾客提供可感知的附加值同时保持低价格。而这种高品质低价格的策略能否成功，既取决于企业理解和满足客户需求的能力，又取决于是否有保持低价格策略的成本基础，并且难以被模仿。

（4）差别化战略。采用这种途径的企业以相同和略高于竞争对手的价格向顾客提供可感受的附加值，其目的是通过提供更好的产品和服务来获得更多的市场份额，或者通过稍高的价格提高收入。企业可以通过采取有形差异化战略，如产品在外观、质量、功能等方面的独特性；也可以采取无形差异化战略，如服务质量、客户服务、品牌文化等来获得竞争优势。

（5）集中差别化战略。采用这种途径的企业可以采用高品质高价格策略在行业中竞争，即以特别高的价格为用户提供更高的产品和服务的附加值。但是采用这样的竞争策略意味着企业只能在特定的细分市场中参与经营和竞争。

（6）高价撇脂战略。采用这种途径的企业一般都是处在垄断经营地位，完全不考虑产品的成本和产品或服务的附加值。企业采用这种经营战略的前提是市场中没有竞争对手提供类似的产品和服务。否则，竞争对手很容易夺得市场份额，并很快削弱采用这一策略的企业的地位。

专栏 12-13

扫描二维码，阅读《创业公司之近万字战略笔记，看完兴高采烈创业去！》。

3. 创业企业战略选择

企业战略选择一般分为三个层面：公司层战略、业务层（事业层）战略和职能层战略。公司层战略寻求决策公司应当从事什么事业，以及计划从事什么事业；业务层战略寻求决定组织应当如何在每项事业展开竞争；职能层战略寻求如何支持事业层战略。与成熟企业的战略规划不同，新创企业的战略主要集中在业务层面的竞争战略领域。这是因为新创企业的经营重点是使新产品或服务迅速打开市场，获取企业成长需要的各种资源。

哈佛大学商学院知名教授迈克尔·波特在《竞争战略》一书中指提出了三种一般竞争战略：成本领先（cost leadership）、产品差异（production differentiation）、集中化（focus）。结合新创企业的自身特点，我们增加了一个模仿战略。

第一，模仿战略。模仿战略指新创企业通过模仿竞争者的业务模式而获得生存和发展，这种战略体现出资源禀赋上不占优势的新创企业通过学习模仿来实施追随策略达到借力省力的目的。依据模仿的方式和模仿过程中改进程度的不同，可以将这种战略分为反应性模仿战略和创造性模仿战略。

反应性模仿战略指通过模仿市场上已经存在的成熟企业的技术、产品或生产管理方法，以规避创业过程中完全创新带来的巨大风险。创造性模仿战略是指利用他人的成功来发展自己，发掘新兴市场中的产品或服务存在的缺陷，以改进完善后的产品或服务并获得成功的战略模式。创造性模仿者并不是靠从最先推出新产品或服务的创新者手中抢走顾客而成功的，而是要服务于先驱者所创建但没有提供良好服务的市场，是满足已经存在的需求，而不是创造一个新的需求。

反应性模仿战略与创造性模仿两种战略在很多方面存在共同点，它们都是通过对现有厂商的学习、模仿来实现突破的。不同的是，创造性模仿对企业提出了较高的要求，要求企业要有一定的创造力，要能够完善产品的一部分功能，而这部分功能是企业能够在市场立足的基础。两种战略可以进行不同的组合，尤其是在企业发展的前后阶段转换连接。初创阶段，企业各种资源相对缺乏，技术能力有限，可以直接模仿其他企业的技术、产品、营销等。经过一段时间的发展，具备相当的研发能力以后，可以在原有产品的基础上选择新的目标市场或新产品，通过改进创新提高附加值，以扩大市场。一般情况下，模仿策略仅仅适用于企业的初创期，在业务得到一定程度的扩大之后，应该考虑改变经营方式，形成新的竞争战略。

第二，低成本战略。低成本战略又称为成本领先战略，是指将企业的成本降低到低于绝大多数甚至所有竞争对手的成本，为价格敏感客户提供标准化的产品，从而赢得竞争优势的战略。一般而言，采用成本领先战略的企业只能提供具有基本质量和有限特色的产品，这样的产品可能缺乏竞争力。但由于生产批量大而能取得规模的经济效益，因此企业可以通过“薄利多销”来增加收入，最终实现盈利。

但是，在多数情况下，低成本战略并不能构成新创企业战略的全部，或者说不能单独成为创业战略，因为初创阶段的企业规模很难达到经济性的要求，只能通过成本管理和费用控制手段，最大限度地减少研发、品牌塑造、营销等方面的费用来降低经营过程中各个中间环节的成本。因此，这种战略往往是伴随着其他战略的实施过程同时执行的。

第三，差异化战略。差异化战略就是企业通过创造其产品与其他企业产品不同的顾客知觉价值而取得竞争优势的一种竞争战略。实行这种竞争战略的企业试图用不同的产品来整个市场不同消费者的需要，从而占领整个市场。成功的差异化战略能够使企业以更高的价格出售其产品，并通过使用户高度依赖产品差异化特征而获得用户忠诚。

产品差异战略的重点和关键是塑造产品特色，为顾客创造价值，从而建立起相对于竞争对手的差异化优势。如果一个企业的产品或服务的溢出价格超过因其独特性所增加的成本，那么拥有这种差异化的企业将取得竞争优势。要创造有效的差异化优势和有效地创造差异化优势，必须解决好以下三个基本问题：建立什么样的产品差异，在什么地方建立产品差异，以何种方式建立产品差异。

第四，集中化战略。集中化战略是企业集中力量主攻某个特定的客户群、某产品系列的一个细分区段或某一个地区市场的战略。这种战略的主旨是利用狭窄的目标市场与整体市场及其他细分市场的差别来突出企业的差异化特点，并因此在小的市场范围内形成企业的规模经济优势。其目的是比竞争对手，特别是定位于更广泛市场范围的竞争对手更好地服务目标细分市场的顾客。

集中化战略可以是成本集中战略，即能以比竞争对手更低的成本服务小市场，也可以是产品差异化集中战略，即能为小市场中的顾客提供他们认为更好的产品。对于资金、实力、经验不足的创业企业来说，集中化是比较适合的战略。

三、构建创业企业核心竞争力

1990 年，美国密西根大学商学院教授普拉哈拉德（C.K.Prahalad）和伦敦商学院教授哈默尔（G.Hamel），在《哈佛商业评论》上发表的论文《企业核心竞争力》（*The Core Competence of the Corporation*）中，正式提出了“核心竞争力”（Core Competence）概念。

他们认为，随着世界的发展变化、竞争的加剧、产品生命周期的缩短以及全球经济一体化的加强，企业的成功不再归功于短暂的或偶然的产品开发或灵机一动的市场战略，而是企业核心竞争力的外在表现。此后核心竞争力的概念迅速被企业界和学术界所接受，综合学者们的观点，核心竞争力是指一个企业拥有或控制的可以持续产生独特竞争优势的资源和能力。企业核心竞争力的识别标准有五个。

第一，价值性。这种能力首先能很好地实现顾客所看重的价值，如：能显著地降低成本，提高产品质量，提高服务效率，增加顾客的效用，从而给企业带来竞争优势。

第二，稀缺性。这种能力必须是稀缺的，只有少数的企业拥有它。

第三，不可替代性。竞争对手无法通过其他能力来替代它，它在为顾客创造价值的过程中具有不可替代的作用。

第四，难以模仿性。核心竞争力还必须是企业所特有的，并且是竞争对手难以模仿的，也就是说它不像材料、机器设备那样能在市场上购买到，而是难以转移或复制的。这种难以模仿的独特性能为企业带来超过平均水平的利润。

第五，持久性。企业核心能力具有持久性，它一方面维持企业竞争优势的持续性，另一方面又使核心能力具有一定的刚性。

北京大学张维迎教授把企业核心竞争力的特点通俗地概括为“偷不去，买不来，拆不开，带不走，溜不掉”。“偷不去”是指别人模仿你很困难，如你拥有的自主知识产权——品牌、文化。“买不来”是指这些资源不能从市场上获得，人们认为人才是企业的核心竞争力，这通常指的是团队，一般情况下单个的人才不能算作核心竞争力。“拆不开”是指企业的资源、能力有互补性，分开就不值钱，合起来才值钱。“带不走”是指资源的组织性，而个人的技术、才能是可以带走的，因此，拥有身价高的人才也不意味着有核心竞争力。“溜不掉”是指需要不断提高企业的持久竞争力，今天拆不开、偷不走的资源，明天就可能被拆开、偷走。

总之，创业者在战略管理中，在充分考量自身实力和外部环境的基础上，不仅要选择适合的竞争战略，而且要构建创业企业的核心竞争力，方能在激烈的市场竞争中立于不败之地，保持长盛不衰。

本章要点

- 创业营销与传统大型企业的营销活动有很大差异，创业营销具有以下特点：重点要解决创业企业的生存问题；面临严重的资源限制；营销的重点是创业者（团队）自我营销、创业项目或者创业企业的推广。
- 创业企业市场进入要先界定目标市场，然后选准进入时机。
- 创业者可以选择的营销策略有：网络营销、模仿策略、利用联系和合作进行市场推广、游击营销、创业者自我营销等。
- 企业发展阶段不同，面临的人力资源管理问题也不同。
- 创业者人力资源管理核心一要吸引和选拔高绩效员工，二要激励和留住高绩效员工。

- 创业企业一方面要有效保护自己的知识产权，另一方面要避免侵犯他人的知识产权。
- 创业法律要管理好的合同包括：买卖合同、租赁合同、技术合同和劳动合同。
- 企业危机预防有以下五种方式：加强自我诊断、建立危机预警系统、凝聚人心的企业文化、加强内部控制、变革管理。
- 初创企业的生存危机管理办法包括：用创业激情点燃美好愿景、建立市场监测及策略调整机制、放弃及等待策略、与强者联合规避市场风险等。
- 创业战略与成熟企业战略相比有自己的特点：战略选择更依赖于创业团队的能力与资源禀赋、更具有柔性、更具有投资导向。
- 价值链、时间与空间、竞争与合作、经验曲线、增长方式这些战略概念对于创业者如何有效地考虑企业的发展问题至关重要。
- 创业企业可以选择创业战略矩阵模型制定自身战略，创业企业可供选择的战略有模仿战略、低成本战略、差异化战略、集中化战略，通过战略选择，构建自身核心竞争力。

1. 成熟大企业营销和创业营销有什么差异？
2. 网络营销的方式有哪些？创业者如何开展网络营销？
3. 创业者如何实现自我营销？
4. 初创企业如何吸引和留住员工？
5. 创业企业的知识产品有哪些？如何有效保护它们？
6. 初创企业的生存危机管理办法有哪些？
7. 创业企业需要制定战略吗？创业者思考战略问题对事业发展有哪些帮助？
8. 创业企业在制定战略时需要考虑哪些核心问题？
9. 创业企业战略制定过程和成熟企业有何不同？
10. 创业企业可供选择的战略有哪些？

扫描二维码，阅读本章案例故事《张帅：生存在前，创新在后》。

第十三章　企业成长并收获回报

创业最大的价值是人生成长。

——徐小平

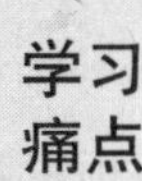

学习痛点

- 新企业成长会面临什么样的挑战？
- 企业不同生命周期阶段的管理难点和重点是什么？
- 为什么公司内部也要进行创业？
- 公司创业的模式和策略有哪些？
- 创业家如何退出自己所创立的事业？

引例

陈天桥退出盛大游戏：一个网游王朝的落幕

如果给中国互联网排个英雄谱的话，陈天桥绝对处于排名靠前的位置。自 1999 年创立盛大开始，陈天桥一直不乏大手笔的操作，尤其是 2005 年网游免费战略的推出堪称神来之笔。不过现在陈天桥似乎对网游失去了兴趣，据盛大游戏公告，盛大互动娱乐集团将其所持有的股权全部转让给中银绒业和亿利盛达投资控股公司，其不再持有盛大游戏任何股份，而盛大网络董事长兼 CEO 陈天桥也正式退出盛大游戏董事会席位，并辞去盛大游戏董事长及其他相关职务。

正所谓成也网游，败也网游。陈天桥虽然依靠网游起家，但其野心是希望打造一个互联网娱乐帝国。无论是早年收购起点，试图入主新浪，推出盒子计划，以及并购酷6，盛大一直努力依托网游构建一个互联网娱乐帝国。一方面这能够分散网游业务的风险，另外一方面能够为网游业务提供多途径的入口。但除了收购起点算得上成功，其他操作或限于种种原因未能成功实施，或未达到预期目的。更重要的是，目前网游面临的环境也出现了大的变化，手游成了业界新宠，而盛大在此方面也失去先机，所以陈天桥的退出也算是无奈之举吧。

陈天桥退出的另一个原因在于资本市场的失意。虽然盛大网游成功登陆纳斯达克，但网游股在美国估值一直不高。因为美国资本市场认为网游与电影一样，产品存在较大的不确定性，强大如迪斯尼推出的产品，有像《冰雪奇缘》那样赚得盆满钵满的片子，也有像《异星战场》那样亏得底裤都不剩的作品，所以网游股在美国市盈率一般都在 10 倍以下。而在中国则又是另一番景象，几乎所有涉及网游概念的股票市盈率都是几十倍乃至上百倍，所以盛大、巨人等网游股纷纷私有化并谋求国内上市。因此，陈天桥的退出也有明修栈道、暗度陈仓的意味。

陈天桥退出盛大后将专注于资本投资，这是一个赚快钱的行业，这也是中国浮躁的产业界的一个缩影，在 BAT 三巨头开始砸钱“买买买”的时候，创业貌似只是后辈的事情，大佬有资本积累，靠投资反而能更快地积累财富。事实上，BAT 那样的产业投资尚能鼓舞创业者，而陈天桥这类财务投资，可能给予创业者的只是“钱多”的快感。风投机构已经很多了，陈天桥再去转型金融，这不能不说是一种遗憾。

资料来源：作者：周洪美，北京商报微博，2014-12-10。

第一节　企业成长规律

对于创业者，要想将新创建企业做久、做强，需要掌握企业成长客观规律，预见和处理企业特定阶段面临的挑战，推动企业持续健康成长。

一、新企业成长面临的主要挑战

新创企业成长一定会面临很多挑战，比如创业者只注重创新技术而忽视市场因素极有可能造成技术创新风险，创业企业缺少企业持续成长需要的资金燃料，等等。本书指出有三个方面的主要挑战。

1. 不确定性

创业企业成长面临的最大挑战是不确定性。新企业创建意味着组织的创立和诞生，这是企业生命周期中最危险、失败率最高的阶段，因为从外部环境到内部条件新企业都面临极大不确定性。从外部环境看，新企业的生存和发展受到顾客、政府管制、技术、供应商等各种不确定力量的影响，面临是否具有“合法性”（legitimacy）问题。所谓合法性，是指在特定社会系统内对一个实体的行动是否合乎期望以及恰当性、合适性的一般认识和假定，包括管制合法性、规范合法性和认知合法性。从内部条件看，新企业能否健康成长还受到团队合力、员工状况、执行力、文化等各种因素的影响，而这些内部因素对一个新企业来说面临极大不确定性。

2. 复杂性

伴随着企业的成长，新创企业会吸引各种组织的注意力，需要与越来越多的顾客及供应商建立关系。同时，新企业需要更多的员工和资金，企业内部的管理工作似乎变得多且复杂，需要更好的管理制度和内部流程，但创业者常常会“救火式”地应付各种工作和部门之间的协调配合。总之，新企业快速成长会增加企业整体管理的复杂性。

企业的快速成长吸引了众多的竞争对手，改变了行业内的竞争状况。行业内的大企业可以凭借资金、技术优势，并依靠其固有的销售网络等条件向成长中的中小企业发起挑战。众多竞争对手的加入使顾客及供应商具有更多的选择，提高了顾客及供应商的竞价能力，这迫使成长中的中小企业不得不调整市场战略以赢得新顾客和维持顾客，快速进行地域扩张，而地域扩张会受到各地文化、法律和市场环境的影响。这些情况都增加了企业活动所面临的不确定性，进而使企业面临的经营环境变得更加复杂。

3. 新进入缺陷

新进入缺陷（liability of newness）这一概念最早由 Stinchcombe 于 1965 年提出，指新企业刚成立时存在功能缺陷，包括初始资源匮乏，没有深思熟虑的发展战略，组织体系和管理结构尚未建立，外部影响力弱，等等，类似于新生婴儿因刚出生没有发育齐全而出现的功能障碍或缺陷[①]。Stinchcombe 总结指出了产生新进入缺陷有四个方面的原因。

第一，新企业需要承担更多的企业内部和外部的新角色、新任务，但是在新角色到位和任务执行期间，新企业容易犯大错误，因而需要一定的学习成本。尤其是某些创新程度

---

① Stinchcombe A L.Social Structure and Organizations[A].March J G.Handbook of Organizations[C].Chicago:Rand McNally，1965:142-193.

很高的新企业，没有现成的样板可以参考和借鉴，新企业必须摸索并开展试验，导致“学费”可能更高。

第二，新企业缺乏行业经验和稳定的客户，为了获得尽可能好的绩效，需要界定企业的新角色、建立内外部关系和制定薪酬体系，但这需要花费很大的精力和较多时间，并且会出现冲突和暂时无效率的问题。而创造新的岗位和方法来运作新企业，可能会受到现有的创造力和资源的制约，这就影响了新企业业绩表现的稳定性。

第三，新企业的成员往往都是由新人组成的，成员之间的信任基础较为薄弱，进而会影响员工为了适应新企业价值体系、组织目标和行为规范而调整自己态度与行为的学习过程。此外，一个新的组织和外部环境中的组织打交道，就像两个陌生人之间开始交往一样，这使得新企业的交易成本非常高昂。

第四，当新企业刚开始运作的时候，往往与顾客、供应商等利益相关者尚未确立稳定的联系，不易与已有固定资源关系的既有企业展开竞争。

归纳起来，缺乏稳定的企业内部流程和建立企业内部流程高昂的成本是“新进入缺陷”的根源，这些缺陷导致新企业在社会筛选过程中同既有企业相比处于明显劣势。

二、企业成长的一般规律

关于企业成长规律的研究，经济学界和管理学界都取得了丰硕的研究成果，提出了企业生命周期理论。该理论认为如同人的寿命一样，企业的创建和成长过程也存在生命周期规律。各个学者结合企业实践提出了许多企业生命周期模型，对企业成长所经历的阶段以及各阶段的特征予以不同的划分和描述。这些理论对于创业者学习掌握企业成长规律、提高企业成长管理能力具有重要意义。本书重点介绍两个最具代表和影响力的企业成长模型：拉里·格雷纳（Larry E. Greiner）的五阶段模型和伊查克·爱迪思（Ichak Adizes）十阶段成长模型。

1. 格雷纳的五阶段成长模型

哈佛大学教授拉里·格雷纳提出企业成长五阶段成长模型，认为企业每个阶段都由前期演进和后期的变革或危机部分组成。这些变革和危机加速了企业向下一阶段的跃进。每个阶段的演进期都有其独特的管理方式，而变革期则由公司面临的居支配地位的管理问题形成。如图 13-1 所示，这个模型概述了组织成长的五个阶段。

第一阶段：通过创造力推动企业成长。指企业开创期通过创业者激发的好创意、想法和点子，一个好的产品，服务于某一个市场，从而使企业得到成长。但是，因创意而成长的企业，到了一定阶段，会面临缺乏领导的危机。因为从零开始的创业者，一般都身先士卒、事必躬亲，什么事都是自己干。但是，创业者忽视了指导别人怎么干，指导别人如何成长，企业一切以“人治”为主，缺乏领导和管理，组织内部的运行机制尚未形成。

第二阶段：通过指导推动企业成长。企业成长的第一阶段遇到了缺乏领导的危机，如果创业者能通过改革领导作风度过这个危机的话，企业就继续成长到第二阶段。在这个阶段，企业需要具有较高专业造诣、能力很强的专业经理，创业者不应整天忙于具体业务，而是应从具体事务中解脱出来，成为教练，即分配一些时间用来指导培训员工如何做事，如何做人，如何管人管事。但是，这阶段后期会面临企业自主自立权危机，即管理规范、流程复杂、控制严格、经理强势，导致员工自主空间很少，只会做事，不会决策，人才外流严重。

第三阶段：通过授权推动企业成长。这个阶段企业通过授权给予员工足够的决策空间，不需要每一件事情都请示老板怎么做，员工获得很大的自主权，从而推动了企业的成长。但是，随着授权的发展，很快又会出现新的危机。授权导致了企业的各位经理各行其是，各部门或分公司拥兵自重，出现山头主义、各自为主的局面。企业面临缺乏控制的危机，这种危机导致企业大而不强，企业的整体竞争力无法有效提升。

第四阶段：通过协调推动企业成长。面对第三阶段公司面临的缺乏控制的危机，在第四阶段企业需要开展综合的管理改革，理顺经营机制，对组织进行变革。比如，增加协调部门，以便各事业部、各部门、各分公司的资源和工作能协调一致，统筹安排。同时，管理层要优化战略、流程和费用控制来制约授权带来的失控。如果这些协调工作做好了，企业将因协调成功而继续成长。但是，企业因协调成长到一定阶段的时候，一般又会出现官僚危机。这种官僚作风表现在各部门只是简单照章行事，不负责任，只顾局部利益，不顾全体利益。比如，有些问题部门就可以解决，但却要等到整个系统去协调解决；有些事情下面就可以做决定，偏要等到上面开会协调，这一底下的人就可以完全不负责任。

第五阶段：通过合作推动企业成长。企业遇到官僚危机的时候，就需要通过合作来解决问题。管理层要推动内部的精诚团结，加强部门之间的合作，培养学习型组织。当然，随着企业的成长，还会面临新的危机，企业需要不断变革。

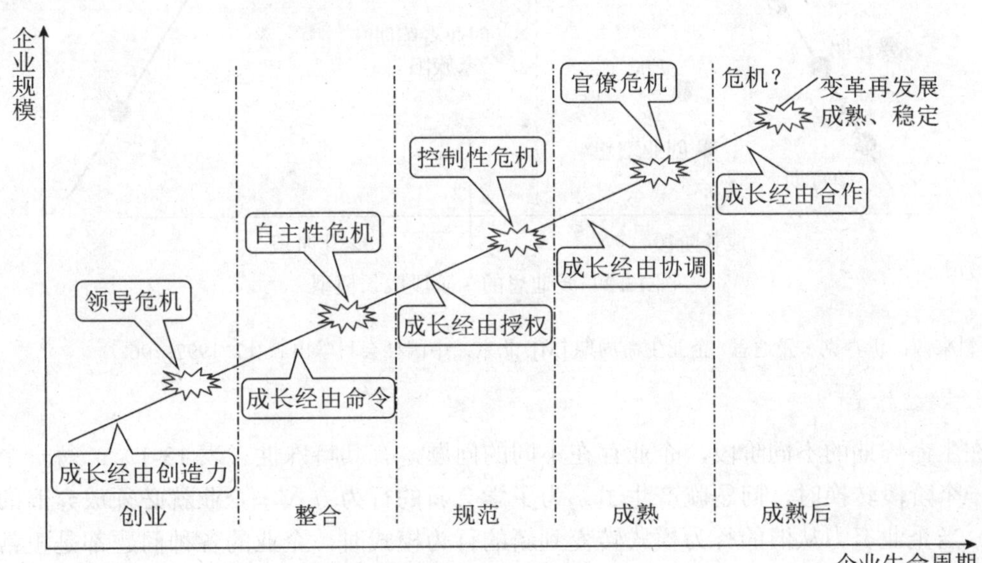

图 13-1　格雷纳的五阶段成长模型

资料来源：Larry E. Greiner.Evolution and Revolution as Organizations Grow[J].Havard Buesness Review，Jul/Aug 1972:41.

格雷纳的成长模型显示，在企业成长的过程中，往往推动企业在现阶段成长的动力又是阻碍企业在下一阶段进一步成长的最大障碍。因此能否突破这种阻碍是企业能否进入下一阶段而达到成长目的的关键。通过对那些生死攸关因素的变革，企业可以获得再次发展的新生。这种通过演进和变革相互作用的成长历程是该模型的主要特征之一。

2. 爱迪思的十阶段成长模型

在众多的企业生命周期模型中，爱迪思提出的阶段划分最为细致（图 13-2），在理论界和实践界有着广泛的影响。爱迪思在《企业生命周期》一书中把企业的成长过程划分为成长和老化两大阶段，共 10 个时期，其中成长阶段从孕育期开始，经历婴儿期、学步期、青春期、盛年期，直到稳定期。稳定期是企业成长的巅峰，到达这一时期后，往往意味着企业进入老化阶段；企业的老化阶段一般要经历贵族期、官僚化早期、官僚期，然后进入死亡。

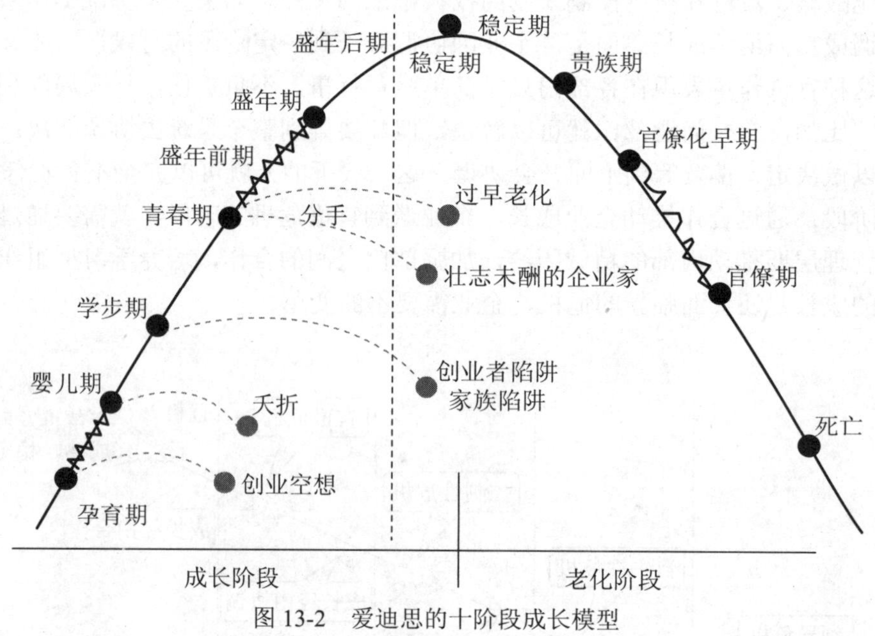

图 13-2　爱迪思的十阶段成长模型

资料来源：伊查克·爱迪思 . 企业生命周期 [M]. 北京：中国社会科学出版社，1997：96.

在生命周期的不同阶段，企业存在不同的问题，有其特殊性（表 13-1）。每一个阶段向另一个阶段转换时，问题就产生了。为了学会新的行为方式，企业就必须放弃旧的行为模式。当企业努力从旧的行为模式转变到新的行为模式时，企业的各种问题都是正常的。企业凭借自己内在的能量就可以解决正常性的问题。不正常问题则需要外部干预。企业成长意味着具备了处理更大更复杂问题的能力。创业家的职责就是对企业进行管理，使之能够进入下一个更富有挑战性的生命阶段，将企业引向盛年，并延长盛年期。

表 13-1　企业成长阶段各时期特点

时　期	特　点
孕育期	企业尚未诞生，仅仅是一种创业意图
婴儿期	行动导向，机会驱动，因此缺乏规章制度和经营方针；表现不稳定，易受挫折，管理工作受危机左右；不存在授权，管理上唱的是独角戏；创业者成为企业生存的关键
学步期	企业已经克服现金入不敷出的困难局面，销售节节上升，企业表现出快速成长的势头。但企业仍是机会优先，被动的销售导向，缺乏连续性和重点，因人设事
青春期	企业得以脱离创业者的影响，并借助职权的授予、领导风格的改变和企业目标的替换而再生。“老人”与新来者之间、创业者与专业管理人员之间、创业者与公司之间、集体目标与个人目标之间的冲突是这一时期的主要问题
盛年期	企业的制度和组织结构能够充分发挥作用；视野的开拓与创造力的发挥已制度化；注重成果，企业能够满足顾客需求；能够制订并贯彻落实计划；无论从销售还是盈利能力来讲，企业都能承受增长所带来的压力；企业分化出新的婴儿企业，衍生出新的事业
稳定期	企业依然强健，但开始丧失灵活性。表现为对成长的期望值不高；不努力占领市场和获取新技术；对构筑发展愿景失去了兴趣，对人际关系的兴趣超过了对冒险创新的兴趣
贵族期	大量的资金投入到控制系统、福利措施和一般设备上；强调的是做事的方式，而不问所做的内容和原因；内部缺乏创新，企业把兼并其他企业作为获取新的产品和市场的手段；资金充裕，成为潜在的被并购的对象
官僚期	强调是谁造成了问题，而不去关注应该采取什么补救措施；冲突和内讧层出不穷；注意力集中到内部的争斗，忘记了顾客
死亡期	制度繁多，行之无效；与世隔绝，只关心资金；没有把握变化的意识；顾客必须想种种办法，绕过或打通层层关节才能与之有效地打交道

资料来源：张玉利，等 . 创业管理 [M]. 北京：机械工业出版社，2015：290.

三、新企业成长的管理

基于学术界提出的各种企业成长模型，简便起见，通常将企业成长过程划分为四个阶段：创业期、成长期、成熟期和衰退期（图 13-3）。下面分别介绍各阶段面临的关键问题和管理重点（表 13-2）。

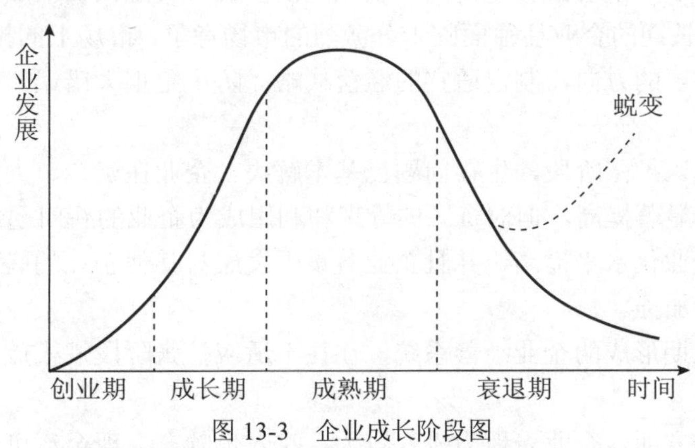

图 13-3　企业成长阶段图

表 13-2　企业生命周期各阶段问题及管理重点

发展阶段	特　点	关键问题	管理重点
创业期	生存能力比较弱；企业不稳定，经营风险比较高；企业经营灵活，富有活力和创业精神	生存问题	保证产品开发成功；实现销售；获得融资支持
成长期	企业高速增长；规模经济发生作用；竞争激烈；多元化投资机会增多	管理问题；经营战略问题；债务问题	提高资源管理能力；提高协作能力和专业化水平；合理的投资和多元化战略；债务结构健康
成熟期	成长速度放缓但利润提高；企业规模效益明显，市场占有率高；多元化经营	公司创业问题；多元化战略问题	公司内部创新，寻找新的增长点；组织变革；合理的多元化发展；深化品牌经营
衰退期	企业失去活力或生命力；负债高；产品亏损；官僚主义	革新重生问题	产品革新；事业转换；制度创新

1. 企业成长各阶段的关键问题

（1）创业期。创业期的企业具有活力，充满创新、冒险的创业精神，拥有灵活多变的经营策略。企业的凝聚力较强，但是生存能力比较弱，具体表现为资金不足、生产规模小、产品种类少、市场占有率低等特点。这个时期的企业并不稳定，外部环境对企业的影响很大，经营风险比较高。新生的企业死亡率是很高的，因此，企业在这个阶段先要解决的是企业的生存问题而不是成长问题。创业期的企业具有以下关键问题。

第一，实力较弱，依赖性强。企业在创业阶段，资源匮乏，在市场上尚未站稳脚跟，需要各方面扶持。

第二，产品方向不稳定，专业率高，破产率高。

第三，管理不规范，管理水平较低，经常是无章可循和有章可循的现象同时存在。

第四，财务方面通常表现为净现金流为负值，投入大，收益少，现金入不敷出，而且企业的现金收支预测和控制能力往往较低。

（2）成长期。经过创业期存活下来后，企业一般会经历一个从小做大、从弱变强的成长时期。处于成长期的企业在较短时间内获得较高速度的成长，规模经济开始产生作用，企业的经济实力增强，市场占有率提高，企业规模扩大，员工人数增加，抵御市场风浪的力量增加。处于成长期的企业往往面临十分激烈的市场竞争，市场上的投资机会种类繁多，此时企业应明确自己的方向，制定适宜的经营战略，防止犯重大错误。企业在这一发展阶段的关键问题是：

第一，企业进入扩张阶段，生存问题已基本解决。企业在资金、人员数量、技术水平方面都比创业期有显著提高，但对资源的管理和利用成为企业的新问题。

第二，企业专业化水平提高，并且企业着重于发展与其他企业的联合关系，使企业之间的协作能力有所加强。

第三，在创业期形成的企业经营系统，往往不适应扩张阶段规模放大后的压力，甚至有崩溃的危险。

第四，在财务方面，企业表现为投入较大，收入也颇丰。现金流可正可负，此时企业为扩大经营，往往选择举债发展。因此，保证偿债能力是企业借款、发展的关键。

（3）成熟期。到达了成熟期的企业往往拥有良好的企业形象，生产规模大。生产效率高，在市场上占有优势地位，竞争力较强，盈利水平达到了高峰，企业进入收获期。企业内部的组织结构逐渐完善，形成日趋完备的管理体系。但是这一阶段企业的增长速度趋缓，组织内成员之间开始产生矛盾，组织的积极性和凝聚力开始被削弱，管理者的思想开始变得保守，企业的创造力和冒险精神锐减。在成熟期的后期，原有的业务增长空间越来越小，为了追求企业的持续发展，企业一般会在原有的业务之外寻找新的增长点，将企业的优势资源投入新的业务领域，开始走向多元化经营。通过这种华丽的转变，企业的生命周期或许可以延长，但同时也面临一定的风险。企业步入成熟阶段后的关键问题为：

第一，随着企业规模的扩大，其发展逐步由外延式转向内涵式，由粗放经营转为集约经营。这使得企业的发展速度减慢，甚至停止发展，需要寻找新的增长点。

第二，在企业规模经营的同时，管理日趋完善，但组织的凝聚力和积极性开始削弱。

第三，企业在多年经营中提高了产品知名度，形成了自己的特色产品，甚至名牌产品。为了进一步发展和规避经营风险，企业通常会选择多元化方向发展，及产品单一化转为多样化。这对企业的筹资和投资能力要求进一步提高。

第四，经过多年的经营，企业已逐渐形成自己的经营理念，培养出具有本企业特点的企业精神，创造出了企业名牌，在公众中树立起良好的形象。如何继续维持并进一步发扬品牌形象成为这一阶段企业的另一关键问题。

（4）衰退期。成熟期的企业如果不能成功进行“转型”，获得新的成长机会，就会面临走向衰老消亡的命运，此时即进入衰退期。衰退期面临以下关键问题。

第一，企业虽然有一定的资本，但是负债率高。

第二，企业虽然生产规模大但是包袱沉重，产品种类繁多但是已无利可图，甚至是严重亏损，规章制度虽多但组织矛盾突出。

第三，企业内部官僚主义横行，本位主义泛滥，创新精神缺失，应变能力下降，企业失去了活力或生命力。

2. 企业成长各阶段的管理重点

创业家要善于根据企业成长各阶段的演变规律管理企业，才能赢得持续的发展。

（1）创业期。这一阶段的核心是企业能够生存，而生存的关键是企业能够获得创业资本和实现产品销售。因此，这阶段的管理核心有三个方面：一是完善创意，投入研究与开发，解决技术问题，保证产品开发成功；二是产品进入市场试销，获得市场反馈信息，从而进一步完善产品，保证获得足够的顾客；三是创业家要保持跟投资机构的接触，必要时获得融资。

（2）成长期。这一阶段的管理核心有四个方面：一是随着成长期企业在资金、技术、人员等方面资源的增多，创业家要提高资源的利用和管理能力；二是面对企业的快速扩张和层出不穷的问题，创业家要建立一套合理的管理制度，加强企业的协作能力；三是面对令人眩目的投资机会诱惑，创业家要选择合理的投资和多元化战略，不能盲目放弃主阵地，不能盲目多元化经营，犯战略冒进错误；四是企业融资能力提高的同时，要注意保持合理的债务结构。

（3）成熟期。成熟期企业管理的核心包括：第一，由于现有事业已经不可能提供满意的成长空间，企业必须寻找其他新的增长点。因此，要鼓励企业内部的创造和冒险精神，推动公司创业，实现企业的持续创新，从而推动企业继续发展。第二，由于组织的积极性和凝聚力开始下降，管理者的思想开始变得保守。因此，要推动组织变革，增强组织柔性，保证组织能灵活适应外部环境的变化。第三，成熟期企业要有效地利用获得的丰厚利润再投入到新的事业领域中去，但在多元化经营中，创业家要注意很多"陷阱"。第四，成熟期企业要积极利用在公众中树立的良好形象，继续推进品牌管理，进一步利用品牌形象实现企业持续发展。

（4）衰退期。企业长寿或者持续成长的手段是"革新"。首先，企业可以通过不断革新产品超越某一产品的寿命而实现持续成长。其次，企业可以通过技术不断革新，突破某一技术的寿命周期而持续成长。再次，企业还可以通过事业的追求或转换，跨越特定事业的寿命周期获得持续成长。最后，企业还可以通过制度创新，不断为企业可持续成长构建新的制度平台，为企业注入活力，使企业保持精神上的年轻。这一系列的革新过程，就是企业的"蜕变"过程。

习惯上，企业界把成长过程中的重大革新阶段称为第二次创业、第三次创业。这使企业的成长过程出现一定的动荡期，或者说是危机点。如果变革成功，企业就会进入一个新的成长期，但如果变革不成功，则进入衰退期。

第二节　公司创业

本书第十一章曾提过公司创业是启动新事业的一种途径。本章上一节讲到企业成长阶段时，我们已经学习了当企业成长到了成熟期后，企业就面临公司创业问题，即激发公司内部创新创业精神，寻找到企业新的增长点。

近年来，随着人工智能、大数据、智能硬件、生物医药、新能源等各种技术日新月异，传统工业时代所倡导的以强调计划、控制、秩序等为特点的管理方式，正受到严峻的挑战。创新、变革、速度、学习成为企业持续成功的基础。在这种背景下，个体层面的创业精神和行为规律更频繁地被拓展到既有的公司，甚至到非营利组织和整个社会中。

一、公司创业及其动因

1. 公司创业的概念

公司创业常常又称为内部创业或公司内创业，这个概念的英文表述也有多个：corporate entrepreneurship，internal corporate entrepreneurship，corporate venturing， intrapreneurship 等。关于公司创业的定义也几经演化，从根本上说，公司创业是指公司内部的某些个体或群体，面对新的商机，利用公司提供的条件和其他支持，为公司创建新的业务机构，进而推动组织内部战略更新的过程。

可见，公司创业是在既有组织中的创业，为既有组织中的管理者提供了采取主动和尝试新鲜创意的自由舞台。公司创业活动的主体是在企业内部具有创业精神的组织成员，他们通常被称为内部创业者或内创业家。在实践中，诸多企业成功地开展了公司创业，如 3M 公司、施乐公司、海尔公司等。

2. 公司创业的动因

既有企业为什么允许内部创业现象的存在，并且投入资源采用各种方法鼓励这种创业活动，主要有以下方面的原因。

第一，应对激烈竞争环境的需要。20 世纪 80 年代以来，速度、创新、知识、创造力等替代了秩序和稳定性，成为企业竞争优势的关键来源，并使得大企业感受着从来没有过的压力。宏观环境与市场变化之快令这些普遍带有官僚作风、行动缓慢的大企业几乎无法做出反应。公司创业为大企业提供了一种机会，用于适应日益变动、竞争激烈的外部环境，快速响应市场需求，保持组织的动态灵活性。因此，公司创业成为保证企业创造和保持竞争优势的重要手段。

第二，维持竞争优势的新路径。从工业社会向信息社会的转型给企业特别是大公司带来了巨大的挑战，为了维持甚至重塑竞争优势，大公司探索了很多措施，如业务流程再造、组织扁平化、战略联盟、生产转移与外包、组织学习等，这些措施的一个显著成果是减少了很多工作机会。官僚化的传统模式、等级管理体制、奉行命令和控制哲学的公司运作在现代环境失效时，对传统模式进行改造难以获得令人满意的效果，而创业是一种更积极的策略，不是在减少工作机会而是创造了就业机会，而且促进公司迅速抓住新的市场机会，在组织内运行创业机制显然可能营造新的竞争优势。

第三，需要调动内部人员的积极性。一般企业对待优秀干部，大多都会给予高薪、高职，以及高福利，但很多优秀员工最后还是离职了，这表明只有高薪、高职，以及高福利，似乎并不能满足优秀员工的心。按照赫茨伯格的双因素理论，保健因素就是指那些类似于工资、福利良好的工作条件等属于保健因素，它们只是员工安心工作的必要条件。而真正能够对员工产生更积极效果的只有“激励因素”，也就是那些能够满足自我实现需要的因素，包括成就、认可、更加富有挑战性和成长发展机会的新工作等。内部创业活动能满足员工的创业愿望，实现其个人价值，这是对他们最好的激励，也是留住人才的上策。

第四，利用内部创业提高公司收益。诸多实验结果显示，公司创业活动与企业财务绩效之间具有明显的正相关关系，如加里 • 哈默（Gary Hamel）和普拉哈拉德（Prahalad）认为，创业有助于企业成功开发新产品和寻找新市场，以增强企业的竞争优势，产生卓越的企业绩效。公司创业改善了企业的竞争地位，对企业及其市场和产品进行变革，以开发和利用创造价值的创新机会。公司创业还使企业通过内部化进程推动企业的核心业务多元化。

专栏 13-1

扫描二维码，阅读《华为、Google 的内部创业模式比较》。

二、公司创业常见的组织模式

公司创业和个体创业活动同属创业活动，但它们在创业资源来源、报酬与风险和独立性等方面存在较为明显的差异。个体创业是独立创办新的企业，创业者拥有并可以控制自己的企业。而公司创业因为有可依托的既有公司的组织平台和资源网络，创业的组织模式更为多样化。一般来说，较为常见的公司创业模式包括项目小组、创业孵化器、企业创客实验室、公司创业投资四类。①

1. 项目小组

这是指公司内部创业以项目小组的形式开发新业务，项目小组成员包括来自研发、技术、生产、销售等不同的部门。这种模式可以克服把公司新业务按职能专长进行分解，交给不同职能部门带来的弊端，即开发新业务的各职能部门各自为政、协调性差、责任不明确。以项目小组形式开发新业务，具有以下特点。

第一，新业务的开发"以任务为导向"，服务于公司整体的战略，从技术和理念等方面与现有业务建立较为密切的相关性。

第二，项目小组有明确的目标，即预期可能上市的产品或服务。

第三，新业务开发的资源投入全由既有公司承担，且新业务开发过程中有公司各部门的配合，并可利用公司各种资源。

第四，项目小组具有专业性，有具体的实践计划和成本预算，开发过程更容易调集资源，协调跨部门力量，从而集中、快速开发新的业务。

2. 创业孵化器

在大众创业、万众创新的背景下，在社会层面，众创空间、创业咖啡、创业园、创客空间等各种新型的创业服务平台如雨后春笋般出现。在公司创业活动中，也可以采取建立企业内部创业孵化器的方式开展创业活动。这种模式通过建立面向"内创业家"的孵化平台及其机制，为公司内部诸多创业团队提供所需的资金、技术、设备、人才等资源和服务，

① 斯晓夫，等 . 创业管理理论与实践 [M]. 杭州：浙江大学出版社，2016:200-202.

助推这些公司内部创业团队开发新的业务，以期使其中一些成为有助于公司持续成长的重要业务。企业内部创业孵化器有以下特点。

第一，它类似于社会上特别是高新区的企业孵化器，但它主要服务于“内创业家”主导或领导的创业团队，甚至创业团队的大部分成员来自企业内部。

第二，企业创办这样的孵化器，基本宗旨是为新业务的开发引入创新创业的思维，同时为团队构建有利于它们更为有效地做事的“小环境”。

第三，进入孵化器的新业务，都是以独立的团队载体出现，孵化器服务的对象是创业团队，而不是一个一个的新业务。

第四，孵化器青睐的业务方向与新业务，通常是未来能与企业总体战略“协同”的，即那些有助于加强企业既有主导业务群，或者为企业开发新的业务领域的创业活动。因此，企业孵化器往往会聚焦于某个方向、少数领域的创新创业，具有专业化的特点。

第五，企业也希望通过这样的孵化器，降低所进入创业团队的风险和成本，助其缩短创新创业周期，提高创新创业成功率。

第六，从结果看，在孵化器中发展较好且预期有更好前景的新业务，往往是公司未来整合进主导业务群的重点。

3. 企业创客实验室

2015 年在国务院下发的文件《国务院办公厅关于大力发展众创空间推进大众创新创业的指导意见》的推动下，全国上下掀起了一股众创空间建设热潮。类似地，企业内部设立创客实验室，也是公司创业的一种模式。它是为企业内部有强烈创新意识的员工提供一定的实验条件和环境，吸引员工在这样的创客实验室里面开展研究，跨界交流与合作，开发出新的产品、工艺、服务或者商业模式。它与企业内部孵化器的不同在于，一是不要求创新者成为“内创业家”，当然不排除一部分创新者可能会成为“内创业家”；二是员工可以自由发挥，并不要求员工在空间所做的事情与企业的业务形成“战略协调”。

企业内设的创客实验室，具有以下特点。

第一，旨在激发员工的创新意识，以培养创新者为目标，而不是以培育企业新的业务为目标。

第二，进入实验室的人称为“创客”，他们可以是企业既有的员工，也可以是经批准的企业之外的其他人。

第三，企业鼓励实验室内创客产生的创意商业化，即便这些新的创意与企业原有经营业务毫无关系。如果创客开发的这些创意有助于加强企业既有的业务，企业则会把这些创意的开发纳入企业的业务序列之中。

第四，如果创客团队开发的产品、工艺、服务或者商业模式有助于另一家企业的经营与发展，则创办“创客实验室”的企业会把这个创意“卖给”另一家企业，并获得“服务补偿”。

4. 公司创业投资

第二次世界大战后最早出现在美国的创业投资制度是一个伟大的创新，这种制度安排极大地推动了创业型经济的发展。鉴于创业投资制度对于创业的巨大推动和支撑作用，在企业内部设立面向内创业家的创业投资平台和机制，就成为公司创业的一种重要模式。笼统地看，公司创业投资（corporate venture capital，CVC）是指具有明确主营业务的非金融企业在其内部和外部所进行的创业投资活动，通常做法是企业直接成立独立的创业投资子公司，其运作方式与专业、独立的创业投资公司相似。

公司创业投资具有以下特点。

第一，投资资金主要来源于企业内部，而不是外部的有限合伙人等其他投资人。

第二，投资对象通常是所开发业务能对本企业的业务起到改进、加强作用的那些创业团队，即这种投资对于企业而言常常是战略性投资。

第三，投资对象主要是“内创业家”主导或领导的创业团队，但不排除投资于其他的独立创业团队或新创企业。

第四，投资团队给来自企业内外的创业团队提供除了投资之外的管理增值服务。

专栏 13-2　史蒂夫·布兰科：艰难的公司内部创业

初创公司是寻找一个可重复、可扩展的商业模式的临时性组织。而一个大型公司正相反，是用来执行一个可重复的、可扩展的商业模式的常设机构。

在现有公司内部创业与初创企业面对的外部环境是显著不同的。好消息是，内部创业项目能够获得母公司更多的资源，无论是充足的现金流、强大的品牌、充满活力的供应链、超强的分销能力，还是熟练的销售队伍，这都是大多数初创公司想都不敢想的。不过坏消息是，这些资产本来是专为执行现有的业务模式准备的，而它们往往与创新的商业模式格格不入。

其实，内部创业公司与初创企业的实质性差异比看到的还要大得多。一个初创企业，只要奋力寻找一个新的、可重复和可扩展的商业模式，并努力拓展市场，赢得利润就好了。而一个内部创业企业则必须在做到这一切的前提下，还得为获得某种权限、保护、资源与母公司的各部门进行抗争与讨价还价，并努力保持与各部门的平稳关系，控制冲突的烈度。

企业内部创业项目被迫同时战斗在两条战线，我们可以得出内部创业公司想要成功的两个关键点。

第一，你必须更加努力地战斗，获得内部外部两个战场的双线胜利。

这方面的一个令人难忘的例子是施乐公司的内部创投公司，施乐科技风险投资公司（XIV）由罗伯特·亚当斯在 1989 年推出，该公司的财务表现非凡。

尽管其获得外部的成功，但施乐却在 1996 年选择关闭该公司。为什么呢？原来施乐科技风险投资公司（XTV）的成功造成了施乐母公司内部的很多不满。施乐公司各部门认为，XTV 的成功大部分应归功于施乐母公司的技术和客户资源，XTV 却抢了所有的功劳。更糟的是，罗伯特·亚当斯和他的两个伙伴得到了该基金的附带权益的 20%，这更是引发了大量不满。所以，XTV 赢得了市场，却失去了母公司内部的支持。

第二，内部创业企业可能需要将精力更集中在获得并保持母公司对它们的支持上。这无疑将是个具有争议的想法，因为我们传统上会认为，努力提高产品和服务品质，以契合市场的需要才是最重要的。但精明的企业内部创业者都会意识到，他们要打赢双线战争，保持母公司的支持更为关键。内部创业项目，往往会避免与母公司既定业务产生冲突，尤其是当新的商业模式将会威胁到公司既有模式的时候，他们会尽量拖后与母公司机构进行短兵相接的时间。

企业内部创业公司必须为保持母公司的支持进行精心准备。因为它们始终面临巨大的内部风险，一旦母公司领导层创新的热情开始减弱，某个季度公司财务报表很难看，或者新的 CEO 想要清理门户，任何这些不可预见的变化都可能意味着内部创业项目的夭折。

这表明内部创业公司必须做到：获取母公司高层权威人物的稳定支持，将自己的业务流程隔离和保护起来，以避免受到母公司既得利益集团的毁灭性打击。

资料来源：作者：史蒂夫・布兰科（斯坦福大学创业学教授）. 中国企业家，2014-05-01. http://www.iceo.com.cn/mag2013/2014/0501/288404.shtml.

三、公司创业的策略

无论采取什么样的公司创业模式，管理层应当采取一些策略以促进公司创业活动的开展。①

1. 提高针对各种机会的感知能力

无论是个体独立创业，还是公司创业，创业行为的本质是寻找机会的行为。机会存在于组织内部和外部的各种不确定性领域中，如果每个员工都被认为是一个潜在的创业家，那么发现机会的能力就相当大了。员工没能看到机会，这是因为一方面他们的周围有很多限制，另一方面也有很多危机。但毫无疑问，公司寻找机会的行动会使员工对各种机会更为敏感。

2. 使变革成为一种制度

变革是一件好事，它能使人们变得更充实，并增加经验和洞察力。变革为员工带来更多机会。在创业型公司中，应当把战略看成是进行变革的工具。事实上，在新的竞争环境中，战略在公司环境和市场上都为变革指明了重点和方向。与接收现状截然相反的行动是不断挑战一项业务的各个方面，寻找更好的处理方法、不同的流程以及可以被淘汰的事物。

3. 鼓励员工的创业精神

创业在公司中的表现形式多种多样。只有当管理层明确了公司希望采取的创业形式以及希望在公司的哪些部门进行这些创新后，鼓励各种创新活动的战略才有效。并不是每一个员工都必须发动或倡导创新活动，但每个员工都应在某个时候在一项或多项创新任务中发挥作用。企业内部总有些人是潜在的“内创业家”，企业如果在制度上鼓励这些员工

① 张玉利，等. 创业管理 [M]. 北京：机械工业出版社，2015:324-325.

弘扬创业精神，积极从事内部创业活动，不仅有利于企业在关键时刻的突破式发展，也有利于员工自身的职业发展。当 3M 公司设立 15% 的规定时（即研究人员可以将 15% 的工作时间用于个人感兴趣的研究上而不需要向上司报告），就在鼓励员工进行创新。同样，Google 鼓励员工把自己想到的富有创新性的想法写出来，让其他员工进行投票，使得大家觉得最好、最可能成功的项目凸显出来。然后 Google 会给员工提供技术和资金支持，员工可以运用 20% 的自由工作时间将自己的想法付诸实践。创新的欲望来自参与感、当家做主的感觉以及对创新项目的责任感。

4. 致力于员工想法的投资

各种想法加之员工对它们的承诺，这是公司最大的财富。培养员工产生各种想法，这需要管理层的不断引导。公司应举办各种论坛来传播想法，积累用于购买各种想法的资本。各级管理者必须在聆听、考虑生产力的可行性、认可、培养、资助和购买了员工的想法后定义工作。组织中最宝贵的几个字应当是“要是……怎么办”，如果采取了这样的方式，公司的内部环境将成为一个想法市场；战略管理也就变成了促进市场有效工作的一组活动。

5. 与员工共同承担风险和奖励

创业与风险和奖励密不可分，这是创业行为和投资者行为的一个基本原则。如果公司内发展创业战略时忽视了风险和奖励的关系，那么也就失去了创业的所有意义。作为创业行为的功能之一，它必须是员工具有成为富翁的潜力。事实上，奖励的大小是次要的考虑因素。但可持续的创业需要员工经历一些风险并获得一定的奖励，它的意义在于如果项目失败或表现不佳，个人和团队将失去相关的薪水、奖金、自由、研究上的支持和其他资源，当项目很成功时，他们也就能得到这一切。

6. 认识失败的重要性

失败是体验、学习和进步的标志。负责人对待创业过程中遭受的各种小失败的态度，会影响整个项目的成败。创业就是进行试验，尝试某种事物，如果不成功，再换一种事物进行尝试。重要的是，试验者从不忽视任何尝试。他们能从容地承受各种拒绝和失败，开明地接收新的方法或修改原来的方法。在达到成功之前，他们需要进行多次尝试。

专栏 13-3

扫描二维码，阅读《张瑞敏：海尔从制造产品的企业转型为孵化创客的平台》。

第三节　创业退出

不管企业经营得多么成功，创业家终究会从所创建和经营管理的事业中退出，而由他人来继承和发展。创业家退出企业的原因多种多样，比如，由于健康原因退出，人的生命是有限的，没有一个人能阻挡生理上的衰老和精力的下降，甚至生命的终结。另外，如果创业家突然改变了其人生规划，或者创业企业面临致命打击即将破产的时候，或者创业家丧失了企业控制权被赶出企业的时候，这些情况都有可能促使创业家退出企业。因此，企业成长管理还要考虑退出的问题。一般来说，创业家退出企业的方式包括家族传承、出售、IPO和清算等情况。

专栏 13-4

扫描二维码，阅读《投资人蔡文胜：创业者，懂得退出就是成功》。

一、家族传承

创业家把自己创办和苦心经营的企业交给家族成员，是一种常见的创始人退出企业的方式。这就是家族企业在全世界范围内都占有很高的比重，成为一种普遍存在、能推动经济和社会发展的重要企业组织形态的原因。

1. 家族传承的形式

企业创始人将事业交给家族传承的形式很多，比如子承父业、弟承兄业、妻承夫业等，但最常见的还是将事业传递给子女，即"子承父业"形式。由于血缘的关系，这种子女继承父（母）业的形式风险最小，相对稳定，一般不会引起大的波动。

从事业传递的具体途径来看，如果创业者担心继承者还不能完全胜任管理工作，可以选择逐步将股权交给继承人，继承人先参与管理工作，主要的控制人还是创业者自己，直到创业者确定继承人能够胜任管理工作之后再把控制权转移，如"带三年，帮三年，看三年"。或者，他们可以组建一个有限合伙企业将大部分财富转移给这个成员，创业家作为一般的合伙人，仍然继续控制着这家企业的日常经营活动。

还有一种途径，也可以建立各种类型的信托基金，即创业家作为委托人将资产交给信托机构打理，并根据自己的意愿安排财产，家族成员作为受益人在信托期间只能根据委托人规定的条件、时间获得相应数额的财产，全部信托基金的所有权并不直接归受益人所有。这样就可以防止“败家子”败光家产，又能保障家族成员的生活，还能实现财富的保值和增值，可谓一举数得。

2. 接班人的培养

创业家通过家族传承方式退出事业的最大顾虑在于继承人是否愿意接班和胜任接班。因此，对接班人的培养是创业家企业成长管理的重要内容之一。如前所述，子女是创业家事业的主要接班人，而要顺利地实现子女的接班，就需要及早规划，培养他们的从商意愿、管理能力和水平。培养子女接班，通常做法分为三步。

第一步，把子女送到国内外高等学府学习经营管理知识，为接班打好基础。例如，飞翔集团创始人茅理翔的儿子茅忠群毕业于上海交通大学电子电力技术硕士专业；闽商首富、恒安集团创始人许连捷大儿子许清水、二儿子许清流都毕业于英国帝国理工学院，小儿子许清池毕业于伦敦大学法学院；刘永好之女刘畅毕业于北京大学国际 MBA 班。

第二步，子女毕业后，让其在企业内部或外部进行锻炼，或者鼓励其去创业，逐步培养其成熟的心智和企业实战经验。创业家可以有意识地让子女在企业内部轮岗锻炼，或者担任助理职位提高领导力，或者指定去负责开发一个新项目，通过这些方法让子女尽快熟悉企业和行业环境，并锻炼和积累他们的经营管理经验。比如，浙江宁波雅戈尔创始人李如成的独生女李寒穷，在加州州立大学工商管理毕业后参加工作，她分别在宁波对外贸易股份有限公司做过一年的单证员、业务员；后来去伊藤忠纤维（上海） 有限公司三国贸易欧洲部负责出口西班牙的服装贸易一年，包括与客户、供应商的谈判、组织、协调生产出运等；接下来在上海实业（集团）有限公司投资部担任投资经理助理一年，协助投资项目跟踪、分析及管理。另外，福耀玻璃创始人曹德旺的儿子曹晖、俏江南集团创始人张兰的独子汪小菲、娃哈哈集团创始人宗庆后的女儿宗馥莉等都经历过在自己企业内部任职磨炼的经历。

第三步，扶持子女成为真正的接班人。例如，新希望集团创始人刘永好的女儿刘畅，刚开始并不想接班而选择了创业，最终以失败告终，在这个过程中，刘永好一直以支持和帮助的角色出现，并没有立刻反对孩子的做法。在 2002 年，她开始进入父亲的公司为接班做准备。2002 年至 2004 年，刘畅担任新希望集团乳业事业部副总经理，2006 年开始担任新希望集团房地产事业部副总经理，直到 2013 年 5 月才接替其父亲刘永好，担任新希望六合股份有限公司董事长。而且聘请了知名管理学家陈春花作为联席董事长，陈春花师徒式地带领刘畅共同领导董事会。

当然，“子承父业”是一个复杂的企业传承和变革过程，传承失败的案例比比皆是，毕竟两代人对企业发展和管理的思路会有很大的不同。要完成这一过程，会经过很多的考验，遇到很多的难题。比如，创业家往往权力欲望极强，不愿意对自己苦心创建的企业放手，或对别人不放心，导致企业的控制权迟迟不能顺利交接给下一代。当继任问题搬上议事日程后，创业家需要慎重把握很多问题：权力交接的时机，谁来做接班人，是否会在家族中引起争论，要怎么样做才能使继承过程尽可能平稳度过，等等。如果传承出问题，家族企业发展可能走向末路。“富不过三代”的转折都是从传承这里开始的。

专栏 13-5

扫描二维码，阅读《坚持家族管理的七大理由》。

二、企业出售

创业家有时要通过出售企业的形式退出，即把企业所有权全部或部分转让给别人或其他企业，从而退出企业的经营管理。企业股权转让出售的方式主要有以下几种。

1. 管理层收购

管理层收购（management buy-outs，MBO）是资本市场上常见的一种交易行为，创业家可以利用这种资本运作模式把企业卖给经营管理层，从而实现创业退出。企业管理人员往往跟随创业者多年，最了解企业文化、产品、财务、目标和运营状况，如果创业家决定要出售企业，管理层是购买这家企业的合适买主。管理层收购在激励内部人员积极性、降低代理成本、改善企业经营状况等方面都有积极作用，有利于企业的健康持续发展。例如，2009 年 9 月 28 日，新浪宣布以新浪 CEO 曹国伟为首的新浪管理层，将以约 1.8 亿美元的价格，购入新浪约 560 万普通股，成为新浪第一大股东。

管理层在收购目标企业的时候，如果有足够的资金，就可以直接从创业家手上购买企业，或者通过现金加合约安排，即先支付一部分费用而在一段时间以后再全部付清费用。当然，由于企业标的资产往往比较大，管理层收购通常要借助资本市场上已经成熟运作的杠杆收购。由于被收购企业往往是具有稳定现金流的成熟企业，管理层可以用被收购企业资产作为抵押，从金融机构获得债务融资来支付购买股份的费用，然后通过企业产生的现金流逐步偿还贷款。

2. 员工持股计划

员工持股计划（employee stock ownership plans，ESOP）是指通过让员工持有股票，使员工享有剩余索取权的利益分享机制和拥有经营决策权的参与机制。严格讲，员工持股计划是一种特殊的报酬计划和激励公司员工的措施，但创业家也可以通过这种方式逐渐减持股份，实现某种程度上退出企业。

员工持股计划主要有两种类型：第一，非杠杆型的员工持股计划。在这一类型中，创业家往往先建立一个员工持股信托基金，然后由企业每年以股票或用于购买股票的现金的形式提供给这个基金，当员工退休或因故离开公司时，将根据一定年限的要求相应取得股票或现金。第二，杠杆型的员工持股计划。这种做法首先成立一个职工持股计划信托基金，然后由公司担保，由该基金向金融机构借款来购买企业股票，并利用每年从企业取得的利润和其他资金归还贷款利息和本金。当员工退休或离开公司时，按照一定条件取得股票或现金。

3. 市场收购

创业家把企业出售给除公司管理层和员工之外的个人或机构的行为，我们都可以称之为市场收购。通过市场收购方式，创业家把企业的全部或部分股权或资产所有权转移给别人或机构，从而从创业企业的退出。

在资本市场上，这种市场收购的种类很多，如并购、重组、股权转让、协议收购、要约收购、恶意收购等。在这个过程中，创业家要经历严格的尽职调查、合理的资产估值、艰难的收购谈判等环节。由于篇幅原因，本书不做详细介绍，读者有需要或者感兴趣，可以从其他渠道获得相关知识和信息。

三、公开上市

公开上市，也就是首次公开发行股票（initial public offering，IPO），是指一家企业或公司（股份有限公司）第一次将它的股份向公众出售。一般来说，一旦首次公开上市完成后，这家公司就可以申请到证券交易所或报价系统挂牌交易。企业上市主要分为境内上市和境外上市，境内上市主要是指深交所或者上交所上市，境外上市常见的有港交所、纽交所和纳斯达克等。

严格讲，公开上市不是创业家彻底退出企业的方式，而是表明企业从一个私有企业变成了一个公众企业。但是，公司上市通常能实现公司价值的最大化，关键是创业者对创业企业的投入，一般可以通过股权出售这种方式在市场上套现。创业家创办的企业变成公众公司后，需要按照监管的要求建立良好的公司治理机制，在上市公司的治理机制中，创业家比较容易从企业退出。

IPO 固然是好，但也存在一些弊端：IPO 对企业资质要求较严格，审查手续比较烦琐，要经历比较长的时间，牵扯企业很大的精力。同时，上市付出的费用也很高。另外，有的国家法律规定，上市公司的主要股东不能在一定的期限内出售股权，所以创业者在首次公开上市之后尚需一段时间才能完全退出。

本章要点

- 新企业成长面临不确定性、复杂性、新进入缺陷三个方面的主要挑战。
- 企业的创建和成长过程也存在生命周期规律，拉里·格雷纳（Larry E. Greiner）提出了五阶段模型和伊查克·爱迪思（Ichak Adizes）提出了十阶段成长模型。
- 通常将企业成长过程划分为四个阶段：创业期、成长期、成熟期和衰退期。各阶段面临的关键问题和管理重点有差异。

- 公司创业动因包括外部应对竞争和内部调动员工积极性等多方面。
- 常见的公司创业模式包括项目小组、创业孵化器、创客实验室、公司创业投资四类。
- 创业家退出企业的方式包括家族传承、出售、IPO 和清算等情况。

思考题

1. 根据企业生命周期理论，企业成长一般要经过哪些阶段？每一阶段的特点是什么？
2. 在格雷纳企业成长模型中，为什么说“推动企业成长的动力又往往是阻碍企业进一步成长的最大障碍”？
3. 为什么企业快速成长会导致环境的复杂性增强？
4. 新企业的成长会遇到哪些限制和障碍？
5. 企业在各个生命阶段要如何管理好企业？
6. 收集资料，寻找一些公司创业成功的案例。
7. 分析中美日家族企业中都分别采用什么样的传承形式？
8. 为什么很多新企业渴望上市？
9. 访谈几个创业家，列举出新创企业成长各个阶段中容易遇到的问题。
10. 家族传承的风险是什么？
11. 了解和收集一些国内创业家培养接班人成功或失败的案例。

扫描二维码，阅读本章案例故事《路刚：向前跑，带着赤子的骄傲》。

第十四章 社会创业

一个人再有本事，也得通过所在社会的主流价值认同，才能有机会。

——任正非

学习痛点

- 社会创业是怎么兴起的？
- 如何成立一个社会创业组织？
- 如何看待社会创业的商业化运作？
- 如何开展公益创投？
- 如何修炼成为一名社会创业家？

引例

官文宾：背着书柜进大山

官文宾出生在福建安溪县一个普通农家。和多数大学生一样，他也曾希望毕业后找份好工作,使家人过上好生活,但他很快就改变了想法,“生活中除了现实,还有理想。”

2006 年暑假，在厦门大学攻读新闻学硕士的官文宾返回本科母校，在张同庆老师的带领下与一帮同学到宁德霞浦进行“霞浦农村义务教育调查”，那里山清水秀，民众生活并不富裕，青壮年都外出打工，不少家庭只剩下老人和孩子，孩子上学都要走十几里山路。当时正赶上“碧利斯”台风来袭，狂风暴雨中，他们走在泥泞的山路上，用自己的脚丈量孩子们上学的路有多远。

“从那些孩子脸上，我看到了他们改变生活的渴望”。这次调研，触动了官文宾的内心。社会问题只有行动才能改变，而改变，总要从身边的小事做起。

自从这次调研之后，官文宾脑海里便一直在思考如何帮助乡村改善基础性教育等问题。经过紧锣密鼓的策划奔波之后，他便开始在大学校园发动捐建乡村图书馆，并与同学一道创立南强乡村学社，致力于乡村的知识传播。

挑选馆址、募捐图书、编码运输……将近一年时间里，在自己都不知道吃了多少苦后，一座公益图书馆在屈原的故乡顺利开馆。此后几年，随着海西乡村图书馆、震区爱心图书馆一个个建了起来，捐建乡村图书馆逐渐演变成为厦大学子们薪火相传的传统，参与乡村图书馆建设的大学生也越来越多。

2007 年，就在同学们南下北上到处找工作时，即将毕业的他却扑到了另一项公益活动之中：与中国人民大学乡村建设中心邱建生老师一起，参与筹办进城农民工义务培训机构。11 月，厦门国仁工友之家成立，整整一年，官文宾就住在厦门安兜那个小旮旯里，埋首于工友之家的日常组织工作当中，几乎断绝了和往日朋友及同学的联系。也正是这一年的挑战，他学会了完整的公益项目运作和项目管理，也锻炼了与工作伙伴共同完成工作目标的能力。

2009 年夏天，官文宾在工友之家工作满一年之后，作为担当者行动的第一名全职工作人员搬进厦门市思明西路 64 号民主大厦办公。当时，他的月工资是 1 500 元，而当时担当者行动运营账户上的余额也只够发两个月工资。

但不足半年，2009 年 11 月 7 日，担当者行动第一届理事会宣告成立，获得了稳定发展的制度根基，向一个扎根于中国本土的专业化公益服务机构迈进。

官文宾与全职团队、各地方志愿社、合作伙伴一道，经过 8 年的持续努力，已经启动了“班班有个图书角”“未来英才夏令营”“阅读与成长讲坛”“阅读领航员教师成长计划”“课外阅读活动中心”等完整的“五位一体”助学体系。截至 2017 年 8 月，项目服务学校从 1 个学校到全国 29 个省份 1 996 所学校近 60 万乡村小朋友，建立 16 556 个图书角，捐赠额从最初的 3 000 元，累计达到 3 000 多万元。

在官文宾的公益创业规划里，他逐渐表现出新一代公益创业者的理性与专业。他深入分析了国内外公益组织的属性、特点与架构设计，尤其是对中国草根民间公益组织“夭折”现象做了仔细研究，他提出：“中国的公益领域，其实最缺的不是资金，而是缺乏能够真正专业执行的公益团队，真正带给受助者由外而内的改变源泉，而并非短期性或是一次性的物质捐助改善。”他说，中国未来需要更多的“授之以渔”的公益好项目，这才是我们公益的最终追求目标所在。

资料来源：覃树勇．腾讯网《我的公益故事》第 44 期．http://gongyi.qq.com/zt2014/gytstory44/index.htm（有改动）.

第一节 社会创业的兴起

20 世纪 80 年代末，“社会企业”（social entrepreneurship）一词由意大利杂志 *Impresasociale* 最先开始使用，接着其他国家尤其是欧美国家开始逐渐关注社会企业。这种把实现社会价值和企业化运营结合在一起的新组织形式，力图引入竞争机制、供求机制、风险机制和价格机制，实现市场资源和非市场资源、货币资源和非货币资源之间的优化整合，创造经济效应与社会效应的共赢。

一、社会创业的含义

自 20 世纪 80 年代以来，随着西方发达国家的福利社会痼疾凸显，政府转而运用自由市场的经济杠杆，导致政府对公共服务的资助减少。面对公共服务匮乏的状况，早期完全依赖捐助和财政拨款资助的慈善组织、有志改变社会的企业家穷则思变，一种商业化运营的社会服务组织——“社会创业”概念和实践应运而生。

1. 社会创业的定义

目前学界对社会创业做了大量研究，但对社会创业的定义依然存在分歧。表 14-1 列举了 1997 年以来一些主流学者对社会创业的定义。

表 14-1 社会创业的定义

来 源	定 义
Leadbetter（1997）	社会创业是指利用创业的行为为社会目标服务，这些服务并不是为利润目标，而是把这些目标服务于特定的弱势群体
Mort 等（2002）	社会创业是一个多维的构念，通过表现善良的创业行为达到社会使命的目标，具有识别社会价值和创造机会价值的能力，其关键决策特征是创新性、先动性和风险承担性
Shaw（2004）	社会创业是社区、志愿者、公共组织以及私人企业为整个社会工作，而不仅仅为了经济利润
Mair & Marti（2006）	利用创新的方式整合资源实现社会价值目标的过程，通过探索和利用创业机会来促进社会变革和满足社会需要

（续表）

来　源	定　义
Austin 等（2006）	社会创业是社会目标下的创新活动
Zahra 等（2009）	社会创业包括一系列的活动与过程来发现、定义、利用机会去增加社会财富，也可以在现有的组织中实现新的创新模式

资料来源：斯晓夫，等. 创业管理理论与实践 [M]. 杭州：浙江大学出版社，2016:343.

在这些定义中，有的学者强调了社会创业的运作方式，例如 Leadbetter（1997）认为社会创业是指利用创业的行为为社会目标服务；Mair 和 Marti（2006）强调社会创业是利用创新的方式整合资源实现社会价值目标的过程，通过探索和利用创业机会来促进社会变革和满足社会需要。还有的学者强调了社会创业的内容，例如 Shaw（2004）认为社会创业是社区、志愿者、公共组织以及私人企业为整个社会工作，而不仅仅为了经济利润；Zahra 等（2009）认为社会创业包括一系列的活动与过程来发现、定义、利用机会去增加社会财富，也可以在现有的组织中实现新的创新模式。

虽然这些定义表述有差异，但总体来说，社会创业的基本内涵体现在通过创新方式识别和利用机会，并通过整合资源和有效管理来创造社会价值的过程。这些定义仍然强调创新性、变革性、机会导向和资源整合等，因此，社会创业仍然是创业的一种，同样具有创业的特点。相应地，把从事社会创业活动的组织一般称为社会企业。

2. 社会创业的核心特征

纵观学者们对社会创业定义和特征的研究，以及社会创业家们的丰富实践活动，社会创业有以下核心特征。

第一，社会性。虽然社会创业不排斥商业价值和物质财富，但社会创业的根本目的是解决社会问题和满足社会需要。社会创业的本质是创造社会价值，即为社会提供可持续的效益，增加社会公共福利，促进社会公平，照顾和帮助社会弱势群体，发展一个更美好、更均衡、更持续的社会。社会创业要改变和实现的是社会目标和社会愿景，即便产生了经济价值也只是社会价值的副产品，经济价值相对于社会价值仅仅处于从属地位。

第二，创新性。社会创业特别强调能够通过创新的方法、产品、服务、技术、模式等手段来解决社会问题，满足社会需要。因此，社会创业者要勇于探索新的社会福利模式，突破资源限制，变革组织形式，通过各种创新活动来实现社会目标，而不是简单地复制已经存在的组织或活动。

第三，市场性。社会创业虽然不以经济利益为目的，但社会创业仍然需要树立市场导向，追求社会绩效，通过市场化的运营方式来获得社会组织的持续发展。因此，社会创业过程与商业创业过程一样，需要重视机会的识别、评估和开发过程。在机会识别阶段，要善于发现未被解决的社会问题，洞察社会需要。在机会评估和开发阶段，要善于整合资源，以小博大，精于创新和管理，善于生存和发展，讲究投入产出，以目标为导向实现组织绩效。

第四，情境性。由于不同的社会、文化、政治背景意味着不同的立法结构、方式和框架，因此社会创业的过程、方式和影响因素，都会因不同的社会、文化和政治背景而具有差异性。因此，不同国家或区域的社会创业实践具有情境性特征。

专栏 14-1

扫描二维码，阅读《格莱珉：向贫穷宣战》。

3. 社会创业与商业创业和慈善组织的区别

从上述社会创业的定义和核心特征可以看出，社会创业不同于商业创业，社会创业着重于创造社会效益，解决社会问题，帮助弱势群体；但是社会创业也不同于慈善组织，社会创业重视创新，具有机会和市场导向特点，不完全忽视经济收益。因此，社会创业不是单纯的慈善事业，也不是单纯的商业活动，而是一个多元混合综合体。如今，大多数的社会创业介于纯慈善和纯商业之间，能够充分实现自给自足，而不再是全面依靠捐赠。

格里高利・狄兹（J.Gregory Dees）提出了"社会企业光谱"概念，从主要动机、方法和目标以及主要利害关系人角度，分析了社会创业与慈善组织及纯商业组织的区别（表 14-2）。他认为，区分商业企业与社会企业最主要的标准是社会价值与商业价值孰轻孰重，区分慈善机构与社会企业最主要的标准是排斥市场还是运用市场。

表 14-2 格里高利・狄兹的社会企业光谱

分析角度	选择的连续体 ←→		
	纯慈善性质（非营利组织）	混合性质（社会企业）	纯商业性质（商业企业）
主要动机	诉诸善意 使命驱动 创造社会价值	混合动机 使命与市场驱动 创造社会价值与经济价值并重	诉诸自我利益 市场驱动 创造经济价值
受益人	免费	补助金方式或金额支付与免费支付的混合方式	完全按市场价值付费
资本	捐助与补助	低于市场价格的资本或捐款与市场价格资本形成的混合资本	完全按市场价格的资本
人力	受薪员工 志愿者	低于市场行情的工资或同时有志愿者与付全薪的员工	完全按市场行情付薪
供应商	捐赠物品	特殊折扣或物品捐赠与全价供货相混合	完全按市场价格收费

资料来源：Dees J.Gregory.Enterprising nonprofits[J].Harvard Business Review，1998，76（1）:54-67.

此外，Austin 等（2006）也提出了社会创业与商业创业在四个维度上的区别：

第一，市场失灵。市场失灵能给社会创业和商业创业产生出不同的机会，社会创业更多是去弥补原本公共品的不足。

第二，使命。社会创业的使命增加社会价值，促进社会进步。社会创业者的企业管理和个人创业动机与商业创业者是不同的。

第三，资源的调动。社会创业的一些员工不拿薪酬，而且社会创业获得的利润和财务资本也不像商业创业那样，而是继续投入社会企业当中。

第四，绩效的测度。社会创业的绩效并不像商业创业一样容易测度，它更看重社会的影响，因此其测度更具有不可量化性、多重因果性、时效性和主观感知的差异性。

专栏 14-2

扫描二维码，阅读《在商学院学习社会创业》。

二、社会创业类型

在实践中，社会创业或社会企业具有多样性和灵活性，表现为多种类型和组织形式。

1. 社会创业（组织）的分类

法勒（Fowler）对社会创业进行了迄今最为复杂的分类，将社会创业分为以下三种主要类型。

第一种是综合性社会创业，这种创业所涉及的全部经济行为都是为了获得良好的社会产出和社会效益，同时与其他性质的组织建立全方位的经济联系。法勒把孟加拉国的格莱珉银行（Grameen Bank）看成是综合性社会创业的典型案例。

第二种是重新诠释的社会创业，主要指那些非营利组织运用组织已有的非营利能力来降低组织成本或者通过多元化来增加组织收入。

第三种是辅助型社会创业，是指在非营利组织内部成立一个营利性分支机构。这个营利性分支机构本身并不直接产生社会效益，但它的收入被用来弥补非营利组织实现社会目标所产生的成本。

格里高利·狄兹从组织动机导向角度，将社会企业分为使命中心型、使命相关型和使命无关型三种类型。

使命中心型社会企业以自筹经费的方式运营并实现其使命，这种类型的社会企业往往雇用弱势群体以推动社会就业。

使命相关型社会企业是指企业从事的经营活动与组织本身的宗旨使命有密切的联系，

一方面创造社会价值，另一方面也通过创造经济价值补贴社会项目投资或运营费用。社会服务商业化是这种类型社会企业的普遍运营方式。

使命无关型社会企业是指企业从事的经营活动与组织的使命无关，创立此类社会企业仅仅是为了通过经济价值来补贴社会项目投资和组织运营费用。

此外，格里高利·狄兹又从交叉补贴的角度把社会企业分为完全慈善支持（企业没有盈利，全靠捐赠）、部分自给自足（企业有盈利，但需要依靠现金捐赠）、资金流自给自足（企业有盈利，但需要依靠非现金捐赠）、运营支出自给自足（企业有盈利，但初创期需要依靠非现金捐赠）和完全的商业化（企业有盈利，不需要捐赠）五种形态。

另外，还可以从社会创新的角度将社会创业分为两类：就业型社会创业和创业型社会创业。就业型社会企业旨在吸收贫困人群就业，让弱势边缘人群获得工作机会，实现自立。而创业型社会企业能够突破老观念，盘活社会资产，通过创新手段实现社会目标。

2. 社会创业的组织形式

纵观全世界，社会创业的组织形式包括传统的非营利性组织形式、合伙公司、合作社、有限责任公司、股份有限公司、股票上市公司等多种形式。但由于社会创业具有情境性特征，各国的文化、制度、立法、慈善传统等方面不同，社会企业的组织形式在各国具有一定的差异。

在社会企业的各种组织形式中，非营利组织（non-profit organization，NPO）是最常见的一种组织形式。今日社会中，非营利组织有时亦称为第三部门（the third sector），与政府部门（第一部门）和企业界的私部门（第二部门），形成三种影响社会的主要力量。因此，非营利组织是与政府、企业相对应的组织形式，一般指除政府和企业之外的一切志愿团体、社会组织或民间组织，其突出特点是以非营利性和进行社会公益为目的。

此外，越来越多的国家立法支持社会企业的其他形式，英国、爱尔兰和北欧国家的社会企业多以私营有限公司或股份公司的形式注册，英国政府还专门为社会企业设立了社区利益公司的组织形式，这种公司既有一般公司的灵活性，也可以获得各种类型的融资选择。

总之，社会企业是由企业的性质而非法律形式来定义的，形式多样的社会企业组织形式是充分发挥其灵活性、适应性的表现，也是其生命力、创新力的表现。

专栏 14-3

扫描二维码，阅读《创业为赚钱，还是为解决社会问题？》

第二节　非营利组织的企业化经营

在西方国家，非营利组织很早就开始在从事社会使命活动的同时开展商业活动，从1844年，英国洛奇代尔的第一个合作社开始，这种从事商业活动的非营利组织的数量迅速增加，这与社会经济和社会创业的发展密切相关。

一、非营利组织企业化经营的重要性

如前所述，非营利组织历史悠久、发展成熟，是各国社会创业的主要形式。非营利组织不以营利为目的，但是非营利组织要想可持续发展就必须有足够的资源。而仅仅依靠政府支持、社会捐赠，非营利组织的发展就会面临先天的局限性。如果经济不景气，非营利性组织就会面临政府补助及各种捐赠赞助缩减的困境，导致社会目标难以实现，甚至面临生存的压力。为了解决这一局限性，获取稳定的收入，变被动捐赠为主动营利，很多非营利性组织开始运用商业方式筹集资源，用企业化方式运作组织，增加营利性业务获得收入，然后用这些收入来支持公益性服务项目，实现自我造血。

非营利组织的企业化经营主要有以下几点好处：一是通过自身经营完成自给，减少或消除对捐款或者拨款的依赖；二是减少在筹款上花费的精力与时间，加强组织本身建设，提高工作效率；三是在社会创业过程中，增加弱势群体就业，提高就业技能，减少等靠要的依赖心理；四是将一次性公益变成循环公益，通过投入—产出—投入的方式实现资金流动，创造更多的价值；五是可以利用资本方式在市场融资。

二、非营利组织商业化的途径

非营利组织通过市场化经营实现自我造血的主要形式有以下几种。

第一，服务收费。非营利性组织在合适的情况下，可以为自己的核心项目适当收费，既有利于补偿部分服务成本，也会产生更好的社会效益。目前服务收费已成为很多非营利组织重要的资金来源，例如，厦门手望翻译服务有限公司由厦门大学学子组织创建，通过为盲人提供低价位的手语翻译来盈利。根据 Lester M. Salamon 教授主持的非营利组织国际比较研究发现，所调查的32个国家中，服务收费、政府拨款和私人慈善捐赠平均分别占到非营利组织总收入的50.9%、38.8%和10.3%。

在为服务项目收费的同时，非营利组织与政府主管部门也要注意定价的合理性。准公共产品具有不完全竞争性，这决定了非营利组织在提供准公共产品时可以利用市场机制，促进资源的高效配置，也应当考虑目标群体的支付能力，从而不会因定价过高而背离组织宗旨。

第二，相关产品销售。非营利组织在核心项目之外还可以进行一些相关联的经营活动，作为募集资金、提高组织知名度与影响力的手段。但这种手段在公众看来是一种变相的募捐，这种活动如果过于频繁，会影响公众的慈善捐赠数量。

第三，建立营利性的商业部门。非营利性组织可以通过建立商业机构，开拓服务范围之外的经营性产业获取收益。这种情况可以分为两种：一是在非营利组织内部设立以营利为目的的商业机构；二是非营利组织投资设立新的商业公司。

第四，开展投资获得收益。非营利组织作为公益资金的托管机构，有责任最大限度地提高公益资产的管理、运作和分配的效率。因此，非营利组织可以利用公益资金开展适当的投资，以获得财务收益。当然，这种投资的风险控制和管理至关重要，因为用捐赠者的钱来进行商业投资，一旦失败会使组织面临信誉风险。

第五，与企业进行合作。非营利组织与企业合作可以实现双赢：一方面企业可以获得良好的社会声誉，另一方面非营利组织也可以获得企业的物质资助、管理经验等。这种合作包括与交易关联的公益推广活动、共同主题营销、商标和名称许可等。

第六，获得政府购买服务。争取政府采购合同，非营利组织通过与企业平等地参与竞标，获得政府采购合同。

专栏 14-4 台湾阳光社会福利基金会的企业运作

1981 年，时值联合国国际残障年，时任台北基督教励友中心总干事陈俊良，同 10 个社会服务团体共同发起阳光慈善行动，并最终在台湾成立财团法人阳光文教基金会，并于 1989 年改制为财团法人阳光社会福利基金会。阳光社会福利基金会如今成为一家提供面容受损、烧伤以及其他身体障碍相关服务的成功的非营利性社会企业。目前，阳光基金会设立的社会企业单位包括洗车中心、加油站以及捷运贩卖店。2004 年后，社会企业的收入占到了基金会总收入的 30% 以上，有效地降低了对捐助收入和政府补助收入的依赖，同时也为更多的身心障碍者和弱势群体提供了进入基金会接受职业训练与就业的机会。

从基金会设立的多个社会企业的运营情况看，一方面社会企业的商业经营推动阳光基金会进入可持续发展的模式。虽然慈善捐款、政府补助依然存在，但已经不是该基金会经费来源的核心，社会企业盈利所得的比重增加。另一方面，虽然社会企业的经营项目与组织使命没有联系，属于使命无关性社会企业，但经营收入用于基金会的公益服务，更好地实现了组织使命。设立社会企业后，基金会的服务对象从面容损伤烧伤者扩展到了 12 类，包括视觉障碍、听觉障碍、自闭症、肢体障碍等。由此可见，基金会的企业化经营非但没有与基金会的组织宗旨相冲突，相反更好地实现了组织的宗旨和使命。

资料来源：台湾阳光社会福利基金会网站，https://www.sunshine.org.tw。

三、社会企业的经营问题

在我国，一些非营利性组织开始探索市场化的创新之路，但目前我国社会企业的经营，还存在诸多问题。

第一，政策法规制度不完善。虽然我国陆续制定了社团、民办非企业单位和基金会管理条例，但法治仍不健全，社会企业目前在注册时没有明确分类，有的以工商注册，有的则以民办非企业进行登记。

第二，社会创业公众认识不足。一方面，在中国，社会创业是一个全新的词汇，社会公众对社会创业价值、社会企业运营、社会企业模式等存在认识的误区与不解。中国传统文化“重农轻商”“商人重利”等传统思维定式，企业化运营与非营利组织的所有权、管理权、基本价值观的矛盾，使人们对非营利组织的市场化运营存在抗拒。另一方面，非营利组织的市场化运作中缺少政府和公众的监督，对社会目的和赚取利润目标之前的平衡缺乏有效衡量标准，有的社会企业“醉翁之意不在酒”，带着伪善的面具大捞商业利益的现象时有发生。

第三，社会创业资金匮乏。大多数社会企业在建立之初都会获得部分来自政府或企业的启动资金，而之后的生存大部分要靠自己的经营，但大多数社会企业都是低利润回报的行业，规模小，生存压力大，获得社会投资的机会少，常常面临严重的资金压力。

第四，社会创业人才缺乏。我国的社会企业缺乏固定的人才渠道，只有很少甚至没有专职员工，主要依靠兼职和志愿者开展工作，志愿精神在我国还没有普及，参加志愿和兼职工作的人口比例远低于发达国家，甚至也比不上中欧、拉美的国家。另外，公益行业的工资水平遭遇政策限制，远低于社会平均水平，限制了社会企业聘请到既有良好的商业运作能力，又具有社会使命感的管理人员。

第五，社会创业组织运作能力较弱。中国长期的政府主导的经济使得公共部门以外的私营部门相当薄弱，社会企业和其他的民间组织一样，都处于萌芽的初级阶段，发挥的社会价值比较有限，还不足以发挥出社会企业的社会目标，况且社会企业根据其性质应坚持社会和环境目标优先，但又与商业企业在同一个市场上竞争的时候，本身就处于劣势。

第六，社会创业理论研究薄弱。社会创业在国际上成为一个潮流，英美等国家开始了理论研究，在斯坦福大学、哈佛商学院、加州大学伯克利分校、西北大学等均提供社会企业课程或者学位，社会创业在学术领域已进入主流研究视野。在中国，社会企业还是一个相对空白的领域，有待于理论界做更多开辟性、建设性的思考和研究。

尽管在我国社会创业面临很多问题，社会创业活动也刚刚逐步兴起，但随着社会发展到一定阶段，向现代化社会转型的步伐加快，我国的社会创业活动也一定会像商业创业活动一样，吸引越来越多的社会精英、企业家和有理想的年轻人参与。他们通过创建新组织、提供新产品和服务解决社会问题，给社会化生活带来活力和功能。

专栏 14-5

扫描二维码，阅读《社会企业：顺势中萌芽 逆风中生长》。

四、公益创投

1. 公益创投的内涵

“公益创投”（venture philanthropy）一词由美国慈善家约翰·洛克菲勒三世于 1969 年在美国国会税收改革法案听证会上首次提出，旨在运用创业投资理念改进公益项目管理与评估模式。1984 年，美国半岛社区基金会提出将硅谷的商业创业投资模式运用到慈善事业中，改变原来只向公益组织和项目提供无偿捐款的做法，通过一系列绩效评估，对公益产出实施严格测量。1997 年，学者莱特、代尔和格罗斯曼在《哈佛商业评论》上发表题为《向创投借镜：基金会与创投公司的比较》的文章，正式开启了公益创投理论和实践探讨的先河。此后，公益创投在世界范围内得到广泛关注和运用。

公益创投是公益领域的创业投资，它为初创期和成长期的公益组织提供“种子资金”，并帮助社会企业规范治理、解决困难和问题、提升管理技能、获得服务合同、建立良好信誉等，起到了社会企业孵化器的作用。

2. 公益创投的特点

作为一种新的社会企业投资方式，公益创投表现出与传统捐赠方式不同的特点。

首先，资助人不仅提供金钱，还倾注时间和精力改善非营利组织的管理、增长和表现，相当于向慈善业注入了商业智慧。因此，公益创投非常关注社会领域的创新项目，注重帮助对象的可持续发展能力。

其次，公益创投在运作方式上类似商业投资行为，但它与商业投资在运营理念上有本质的区别：公益创投秉持社会价值优先、兼顾财务回报的原则，利润一般不向投资人分配或分配较少，继续用于公益事业。

再次，公益创投不是向项目投资而是向机构投资，不是短期捐赠而往往是多年的投资，即耐心资本（patient capital）。公益创投的目的是希望三五年投资下去之后，接受投资的社会组织的能力得到有效提升，提供更好的社会服务，实现自身的可持续发展。

最后，公益创投的实施，是一种新型的公益伙伴关系的诞生。相对于传统慈善界捐赠人和受助机构相对疏离的关系，公益创投中资助者与公益组织合作的长期性与参与性都是公益创投的重要特征。公益创投由此也被称为“高度参与的公益”。在这里，资助方与受资助方不再是简单的捐赠关系，资助方甚至可以被称为“投资人”，而受资助方则可称为投资人的合作伙伴。

3. 公益创投的运作模式[①]

首先，发起成立公益创投。从各国公益创投的实践看，发起成立公益创投的主体均较为多元。例如，美国的公益创投投资人主要包括私营企业和社会组织，其中社会组织又包含私营基金会、高等院校和行业协会等。欧洲的投资主体更为多样，包括公益创投基金、

① 赵宇新 . 公益创投的欧美经验 [EB/OL]. 中国社会科学网—中国社会科学报 .2017-01-09，http://ex.cssn.cn.

项目运作型社会组织、社会企业、银行、管理咨询公司、律师事务所、会计师事务所、行业协会、慈善顾问机构、出版社、政府机构和商学院等。

其次，审慎选择资助对象。公益创投在资助对象选择上以具有创新性的社会企业和有潜力的社会组织为主。投资人会对资助对象开展“尽职调查”，评估资助对象的能力和潜力，主要包括透明度、财务状况、现金流情况、所提供服务的质量、项目规模化发展的潜力、团队管理和执行能力、资助对象价值增值幅度和未来成长性等。

再次，投资人为所投资的社会企业提供增值服务。公益创投模式注入社会企业的资源不仅仅是资金，而且还有更有价值的增值服务。这些增值服务包括投资人与资助对象建立密切的合作伙伴关系，帮助提升资助对象掌控资金的能力，提供管理、人力等专业技术支持，参与战略规划制定和执行，甚至进入董事会参与日常经营管理，义务为资助对象提供管理咨询服务，或者为其寻找外部培训资源，着重培养资助对象组织运营能力和长期生存能力。

最后，设计合理的创业资本退出机制。公益创投是一个耐心资本，投资人投入资本的时间一般 3 ～ 10 年。但是创业资本终究要退出，所以退出机制在公益创投的运作模式中仍然很重要。欧洲公益创投协会设计了一套严格的退出机制，包括退出程序、标准和方式等。在退出程序方面设计了五个阶段，包括重估资助对象价值、研发退出方案、退出准备、执行退出方案、退出后的跟踪陪伴。在退出标准方面设计了 3 个指标，即可测量的社会影响力、良好的运营模式、持续透明的财务状况。资助期满，资助对象满足退出标准的要求，双方解除关系。如果评估结果不合格，投资人也将终止合作，已投入的资金不会再退回给投资人。这种 “人性化”的公益创投退出机制，最大限度减少了对资助对象和社会效益的潜在影响，既考虑到资助对象生理上所可能面对的各种风险和隐患，也考虑到心理上的准备。

第三节　成为一名社会创业家

社会创业者最早起源来自 19 世纪英国的慈善家，他们在资本市场不愿涉及的领域开拓新的市场机会，身上最明显的标签是“创新”，通过“社会创新”解决社会问题。

一、社会创业家的定义

社会利益与每个人的生活都息息相关，社会创业者来源广泛，商人、教师、公务员、大学生、退休人员都有可能成为社会创业者，当他们看到贫困、污染、不良社区等各种社会问题的时候，不仅受社会责任感的驱动伸出援手，而且会把这些问题视作机会和商机，寻求创新性的手段解决问题。这个时候，他们就变成了社会创业家（social entrepreneur）。

关于社会创业家的定义，目前国内外组织和学者并未对社会创业者形成统一的界定，表 14-3 列举了一些学者对社会创业家的定义。

表 14-3 社会创业家的定义

来　源	定　义
Thompson 等（2000）	社会创业家是那些能够意识到某些活动是国家福利体系不能满足的人，这些社会创业者能够运用有限的资源来改变现状
Drayton（2002）	社会创业是重要（社会）变革促进者，核心价值是识别、处理和解决社会问题
Harding（2004）	社会创业家受社会目标的鼓动进而实行新的社会活动或创业
Martin & Osberg（2007）	社会创业家与创业者有一致性，机会识别、使命和物质回报都是他们的动机驱动，但是，社会创业家对于获取的财务价值看得更轻，他们倾向于把财务价值更多地回报社会
陈劲、王皓白（2007）	社会创业家是那些具有正确的价值观，能够将伟大而具有前瞻性的愿景与现实问题相结合的创业者，他们对目标群体负有高度的责任感，并在社会、经济和政治环境下持续通过社会创业来创造社会价值
赵丽缦等（2014）	社会创业家是指那些采用一定的组织模式以解决复杂、持续的社会问题，进而对所在社区或者整个社会做出多种重要贡献的企业家

资料来源：斯晓夫，等 . 创业管理理论与实践 [M]. 杭州：浙江大学出版社，2016:348.

社会创业家的定义尽管缺乏统一的界定，学者们各自强调独特性，但内涵都有本质的相同点：社会创业家是致力于解决社会问题的人们，他们用商业的眼光看待社会问题，发现机会以寻找突破口，用创造性的方法和企业运营的模式来解决社会问题。与商业创业家相比，他们的创业动机不以逐利为目标，而是将企业家精神和创造力投入到社会问题的解决上。

专栏 14-6

扫描二维码，阅读《谁是中国最著名的“社会企业家”？》

二、社会企业家的特质

在作为一个创业家的特质和能力方面，社会创业家和商业创业家没有显著的差异。虽然社会创业家的创业使命是解决社会问题，创造社会价值，但是社会创业家同样需要警觉性、洞察力、外向性、成功的渴望、自我效能感、风险承担倾向等创业者的基本特质。

美国作者戴维·伯恩斯坦（David Bornstein）在其专著《如何改变世界：社会企业家和新思想的力量》一书中写道：成功的社会创业家是那些矢志不渝地实现一种对于他们来说意义重大的目标的人。他们总是更为系统地寻找机会，估计困难，检测结果和预先规划。他们更加注重质量与效率，对于雇员、业务关联者或者合作伙伴们，更能承担义务和责任，这些创业者更关注长期的考虑，而非短期的收益。

伯恩斯坦从数百个成功案例中概括出社会创业者的6种明显的品质特征。

第一，乐于自我纠正。社会创业是创造性地解决社会问题，本身没有模板，也没有可以借鉴的经验，从起步到成功必然要经历不断的适应调整过程，有时开始的设想和最终的实施结果大相径庭，必须有时刻自省的精神、冷静的判断、自我否定的勇气，面对不断变化的新形势、新问题、新机会进行反复的思考和快速的反应，否则组织会在错误的道路上陷入僵局。因此，社会创业家要有承认错误、不断修正的谦卑和勇气，保持自我纠正才能保证企业继续发展。

第二，乐于分享荣誉。由于社会创业者的创业驱动力是创造社会价值、变革社会、服务人民，那么他肯定不是自私自利的人，分享荣誉既是天性使然，也可以带来实际的好处。社会创业者与人分享的荣誉越多，就会得到更多的资源帮助，形成道德传播、社会价值观念传播的有效途径。

第三，乐于突破自我。由于社会创业面临公众认识不足、资金紧缺、组织能力较弱、人才紧缺、生存与目标冲突等问题，社会创业者面临巨大的压力与挑战，使得他们必须能够突破自我，超越自己所在领域，挖掘自身发展的可能性，试验和推广新的想法。

第四，乐于超越边界。社会创业家要从固有的框架、思维定式、现有制度下跳脱出来，以新的视角去看待问题，用新的方式去组合资源，用新的服务、新产品和新的方法来解决社会问题。他们能够将没有交集的想法、经验、技能、资源组合在一起，进行资源的“混搭”，建立广泛的同盟，以碰撞出更好的效果。

第五，乐于默默无闻地工作。社会创业是一项需要长期坚持的事业，社会创业市场需要时间培育，所以很难在短时间内就看到收益与影响。因此，很多社会创业家需花费几十年的时间，坚持不懈地去实践他们的理想。他们需要具有纯粹的动机，长久地甘于寂寞，才能迎来社会的肯定，产生较大的影响力。

第六，具有强大的道德推动力。社会创业家不以逐利为目标，而是以追求社会价值为出发点和衡量标准，道德准则是社会创业者的基石，商业创业者与社会创业者的区别不在于思考问题的方式和解决问题的方式，也不在于解决问题的能力，而在于看待问题的出发点和远见。

三、社会创业家的使命

社会创业在创新方式解决社会问题方面起到了积极的作用，正受到越来越多的关注与重视。未来的企业必须将商业利益和社会利益重新整合，企业应该将共享价值的“公益”思维应用到商业战略层面，力求在满足社会需求过程中，创造出更多经济价值，实现商业与公众利益的最大交集。共享价值取代个人利益最大化，已经成为这个时代企业发展的趋势，而违背这个趋势的商业企业势必遭遇洗牌及淘汰。社会企业家将成为时代弄潮儿。

社会企业家为了实现这些远景，还需要在以下几个方面付出努力：一是积极推进组织市场化的创新模式，广辟创收业务或策略，赚取收益支持企业实现社会目标；二是加强与政府的合作，承担更多的政府社会购买服务工作，获得政府的业务支援，获取适当的融资和政策上的倾斜；三是加强行业内部建设，制定行业内部标准和规则约束，为国家政策的制定提供经验；四是加强自身企业商业化运作的能力，达到使命清晰、机构健全、人力资源发展完善、市场运营良好，同时加强防范商业风险能力；五是加强组织内部治理机制建设，提高公信力，扩大组织规模与影响，建立科学而灵活的治理结构、决策程序、监控机制；六是提高组织的专业技能，狠抓落实组织培训和指导，提高财务计划、市场营销、业绩评估、人力资源管理等经营管理能力，也要提高弱势群体寻找市场并可持续发展的能力；七是加大社会创业理论修养和宣传力度，提高自身的综合素质，启发民众社会创业的接受度，为社会创业扫清思想上的障碍。

社会创业者是时代变革的发动者、行动者与推动者，常常是主动承担社会责任与公共服务的创立者与践行者。他们是社会创新的领路人，以理想主义的高度去认识世界改变世界，以务实主义的态度和信心改造世界。他们不断地创造并维持社会价值，不断寻求实现其使命的机会。新的互联网时代，让每个人都成为社会发展的参与者，让每个人都有机会成为创客，社会企业家的时代正在开启。

本章要点

- 社会创业指通过创新方式识别和利用机会，并通过整合资源和有效管理来创造社会价值的过程。
- 社会创业具有社会性、创新性、市场性和情境性四个核心特征。
- 社会创业的组织形式包括传统的非营利性组织形式、合伙公司、合作社、有限责任公司、股份有限公司、股票上市公司等。
- 非营利组织通过市场化经营获得收入的主要形式有：服务收费；相关产品销售；建立营利性的商业部门；开展投资获得收益；与企业进行合作；获得政府购买服务，等等。
- 公益创投作为一种新的社会企业投资方式，具有与传统捐赠方式不同的特点。
- 公益创投的运作模式包括：发起成立公益创投主体；审慎选择资助对象；为所投资的社会企业提供增值服务；设计合理的创业资本退出机制等。
- 社会创业家是那些致力于解决社会问题的人，他们用商业的眼光看待社会问题，发现机会以寻找突破口，用创造性的方法和企业运营的模式来解决社会问题。
- 伯恩斯坦总结了社会创业者的六种特质：乐于自我纠正；乐于分享荣誉；乐于突破自我；乐于超越边界；乐于默默无闻地工作；具有强大的道德推动力。

思考题

1. 试分析比较社会创业与商业创业和慈善活动的特点与差异。
2. 英国有哪些独具特色的社会创业组织形式？
3. 社会创业在欧美以及我国兴起的背景是什么？
4. 查阅相关资料，了解英国、美国、日本及中国台湾等地的社会创业现状。

5. 分析比较社会创业活动和企业社会责任运动的差别。
6. 非营利组织的企业化经营取得了哪些成就？
7. 在我国公益创投的实施还面临哪些问题？
8. 了解你身边的社会创业者，社会创业者有哪些核心特质？
9. 收集资料，选取一个社会创业的成功者，分析他成功的原因。
10. 了解最近 5 年福布斯全球杰出社会创业家榜单。

扫描二维码，阅读本章案例故事《刘毅：和红树林的 15 年之约》。

参考文献

[1] 阿玛尔・毕海德 . 新企业的起源与演进 [M]. 魏如山，等，译 . 北京：中国人民大学出版社，2004.
[2] 埃里克・莱斯 . 精益创业：新创企业的成长思维 [M]. 吴彤，译 . 北京：中信出版社，2012.
[3] 布鲁斯・巴林格，杜安・爱尔兰，等 . 创业管理：成功创建新企业 [M]. 张玉利，等，译 . 北京：机械工业出版社，2010.
[4] 彼得・德鲁克 . 创新与企业家精神 [M]. 蔡文燕，译 . 北京：机械工业出版社，2007.
[5] 戴维・伯恩斯坦 . 如何改变世界：社会企业家与新思想的威力 [M]. 吴士宏，译 . 北京：新星出版社，2006.
[6] 弗兰克・奈特 . 风险、不确定性与利润 [M]. 郭武军，刘亮，译 . 北京：华夏出版社，2011.
[7] 冯婉玲，等 . 高新技术创业管理 [M]. 北京：机械工业出版社，2001.
[8] 杰弗里・蒂蒙斯，小斯蒂芬・斯皮内利 . 创业学 [M]. 周伟民，吕长春，译 . 北京：人民邮电出版社，2005.
[9] 杰里米・里夫金 . 第三次工业革命 [M]. 北京：中信出版社，2012.
[10] 姜彦福，高健，等 . 全球创业观察 2002 中国报告 [M]. 北京 : 清华大学出版社，2003.
[11] 姜彦福，张帏 . 创业管理学 [M]. 北京：清华大学出版社，2005.
[12] 郝宏伟 . 大学生创业基础 [M]. 广州：广东高等教育出版社，2013.
[13] 刘常勇 . 创业管理的十二堂课程 [M]. 台北：天下远见出版股份有限公司，2003.
[14] 罗伯特・A. 巴隆，斯科特・A. 谢恩 . 创业管理：基于过程的观点 [M]. 张玉利，等，译 . 北京：机械工业出版社，2005.
[15] 梁巧转，赵文红 . 创业管理 [M]. 北京：北京大学出版社，2007.
[16] 木志荣 . 大学生创业胜任力研究 [M]. 厦门：厦门大学出版社，2008.
[17] 木志荣 . 大学生创业教育和创业意向关系研究 [M]. 北京：清华大学出版社，2016.
[18] 斯晓夫，吴晓波，陈凌，等 . 创业管理——理论与实践 [M]. 杭州：浙江大学出版社，2016.
[19] 唐纳德・F. 库拉特科 . 创业学 [M].9 版 . 薛红志，等，译 . 北京：中国人民大学出版社，2014.

[20] 翁君奕 . 商务模式创新 [M]. 北京：经济管理出版社，2004.
[21] 吴运迪 . 大学生创业指导 [M]. 北京：清华大学出版社，2012.
[22] 伊查克 • 爱迪斯 . 企业生命周期理论 [M]. 赵睿，译 . 北京：中国社会科学出版社，1997.
[23] 伊迪斯 • 彭罗斯 . 企业成长理论 [M]. 赵晓，译 . 上海：上海三联书店，2007.
[24] 约瑟夫 • 熊彼特 . 经济发展理论 [M]. 何畏，等，译 . 北京：商务印书馆，1990.
[25] 亚瑟 • 布鲁斯 . 社会创业 [M]. 北京：机械工业出版社，2009.
[26] 严中华 . 社会创业 [M]. 北京：清华大学出版社，2008.
[27] 亚历山大 • 奥斯特瓦德，伊夫 • 皮尼厄 . 商业模式新生代 [M]. 王帅，等，译 . 北京：机械工业出版社，2014.
[28] 张玉利，李新春 . 创业管理 [M]. 北京：清华大学出版社，2006.
[29] 张玉利，薛红志，陈寒松 . 创业管理 [M]. 北京：机械工业出版社，2015.
[30] 张秀娥 . 创业管理 [M]. 厦门：厦门大学出版社，2012.
[31] 张远风 . 社会创业与管理 [M]. 武汉：武汉大学出版社，2012.

线上网络资源

[1] 中青在线（创业周刊）：www.cyol.net.
[2] 大学生创业网：www.studentboss.com.
[3] 中国青年创业网：www.chinajc.com.
[4] 中国青年创业国际计划：www.ybc.org.cn.
[5] 中国创业教育网：www.kab.org.cn.
[6] 投资中国：www.chinaventure.com.cn.
[7] 清科集团：www.zero2ipo.com.cn.
[8] 创业邦：www.cyzone.cn.
[9] 36 氪：www.36Kr.com.
[10] 新浪科技：tech.sina.com.cn.
[11] 新浪创业：chuangye.sina.com.cn.
[12] 投资界：www.pedaily.cn.
[13] 创业黑马：www.iheima.com.
[14] 创见：tech2ipo.com.
[15] IT 桔子：www.itjuzi.com.
[16] 哈佛商业评论：www.hbrchina.org.
[17] 福布斯中文网：www.forbeschina.com.
[18] 财富中文网：www.fortunechina.com.
[19] FT 中文网：www.ftchinese.com.
[20] 讯网：www.hexun.com.
[21] 新浪财经：finance.sina.com.
[22] 世界创业实验室：elab.icxo.com.

教学支持说明

▶▶课件申请

尊敬的老师：

您好！感谢您选用清华大学出版社的教材！为更好地服务教学，我们为采用本书作为教材的老师提供教学辅助资源。鉴于部分资源仅提供给授课教师使用，请您直接手机扫描下方二维码实时申请教学资源。

任课教师扫描二维码
可获取教学辅助资源

▶▶样书申请

为方便教师选用教材，我们为您提供免费赠送样书服务。授课教师扫描下方二维码即可获取清华大学出版社教材电子书目。在线填写个人信息，经审核认证后即可获取所选教材。我们会第一时间为您寄送样书。

任课教师扫描二维码
可获取教材电子书目

清华大学出版社

E-mail: tupfuwu@163.com
电话：8610-62770175-4506/4340
地址：北京市海淀区双清路学研大厦B座509室
网址：http://www.tup.com.cn/
传真：8610-62775511
邮编：100084